本书得到教育部人文社科青年基金项目（18YJC630055）和
国家自然科学基金项目（71802164，71832009）的资助

中国企业对外投资与区位布局研究

黄缘缘　谢恩　周超　著

西南交通大学出版社
·成　都·

图书在版编目（CIP）数据

中国企业对外投资与区位布局研究 / 黄缘缘，谢恩，周超著. -- 成都 ：西南交通大学出版社，2023.12
ISBN 978-7-5643-9624-4

Ⅰ. ①中… Ⅱ. ①黄… ②谢… ③周… Ⅲ. ①企业-对外投资-研究-中国 Ⅳ. ①F279.23

中国国家版本馆 CIP 数据核字（2023）第 233870 号

Zhongguo Qiye Duiwai Touzi yu Quwei Buju Yanjiu

中国企业对外投资与区位布局研究

黄缘缘　谢　恩　周　超　著

责任编辑　孟　媛
封面设计　墨创文化
出版发行　西南交通大学出版社
（四川省成都市金牛区二环路北一段 111 号
西南交通大学创新大厦 21 楼）
营销部电话　028-87600564　028-87600533
邮政编码　610031
网　　址　http://www.xnjdcbs.com
印　　刷　郫县犀浦印刷厂
成品尺寸　170 mm × 230 mm
印　　张　22.25
字　　数　317 千
版　　次　2023 年 12 月第 1 版
印　　次　2023 年 12 月第 1 次
书　　号　ISBN 978-7-5643-9624-4
定　　价　86.00 元

前言

党的二十大报告指出，高质量发展是全面建设社会主义现代化国家的首要任务。发展是党执政兴国的第一要务。没有坚实的物质技术基础，就不可能全面建成社会主义现代化强国。国家富强在于经济，经济繁荣在于企业。完善中国特色现代企业制度，弘扬企业家精神，加快建设世界一流企业至关重要。近年来，我国政府相继推出一系列政策意见支持企业高质量发展，为我国企业创造了广阔的舞台。

然而，当今世界正在经历百年未有之大变局，经济全球化遭遇逆流，保护主义上升，全球产业链正值重组。面对复杂的国际环境，为了在危机中育先机、于变局中开新局，我国政府在“十四五”规划中明确指出，加快构建以国内大循环为主体、国内国际双循环相互促进的新发展格局，培育新形势下我国参与国际合作和竞争新优势。2022 年 2 月 28 日，习总书记主持中央全面深化改革委员会第二十四次会议，通过《关于加快建设世界一流企业的指导意见》，再次强调引导企业积极稳妥开拓国际市场，要支持企业充分利用国际国内资源，增强企业面向全球的资源配置和整合能力，培育我国企业国际竞争优势，加快建设世界一流企业。2022 年 10 月 16 日，党的二十大再次强调，要“推进高水平对外开放”“稳步扩大规则、规制、管理、标准等制度型开放”。经过四十年的发展，得益于我国长期坚持的对外开放政策“走出去”和“一带一路”倡议，我国跨国企业在融入全球分工体系的过程中已实现了初步的资源积累与能力提升，在广阔的国际市场中实现了规模的迅速扩张。在 1989 年，我国仅有一家世界 500 强企业，2008 年有 35 家企业上榜，至 2022 年有 145 家企业成为世界 500 强，数量已超美国。

尽管我国对外投资总量提升快、企业跨国资产增长迅速，但我国企业在国际扩张中依然面临诸多挑战和问题，比如国际管理和运营能力不足、国际业务布局不够合理、整体创新能力相对较弱、关键核心技术受制于人等，这些问题也是制约新发展格局落实和一流跨国企业培育的关键问题。此外，近几年美国频繁对我国高科技企业，如中兴、华为、大疆等施行打压或封锁行为，导致我国产业链存在“断供”和“断链”的风险。我国跨国企业面临的这一痛点问题，一个可能的原因是我国跨国企业过去追求规模国际化的扩张模式和追求国际资产增量的发展模式，并不完全有利于我国企业国际化能力的发展和提升。具体而言，在过去的国际化进程中，我国企业在一定程度上显现出比发达国家企业更加激进的规模化扩张特点。比如，一部分企业存在为了“走出去”而开展国际化的问题，即使那些长期聚焦于国内市场、国际化经验并不充分的企业，也倾向采用并购等激进的方式开始自己的国际化旅程。与此同时，我国企业在对外直接投资的过程中展现出超过发达国家企业的风险偏好特征，比如在很短时间同时进入多个国家市场开展投资，进军竞争更加激烈的发达国家市场。此外，我国企业过于重视国际化短期目标，通常以高溢价并购的方式，获得国外品牌、工厂和自然资源，使企业难以有效获取、学习和吸收国际先进技术资源，难以建立核心技术能力。尽管我国跨国企业数量和跨境资产存量得到了极大提升，但是过去仅仅追求规模国际化的扩张方式阻碍我国跨国企业国际竞争力和核心技术能力的进一步发展，阻碍企业构建国内和国际经营相互赋能的模式，限制其成长为世界一流企业。

因此，有必要深入阐明以下问题，包括：中国企业在国际化进程中具体有什么特征？为什么会呈现出这些特征？如何通过国际市场扩张提升企业的竞争能力？如何帮助企业构建有利于发展和提升的国际化布局？企业如何在响应国际发展的同时，为推动国家战略方针实施、推进国内经济发展做出贡献？针对以上问题，现有源自西方的企业国际化理论和国际化相关书籍并未给出有效的解答。例如，经典的 Uppsala 模型认为，企业一般会采取渐进的方式开展国际化，利用企业专有优势和累积的国际化经验克服在外国市场上的劣势。然而，这一理论很难解释缺乏国际化经验的中国企业为什么会在他们开展国际化的初级阶段就选择同时进入多个国家的模式。与此同时，我国企业在国际化进程中，呈现出较为激进的行为特征，比如偏好于在短期内进入多个海外市场，以获取所需的稀缺资源（如先进技术、品牌资产和管理技能等无形资源、新的市场机会以及其他稀缺的有形资源等）。然而，稀缺资源在全球市场上的分布是不均衡的。企业在这些资源环境差异较大的国家中，如何实现资源获取、资源共享和资源整合行为，也是一个巨大的管理挑战。更重要的是，在全球范围内进行布局，将使我国企业不得不面临多个复杂的制度环境，制度环境的复杂性会极大地影响企业资源获取、共享和整合的可能性和效率。在这种情况下，如何选择和有效整合多个复杂的制度环境和资源环境，形成适合企业发展的海外区位布局，对企业有效获取资源以及提升绩效都有重要的影响。因此，在我国对外开放的新格局背景下，分析中国企业国际化扩张行为特征和布局模式等，梳理企业投资实践和学者们的研究成果，阐明我国企业开展对外投资行为特征、全球布局模式、成长路径等内容有重要的战略意义和理论价值。

本书包括八个章节内容：传统国际化理论和新兴经济体（包括我国）企业对外投资行为的理论基础、跨国企业开展对外投资面临的国际环境、企业开展对外投资的资源和能力等内部因素、企业对外投资的战略决策、企业的国际竞争力和提升手段、我国企业对外投资的全球布局理论基础与现实状况、“一带一路”倡议与我国企业对外投资布局、双循环新发展格局与我国企业对外投资布局。

前言引出本书的现实背景和主要目标后，第一章“企业对外投资的概念内涵和理论基础”回顾了现有的跨国企业对外投资理论，包括传统发达国家跨国企业、发展中国家跨国企业、新兴经济体跨国企业三种类型跨国企业的对外投资理论。其中以连接—学习—利用理论、跳板视角、战略资产搜寻视角为代表的国际化理论描述了我国企业获取海外市场的战略资产以弥补自身不足的典型动机。随后通过图表展示了我国对外直接投资现状

（包括其发展历程）以及全球对外直接投资的现状，并阐述了我国企业独有的及新兴经济跨国企业普遍拥有的投资特点。

第二章“企业对外投资的外部环境”分析了目前企业开展对外投资所面临的国际环境，包括各个国家（地区）的法律法规、文化规范等制度环境，以及物质资源、市场规模等经济环境，为企业提高在海外市场的合法性和最大化投资利益提供借鉴。此后，该章还讨论数字经济这一新兴产业的发展和国际形势变化对当今跨国投资的影响。

第三章“企业对外投资的影响因素”总结了企业开展对外投资所需的资源和能力，以及影响企业对外投资的组织因素，包括自身无形资源、知识资源等资源禀赋；企业年龄、企业规模、组织结构、高管团队特征等组织特征；以及企业社会责任和行业特征等因素。

第四章“企业对外投资的战略决策”系统性地分析了企业开展对外投资需要实施的战略决策。该章分为四个小节，依次为是否开展对外投资、企业对外投资的区位选择、企业对外投资的进入模式选择、企业对外投资的所有权选择，分别讨论了“要不要投资”“去哪里投资”“怎么去投资”“独资还是合资”等问题。基于此，该章总结了企业以上投资决策的影响因素，阐述了这些因素对于企业对外投资的影响，为企业实施最佳战略决策提供重要的理论指导。

第五章“企业的国际竞争力和提升手段”从创新技术、品牌营销、国际化能力三个方面介绍了新兴经济体跨国企业在国际市场上的竞争水平和影响力，说明了其相较于发达国家跨国企业具有的一些优势和特点，并归纳了能够影响其国际竞争力的因素。随后，该章在来源国劣势和后来者劣势的背景下，探讨了新兴经济跨国企业如何通过学习、创新品牌和营销战略以及能力的构建和培养来提升自身国际竞争力。

第六章“我国企业对外投资的全球布局”立足于企业的整体投资布局，阐述了有关我国企业布局对外投资（主要为海外子公司）的重要理论，包括区域化跨国企业理论、期权投资组合理论、全球价值链理论。这三个理论分别表明，我国企业的对外投资从地理范围的角度上看大多布局在亚太区域，从风险投资的角度上看其对外投资组合具有整体不确定性较小、增长潜力较大的特征，而从全球价值链的角度上看，其对外投资大多布局在具有价值链高端环节生产要素（如技术和品牌）的东道国。该章还通过丰富的案例和数据,从以上三个角度展示我国企业对外投资布局的具体情况。

第七章“‘一带一路’倡议与我国企业对外投资布局”和第八章“双循环视角下我国企业对外投资布局”为专题章节，分别介绍了“一带一路”倡议和双循环新发展格局两个有关开放与合作的政策，并分析了两种政策对我国企业对外投资布局的影响。此外，第七章还通过翔实的数据展示了我国企业前往共建“一带一路”国家开展对外投资的状况，分析了我国企业在六大经济走廊的投资布局特点。第八章探讨了我国企业在双循环新发展格局的背景下如何实现国内国际投资布局模式，以及如何提升在国际市场上的竞争力。

综上所述，本书总结我国企业在国际市场发展的行为模式、投资布局特征等，为进一步推进我国企业国际化发展和竞争力提升、培育世界一流企业提供重要的理论指导。

最后，感谢教育部社科司和国家自然科学基金委员会对本书的资助，感谢西南交通大学经济管理学院、同济大学经济与管理学院和“服务科学与创新”四川省重点实验室的支持。感谢王雯莉、董家宝、王芳、杜健豪、蒋丰竹、吴伟豪等同学的辛勤付出，正是大家的通力合作，本书才能得以顺利出版。

目录

1

企业对外投资的概念内涵和理论基础

1.1 对外投资概述

对外直接投资（outward foreign direct investment），简称对外投资，是指企业跨越国家边界开展以生产和经营活动为目的的投资行为。20 世纪 60 年代以前，对外投资的研究局限在古典或新古典经济模型中，没有作为独立的研究分支，学者们认为国家之间产品和要素市场的差异能够解释对外投资活动。美国经济学家 Stephen H. Hymer 在 1960 年从企业的角度分析对外投资行为，开创了企业的对外投资研究。之后，学者们从不同的理论视角探讨企业对外投资和跨国扩张的问题，提出了内部化理论、OLI 折中理论、Uppsala 国际化过程模型等，这些理论至今都在产生至关重要的影响。近几年，新兴经济企业也开始大幅度向外扩张，学者提出了新的理论视角，如跳板视角、战略意图视角、制度促进视角、逃离视角等。

从对外投资的研究问题来看，Peng（2004）提出国际商务领域研究的最重要问题（big question）是“什么因素决定了企业国际化的成功或失败”，Mathews（2006）进一步提出在新兴经济企业大幅开展对外投资的浪潮中，国际商务核心问题为“什么因素决定了作为后来者和外来者的新兴经济企业国际化的成功？”将 Mathews 提出的关键问题分解，这个问题实际上包含两个核心子问题：（1）影响企业开展对外投资的因素；（2）企业如何开展对外投资才能获取有利绩效。

因此，围绕着对外投资的理论流派和两个核心问题展开本章的阐述。

具体来说，本章将首先介绍对外投资的定义和基本内涵，然后对传统的理论流派和新兴经济企业对外投资的理论进行总结和评述。

1.1.1 对外投资的定义

对外投资的研究迄今为止，已有50多年的历史。学者们从不同的理论视角出发，使用不同名称但内涵相近的概念，并对这些概念给出了相应的定义。其中，比较主流的概念有海外市场扩张（International market expansion/International expansion）、国际/地理多元化（International diversification/International diversity/Geographic diversity）、对外直接投资（Outward foreign direct investment）、多国化（Multinationality）、国际化（Internationalization）、全球化（Globalization）等。这些概念和说法在文献中经常被互换和相互引用。相比其他概念，对外投资突出在海外市场开展生产经营活动的股权投资的战略行为，因此本书使用对外投资这一说法。通过对相关文献的整理回顾，将主流的定义和相应的理论基础、代表性文献整理在下表中（详见表1-1）。根据表中总结，学者们提供的定义有一些共同点：

（1）对外投资是跨越国家边界的；

（2）为了和出口、技术转移、特许经营区别开，对外投资需要在母国以外的其他海外市场上投入和开展增加价值的活动，表现为新的业务单元的建立；

（3）企业不完全依赖国内市场，需要对全球市场的投入和从全球市场中获取资源。

表1-1 企业对外投资及相近概念的定义总结

代表性文献	理论基础	定义
Hymer（1960，1976）	垄断优势理论	通过对外直接投资控制企业跨越国家的生产与经营
Levy & Sarnat（1970）	国际投资组合理论	投资者将投资分散到各个国家和地区以降低在单一国家和地区投资的风险的活动

续表

代表性文献	理论基础	定义
Buckley & Casson（1976，2003）	内部化理论	企业将无形资源沿着国家边界内部化以增加价值的行为
Dunning（1977，1980，2001）	OLI 理论	将企业国际生产看成所有权优势、内部化优势和区位优势三种结合后的战略选择，在多个国家拥有或控制生产设施
Johanson & Vahlne（1977，2006）	国际化过程理论/学习理论	在不断经验学习和风险规避的基础上，对国际市场渐进的投入与承诺
Johanson & Mattsson（1988）	基于关系网络的国际化理论	企业在国际市场网络中建立、发展网络关系的过程
Cantwell & Randaccio（1993）	企业成长理论	企业生产设备的地理上的扩散
Oviatt & McDougall（1994，2000，2005）	新创国际企业理论	企业跨国界地发现、制定、评价和利用企业成长机会来创造未来产品和服务的过程
Ramaswamy（1993）	多元化战略	一种将国际市场内部化从而实现的国际市场中的经营规模和范围
Hitt，Hoskisson，& Kim（1997）	多元化战略	一种将企业产品或服务的收入沿着全球区域和国家边界扩张进入不同地理位置和市场的战略
Sanders & Carpenter（1998）	代理理论	国际化程度反映了企业对海外市场的消费者和生产要素的依赖程度，和这种依赖的地理分散程度
Kogut & Zander（1993，1996）	基于知识的视角	跨国企业是快速和有效地专业化地创造和转移知识的社会共同体，对外投资是利用现有的知识库和探索新的知识的努力过程
Reuer & Leiblein（2000）	实物期权理论	多国化是指企业的海外分支机构在不同国家中分散的程度，能够降低下跌风险
Wan & Hoskisson（2003）	制度理论	外向国际多元化是指企业不管是独自还是和其他企业联盟进入外国环境的多元化
Kotabe et al.（2002）	资源基础观	多国化是指企业的业务活动跨过国家边界的程度

续表

代表性文献	理论基础	定义
Deng（2004）	新兴经济下政府管家理论	将对外直接投资看作政府要求新兴经济跨国企业为母国的经济和社会获取稀缺的自然资源的过程
Child & Rodrigues（2005）	新兴经济下战略意图视角	将国际化定义为跨越国家边界的增长过程，追寻战略资产以弥补竞争缺陷
Yiu，Lau & Bruton（2007）Luo，Xue & Han（2010）	新兴经济下制度促进理论	将新兴经济企业的对外投资看成利用或响应企业专有的制度因素或与资源优势结合产生的所有权优势下进行的战略选择
Luo & Tung（2007）	新兴经济企业的跳板理论	起源于新兴经济并在一个或多个海外国家施展有效的控制和价值增加活动的国际化企业，利用国际化扩张作为跳板去获取战略资源和降低国内的制度和市场约束
Witt & Lewin（2007）	逃离理论	对外直接投资是一种对感知到的公司和母国制度条件不匹配下的逃离响应

资料来源：作者整理。

1.1.2 跨国公司的定义和特征

跨国公司（Multinational enterprises，MNEs/multinational corporations，MNCs）是指跨越国家边界开展对外投资的企业，在两个或两个以上国家和地区开展国际性生产经营活动（包括采购、生产、营销或研发等）的企业。跨国公司可以由一个国家的企业独立创办，也可以由两个或多个国家的投资者共同出资创办的合资、联合经营或收购某家企业，并使其成为国际经营的实体单位。

与 Dunning 和 Lundan（2008）的观点一致，跨国公司是一个跨界价值创造活动的协调系统或网络，其中一些活动在公司的层级内进行，另一些则通过非正式的社会关系或合同关系进行。因此，跨国公司的界定不仅取决于其拥有的外国生产设施的规模，还取决于其具有重大影响的所有创造价值活动的总和。这些活动可能涉及从国外采购各种中间投入，包括采购、生产、销售和分配活动。价值创造包括商品和服务的生产和分配，涉及与资源、能力和市场相关的所有权特定优势的开发和提升（Dunning，2006）。在过去 20 多年里，跨国公司的价值创造活动越来越多地受到技术发展、学习和创新的影响，其中创造性的搜索努力随着时间的推移而演变。这需要开发和使用物理技术，如有形的工件或设备，以及社会技术，如协调有效执行相互关联任务所需的一系列人类活动的能力。

根据联合国跨国公司委员会对跨国公司的界定，跨国公司具有的特征和要素如下：

（1）跨国公司是业务活动至少涉及两个国家或地区，并以盈利为经营目的的工商企业，不论其在法律上的经营形式是何类型，也不论其涉及的业务领域有哪些。

（2）跨国公司的经营和管理着眼于全球市场，在某个国家或地区设立决策中心。通常来说，跨国企业的主要目标是整合全球资源，开发多个市场。

（3）跨国经营的各个环节包括研发、原材料开采和购买、产品生产、运输、批发和零售等都可能是跨国进行的。

据《2022 年世界投资报告》统计，2021 年，跨国公司在其母国以外的国家和地区进行的产品生产和服务较往年有较快增长。具体而言，2021 年全球对外直接投资流量金额为 17 080 亿美元，相较于上一年增长了 119%；而对外直接投资的留存收益部分（跨国公司留存在海外子公司的利润）相较于上一年增长了 86%，反映了全球跨国企业利润水平的创纪录增长。

跨国公司在全球范围内大规模开展的跨国研发、生产、经营和销售活动，不仅增加了东道国的对外贸易额，而且开创了以公司内部分工为特征的国际一体化生产体系，从而促进了母公司与其子公司间的内部贸易，为当今国际贸易的增长发挥重要作用。此外，越来越多的跨国公司意识到内部交易能够大幅减少交易成本的好处，选择将其生产经营活动内部化，而不是交给外部市场。

跨国公司可以通过对外投资在其他地区或国家开设子公司或为子公司提供融资渠道或提供各种无形资产。一方面，海外子公司的融资渠道包括来自母公司的投资和来自东道国的信贷或投资者。例如，根据国家发展和改革委员会统计，2022 年我国企业发行中长期外债 1 946 亿美元，融资结构明显优化，有力地支持了我国企业的国际化发展。另一方面，跨国企业向分支机构提供各种无形资产，比如公司专有技术、商标、品牌、营销能力、渠道和管理经验等，主要目标是将跨国企业掌握的无形资产与东道国的区位优势相结合达到最佳收益。因此，跨国公司更关注采取怎样的组织形式和战略决策才能达到利益最大化的目标。对外直接投资(Foreign Direct Investment，FDI ）和全球布局只是实现这一目标的众多手段的一种。

通常来说，跨国公司会采取水平型跨国管理或者垂直型跨国管理两种组织形式。水平型跨国公司是指在两个以上的国家设立生产设施以生产同样的产品。比如瑞士的雀巢公司在全球 79 个国家和地区共设立了 354 家工厂，共同生产咖啡、糖果、奶粉等食品。垂直型跨国公司是将总部和生产设施分别设立在不同的国家，在不同的国家生产不同质量、档次的产品或把研发、设计及生产各环节分配于不同的国家来完成。比如美国苹果公司将其旗下各类电子产品的整机设计环节保留在美国本土，将零部件的生产环节分配在中国台湾地区和韩国、日本、德国等国家，将产品的组装环节集中在中国大陆地区。此外，更普遍的情况是，跨国企业可能同时采取水平型和垂直型组织形式进行生产运营活动，以实现利益最大化。比如，西班牙的跨国公司 Zara 在母国进行潮流类服装的设计、生产和全球销售，而将基本款的服装如 T 恤和牛仔裤等放在摩洛哥和越南等国家开展生产。

跨国组织与国内公司有着本质上的不同，其中一些差异不仅是“程度上”，而且是“性质上”(Westney & Zaheer，2001)。在对跨国公司的讨论中，Doz 和 Prahalad 认为主要的区别是基于“多维性和异质性的综合结果”(1991：146)。这些讨论的基础是跨国环境，它会导致跨国公司面临多种多样的、非单一的、碎片化的甚至可能相互冲突的外部环境。此外，跨国公司内部环境复杂，比如，存在空间距离、文化距离和组织距离；语言障碍；单位间的权力斗争以及在组织的各个部分中使用的利益、价值、实践和惯例之间可能存在的不一致和冲突。

1.1.3　对外投资类型和目标

按照对外投资的目标划分，企业对外投资包含四种类型：自然资源寻求型、市场寻求型、效率寻求型、战略资产寻求型（如表 1-2 所示）。这四种不同类型的对外投资呈现出企业不同的战略需求以及东道国的影响因素。

表 1-2　对外投资的类型和目标

类型	主要目标	东道国的影响因素
自然资源寻求型	获取低成本和高质量的自然资源	资源的供应：（1）商品；（2）中间品；（3）合作伙伴
市场寻求型	避开贸易壁垒或者探索新的市场	东道国市场条件：（1）市场规模；（2）市场增长前景；（3）劳动力；（4）当地基础设施和制度条件
效率寻求型	为取得规模和范围经济及风险多元化	低成本和以下资源的获取：（1）劳动力；（2）自然资源；（3）资本
战略资产寻求型	为实现长期的战略目标以保持可持续的或先进的全球竞争优势	独特的无形和知识资产：（1）先进的技术；（2）品牌资产；（3）管理技能

资料来源：Dunning（1998）和 Cui，Meyer 和 Hu（2014）。

自然资源寻求型的企业主要为了获取实现自身生产或销售目标的自然资源而开展对外投资活动。自然资源寻求型的对外投资能够保障企业的资源供应的稳定性和当前的竞争位置，但通常不会增加企业资源使用和资源价值的能力。

市场寻求型企业开展对外投资的目的是增加企业在国际市场中的存在或者进入新市场，获取能够给企业带来在特定市场的竞争优势的本地资产。

这种类型的对外投资通常不涉及升级或改变母公司的经营状况。

效率寻求型的企业通过对外投资寻求在多个海外市场中经营的整合以取得规模经济和范围经济，并实现在多个市场中的协同。效率寻求型的对外投资主要是利用和可能延伸企业现有的竞争优势，而不升级企业的核心能力以获取长期的竞争优势。

战略资产寻求型的企业开展对外投资的主要目的是探索和获取先进的战略资源以提升企业现有的能力和竞争地位。

新兴经济企业作为全球市场中的后来者和新来者，由于缺乏先进的企业专有知识资源优势，难以抵抗全球领导者的竞争压力，为了实现追赶战略，很多新兴经济企业通过获取海外市场中的先进知识资源，如尖端技术、品牌、管理技能等，从而弥补企业现有的竞争劣势。因此，战略资产寻求型是新兴经济企业（尤其是制造型企业）现阶段对外投资重要的战略目标之一。

1.1.4 对外投资的收益和成本

大量研究从不同的层面分析了对外投资为企业带来的收益和成本。其中探讨收益的观点成为对外投资能给企业带来盈利的理论基础，而探讨成本的观点支撑了企业对外投资阻碍企业盈利的学派的根基。尽管如此，有学者提出这些收益和成本也会随着企业对外投资的阶段、企业自身特征和资源禀赋以及东道国和母国的特征的变化而改变，成为对外投资与绩效关系研究的另一重要的权变分析学派。基于已有文献，本研究将对外投资的收益和成本分别总结在表 1-3 和 1-4 中。

对外投资能够为企业带来几个方面的收益。这些收益能够让企业在对外投资中降低成本和提升企业的竞争优势，有助于企业在全球舞台上取得有利业绩和成功。然而，不同的企业能够实现的收益不同。比如处于技术成熟行业的大型企业有较高的可能性通过国际化扩张实现规模和范围经济。此外，通过对外投资来获取海外知识和技能对技术落后的企业有较高的价值，而对于技术先进的企业价值相对较小。同时，在对外投资的不同阶段，企业所能实现的收益也存在差别。比如在对外投资的初期，发达国家企业能够实现对无形资源的大范围利用和全球采购，而在国际化扩张的中后期，企业可能会实现规模和范围经济。

对外投资也会给企业增加一些成本和风险，如增加企业管理的复杂性和难度，从而降低企业在全球市场中的业绩和可能带来企业的失败。不仅如此，不同企业在对外投资面临的成本是不同的，在对外投资的不同阶段面临的成本也是不同的。比如，在对外投资的初期，企业面临较高的外来者劣势，由于文化和制度差距带来较高的学习和适应成本，但随着企业对外投资程度的增加，通过学习效应，外来者劣势带来的负面影响会逐渐消失，但管理和协调成本很可能会大幅上涨。

表 1-3　对外投资给企业带来的收益

收益	收益的描述
规模和范围经济	在全球范围的市场上开展生产活动，能够有助于企业取得规模和范围经济
无形资产的利用	在全球范围内挖掘企业的无形资产，尤其是技术资产，将能分担无形资产的开发成本，从而在开发新一代技术或产品上超越竞争对手
全球采购和供应链整合	寻找全球范围内的合作伙伴，并通过垂直一体化整合在全球范围内整合企业的供应链活动，达到最佳的收益平衡点
获得海外的知识和技能	获取海外的先进知识和技能，通过学习提升和强化企业的竞争力
国际多元化的风险规避	通过在多国市场上经营，可以降低企业的货币和经营风险
计划税收或转移价格的机会	在多国经营，可以通过在内部转移中间品包括无形资产的开发，来调整企业的税收；在一些国家，跨国企业的身份还可以享受额外的税收优惠政策
市场影响力	扩大企业的规模，有可能让一些企业获得垄断优势
获取国际化经验	获得国际化经验，增加企业对复杂任务的管理能力

资料来源：根据 Contractor（2012）改编。

表 1-4　对外投资给企业带来的成本

成本	成本的描述
组织改变和复制风险	每增加一个额外的市场或分支机构必然会破坏现有的组织结构和惯例，并复制一些在海外市场中需求的职能
协调和管理成本	分支结构的数目和跨界市场数目越多，企业的协调和管理成本越高
供应链的复杂性和存货风险	随着海外分支机构和跨界数据的增加，供应链管理的成本会增加，随着跨境国家数目的增加，这种成本的增加可能超过线性的关系
制度和文化距离带来的适应成本	制度和文化距离带来了海外经营的不确定性和风险，随着向母国以外的区域扩张，这种不确定性和风险将显著增加
合作者的监督成本	尽管外包可以降低采购成本，但增加的合作者数量会大幅增加企业的监督和质量控制的成本
因为专业化而存在的供应链断裂风险	在跨国企业的网络中，企业每个海外经营单位的专业化程度越高且越分散，在供应链的一环断裂就会带来整体崩溃的风险
向小规模、高风险和欠发达市场的扩张的晚期阶段带来的成本	从 GDP 看，全球只有 20 到 30 个国家是大型市场，当企业进入这些大型市场后，海外市场的进一步扩张意味着进入更小、更冒险和较不发达的市场。每一个海外市场的进入就会增加经营和政治风险，以及其他成本

资料来源：根据 Contractor（2012）改编。

1.2 基于传统发达跨国企业的对外投资理论

1.2.1 垄断优势理论

最早研究企业对外直接投资是美国经济学家 Stephen H. Hymer（1960）提出的垄断优势理论。Hymer 认为市场不完全竞争的缺陷导致跨国公司能够获取各种垄断优势，并推动基于垄断优势的对外直接投资。他认为市场的不完全性产生于四个方面：

（1）产品市场的不完全；

（2）生产要素市场的不完全；

（3）内部和外部规模经济带来的市场不完全；

（4）政府政策带来的市场不完全。

这几方面的市场不完全赋予企业一定程度上的垄断优势，包括：技术优势、先进管理经验、信息优势及营销技能等知识性资产优势，以及规模经济优势、全球性销售网络和资本优势等物质资源优势。

Hymer 认为在东道国市场不完全竞争的条件下，跨国公司可通过其垄断地位获得超额利润，并在更大的地理范围上横向投资以发挥和扩大其优势。垄断优势理论突破了由于国际资本流动导致对外直接投资的传统贸易理论框架，突出了垄断优势在形成跨国公司中的重要作用。然而，垄断优势理论也存在一定的局限性。首先，该理论认为垄断优势是驱动企业国际化的原因，实际上垄断优势很难界定，而且一些没有垄断优势的企业也开展了国际化。其次，Hymer 只突出了结构性市场不完全导致的市场缺陷，而忽略了交易成本引发的市场缺陷。

1.2.2　内部化理论

内部化理论最早由 Peter J. Buckley 和 Mark C. Casson 在其 1976 年完成的《跨国公司的未来》一书中提出。内部化理论认为：在不完全的中间产品市场上，企业可以通过在不同的市场中转移中间产品，尤其是知识资产，将中间产品的市场内部化，减少外部市场交易产生的交易成本，当企业内部化行为跨越国家边界时，就产生了跨国企业。中间产品包括专利、人力资本中的各种类型的知识和技能、信息等。中间产品市场的失灵导致企业将中间产品市场纳入企业内部，以改善和协调市场，由此产生了跨国企业。内部化中间产品市场，尤其是知识市场，能够为企业带来以下五个方面收益：

（1）避免市场交易中所耗时间带来的损失；

（2）将中间产品在内部市场差别定价；

（3）消除市场交易中的不确定性；

（4）减少买方不确定性；

（5）通过内部化市场实现避税。

内部化也会产生一定的成本，包括沟通成本、管理成本、运营成本、政治成本等。由于这些收益和成本，产生了内部化的两个原理：其一，选择最低成本的区位进行内部化；其二，当进一步开展内部化的收益小于成本时，就达到了国际化的最佳点。

内部化理论分析的单位是企业交易，关注市场失灵及由此产生的交易成本，并突出企业拥有的独特知识和技能及交易成本，至今仍然是众多国际化相关研究的理论基础，但也受到了大量的质疑和批评。比如，第一，知识在内部转移并非没有成本和损失，而且有些知识难以用语言表达和编码进行存储和转移。第二，内部化理论非常强调交易成本和机会主义，这导致将企业的焦点集中在治理模式和规避交易成本上，而忽略了国际化实际上是一种价值创造和获取机会及资源的行为。第三，内部化理论突出企业所拥有的资源优势，难以解释缺乏资源优势的企业国际化行为。

1.2.3 国际生产折中理论（OLI 范式）

国际生产折中理论最早由英国经济学家 John H. Dunning 于 1977 年在其著作《贸易、经济活动的区位和跨国公司：折中理论的探讨》中提出。国际化生产折中理论也称为跨国公司 OLI 选择范式，提出三个因素——所有权优势（O）、内部化优势（I）和区位优势（L）来解释跨国公司的国际经济活动。所有权优势是指企业拥有或能够获取的他国企业没有的生产要素。内部化优势是指企业为了避免市场不完全而将外部市场内部化以降低成本和获取收益所带来的优势。区位优势是指东道国所拥有的能吸引国外投资的要素禀赋。Dunning 认为所有权、内部化和区位优势三种因素的不同组合将决定企业选择不同的国际化活动。他将三种优势的组合和国际化活动选择进行匹配，认为企业的所有权优势是开展国际化活动的基础，当企业只具备所有权优势，而不具备其他优势时，对企业最好的国际化方式是特许经营；当企业仅拥有所有权优势和内部化优势时，企业可以选择特许经营和出口；当企业同时拥有所有权优势、内部化优势和区位优势时，企业既可以选择特许经营和出口，还可以选择对外直接投资。Dunning 的国际生产折中理论吸收了以往国际生产和贸易的精华，将直接投资、贸易和区位选择等问题综合考虑，提出企业的国际化由三方面因素共同决定，为跨国企业全面决策提供了重要的理论依据。但该理论也存在一定局限性，该理论认为企业的对外投资必须同时具备三种优势，忽略了其他因素对企业跨国经营的影响作用。

1.2.4 国际化过程理论

国际化过程模型是瑞典 Uppsala 大学的 Johanson 和 Vahlne（1977）提出的一个依赖于国际化知识和经验累积从而对海外市场投入承诺的渐进过程模型。该理论将国际化行为分为状态和改变，状态包括已拥有的市场知识和已经呈现的市场承诺，改变包括承诺的行为和当前的业务活动，状态和改变之间的相互转化呈现出企业国际化过程的渐进性。在进入模式的选择上依照一种链式结构演进，即从不规律的出口开始，通过独立的业务代表出口，再到国外成立销售分支结构，最后在国外市场进行生产制造。在国际市场的选择上，从心理距离近的市场逐渐扩张到心理距离远的市场。该模型的核心是企业现有知识和通过学习产生的新知识和经验推动企业进入新的市场。但该模型受到了众多的质疑和批评，为此，Johanson 和 Vahlne（2009）对该模型进行了修正。他们将企业看成嵌入在网络之中的一员，国际化过程是企业网络关系发展的过程，从国内的网络逐渐通过访问新的成员建立更多的国际化网络。国际化过程模型从学习动态视角分析了企业的进入模式和目标市场的选择，突出了经验知识在国际化过程中的重要性，弥补了以往研究仅静态地分析企业的国际化问题，但近几年大量并购案例和新兴经济企业快速激进的扩张方式对该理论提出质疑。

1.2.5 产品生命周期理论

产品生命周期理论由美国学者 Raymond Vernon 在其论文《生命周期中的国际投资和国际贸易》中提出，用于解释跨国投资的产品生命周期规律。相比于垄断优势理论、内部化理论和折中理论，产品生命周期理论通过动态分析，解释跨国企业如何在出口、技术许可和国际投资之间进行选择。他认为产品可以划分为“新产品阶段”“成熟产品阶段”和“标准化产品阶段”。在新产品的生命周期初期，需求主要集中在该产品开发的发达国家，生产活动可能在发达国家或国外低成本的国家进行。随着技术的溢出效应，该产品需求会逐渐从初始的发达国家转向其他发达国家，继而转向其他发展中国家。比如汽车、电视机、复印机、个人电脑等产品最初在美国出现、生产和销售，之后美国出口这些产品到其他国家。当其他国家能够生产出价格低廉、品质类似的产品时，美国开始进口这些产品。对于其他发展中国家，会经历先进口再生产最后出口的几个阶段。尽管 Vernon 的产品生命周期理论有一定的解释力，但是没有明确什么时候在国外投资更有利可图，也没有解释技术会转向哪些国家等问题。此外，在 20 世纪 90 年代，以服装、汽车、家电等产品为代表的行业，出现了反生命周期的现象，比如全球同步发行新产品、全球生产等行为，导致产品生命周期的解释力不足。

1.2.6 总结

基于发达国家企业国际化的理论观点中，值得注意的是它们都突出企业的资源（垄断性资源、企业拥有的知识中间品、所有权优势及国际化经验等）驱动企业海外市场扩张。它们认为企业拥有的先进的和独特的资源禀赋是驱动企业开展国际化扩张的根源。本书对以上几种理论进行了总结，如表 1-5 所示。这些理论迄今为止都是国际商务领域的重要支柱，对发达国家企业的对外投资行为有重要的指导作用。然而，这些理论也存在一定的不足，比如难以解释发展中国家企业和中小企业在没有资源优势和经验的情况下，所进行的快速对外直接投资和向发达国家市场的投资行为。

表 1-5 基于发达国家企业对外投资理论观点的总结

理论	关键因素	核心观点	不足
垄断优势理论	垄断性资源	在东道国市场不完全的条件下，跨国公司可利用其垄断优势排斥自由竞争，维持垄断以获得超额利润	资源的限制过于严格，缺乏现实性
内部化理论	中间产品	在不完全的中间产品市场，企业通过在不同的市场中转移中间产品，尤其是知识资产，将中间产品的市场内部化，减少外部市场交易产生的交易成本，当企业内部化行为跨越国家边界时就产生跨国企业	很多知识是难以编码和转移的，交易成本在不同的市场上也难以估计和比较
国际生产折中理论	所有权优势	企业的国际生产选择建立在企业所拥有的所有权优势、内部化优势和区位优势基础上，通过内部化将其他优势结合和转化为企业的国际竞争优势，推动企业进行国际生产	简单地组合三种因素忽略了这三种因素之间的互动作用，及其他因素的影响
国际化过程理论	国际化知识和经验	依赖于国际化知识和经验累积从而对海外市场投入承诺的渐进过程	渐进的观点无法解释激进的扩张行为
产品生命周期	关键技术和市场需求	技术和需求从发达国家向发展中国家转移	反生命周期现象

资料来源：作者整理。

1.3 基于发展中国家跨国企业的对外投资理论

1.3.1 投资发展周期理论

自 20 世纪 80 年代末以来，跨国企业在经济全球化进程中发挥着愈加重要的作用。为解释逐渐兴起的发展中国家的对外投资行为，Dunning

（1981）将其国际生产折中理论加以应用和延伸，提出了投资发展周期理论。该理论指出，一个国家的国际投资分为五个阶段：第一阶段是人均 GDP 低于 400 美元，国家的整体经济实力较弱，吸引国外投资的能力较弱，且基本上没有对外投资活动。第二阶段是人均 GDP 在 400 美元至 2 000 美元，此时该国市场对外资有一定的吸引力，但对外投资活动很少。第三阶段是人均 GDP 在 2 000 美元至 4 750 美元，以市场导向和以技术导向的外来投资增加，且远超该国的对外投资活动。第四阶段是人均 GDP 超过了 4 750 美元，该国市场的相对成本优势下滑，对外资的吸引力有限，而该国的对外投资高速增长。第五阶段，受国家间相互投资的影响，该国的净对外投资数量将缓慢增长。通过构建宏观动态演进模型，投资发展周期理论从动态视角解释了国家经济发展和对外投资之间的关系。这一理论对发展中国家投资有一定的解释力，但是对各个阶段相对固定的划分方式，也使得对现实中对外投资的解释和预测有较大的偏差。

1.3.2 小规模技术理论

20 世纪 70 年代，美国学者 Louis T. Wells 提出小规模技术理论，用于分析发展中国家的企业对外投资的竞争优势来源问题。他认为发展中国家企业对外投资的竞争优势来源于其生产成本较低的比较优势。这种优势分为三个方面：第一，适应较小规模市场需求的生产技术优势；第二，在民族产品和海外生产的优势；第三，与发达经济体跨国企业所生产的商品相比，发展中国家的跨国企业生产的产品具有物廉价美的优势。该理论突破了基于发达经济的跨国企业理论所强调的绝对技术优势的观点，将发展中国家的跨国企业竞争优势与所在母国市场的特征结合起来，为发展中国家的跨国企业对外投资行为提供了新的理论支撑。然而，该理论难以解释发展中国家的高新技术企业的对外投资行为，也难以解释发展中国家对外投资不断增长的现象。

1.3.3 技术本地化理论

技术本地化理论是英国经济学家 Sanjaya Lall 在 1983 年提出的，用于解释发展中国家企业对外投资行为的竞争优势来源。他通过分析印度跨国企业的竞争优势和投资动机，提出发展中跨国企业的技术特征尽管表现为规模小、标准化和劳动密集，但这种技术的形成蕴含着企业的本地化创新活动。该理论将发展中国家跨国企业的竞争优势归纳为四个方面：第一，基于本土化要素价格和质量的技术知识的本地化；第二，对进口的技术和产品进行改造，使产品更好地适应本地市场或邻国市场的需求；第三，生产技术环节和生产过程与当地供给和需求特征结合，在小规模生产条件下具有经济效益；第四，开发出有一定差异性的产品，适应当地市场的需求。技术本地化理论分析了发展中国家跨国企业的创新活动，对微观层面的技术创新和比较优势有一定的解释力，但总体上看，该理论的分析较为宽泛。

1.3.4 技术创新产业升级理论

英国学者 Cantwell 和 Tolentino 在 20 世纪 90 年代初，分析了第三世界国家对外投资的增长趋势，提出了技术创新产业升级理论。该理论指出，发展中经济体的产业结构升级，是当地企业技术研发能力逐渐提升的结果，而且这种技术水平的提升会促进当地企业的对外投资活动。从产业结构看，这些国家的对外投资遵循着从资源开发为主的纵向一体化，再向出口导向型和进口替代型的横向一体化的生产演进的发展过程。从地域分布角度看，这些国家的发展遵循着先在邻近国家开展对外投资，再向其他发展中国家扩张，最后向发达国家对外投资的模式。该理论提出了发展中国家跨国企业通过技术创新与积累为基础的技术提升的路径，以及在产业结构和对外投资的互动关系中不断实现产业升级的动态过程。然而，该理论忽略了发展中国家对外投资行为与技术升级之间的双向因果关联。

1.3.5 总结

基于发展中国家对外投资的理论观点中，学者们较为强调技术资源的本地化改进和应用，认为技术发展、经济增长和产业升级，促进企业建立本地化的比较优势，从而驱动企业的对外投资行为。笔者对以上几种理论进行总结，如表 1-6 所示。这些理论迄今为止都是国际商务领域的重要支柱，对发展中国家企业的对外投资行为有重要的解释力。然而，这些理论也存在一定的不足，比如较少考虑当地政府、制度、竞争者行为和企业需求等因素对其国际化行为的影响。

表 1-6 基于发展中国家企业对外投资理论观点的总结

理论	关键因素	核心观点	不足
投资发展周期理论	人均 GDP	一个国家的人均 GDP 水平会影响吸引外资和对外投资行为	相对固定的划分方式，对解释很多国家的对外投资活动有一定偏差
小规模技术理论	小规模技术	适应小规模市场需求的技术也可以成为发展中国家跨国企业的竞争优势来源	难以解释发展中国家对外投资不断增长的现象
技术本地化理论	技术	发展中国家跨国企业对技术的本地化创新活动，为其创造了对外投资的竞争优势基础	解释技术创新和对外投资活动比较宽泛
技术创新产业升级理论	技术、产业结构	当地企业技术和研发能力会促使产业升级，从而促进当地企业的对外投资活动	忽视了对外投资行为与技术升级之间的双向因果关联

资料来源：作者整理。

1.4 基于新兴跨国企业的对外投资理论

来自新兴经济的企业在全球市场中的涌现，使得新兴经济企业对外投资的相关问题成为目前最新研究的重点。但由于新兴经济母国和企业的诸多特征，使得突出企业拥有的专有优势作为驱动企业对外投资和绩效获取的关键因素的传统理论流派和早期理论流派，难以解释新兴经济企业对外投资的问题。为此，近年来，有学者结合新兴经济企业和母国特征，提出了一些新的理论视角，包括连接—利用—学习（LLL）模型、跳板视角、战略资产搜寻视角、制度促进视角和逃离视角。下文将对这些理论逐一进行介绍。

1.4.1 连接—利用—学习（LLL）模型

Mathews（2002，2006）分析了亚太地区的“Dragon Multinationals”的兴起以及这些全球市场上的后来者和外来者的特性后，提出了区别于传统 OLI 理论的 LLL 理论，用于解释新兴经济企业对外投资的动机和开展国际化的优势来源。他认为新兴经济企业由于缺乏先进的资源优势，同时又面临着外来者和后来者劣势，这些企业将国际化扩张视为一种获取全球资源以实施追赶战略的重要方式。对于新兴经济企业，开展国际化的优势来源于三种特有的方式：连接（Linkage）、利用（Leverage）和学习（Learning），简称 LLL。连接是指企业通过与外国企业建立合资或合作关系，从而访问当地资源；利用是指在合资或合作关系中利用对方资源；学习是指在连接和利用过程中积累经验和掌握先进技能。Mathews 提出的 LLL 模型继承了传统基于资源的观点，首次对缺乏资源和国际化经验的新兴经济企业对外投资行为给予系统的解释。然而不足的是，该模型缺乏实证检验，而且 LLL 模型给予的解释并未脱离传统理论的范式，忽略了企业所在母国环境因素在对外投资中的作用。

1.4.2 跳板视角

Luo 和 Tung（2007，2018）根据新兴经济企业的特征，提出跳板视角（A springboard perspective）。他们认为新兴经济企业将对外投资看成获取战略资源和降低在国内面临的制度和市场约束的一个跳板。为此，新兴经济企业采用一系列激进的、冒险的国际化方式是为了从成熟跨国企业那里购买和获取关键的战略资产以弥补他们的竞争劣势和后来者劣势。Luo 和

Tung（2007）还具体分析了对外投资能够给企业带来的诸多好处，包括弥补竞争劣势、克服后来者劣势、应对全球竞争者的竞争、绕过贸易壁垒、减轻国内制度和市场约束、保障从母国政府获取优待、在其他新兴经济或发展中国家利用企业的竞争优势。基于跳板视角，Wang 等学者（2014）通过小样本调研的方式检验了相关因素对企业授予海外子公司的自主权的影响。Kumar 等学者（2020）基于 8 163 家印度上市公司在 18 年间的数据，发现在自由化时代建立的年轻的公司、1991 年后的以及非附属的公司更有可能通过更快地进行首次跨境收购（CBA）来推行积极的国际化。总体上，跳板视角全面地分析了新兴经济企业开展对外投资的优势，以及外部因素对企业对外投资的作用。

1.4.3 战略资产搜寻视角

战略资产搜寻视角（Strategic-asset seeking）起源于 Hamel 和 Prahalad（1993）提出的战略意图的观点。国际商务领域的学者将战略意图定义为企业向海外投资的重要的动机。Makino 等学者（2002）提出新兴经济企业对外投资的重要战略意图是战略资产的搜寻，也就是获取海外市场中的先进技术、营销资源和管理专长等。在这个视角下，Rui 和 Yip（2008）、Deng（2009）在理论上探讨了新兴经济企业海外并购这种国际化方式的动机、所有权优势和战略选择等。Cui 等学者（2014）通过小样本调研的方式检验了内外部因素对战略资产搜索的战略意图的影响作用。战略资产搜寻视角指出了新兴经济企业对外投资的动机，但依旧继承传统资源的观点，突出战略资产获取的重要性。尽管有部分的实证研究，但现有研究仅关注了内外部因素的直接作用，而且这部分研究仅关注了战略意图的重要性，忽略了其他外部环境对对外投资的影响作用，以及内外部因素的交互作用。

1.4.4 制度促进视角

Luo，Xue 和 Han（2010）以中国为例分析了新兴经济政府如何促进企业的对外直接投资，在此之后，有不少学者从制度理论角度分析了政府和对外投资的政策在新兴经济企业对外投资中的作用，比如 Cui 和 Jiang（2012）、Lu 等学者（2014）和 Wang 等学者（2012）等。这些研究形成了一个新的理论视角，即制度促进视角。制度促进视角认为新兴经济政府和政策在推动本国企业对外投资中扮演着重要的角色。经济上的激励和政策上的扶持，比如税收减免、低成本贷款、外汇政策、双边协议、清算保障等，能够促进企业开展对外投资以及弥补新兴经济企业在全球竞争中的劣势。此外，新兴经济政府的支持能够弥补企业在国际化经验的不足、影响企业的风险偏好、影响企业的合法性建立。制度促进视角区别于先前继承基于资源的观点的相关理论视角，突出政府、政策以及制度因素是影响新兴经济企业对外投资的关键，对于揭示新兴经济企业对外投资有重要的理论意义。

1.4.5 逃离视角

Witt 和 Lewin（2007）在总结前人观点的基础上，提出对外投资的逃离视角。他们认为对外投资是企业面临母国制度环境不能满足企业需求时的一种逃离反应。当企业面临的母国制度约束越高时，企业越可能采用对外投资战略来逃离母国的约束。继承 Witt 和 Lewin（2007）的逃离观点，Xia 等学者（2014）和 Choudhury 和 Khanna（2014）采用资源依赖的视角分析了新兴经济企业对外投资的影响因素，包括外资企业与本土企业之间的象征性、竞争性和合作性依赖关系、政府对企业的干预和控制等，提出企业在母国环境中面临的市场约束和制度约束是企业通过对外投资开展逃离战略的关键因素。逃离视角在众多突出资源重要性的研究中成为一个重要的理论分支，对揭示新兴经济企业对外投资的动因有重要的理论价值。

1.4.6 总结

基于新兴经济的理论视角分为两大派，其中，LLL 模型、跳板视角和战略资产搜寻视角在继承传统的资源的观点基础上，突出获取海外市场的战略资产以弥补企业在专有优势不足带来的竞争劣势和后来者劣势是新兴经济企业开展对外投资的基本动机。而制度促进视角和逃离视角作为另一派，强调企业所在的母国环境因素对企业对外投资有着重要的作用。表 1-7 展示了各个理论视角的观点总结。

表 1-7　基于新兴经济企业对外投资的理论视角总结

理论	关键因素	核心观点	不足
连接—利用—学习（LLL 模型）	资源获取	通过国际化访问资源实现后来者和新来者的追赶战略，采用的方式是连接（Linkage）、利用（Leverage）和学习（Learning）	理论研究缺乏实证检验，忽略企业所在外部环境在对外投资中的作用
跳板视角	国际化扩张作为跳板	利用国际化扩张作为跳板，获取战略资源和降低在国内的制度和市场约束。通过激进和冒险的方式获取成熟 MNEs 的战略资产，以克服在国际舞台上的后来者劣势和竞争劣势	仅提出了国际化的战略意图，未探讨企业对外投资面临的内外部因素之间的相互作用，并且实证检验不足
战略资产搜索视角	战略资源获取的意图	在海外市场中获取战略资源以实现追赶全球领袖的战略目标，战略意图会影响投资的选择（发达国家 vs. 较不发达国家），以及企业的市场、治理结构和财务、管理能力会影响企业意图	较少考虑外部因素的作用，以及内外部因素交互；缺乏大样本实证检验
制度促进视角	政府和政策的积极作用	母国政府在企业资源和国际化经验不足的情况下，对企业对外投资起到关键的促进作用，包括资源支持、政策导向、激励和政策服务等	与逃离视角的部分观点矛盾
逃离视角	制度和市场的约束	企业采用对外投资作为响应国内制度和市场约束的逃离战略，面临的制度和市场约束程度越高，企业越可能采用对外投资的战略响应外部约束	与制度促进视角的部分观点矛盾

资料来源：作者整理。

1.5 我国对外投资的发展历程和主要特征

1.5.1 对外投资简介及中国对外投资发展历程

在全球经济一体化的背景下，中国企业对外投资逐年上升，投资方式、投资领域、投资国家和地区也逐渐多元化。中国企业的对外投资与中国对外开放的发展历程息息相关，从政策变化和时间阶段来看，大体可分为四个阶段。

1. 起步阶段

1978 年 12 月，中国共产党十一届三中全会确立了实行对内改革、对外开放的政策，拉开了中国改革开放的序幕。这一阶段的对外开放是由经济特区逐步扩大到沿海、沿江的渐进式梯度开发，主要目的是引入急需的外国资本、技术和管理。1979 年 8 月 13 日，国务院颁布了《关于大力发展对外贸易增加外汇收入若干问题的规定》，其中第 13 条为“出国开办企业”。这是自中华人民共和国成立以来，第一次将对外投资作为国家政策提出，中国企业进军海外市场的序幕也由此拉开。

2. 初步发展阶段

1992 年，邓小平发表南方谈话开启了中国改革开放的新篇章，中国开始全面推行对外开放的经济政策。该阶段的开放特征主要体现在规模扩张方面，旨在扩大出口创汇和提高自身竞争力，社会责任并未得到充分考虑。随着经济全球化的不断推进，为了更好地融入国际市场，党中央于 2000 年确立了“走出去”战略，旨在促进“引进来”和“走出去”的相互促进。2001 年，该战略被纳入《国民经济和社会发展第十个五年计划纲要》，对外投资进入了一个全新的阶段。这一新阶段的主要特点是促进区域和全球经济一体化，推动中国企业走向世界，同时注重社会责任和可持续发展。

3．高速发展阶段

自加入世界贸易组织（WTO）以来，中国对外开放逐渐由政策性开放转变为制度性开放。在这一阶段，对外开放的新特点主要包括开放领域的扩大、开放模式的转型，以及国内体制和世界规则的全面对接。随着国家经济的快速发展，大量企业不断壮大，对外投资的规模和数量也不断增长。根据商务部的统计数据，我国的对外直接投资额每年都能达到新的高度，而且投资的产业领域也从初期的重点关注贸易，逐渐发展为资源开发、工业生产加工、交通运输、旅游餐饮、研究开发、咨询服务、农业及农产品综合开发等多个领域。这些变化表明中国对外开放的步伐不断加快，越来越多的企业在国际市场上崭露头角，为中国经济的快速发展注入了新的动力和活力。

4．参与全球治理的新阶段

为了适应新的飞速发展的世界经济形势，实现国内改革与对外开放的全面对接，中国于 2013 年提出了“一带一路”倡议。这一倡议旨在为自身和其他国家创造经济发展机会，并积极参与全球经济治理。在这个阶段，中国对外开放从数量扩张逐渐转向质量提高，参与国际竞争和合作的深度和广度不断拓展。在最初“走出去”的时候，中国企业主要承揽国际工程承包业务，但在日益激烈的竞争中展现出实力，而且国外业主也越来越欢迎中国企业参与投资。如今，中国企业已经遍布世界各地，业务范围进一步拓宽。在“一带一路”倡议的引领下，中国迎来了新一轮对外投资热潮，迅速走向了世界经济的大舞台，并在国际竞争中强筋健骨、不断发展壮大。

5．国内国际市场双循环发展阶段

当今世界正在经历百年未有之大变局，经济全球化遭遇逆流，保护主义上升，全球产业链正值重组。面对复杂的国际环境，为了在危机中育先机、于变局中开新局，中国政府在“十四五”规划中明确指出，加快构建国内国际双循环相互促进的新发展格局。2022 年 2 月 28 日，习总书记主持中央全面深化改革委员会第二十四次会议，通过《关于加快建设世界一流企业的指导意见》，再次强调引导企业积极稳妥开拓国际市场，要支持企业充分利用国际国内两个市场、两种资源，增强面向全球的资源配置和整合能力，将我国超大规模市场优势转化为国际竞争优势。面对新形势下的双循环发展，我国跨国企业面临着新的发展要求。不仅需要在国际市场获得资源，提升竞争力，还需要更好地服务国内市场的需求。在“内外要求统筹、合作共赢”发展理念的引导下，我国跨国企业应当在更细分、更专业化的方向寻找增长点，坚持企业创新和转型升级，提高自身的竞争力和可持续发展能力，为实现新发展阶段、高质量发展做出更大的贡献。

我国对外直接投资的流量和存量数据如表 1-8 所示，变化趋势如图 1-1 所示。

表 1-8　我国对外直接投资的流量和存量（单位：亿美元）

年份	FDI 流量			FDI 存量	
	金额	全球位次	比上年增长（%）	金额	全球位次
2002	27.0	26	—	299.0	25
2003	28.5	21	5.6	332.0	25
2004	55.0	20	93.0	448.0	27
2005	122.6	17	122.9	572.0	24
2006	211.6	13	43.8	906.3	23
2007	265.1	17	25.3	1 179.1	22
2008	559.1	12	110.9	1 839.7	18
2009	565.3	5	1.1	2 457.5	16
2010	688.1	5	21.7	3 172.1	17
2011	746.5	6	8.5	4 247.8	13
2012	878.0	3	17.6	5 319.4	13
2013	1 078.4	3	22.8	6 604.8	11
2014	1 231.2	3	14.2	8 826.4	8
2015	1 456.7	2	18.3	10 978.6	8

续表

年份	FDI 流量			FDI 存量	
	金额	全球位次	比上年增长（%）	金额	全球位次
2016	1 961.5	2	34.7	13 573.9	6
2017	1 582.9	3	－19.3	18 090.4	2
2018	1 430.4	2	－9.6	19 822.7	3
2019	1 369.1	2	－4.3	21 988.8	3
2020	1 537.1	1	12.3	25 806.6	3
2021	1 788.2	2	16.3	27 851.5	3

数据来源：《2021 年度中国对外直接投资统计公报》。

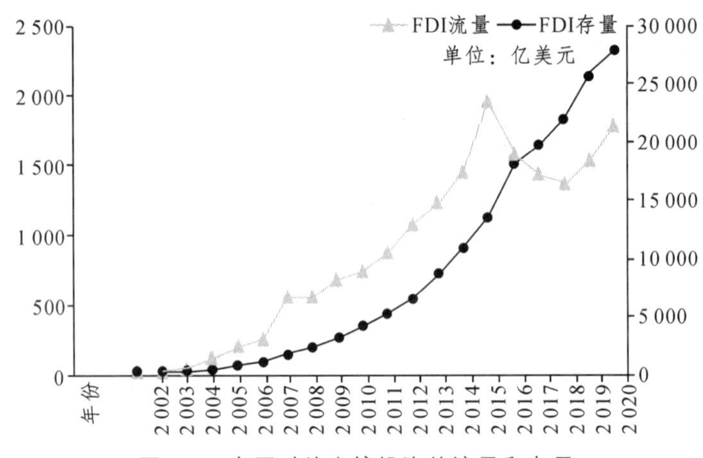

图 1-1　中国对外直接投资的流量和存量

数据来源：《2021 年度中国对外直接投资统计公报》。

根据联合国贸发会议（UNCTAD）《2022 世界投资报告》可知，2021 年全球对外直接投资流量 1.7 万亿美元，比上年增长 119%，其中发达经济体对外直接投资 1.27 万亿美元，是上年的 3.1 倍，占全球流量的 74.3%；发展中经济体对外投资 4 383 亿美元，比上年增长 17.8%，占 25.7%。2021 年，中国对外直接投资继续保持两位数增长，流量达 1 788.2 万亿美元，位列世界第二，占全球份额的 10.5%。

如表 1-8 所示，自从 2002 年发布年度对外直接投资统计数据以来，中国已连续五年位列全球对外直接投资流量前三。2021 年流量是 2002 年的 66 倍，年均增长速度高达 24.7%。党的十八大以来，中国累计对外直接投资达 1.34 万亿美元，相当于存量规模的 48.2%，连续六年占全球份额超过 10%，在投资所在国家（地区）累计缴纳各种税金 3 682 亿美元，年均解决超过 200 万个就业岗位。

2021 年，中国企业对外投资并购总体规模稳定并呈现回升趋势，实际交易总额达到 318.3 亿美元，同比增长 12.9%。其中，直接投资占比 63.9%，达到 203.5 亿美元，占当年中国对外投资总额的 11.4%。共有 505 起境外投资并购项目，覆盖了 59 个国家或地区。在共建“一带一路”国家方面，中国企业的投资并购规模显著增长，共实施 92 起并购项目，涉及投资额为 62.3 亿美元，较上年增长 97.8%。具体来看，印度尼西亚、新加坡、越南、哈萨克斯坦、阿拉伯联合酋长国、埃及、土耳其等国家吸引了超过 3 亿美元的中国企业并购投资。

据行业分类分析，2021 年中国对外直接投资涉及国民经济 18 个行业大类，其中租赁和商务服务业、批发和零售业、制造业、金融业、交通运输/仓储和邮政业的投资均超过百亿美元，其中租赁和商务服务业仍保持第一位，批发和零售业居第二位。制造业的投资规模达到 268.7 亿美元，占流量总额的 15%，比上年增长 4%。该行业的投资主要流向汽车制造业、计算机/通信和其他电子设备制造业、金属制品业、专用设备制造业、有色金属冶炼和压延加工业、化学原料和化学制品业、医药制造业、其他制造业、橡胶和塑料制品业、电气机械和器材制造业、纺织业、造纸和纸制品业、通用设备制造业、非金属矿物制品业、食品制造业、化学纤维制造业、铁路/船舶/航空航天和其他运输设备制造业、黑色金属冶炼和压延加工业、家具制造业等领域。其中，流向装备制造业的投资规模为 141.2 亿美元，较上年增长 18.7%，占制造业投资的 52.5%（详见表 1-9、1-10）。

表 1-9　2021 年中国对外制造业投资流向的主要二级类别（单位：亿美元）

二级制造业	投资金额	二级制造业	投资金额
汽车制造业	42.7	通用设备制造业	5.9
计算机/通信和其他电子设备制造业	32.5	非金属矿物制品业	4.9
金属制造业	23.9	食品制造业	4
专用设备制造业	22.7	化学纤维制造业	3.9
有色金属冶炼和压延加工业	20.3	铁路/船舶/航空航天和其他运输设备制造业	3
化学原料和化学制品制造业	18.8	黑色金属冶炼和压延加工业	2.8
医药制造业	17.9	家具制造业	2.1
其他制造业	17.6	仪器仪表制造业	1.9
橡胶和塑料制品业	14.9	纺织服装/服饰业	1.8
电气机械和器材制造业	8.6	农副食品加工业	1.7
纺织业	6.9	石油/煤炭及其他燃料加工业	1.2
造纸和纸制品业	6.1		

数据来源：《2021 年度中国对外直接投资统计公报》。

表 1-10　2021 年中国对外直接投资流量行业分布情况（单位：亿美元）

行业	流量金额	比上年增长（%）	比重（%）
租赁和商业服务业	493.6	27.5	27.6
批发和零售业	281.5	22.4	15.7
制造业	268.7	4.0	15.0
金融业	268.0	36.3	15.0
交通运输/仓储和邮政业	122.3	96.3	6.8
采矿业	84.1	37.2	4.7
信息传输/软件和信息技术服务业	51.3	－44.2	2.9
科学研究和技术服务业	50.7	35.9	2.8

续表

行业	流量金额	比上年增长（%）	比重（%）
建筑业	46.2	－42.9	2.6
电力/热力/燃气及水的生产和供应业	43.9	－23.9	2.5
房地产业	41.0	－21.0	2.3
居民服务/修理和其他服务业	18.1	－16.2	1.0
农/林/牧/渔业	9.3	－13.9	0.5
卫生和社会工作	3.4	－46.9	0.2
住宿和餐饮业	2.7	125.0	0.2
水利/环境和公共设施管理业	2.2	37.5	0.1
文化/体育和娱乐业	0.9	—	0.1
教育	0.3	－76.9	0

数据来源：《2021年度中国对外直接投资统计公报》。

从FDI流量的目标国和地区分布来看（详见表1-11），2021年流向亚洲的投资1 281亿美元，比上年增长14%，占当年对外直接投资流量的71.6%。其中，对东盟10国的投资197.3亿美元，比上年增长22.8%，占对亚洲投资的15.4%。流向拉丁美洲的投资261.6亿美元，比上年增长57%，占当年对外直接投资流量的14.6%。流向北美洲的投资65.8亿美元，比上年增长3.8%，占当年对外直接投资流量的3.7%。其中对美国投资55.8亿美元，比上年下降7.3%；加拿大9.3亿美元，比上年增长342.9%，流向非洲的投资49.9亿美元，比上年增长18%。流向大洋洲的投资21.1亿美元，比上年增长46.2%。流向欧洲的投资108.7亿美元，比上年下降14.4%。

表1-11　2021年中国大陆对外直接投资流量前二十位的国家（地区）

序号	国家（地区）	流量金额	比重（%）
1	中国香港	1 011.9	56.6
2	英属维尔京群岛	139.7	7.8

续表

序号	国家（地区）	流量金额	比重（%）
3	开曼群岛	107.5	6.0
4	新加坡	84.1	4.7
5	美国	55.8	3.1
6	印度尼西亚	43.7	2.5
7	德国	27.1	1.5
8	越南	22.1	1.2
9	澳大利亚	19.2	1.1
10	英国	19.0	1.1
11	瑞士	18.2	1.0
12	荷兰	17.0	1.0
13	卢森堡	15.0	0.8
14	泰国	14.9	0.8
15	马来西亚	13.4	0.8
16	老挝	12.8	0.7
17	瑞典	12.8	0.7
18	刚果（金）	10.5	0.6
19	加拿大	9.3	0.5
20	阿拉伯联合酋长国	8.9	0.5

数据来源：《2021 年度中国对外直接投资统计公报》。

1.5.2 我国对外投资的必然性

随着经济全球化和区域经济一体化的不断发展，世界各国在大量吸引外资的同时，都在积极鼓励本国企业开展境外投资。这种积极利用国内外两个市场、两种资源来寻求发展的战略，已经成为各国发展经济的重要手段。对于企业来说，境外投资能够绕开多种有形或无形的贸易壁垒，占领国际市场，获得更多发展的有利条件。

我国企业开展对外投资的必然性主要体现在以下几个方面。

1. 寻求和占有更为广阔的国外市场

在国内市场已经趋于饱和且生产能力过剩的情况下，中国企业可以通过对外投资来寻求新的市场出路。这不仅能够带动产品的出口，还能够促进设备、技术以及劳务等方面的出口。通过对外投资，中国企业可以开辟海外市场，扩大生产规模，实现资源、技术、人才、资金等多方面的优势互补，提高企业的国际竞争力。同时，这也有助于中国企业通过海外市场的发展，提高自身技术水平、质量标准和管理水平，增强自身的创新能力和可持续发展能力。因此，对外投资不仅是中国企业的战略选择，更是推动中国企业走向国际市场、促进中国经济转型升级的有效方式。

2. 有利于资源的开发

越来越多的企业通过在境外的投资来获取各种资源，例如水电、矿产和石油等。这些资源的开发利用不仅有助于促进国内相关企业的发展，而且还可以缓解当地能源供应紧张的问题，对于国家和企业来说都具有长期的战略意义。通过境外投资获取资源既能够满足企业的生产需求，又可以降低生产成本。例如，企业可以通过自己开采或收购矿山等方式，确保原材料的稳定供应，降低采购成本，提高生产效率。此外，获取资源还能够为企业提供更加多元化的经营发展空间，提高企业的市场竞争力，促进企业的健康发展。同时，资源的开发利用也对当地的经济社会发展带来积极影响。例如，通过境外投资获取水电资源，可以满足当地的能源需求，缓解能源供应紧张的问题，为当地经济的持续发展提供保障。此外，资源的开发利用还可以促进当地就业、提高居民生活水平，增强当地的社会稳定与发展。

3. 打破行业垄断，追求更高投资效率

在行业垄断格局僵持的情况下，企业需要寻求新的发展机遇，而投资境外市场则是一个非常有效的方式。在境外市场，企业可以充分利用有限的资金，开拓新的业务领域，获取更多的市场份额和利润，投资效率将大幅提升。境外市场具有许多优点。首先，境外市场是增长潜力较大的市场，有着更广阔的发展空间。其次，在某些领域的境外市场中，企业可以更容易地建立起市场地位。此外，境外市场可以为企业提供新的技术、管理、人才和资源等方面的支持，促进企业创新能力和可持续发展能力的提升。通过在境外投资，企业可以降低其在国内市场中的竞争压力，同时也可以扩大自己的业务范围。企业可以利用自身的资源和技术优势，建立起在境外市场的品牌形象，提高企业的国际竞争力。此外，通过境外投资，企业还可以获取更多的市场信息，了解市场需求和新技术发展方向，有利于企业更好地制定战略。

1.5.3 中国跨国企业的投资特征

在中国跨国企业快速成长的背景下，许多研究分析了中国跨国企业对外投资的独特性。有研究指出与发达国家跨国公司相比，中国跨国企业以独特的方式国际化，而这种独特性在某种程度上可能是由中国跨国企业的“中国特性”决定的。

最早的实证研究是由 Buckley 等（2007）做的，他们的研究表明中国跨国企业的国际化至少在五个方面与众不同（如表 1-12 所示）：

第一，中国跨国企业更愿意在有风险的东道国投资。

第二，中国跨国企业缺乏公司专有优势，在国外进行风险投资是为了获取新的公司专有优势，而不是利用已有的公司专有优势。这使得战略资产寻求成为中国企业国际化的一个重要原因。

第三，中国跨国企业似乎是迅速国际化而不是逐渐进行的。

第四，中国跨国企业偏好于进入心理距离更加遥远的市场，如发达国家，且进入的时机早于人们的预期。

第五，中国跨国企业偏好于使用高承诺进入模式，如并购。

表 1-12　国际化过程：中国跨国企业 vs. 发达跨国企业

国际化过程	国际化速度	国际化次序	进入模式
阶段模式（乌普萨拉学派）	渐进的	首先进入心理距离近的国家，再进入心理距离远的国家	首先是低承诺进入模式，然后基于经验采用高承诺进入模式
中国跨国企业（新兴跨国企业）	快速的	比预期更早进入心理距离远的国家	比预期更早采用高承诺进入模式

资料来源：Ramamurti 和 Hillemann（2018）。

Ramamurti 和 Hillemann（2018）提出四个有助于解释中国跨国企业国际化的分析框架（见表 1-13）。

表 1-13　影响中国跨国企业和新兴跨国企业国际化的四个维度

维度	定义	对国际化的意义
跨国企业的进化阶段	从拥有国际业务的国内公司（婴儿期跨国公司），到拥有越来越多的公司专有优势、大量海外业务和生产的公司（青春期年跨国公司），再到一家拥有全球业务和许多不受地域限制的专有优势的公司（成熟跨国公司）	• 影响跨国公司对国内市场和国家专有优势的依赖，以及公司专有优势的范围，包括它们的位置限制 • 影响地理足迹、战略资产寻求国际化的程度以及出口与海外生产的程度
国际化的全球背景	国际化的成本和风险，基于国际贸易、资本、外国直接投资、人才和知识流动的难易程度，以及产业的去垂直化程度	• 影响国际化速度，向发达国家对外直接投资的程度，以及并购的使用程度
政府创造的优势	直接渠道包括利用金融类和非金融类国有企业实现经济目标； 间接渠道包括： • 加快宏观经济增长，在全球经济中创造经济影响力 • 为商品/服务的生产创造一个具有国际竞争力的平台 • 工业目标，在关键行业创造国家冠军企业	• 影响国际化目标、风险态度和政府间交易的前景（利用国有企业） • 影响本地企业相对于外国公司和政府的议价能力 • 影响“走出去”“引进来”的动机 • 给予国家冠军企业进入市场、资本、外国收购等的优惠

续表

维度	定义	对国际化的意义
跳跃优势	通过以下方式将后来者进入转变为竞争优势： • 劳动力成本套利策略 • 在低技术行业中跨越到最新技术和规模 • 在朝阳行业中跨越到最新平台	• 本土企业从原始设备制造商起步，然后国际化 • 本土企业通过并购等方式成为低技术工业的全球整合者 • 在某些情况下，本土企业成为朝阳产业的全球先行者

资料来源：Ramamurti 和 Hillemann（2018）。

根据 Ramamurti 和 Hillemann（2018）的观点，中国跨国企业的主要特征有以下几个方面：

第一，中国跨国公司的一个显著特征是缺乏公司专有优势，如专有技术或全球品牌。Rugman 认为中国跨国企业的国际竞争力必须依赖于中国的国家专有优势，如廉价劳动力、廉价资本或自然资源等。还有学者认为新兴跨国企业拥有在发达跨国企业中可能没有看到的公司专有优势，并以其自身特有的方式运用从而产生价值，并创造国内和国际竞争力。Ramamurti（2009）提出了中国跨国企业可能具有较弱或更少的公司专有优势，因为它们是早期或“婴儿期”跨国公司（见表 1-14 跨国公司演化的三阶段模型）。

表 1-14　跨国企业的进化阶段

	阶段 1 婴儿期跨国企业	阶段 2 青春期跨国企业	阶段 3 成熟期跨国企业
依赖母国市场和母国专有优势	高	高至中，下降	中至低，下降
公司专有优势强度	弱	中	高
品牌	在国内强，在国外不知名	在国内强，在国外逐渐知名	强全球品牌

续表

	阶段 1 婴儿期跨国企业	阶段 2 青春期跨国企业	阶段 3 成熟期跨国企业
利用其他国家的专有优势	少	增加的	密集的
公司专有优势的区位有界性	分销、品牌、政府关系等关键专有优势都是受地域限制	通过国际化和能力建设获得的新公司专有优势可能不受地域限制	许多公司专有优势不受地理位置的限制
出口与外国生产的比率	出口超过海外产量	出口和海外生产都很重要	海外产量超过出口
地理足迹	进入的国家很少，集中在本土区域	进入了一些国家，重点是本土区域	数十个国家，跨越许多地区

资料来源：Ramamurti 和 Hillemann（2018）。

婴儿期跨国公司更加依赖母国的国家专有优势，因为它们没有机会利用多个外国市场的国家专有优势。婴儿期跨国公司还可能更多地从本国出口，而不是从事国外生产，其地理足迹更有限，在技术上落后于发达跨国企业。随着时间的推移，婴儿期跨国企业会积累更多的公司专有优势，从而变得与成熟发达跨国企业相似。Gammeltoft、Pradhan 和 Goldstein（2010）在不同年份比较了 50 个最大的新兴经济跨国企业和 100 个最大的发达经济跨国企业的"跨国指数"（TNI）。如表 1-15 所示，两种类型的跨国公司的 TNI 都随着时间的推移而增加，但新兴经济跨国企业的 TNI 低于发达经济跨国企业，这表明新兴经济跨国企业处于早期阶段。

表 1-15 不同年份新兴跨国企业和发达跨国企业的跨国指数

	1995	2000	2005	2009	2015
全球 100 家最大的非金融跨国公司的跨国指数	45	49	55	58	66.1
发展中地区最大的 50 家非金融跨国公司的跨国指数	32	35	36	40	49.1

资料来源：Ramamurti 和 Hillemann（2018）。

第二，中国跨国企业和新兴跨国企业会开展迅速的国际化行为。Williamson 和 Zeng（2009）解释说，在 20 世纪 90 年代，国际化的成本和风险都下降了，公司更容易国际化，中国和其他新兴市场企业国际化的速度越来越快。

第三，中国跨国企业的一个独特方面是政府政策对其国际化战略的影响。正如 Peng（2012）认为，政府是新兴市场制度环境的重要组成部分。在贫穷国家，政府往往在经济发展中发挥主导作用（Gerschenkron，1962）。政府不仅仅是另一个制度，它是一个关键制度主体，塑造了该国许多其他制度，并创造了影响公司国际竞争力的国家资产和商业环境。

政府直接和间接地影响着企业的国际化战略，利用非金融和金融国有企业参与许多行业。中国跨国企业的独特行为在很大程度上反映在企业的国有所有制方面。在 2016 年，全球最大的国有跨国公司中也有 18%来自中国，《财富》2017 年全球 500 强榜单前五名中的三家国有跨国公司都是中国企业。

政府的间接贡献有几种主要形式。在宏观层面上，它涉及利用中国的土地、人口、地理位置和资源的自然禀赋，辅以互补的公共投资来加速增长，从而提高中国与外国公司和国家的议价能力。政府在物质、人力和制度资产方面进行了大量投资，以提高中国作为商品和服务生产地的吸引力。在微观经济层面，政府利用行业定位来培育关键行业的国家冠军企业并将其全球化。例如，中国企业倾向于“走出去、引进来”，即在国外，特别是在发达国家，寻求战略资产，主要是为了提高他们在国内市场的竞争力，并将其作为国际竞争力的垫脚石。

第四，中国跨国企业通过超越发达国家的先发竞争对手，将后来者劣势转化为优势。Mathews（2006）认为，后来者“中国跨国公司”有一种追赶西方竞争对手的紧迫感。后来者劣势也使得中国企业在低技术工业和一些朝阳产业上超越了西方竞争对手。在这两种情况下，政府赋予的优势都加强了后来者优势（Luo & Tung，2007）。来自中国和其他新兴经济体的后起之秀跨越到最新的技术和工厂规模，以获得优势，而发达国家的现有企业则受制于旧技术、规模较小的工厂和遗留的劳动合同的劣势。比如，生产钢铁、铝、化工、造纸、汽车零部件、白色家电、轨道设备、发电厂设备和个人电脑等产品的制造业中国企业，这些企业正在增加产能和工人，而发达国家的相关企业则在关闭产能和裁员。凭借中国市场所提供的规模和势头，以及其作为低成本制造业所在地的优势，后发的中国跨国企业可能会在中国和第三国击败来自发达国家的先行者。随着时间推移，越来越多行业受到这种“全球整合战略”的影响。这一策略适用于联想、海尔或万向等中国跨国企业，但近年来已扩展到汽车装配商，如吉利、长城和上汽集团，以及三一等建筑设备制造商、华为和中兴等电信设备制造商。

1.6　全球对外直接投资的发展状况

根据 2022 年世界投资报告显示，2021 年全球外国直接投资（FDI）规模达 1.58 万亿美元，同比 2020 年极低水平增长 64%。宽松的融资政策和大规模基础设施刺激计划推动了并购市场的繁荣，国际项目融资也迅速增长，全球经济呈现出明显的反弹态势。

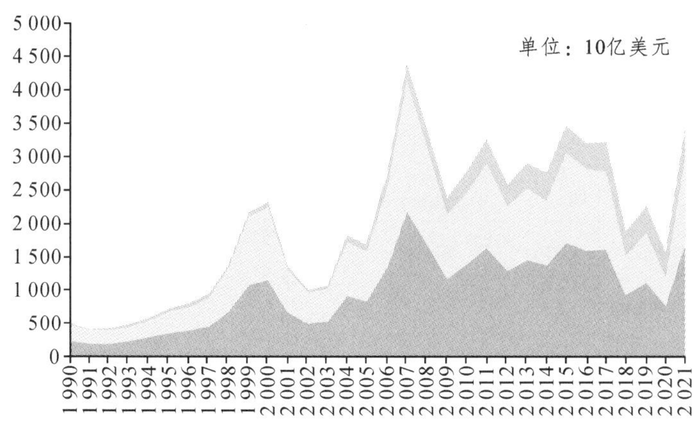

图 1-2　1990—2021 年全球对外直接投资流量情况

数据来源：《2022 年世界投资报告》。

在 2021 年，来自发达经济体的跨国公司的海外投资增长了一倍多，从

4 080 亿美元增至 1.3 万亿美元。它们在全球对外直接投资（FDI）中所占的份额升至全球对外直接投资（FDI）的四分之三。欧洲跨国公司对外投资总额从 2020 年的异常低水平（－210 亿美元）反弹至 5 520 亿美元。荷兰的资金流出逆转了方向，从 2020 年的－1 910 亿美元跳回到 290 亿美元，差额占欧盟跨国公司投资增长的三分之二。德国的资金流出急剧增加至 1 520 亿美元（从 2020 年的 610 亿美元），使其成为全球第二大投资国。其中，德国跨国公司在海外的再投资收益跃升至 660 亿美元，创历史新高。来自其他欧洲国家的跨国公司的对外投资从 2020 年的－870 亿美元增长到 1 540 亿美元。英国跨国公司的海外投资从 2020 年的－650 亿美元增加到 1 080 亿美元，主要是以再投资收益的形式。来自俄罗斯联邦的对外直接投资从 70 亿美元增加到 640 亿美元，大部分流向塞浦路斯。

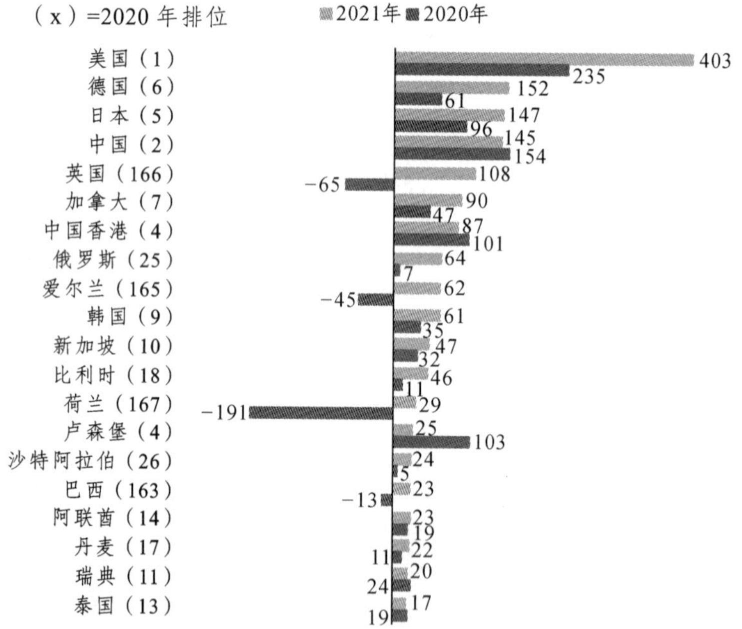

图 1-3　2020 年和 2021 年，前二十的对外直接投资流出国和地区（10 亿美元）

数据来源：《2022 年世界投资报告》。

北美流出的资金达到创纪录的 4 930 亿美元。美国跨国公司的海外投资增加了 72%，达到 4 030 亿美元。流向欧盟和英国的资金分别增加了一倍，达到 1 540 亿美元和 790 亿美元。从美国流向墨西哥的资金几乎增加了两倍（达到 110 亿美元），流向新加坡的资金大幅增加（250 亿美元）。从行业来看，增幅最大的是批发贸易（从 – 10 亿美元增至 380 亿美元）和金融（从 – 300 亿美元增至 390 亿美元）。来自其他发达国家的对外直接投资增长了 52%，达到 2 250 亿美元，主要是因为日本和韩国跨国公司的增加。日本流出的资金增加 53%，至 1 470 亿美元，使其成为第三大投资国。韩国跨国公司的资金流出翻了一番，达到 610 亿美元，海外已宣布的绿地项目从 94 亿美元跃升至 330 亿美元。

来自发展中经济体的跨国公司的海外投资活动价值增长了 18%，达到 4 380 亿美元。即使在疫情期间，亚洲发展中国家仍然是主要投资来源。该地区对外直接投资增长 4%，达到 3 940 亿美元，占 2021 年全球对外直接投资流出的近四分之一。这一增长包括来自沙特阿拉伯（增长 5 倍至 240 亿美元）、新加坡（增长 49% 至 470 亿美元）和阿拉伯联合酋长国（增长 19% 至 230 亿美元）的强劲流出。南亚，主要来自印度的对外直接投资增加了 43%，达到 160 亿美元。在东南亚，只有新加坡和马来西亚的资金流出有所增加。尽管亚洲发展中国家的总体对外投资有所增加，但总部位于该地区的公司在 2021 年进行的收购却有所减少。跨境并购交易下降 35%，至 450 亿美元。总部位于东亚（主要是中国大陆）的跨国公司的收购额大幅下降，从 2020 年的 440 亿美元降至 63 亿美元。然而，东南亚的跨境并购交易增长了 19%，达到 290 亿美元，西亚则从 – 13 亿美元上升到 77 亿美元。拉丁美洲和加勒比地区的对外直接投资跃升至 2019 年的 420 亿美元水平。

2

企业对外投资的外部环境

企业从事跨国投资所面临的国际环境是非常复杂的，特别是在经济全球化和区域经济一体化的环境下。外部变化，如政治与经济形势、外汇政策、法律法规、文化习俗、行业竞争、环境保护标准、社会责任标准等发生变化时，企业的经营绩效都会受到影响。企业开展对外投资的环境可以分为国内商务环境和国际商务环境，两种环境是相互作用和相互影响的。国际环境的变化直接或间接影响国内环境，而国内环境的改变也会影响国际环境。

跨国企业面临的国际环境比单纯的国内企业要复杂得多，不仅因为在制度、经济、文化等维度各不相同的环境中开展经营活动，还需要面临国家之间的环境差异，开展整合和协调活动。比如，国家之间的语言、文化、习俗的差异，使得开展经营的方式不同，人口教育素质和技术上的差异也显著影响生产运营效率。因此，在国际商务领域，国际环境是最重要的、最值得关注的情境因素。

2.1 对外投资的制度环境

2.1.1 制度环境与跨国企业行为

国际商务研究的一个重要焦点是东道国制度环境如何通过为跨国公司创造限制、成本或风险来塑造外国企业进入模式。制度，例如对外资股权的法律限制，可能会以不同的方式影响时机、地点或进入模式的决策。例如，当合同风险增加时，跨国公司可能会选择全资子公司，或者当政治风险增加时，选择合资企业。Peng（2003）认为，在支持市场的正式制度“不发达”的地方，跨国公司将更多地依赖合资企业而不是全资子公司作为应对非正式制度约束的一种方式。一般来说，企业可能采用非正式的基于网络的组织，要么作为对不太先进或不完整的制度基础设施的回应，要么作为对持久文化模式的适应，例如在缺乏普遍主义的、客观有序的制度纽带时使用的特殊社会纽带。因此，制度，如法律制度，对使用市场（如股票市场）或不同形式的劳动力的成本产生了重大影响。总而言之，这种方法有效地利用了交易成本经济学来理解制度如何影响市场行为。

企业对不同制度环境的适应状况影响企业的竞争优势。有人认为，如果企业能够适应或发展能够补充不同国家的风险、成本或资源环境的能力，它们就会更加成功。跨国公司可能会在遥远或不发达的制度环境中，用等级制度代替市场，或者发展补充这些不同资源环境的能力。企业特有的因素，如组织能力、经验和学习，会影响企业在适应不同制度环境方面的成功。

制度发展，或制度发展的程度，在不同国家差异很大。这种发展取决于公共和私有制度，这些制度可能是正式的（如法律），也可能是非正式的（如规范和认知）。公共制度与产权保护、司法制度、政治程序和政府政策、政府行为有关。因此，制度发展通过影响制度空白的关键维度来影响外国子公司的增长，如资源市场的可用性、市场机会、市场交易成本以及特定东道国的监管和合同框架。

例如，当无形资产与外部资源捆绑时，监管制度——特定经济体中的法律基础设施及其执行——会影响知识产权的保护，并增加进入市场的难度和成本。在转型经济中，正式的立法框架和实际的执法之间往往存在很大的差异。这些差异降低了司法制度在解决合同纠纷和分配经济租金方面的效力，从而可能限制附属部门的增长。效率低下的另一个原因是政府过度干预私营企业的经营。政府的任意介入增加了商业环境的不确定性，并通过增加进入各种市场的难度和在这种环境中进行交易的成本，限制了跨国公司子公司的增长机会。同样，较弱的公司治理制度、高的道德风险和薄弱的问责制度使外部监督变得困难，并可能通过增加代理成本对绩效产生负面影响。总的来说，这种制度上的挑战塑造了公司的行为，影响了某些职能的内部化，并可能加速或限制外国子公司的扩张。

制度环境对跨国企业行为的影响，Kostova，Roth 和 Dacin（2008）总结得非常全面和深入。他们从多个角度解释了制度对跨国企业行为的影响（如表 2-1 所示）：

（1）从监管、认知和规范"支柱"的角度来概念化国家环境，介绍了国家制度概况。

（2）通过制度转型、剧变和不完善的概念，将国家制度大规模转型的过程概念化。

（3）在制度嵌入的基础上解释和比较国家商业制度。

（4）解释同构压力导致的跨组织实践的相似性。

（5）研究跨国公司跨国界和跨单位的组织实践的扩散和制度化的限制。

（6）基于外国合法性和责任等概念来解释跨国公司与其所在环境之间的关系。

表 2-1　不同维度的制度对跨国企业行为影响的制度观解释

主题	主要的制度观点
制度概况/制度距离 - 国家制度概况被定义为一个三维结构，包括监管、认知和规范三个维度 - 国家制度维度是实践或问题的具体维度（如质量管理、创业活动） - 制度距离被定义为两个国家在某一特定问题上的制度形态（即监管、认知、规范）的差异或相似之处	- 制度安排大多是针对特定国家的，因为它们在社会经济环境的边界内演变，并作为社会互动的结果而建立起来 - 制度和制度环境有三个"支柱"：监管、认知和规范 - 制度安排定义了组织的社会背景并塑造了组织行为

续表

主题	主要的制度观点
制度变迁/转型经济 - 大规模的制度转型定义了转型经济 - 转型制度环境的特点： • 制度巨变 • 制度负担 • 制度缺陷 • 腐败和“国家俘获” • 转型过程中的不同阶段 - 转型制度环境需要特定类型的战略，并导致特定的企业行为（如贿赂）	- 制度体系的变迁和转型是一个具有不同阶段的过程，其特征是新的制度安排具有不同的成熟度和稳定性 - 个人和组织的经济行为是由制度决定的： • 由于制度的持久性和惯性，以前体制的制度模式继续被观察到 • 当新的制度没有完全发展时，可能会观察到组织模式的扩散
国家制度体系 - 比较资本主义和经济行为 - 业务系统的国家（和制度）起源 - 不同类型企业制度的制度特征和比较企业特征（如所有权模式、国家协调、对正式制度的信任、主导企业类型） - 比较资本主义方法研究跨国公司公司治理问题 - 跨国公司嵌入/脱离国家制度体系的程度	-（国家）制度环境在塑造商业体系方面的决定论 - 在制度环境（国家）内，商业制度和组织特征的相似性（即同构性）
对跨国公司的制度限制 - 制度环境决定了最有效的跨国公司战略和结构： • 国际扩张中的进入模式决策 • 国际联盟中的合作伙伴选择 • 创业活动的国家倾向 • 公司战略选择（比如多元化）	-（国家）制度环境的决定论通过同构的制度压力塑造组织的实践和结构 -（国家）制度环境可以或多或少地支持特定类型的经济活动（例如企业家精神），这取决于既定的监管、认知和规范性制度安排
在跨国公司内部各单位和跨国界的组织实践和结构的扩散、采用和制度化 • 从制度理论解释跨国公司实践和结构的跨国差异 • 从制度理论解释跨国界扩散、传播、组织实践的收敛/分歧 • 跨国界转移组织实践的制度限制，边界的“渗透性” • 跨国公司下属单位在多重复杂的制度环境中设计其实践和结构 • 应对跨国公司及其下属单位的内部组织环境和多重外部环境中相互冲突的制度压力，经理的多重角色 • 在跨国公司内部转移和扩散组织实践的关系情境和情境的作用	- 国家制度环境在塑造组织实践和结构方面的决定性，通过强制的、模仿的和规范的机制来强制同构 - 国家制度环境可以或多或少地支持某些组织实践的特定类型 - 当一个特定的实践完全制度化时，它就具有“理所当然”的地位；发达的制度环境（外部和内部）的特点是对公司行为有明确的期望 - 新的实践是由外部人士或成功的“外围/边缘”组织引入的；其他人开始模仿他们，受到他们日益增长的合法性的激励；结果，新的组织行动模式被共享并逐渐制度化

续表

主题	主要的制度观点
跨国公司、跨国公司子单位和东道国制度环境 - 跨国公司在东道国的外来者劣势： • 外来者劣势的来源和决定因素 • 外来者劣势随时间变化的动态性 • 克服外来者劣势的策略 • 外来者劣势的后果 • 外来者劣势的衡量 - 跨国公司合法性： • 跨国公司合法性的性质和特殊性 • 跨国公司和跨国公司子单位的合法性因素 • 跨国公司合法化制度环境/行动者的多样性和复杂性 • 跨国公司子单位的外部/内部合法性 - 东道国与跨国公司之间的依赖性和动态	-（国家）制度环境根据组织对制度要求的遵守赋予组织合法性 - 制度要求在组织领域（类）的边界内建立，组织可以是多个组织领域的一部分 - 合法性对于组织的生存是必要和关键的 - 合法性是通过采用在特定环境（领域）中制度化的实践和结构而成为同构的结果

资料来源：Kostova，Roth 和 Dacin（2008）。

2.1.2 政治制度

政治制度包括政府以及政府对政治家和政党等关键行为体施加的约束。政治制度决定税率和关税等领域的政策，投资条例，对外国所有权的限制，政府保护和外汇管制。随着拥有否决权的独立政府部门（行政机关、高级立法机关、下级立法机关、司法机关、地方行政机关）的数量以及不同政党控制否决权点的程度（即当政府各部门不一致时）的增加，这种限制也会增加。企业，包括风险投资公司，应预料到相关法规或产权保护或其解释是否发生变化，以避免政策制定受到制度限制，从而为投资提供一个更稳定的政治环境。经验证据证实，公司更愿意在有关产权的规则和条例不太可能因政府一方的单方面行动而改变的国家做生意。

一些东道国政策阻碍了外国业务的盈利机会。此类政策的一些例子是地方政府提高进入壁垒，为本土竞争对手提供有利的监管和采购条件，机会主义地征用外国业务的资产，改变贸易协议和投资法规以惩罚外国业务。然而，一些地方政府通过提供投资激励措施吸引外国直接投资，如防范投资风险和允许贸易和投资，或通过确保竞争优势，如通过政府购买和垄断，以换取经济和非经济贡献（Boddewyn 和 Brewer，1994）。公司受益于定期和可预测的公共政策的实施（Guthrie，1997；Trevino 1996）。风险投资公司和其他类型的公司一样，通常更愿意投资于政治风险较低的国家。原因在于，与知识和技术相关的投资机会的存在，保护投资者权利的适当法律制度的存在，以及实现资本收益的金融渠道的可用性，并不排除政策制定者可能会试图改变有关这三个方面的法律、规则或条例，以全部或部分地补偿投资者的回报。制度理论家认为，法律、规则和规章很少是完全客观或明确的（Scott，2001：169-170）。法律、法规和规章可能被改变或重新解释的程度给被监管者带来不确定性。

政治风险是指政治决策、事件或条件以某种方式改变一个国家的商业环境，迫使公司接受较低的回报率，损失部分或全部投资，或威胁其运营的可持续性。比如，在委内瑞拉，管理者在不断扩张的社会主义中面临经济民族主义；在巴西，管理者必须解密国会不断变化的多党联盟；在沙特阿拉伯，管理者必须破译统治家族的内部交易；在美国和英国，管理者必须理解民族主义对跨国融合的影响。因此，在一个国家有效的政治分析往往难以传播到其他国家。

政治风险还来源于政治稳定性。政治稳定是指一定社会的政治系统保持动态的有序性和连续性。具体而言，稳定的政治环境是指没有全局性的政治动荡和社会骚乱，政权不发生突发性质变，公民不是用非法手段来参与政治或夺取权力，政府也不采用暴力或强制手段压制公民政治行为，以此维护社会秩序。换句话说，政治稳定是将社会冲突控制在一定的秩序之内。

根据世界银行披露的数据显示，194 个国家或地区的政治稳定指数，2021 年平均得分为 – 0.07 分。最高值是列支敦士登 1.64 分，最低值是索马里（ – 2.68 分）。2021 年政治稳定指数排名前 20 和后 20 的国家（地区）

如表 2-2 所示。该指数反映了政府权力无序转移、武装冲突、暴力示威、社会动荡、国际紧张局势、恐怖主义以及种族、宗教或地区冲突的可能性。

表 2-2　政治稳定性指数前 20 名和后 20 名国家（地区）

政治稳定性排名前 20 国家（地区）	政治稳定性指数	政治最不稳定排名前 20 的国家（地区）	政治稳定性指数
列支敦士登	1.64	索马里	−2.68
安道尔	1.63	叙利亚	−2.66
新加坡	1.49	也门	−2.59
阿鲁巴岛	1.47	阿富汗	−2.53
新西兰	1.44	伊拉克	−2.4
多米尼加	1.39	利比亚	−2.37
冰岛	1.37	马里	−2.35
图瓦卢	1.28	中非	−2.1
卢森堡	1.21	缅甸	−2.07
基里巴斯	1.19	埃塞俄比亚	−2.07
文莱	1.17	苏丹	−1.94
瑞士	1.13	巴勒斯坦	−1.84
巴巴多斯	1.12	尼日利亚	−1.78
密克罗尼西亚	1.11	巴基斯坦	−1.67
萨摩亚	1.11	布基纳法索	−1.64
挪威	1.1	伊朗	−1.62
汤加	1.07	尼日尔	−1.62
中国澳门	1.05	刚果（金）	−1.61
乌拉圭	1.05	委内瑞拉	−1.53
格林纳达	1.04	黎巴嫩	−1.49

数据来源：The Global Economy.com。该指数是经济学人智库、世界经济论坛和政治风险服务等机构发布的其他几个指数的平均值。

2.1.3 法律制度

法律制度是指一个国家的正式法律和法规，用以定义和约束国家内的产权关系和交易关系。现代法律体系有三个基本组成部分：（1）宪法，它将一个国家的宪法转化为一个开放和公正的法律体系，为政府制定框架，并界定政治机构制定法律的权力和程序；（2）刑法，通过规定什么行为是犯罪行为来保护社会，并规定对违反这些标准的人的惩罚；（3）民法和商法，通过规定私人权利和具体补救措施，以规范个人和/或组织之间的行为，确保商业交易的公平和效率。没有一个单独的法律组成部分能够保证一个正常运作的法律体系。成功取决于所有组成部分的集体效力，以建立哲学诚信、程序正义和个人安全。每个组成部分的各个方面都会影响跨国公司在东道国的行动。

【资料】 肯尼亚咖啡行业的市场规则

尽管肯尼亚的阿拉比卡咖啡生长在肯尼亚山附近，在世界范围内享有很高的声誉，但最近这种咖啡的产量已经跌至 4.5 万吨的低点。这与 1987—1988 年创纪录的 12.7 万吨形成了鲜明的对比。

是什么导致了这种下降，而邻国乌干达的产量却翻了一番？专家将这种下降部分归因于全球咖啡卡特尔取消了咖啡配额。然而，许多人认为，肯尼亚咖啡销售的烦琐法规也是原因之一。肯尼亚没有一个买家和卖家可以相互竞争购买咖啡并直接卖给出口商的市场，而是要求农民与一些中介机构打交道，最终降低他们得到的价格。大多数当地小农户属于加工咖啡豆出售的合作社。咖啡豆装袋后，由 8 个销售代理中的一个销售给大约 60 个国内外咖啡经销商。这些交易在内罗毕咖啡交易所以拍卖的形式进行。

由于监管规定需要众多中间商，当地农民往往能获得较低的价格。事实上，这些农民经常抱怨咖啡经销商倾向于达成协议，以保持低价格。拍卖通常是低调的活动，交易员按下按钮，表明他们的购买意向。此外，许多经销商和营销代理往往属于同一姐妹公司。他们还可以串通一气压低价格。

来源：根据《经济学人》，2016 年 3 月 26 日，“肯尼亚咖啡：苦涩的收获”：80-81。

一个国家的法律的完备性和法律实施不仅决定了企业在复杂交易中的职责范围和行为准则，也定义和保护了交易方各自的法律权益。法律制度在促进经济活动和金融交易方面发挥着两个作用。第一，他们定义了超越个人的法人，创造了可流通的票据，并确定了如何进行谈判和交易（Trevino：1996）。第二，法律秩序界定和保护各方的合法利益。Weber（1978：328-329）观察到，尽管“在大多数商业交易中，任何人都从未想过采取法律行动，但经济交换在法律胁迫的威胁下得到了压倒性的保证。”公司和投资者更喜欢在法律机构能够保护他们的环境中运作（Trevino，1996）。相反，法律缺乏透明度或执法不力都会导致知识产权保护不足和普遍的腐败。产权保护不力阻碍了企业追求创新，从而阻碍了企业的竞争经营。腐败的蔓延可能为外国公司从事政治行为创造机会，但也会威胁到他们从经营中获得公平租金的能力，因为他们被迫将资源浪费在非生产性行为上。

对于跨国公司来说，更为重要的是国际商法体系，它代表着任何国家的法律和规则，这些法律和规则会影响该国的商业决策类型。一家企业想要在国际市场开展竞争，了解所在市场的法律法规是非常重要的。例如，在印度想解雇工人是极其困难的。同样，在印尼创业，企业需要通过 12 项程序，大概需要 97 天。在拉丁美洲开展采矿业务时，企业将面临越来越复杂的监管。跨国企业开展经营活动，需要重点关注东道国的合同法、财产和投资者保护法以及知识产权保护法等。

（1）合同制度。

合同是指一份法律文件，规定了经济交易发生的条件、交易双方的具体权利和义务。合同法是指管理合同执行的法律规则，当交易一方感受到对方违反合同或协议的内容或原则时，通常会通过合同法和诉讼来解决交易纠纷。尽管如此，不同法律体系的做法各不相同。例如，使用普通法制度的国家鼓励精确、详细的合同，而民法制度允许更广泛的协议。类似的趋势也出现在合同执行政策中。澳大利亚、挪威和英国实施的执法程序数量最少。布隆迪、安哥拉、玻利维亚、喀麦隆、萨尔瓦多、墨西哥和巴拿马需要很多程序。

由于普通法对合同的制定和执行规定相对来说不是特别明确，因此，在普通法体系国家中，交易双方拟定的合同往往较为详尽，对于偶然时间都有明确和详细的表述。而在民法体系下，合同拟定相对较短和较为笼统，因为合同涉及的很多问题在民法法典中都有明文规定。因此，在普通法体系下，拟定一份合同较为昂贵，而在实施民法体系的国家中，处理合同纠纷可能产生更多争议。对于从事跨国业务的企业来说，必须充分认识到不同国家法律体系的差异，以及处理合同争议的方式。世界经济论坛发布的2018年《全球竞争力指数》展示了各个国家和地区的法律框架解决争议的效率，前20名国家指数和后20名国家和地区指数如表2-3所示。

表2-3 处理争议的法律效率（前20名和后20名国家和地区指数）

处理争议的法律效率（前20名国家和地区）	处理争议的法律效率指数	处理争议的法律效率（后20名国家和地区）	处理争议的法律效率指数
新加坡	6.20	委内瑞拉	1.55
芬兰	5.96	尼加拉瓜	2.02
瑞士	5.89	克罗地亚	2.06
中国香港	5.87	意大利	2.10
阿联酋	5.71	希腊	2.17
英国	5.57	巴拉圭	2.18
新西兰	5.57	斯洛伐克	2.19
美国	5.55	毛里塔尼亚	2.21
荷兰	5.53	秘鲁	2.25
卡塔尔	5.50	海地	2.26
挪威	5.49	几内亚	2.36
瑞典	5.45	摩尔多瓦	2.46
卢旺达	5.43	萨尔瓦多	2.50
卢森堡	5.41	波黑	2.62

续表

处理争议的法律效率（前20名国家和地区）	处理争议的法律效率指数	处理争议的法律效率（后20名国家和地区）	处理争议的法律效率指数
德国	5.29	也门	2.62
日本	5.17	哥伦比亚	2.66
冰岛	5.16	葡萄牙	2.69
马来西亚	5.12	拉脱维亚	2.70
丹麦	5.08	厄瓜多尔	2.70
加拿大	5.00	墨西哥	2.71

数据来源：世界经济论坛，《2018 年全球竞争力报告》。数据的标尺范围是 0 至 7（7 为最高）。

当国际贸易活动发生争议时，跨国企业面临着运用哪个国家的法律来处理问题，是用母国的法律还是东道国，抑或是第三方国家的法律问题。要解决这一问题，很多国家都以《联合国国际货物销售合同公约》为准，该公约为从事跨国业务的交易双方提供了制定和执行合同的统一标准。然而，世界上仅有 70 个国家认可此公约，将其视为本国法律的组成部分。大部分贸易国家包括日本和英国，都没有承认该公约。在这种情况下，从事国际贸易的交易双方在拟定合同时，就需要约定该合同在执行时，会采用哪国的法律条款。当没有具体约定，且交易出现问题，交易方会选择国际著名的仲裁机构来解决合同纠纷。

（2）财产保护和投资者保护。

财产是指个人或企业拥有合法所有权的资源，即其拥有的资源。资源包括土地、建筑、设备、资本、矿产权、商业和知识产权（受专利、版权和商标保护的创意等）。产权是指对资源的使用以及对该资源可能产生的任何收入的使用的法律权利。各国对财产权保护的法律规定有着较大的差异。对于跨国企业而言，更重视东道国对私有财产的保护，因为会担心东道国政府对跨国企业私有财产的侵占、征收等行为，还会担心当地不法分子对私有财产的偷窃、敲诈等行为。例如，在政治不稳定的国家，私有财产的保护是非常薄弱的。跨国企业会遭到恐怖分子和“黑手党”集团的敲诈勒索。根据世界经济论坛发布的2018年的数据,财产权保护法律最完备的前20名国家和地区指数和财产保护最薄弱的后20名的国家和地区指数，如表2-4所示。

表2-4　财产权保护指数（排名前20名和后20名的国家和地区）

财产权保护（排名前20国家和地区）	财产权保护指数	财产权保护（排名后20国家和地区）	财产权保护指数
芬兰	6.57	委内瑞拉	1.69
瑞士	6.54	津巴布韦	2.54
新加坡	6.36	毛里塔尼亚	2.56
卢森堡	6.31	海地	2.67
新西兰	6.31	乍得	2.90
英国	6.30	也门	2.95
荷兰	6.21	布隆迪	3.03
中国香港	6.18	马达加斯加	3.14
挪威	6.17	波黑	3.18
日本	6.07	乌克兰	3.28
加拿大	6.03	厄瓜多尔	3.28
爱尔兰	5.98	摩尔多瓦	3.30
瑞典	5.96	匈牙利	3.30
阿联酋	5.92	塞尔维亚	3.36
丹麦	5.91	刚果（金）	3.38
冰岛	5.90	尼加拉瓜	3.46
奥地利	5.86	萨尔瓦多	3.50
澳大利亚	5.80	保加利亚	3.51
比利时	5.74	吉尔吉斯斯坦	3.52
美国	5.72	阿根廷	3.55

数据来源：世界经济论坛，《2018年全球竞争力报告》。数据的标尺范围是0至7（7为最高）。

投资者是指配置资本并期望获得财务回报的人。对于跨国企业，其权力或权利是否受到当地法律的保护，是否能获得公平对待，是由当地法律制定者和法律执行者决定的。受保护的股东权利包括按比例获得股息和投票权，对于董事，可以参加股东会，认购新股向董事或多数人提出起诉涉嫌征收、召开临时股东大会等。在不同的国家，这些权利是否受到保护、获得公平对待的程度是不同的，这就需要开展国际业务的经理不仅深入了解当地法律和法规，还需要和当地执法人员保持良好的关系。在很多国家，当权者都存在或多或少地侵犯私有财产、伤害投资者权益的行为，腐败问题随处可见。根据世界经济论坛发布的 2018 年的数据，投资者保护最好的前 20 名国家和地区指数和投资者保护最弱的后 20 名国家和地区指数，如表 2-5 所示。

表 2-5　投资者保护指数（排名前 20 名和后 20 名的国家和地区）

投资者保护（排名前 20 国家和地区）	投资者保护指数	投资者保护（排名后 20 国家和区地）	投资者保护指数
新西兰	5.81	海地	1.40
新加坡	5.81	卡塔尔	1.89
中国香港	5.6	利比亚	1.96
哈萨克斯坦	5.6	埃塞俄比亚	2.24
马来西亚	5.6	委内瑞拉	2.24
英国	5.46	阿尔及利亚	2.31
加拿大	5.39	危地马拉	2.31
格鲁吉亚	5.39	哥斯达黎加	2.45
以色列	5.25	冈比亚	2.45
挪威	5.25	伊朗	2.45
斯洛文尼亚	5.25	约旦	2.45
阿联酋	5.25	老挝	2.45
保加利亚	5.11	佛得角	2.59
哥伦比亚	5.11	刚果（金）	2.59

续表

投资者保护（排名前 20 国家和地区）	投资者保护指数	投资者保护（排名后 20 国家和区地）	投资者保护指数
印度	5.11	乍得	2.66
爱尔兰	5.11	萨尔瓦多	2.66
韩国	5.11	贝宁	2.8
阿尔巴尼亚	5.04	几内亚	2.8
丹麦	5.04	黎巴嫩	2.8
瑞典	5.04	马里	2.8

数据来源：世界经济论坛，《2018 年全球竞争力报告》。数据的标尺范围是 0 至 7（7 为最高）。

（3）知识产权保护。

知识产权是指权利人对其智力劳动所创作的成果和经营活动中的标记、信誉所依法享有的专有权利，如计算机软件、剧本、乐谱或新药的化学配方。知识产权包括著作版权、专利权和商标权。专利是授予新产品或工艺的发明者在特定期限内制造、使用或销售该发明的专有权。版权是作者、作曲家、剧作家、艺术家和出版商在其认为合适的情况下出版和传播其作品的专有法律权利。商标是正式注册的设计和名称，商家或制造商通过这些设计和名称来指定和区分其产品。在知识经济时代，知识产权已成为企业经济价值的一个日益重要的来源。保护知识产权也变得越来越困难，特别是在知识产权可以以数字形式呈现，然后通过盗版软件等（例如计算机软件、音乐和录像）以非常低的成本复制和分发的情况下。

由世界知识产权组织（World Intellectual Property Organization，WIPO）管理的《巴黎公约》是关于知识产权最广泛认可的国际协定之一。根据世界知识产权组织的说法，这是第一个旨在帮助一个国家（发明所有人）以知识产权的形式在其他国家为其智力创造获得保护的重要国际条约，并且是出于对发明在其他国家被商业利用的担忧而制定的。《巴黎公约》规定的标准旨在促进一个社会内的更多发明，并限制负责知识产权管理的东道国政府和那些有能力利用产权的人（即造假者和盗版者）忽视国际法的风险。延迟或不通过该条约可能会产生连锁反应，如发达国家征收贸易限制或对外来直接投资的阻碍。此外，为了跟上新的技术需求，该条约的条款多年来一直在进行修订。鉴于对跨国公司的战略影响，公约成员国被要求为外国发明所有人提供与这些国家为本国发明所有人提供的相同的保护。

然而，知识产权的保护程度因国家而异。尽管许多国家都有严格的知识产权法规，但这些法规的执行往往松懈。即使是现在世界知识产权组织的 185 个成员国中的许多国家也是如此，这些国家都签署了旨在保护知识产权的国际条约。然而，一方面，执行不到位助长了知识产权的盗版。另一方面，许多发展中国家依赖于对外国发明的模仿研究活动作为维持工业竞争力的一种手段，也进一步导致了知识产权的盗版和剽窃行为。现有研究表明，旨在保护知识产权的以市场为导向的制度改革，能够提升知识产权保护，对发展中国家具有重要的社会和经济效益。与更发达的国家相比，发展中国家在维护具有充分知识产权保护的制度环境方面面临更大的挑战。对于这些国家来说，通过满足他们对知识产权保护的关注来吸引更多跨国公司的外国直接投资，从而缓和了改革知识产权的艰巨挑战。对于跨国企业而言，为了防止产品专利、外观设计、商标、品牌等知识产权被抄袭或盗版，通常会选择知识产权保护较为强硬的国家作为投资目标国。然而，跨国企业也会选择知识产权保护薄弱的国家开展业务，因为这些国家有较大的市场、经济增长较快等，但是企业也会面临着被侵权的风险，为此他们通常会选择通过诉讼等手段维护自身权益。根据世界经济论坛发布的 2018 年的数据，知识产权保护较好的前 20 名国家和地区和知识产权保护较差的后 20 名国家和地区的指数，如表 2-6 所示。

表 2-6 知识产权保护指数（前 20 名和后 20 名国家和地区）

知识产权保护（排名前 20 国家和地区）	知识产权保护指数	知识产权保护（排名后 20 国家和地区）	知识产权保护指数
瑞士	6.58	委内瑞拉	2.02
芬兰	6.48	海地	2.27
卢森堡	6.32	也门	2.52
新加坡	6.24	乍得	2.89
新西兰	6.24	波黑	2.97
荷兰	6.20	埃及	3.00
英国	6.18	毛里塔尼亚	3.03
比利时	6.04	柬埔寨	3.05
中国香港	5.94	斯威士兰	3.14
以色列	5.91	布隆迪	3.16
奥地利	5.91	尼日利亚	3.16
爱尔兰	5.85	莫桑比克	3.18
瑞典	5.84	保加利亚	3.19
美国	5.83	孟加拉国	3.20
法国	5.82	萨尔瓦多	3.23
加拿大	5.81	蒙古国	3.23
澳大利亚	5.81	尼加拉瓜	3.24
日本	5.81	黎巴嫩	3.25
挪威	5.76	乌克兰	3.26
德国	5.74	吉尔吉斯斯坦	3.26

数据来源：世界经济论坛，《2018 年全球竞争力报告》。数据的标尺范围是 0 至 7（7 为最高）。

2.1.4 经济制度

经济制度是指一个国家内的经济政策，用来界定对经济行为的激励和约束，以及投资和贸易等经济行为的自由度。评价经济制度的重要指标是一个国家的经济自由化和开放程度，包括国际投资、贸易、财政、金融等板块，意味着经济行为中存在较低的壁垒和管制。经济制度通常还涉及市场中介，决定了经济行为的激励和约束。市场中介机构包括投资银行家、审计师、律师、顾问、经纪人、交易员和交易商等代理人。中介机构在交易各方（即卖方、消费者、投资者和债权人）之间可靠地沟通信息，并有助于解决产品、资本和金融市场中的信息问题，降低交易成本。当可信中介的可用性和获取渠道都不足时，企业会发现筹集资金、获得必要的投入和找到合格的专业中介服务的成本很高。经济制度还包括支持经济交易的基础设施的供应商，主要有以下几种形式：物理的、人力的和技术的。物理基础设施包括地方经济运转所需的基本设施和服务。人力基础设施包括熟练劳动力和企业获取新知识的社会或专业网络。技术基础设施包括Michael E. Porter（1990）提出的技术发展的"大本营"，决定了企业在特定行业的竞争优势。这三种类型的支持基础设施在企业的运营、知识获取和技术开发方面产生了效率。

经济制度的发展状况决定了企业在市场上获取重要资源的可能性，如土地、原材料、熟练技工、投资、银行贷款等，以及获取这些资源的交易成本。通常而言，经济制度发达程度越高，企业获取资源和生产要素的交易成本越低，相反，则面临越高的交易成本。对于跨国企业而言，选择投资的东道国的经济制度发展状况是他们考虑的重要方面，包括战略要素市场的发展、中介机构的发达程度等。

经济自由化程度实际上是由一个国家或地区的经济体制和经济制度发展状况所决定的。通常而言，在自由市场经济体制下，经济制度越发达，政府干预越少的国家和地区，经济自由化程度是越高的。

经济自由化是指减少政府在经济方面的规定和管制，以换取个人实体能够更大程度上参与经济。经济自由化包括促进自由贸易、放松管制、取消补贴、价格控制和配给制度的政府政策等，通常还包括缩小公共服务的规模或私有化（Woodward，1992）。自20世纪70年代后期以来，经济自由化一直是发展中国家实行的调整政策的中心，这些政策大多是在国际金融机构设定贷款条件的范围内实行的。因此，政府政策被重新调整为遵循不干涉主义或自由放任主义的经济活动方式，依靠市场力量来配置资源。在公共选择理论中，理性的、自利的个体会最大化自己的经济利益和整体经济福利。在公民生活中，政治家、官僚和公民都被认为在政治舞台上完全出于自身利益而行事。政治家和国家官僚出于自身利益的考虑，利用他们的权力和政府的权威进行寻租行为，扭曲了资源的分配，不利于私人投资和企业家精神（Buchanan，1980）。因此，国家和政治行动者的权力，包括干预经济的能力，应受到限制。在这一框架内，国家以宏观经济稳定、保障产权和维护法律和秩序的形式创造有利条件，以促进私营部门（国内和外国）投资推动的经济快速增长。

根据加拿大智库 Fraster 机构发布的《2022 年世界经济自由指数》，从五个方面衡量各国政策和制度对经济自由的支持程度：政府的规模，法律制度和产权，健全的货币，国际贸易自由，信贷、劳动力和商业的监管。

（1）政府规模关注政府支出和税率如何影响经济自由，共包括政府支出、转移和补贴、政府投资、最高边际税率、国有资产所有权五个指标。综合来看,五个指标衡量了一个国家在多大程度上依赖于个人选择和市场，而不是政府预算和政治决策。政府支出水平较低、边际税率较低、政府投资和国有资产所有权较少的国家在这方面得分最高。

（2）法律制度和产权侧重于法律制度作为经济自由的决定因素的重要性，共包括司法独立、司法公正、产权保护、法治和政治中的军事干预、法制健全、合同的法律执行、出售不动产的管理费用、警察可靠性八大指标。保护个人及其合法获得的财产是经济自由的核心要素。许多人认为这是政府最重要的职能。与经济自由相一致的法律制度的关键要素是法治、财产权的保障、独立和公正的司法以及公正和有效的执法。综合来看，八大指标是政府有效履行保护职能的指标。

（3）健全货币侧重于货币和相对价格稳定在兑换过程中的重要性，共包括货币增长、通货膨胀的标准差、近一年的通货膨胀、拥有外币银行账户的自由度四个指标。健全的货币——长期购买力相对稳定的货币——降低了交易成本，促进了交换，从而促进了经济自由。其四个指标衡量了不同国家的人们获得健全货币的程度。四个指标评分越高，表明一个国家越能够遵循导致低（且稳定）通胀率的政策和制度，并避免限制使用替代货币能力的法规。

（4）国际贸易自由侧重于跨国界交流。在现代世界，与其他国家人民进行贸易的自由是经济自由的重要组成部分。当政府施加限制，削弱本国居民与他国人民进行自愿交流的能力时，经济自由就会减少。该方面的四个指标旨在衡量各种各样的贸易限制：关税、配额、隐性行政限制，以及对汇率和资本流动的控制。为了在这方面获得较高的评级，一个国家必须具有低关税、易于通关和高效的海关管理、自由兑换的货币以及对物质和人力资本流动的很少控制。

（5）监管衡量限制市场进入和干涉自愿交换自由的法规如何减少经济自由，侧重于信贷、劳动力和产品市场自由交换的监管限制。

2020 年经济自由度排名前 100 的国家和地区的数据如表 2-7 所示。

表 2-7　2020 年经济自由度指数（排名前 100 名的国家和地区）

国家	总指数	（1）政府规模	（2）法律制度与产权	（3）健全货币	（4）国际贸易自由	（5）信贷、劳动力和商业的监管	国家	总指数	（1）政府规模	（2）法律制度与产权	（3）健全货币	（4）国际贸易自由	（5）信贷、劳动力和商业的监管
阿尔巴尼亚	7.64	7.82	5.26	9.79	8.22	7.11	埃塞俄比亚	5.58	6.42	4.45	5.54	4.66	6.86
阿尔及利亚	5.12	4.41	4.13	7.63	3.64	5.78	斐济	6.53	6.70	5.47	6.96	5.41	8.10
安哥拉	5.91	8.13	3.71	6.09	5.37	6.23	芬兰	7.64	4.71	8.7	9.21	7.86	7.72
阿根廷	4.87	6.48	4.80	4.52	3.09	5.49	法国	7.33	4.92	7.19	9.15	8.21	7.20
亚美尼亚	7.84	7.98	6.24	9.55	7.69	7.76	加蓬	5.72	6.63	2.71	6.71	5.40	7.14
澳大利亚	8.04	6.09	8.34	9.56	7.92	8.27	冈比亚	7.23	7.24	5.05	9.29	6.68	7.89

续表

国家	总指数	（1）政府规模	（2）法律制度与产权	（3）健全货币	（4）国际贸易自由	（5）信贷、劳动力和商业的监管	国家	总指数	（1）政府规模	（2）法律制度与产权	（3）健全货币	（4）国际贸易自由	（5）信贷、劳动力和商业的监管
奥地利	7.56	4.93	8.39	9.18	8.09	7.20	格鲁吉亚	7.78	7.29	6.83	9.06	8.28	7.43
阿塞拜疆	6.21	4.55	5.24	7.27	7.01	6.96	德国	7.65	5.64	7.75	9.23	7.98	7.66
巴哈马	7.02	8.65	6.23	6.80	5.22	8.23	加纳	6.49	8.46	5.23	6.06	5.96	6.74
巴林	7.47	7.08	4.92	9.43	8.26	7.68	希腊	6.81	4.85	5.98	9.06	8.17	6.01
孟加拉国	5.89	8.19	2.90	6.90	4.92	6.56	危地马拉	7.59	9.19	4.93	9.49	7.56	6.76
巴巴多斯	7.01	7.32	5.91	8.18	6.02	7.62	几内亚	5.84	5.96	3.99	7.11	5.31	6.85
白俄罗斯	6.83	5.24	5.47	9.16	7.30	6.98	几内亚比绍	5.64	6.86	2.83	6.90	5.73	5.89
比利时	7.37	4.32	7.52	9.23	8.03	7.75	圭亚那	5.82	3.96	5.36	7.32	5.85	6.60
伯利兹	6.23	6.05	4.99	7.07	5.54	7.48	海地	6.57	8.59	2.41	6.86	8.11	6.89
贝宁	6.51	7.71	4.77	7.11	5.69	7.24	洪都拉斯	7.04	8.87	4.23	9.31	6.07	6.74
不丹	6.49	6.31	6.03	6.49	6.03	7.60	中国香港	8.59	8.24	7.50	9.65	8.73	8.84
玻利维亚	6.15	5.95	3.88	9.52	6.18	5.23	匈牙利	7.24	5.86	6.35	9.26	7.62	7.13
波黑	6.72	6.64	4.27	8.32	7.25	7.11	冰岛	7.73	5.74	8.51	9.56	7.74	7.08
博茨瓦纳	7.35	6.62	6.10	9.31	7.04	7.70	印度	6.72	7.52	5.57	8.14	5.90	6.49
巴西	6.33	6.61	5.16	9.25	6.17	4.46	印尼	7.09	7.91	4.9	9.58	6.60	6.46
文莱	7.21	6.67	5.00	8.98	6.61	8.78	伊朗	4.96	6.99	3.56	6.17	2.58	5.50
保加利亚	7.69	7.19	5.96	9.52	7.91	7.89	伊拉克	5.51	5.09	3.05	8.16	4.34	6.89
布吉纳法索	6.15	7.24	4.07	6.78	5.69	6.95	爱尔兰	7.86	6.17	7.74	9.32	7.96	8.14

续表

国家	总指数	（1）政府规模	（2）法律制度与产权	（3）健全货币	（4）国际贸易自由	（5）信贷、劳动力和商业的监管	国家	总指数	（1）政府规模	（2）法律制度与产权	（3）健全货币	（4）国际贸易自由	（5）信贷、劳动力和商业的监管
布隆迪	5.67	6.68	4.09	8.14	2.99	6.45	以色列	7.35	6.26	6.12	9.64	7.61	7.14
佛得角	7.60	7.46	6.54	9.72	7.17	7.12	意大利	7.40	5.30	6.51	9.18	8.34	7.66
柬埔寨	7.13	9.07	3.70	9.12	6.94	6.82	牙买加	7.38	8.12	5.88	9.07	5.80	8.03
喀麦隆	5.76	7.19	2.76	7.16	5.07	6.63	日本	7.82	5.65	7.71	9.82	7.78	8.12
加拿大	7.81	5.82	8.02	9.52	7.75	7.96	约旦	7.37	7.38	4.49	9.88	7.18	7.91
中非	5.40	6.96	3.03	6.64	5.03	5.36	哈萨克斯坦	7.35	7.69	5.62	9.23	6.52	7.69
乍得	5.55	7.96	2.69	6.82	4.93	5.33	肯尼亚	6.96	7.26	4.99	9.31	6.29	6.92
智利	7.56	7.68	6.68	9.38	7.37	6.67	韩国	7.42	6.34	6.65	9.65	7.16	7.32
中国	6.27	4.97	5.12	8.44	6.56	6.24	科威特	6.73	5.93	4.98	8.58	6.76	7.38
哥伦比亚	6.55	6.90	4.93	8.21	5.82	6.89	吉尔吉斯斯坦	6.97	7.23	4.87	8.96	6.78	6.99
科摩罗	6.31	6.82	3.56	7.12	6.26	7.78	老挝	6.50	7.22	4.86	7.45	6.42	6.52
刚果（金）	5.36	7.64	2.70	5.67	5.38	5.41	拉脱维亚	7.77	6.2	7.06	9.19	8.36	8.06
刚果（布）	5.08	6.35	2.99	5.66	5.31	5.10	黎巴嫩	5.45	8.22	4.14	4.97	3.47	6.44
哥斯达黎加	7.62	7.44	6.66	9.75	7.80	6.45	莱索托	6.52	5.27	5.28	7.95	6.39	7.69
科特迪瓦	6.01	6.46	4.46	7.07	5.24	6.82	利比里亚	6.51	7.05	4.31	8.83	6.19	6.19
克罗地亚	7.16	5.10	6.12	9.64	7.87	7.09	利比亚	4.95	4.98	3.45	7.88	3.07	5.39
塞浦路斯	7.49	6.67	6.33	9.10	8.22	7.12	立陶宛	7.82	6.60	7.24	9.20	8.33	7.72

续表

国家	总指数	(1)政府规模	(2)法律制度与产权	(3)健全货币	(4)国际贸易自由	(5)信贷、劳动力和商业的监管	国家	总指数	(1)政府规模	(2)法律制度与产权	(3)健全货币	(4)国际贸易自由	(5)信贷、劳动力和商业的监管
捷克	7.75	6.29	7.04	9.43	8.08	7.91	卢森堡	7.54	4.89	8.24	9.11	7.79	7.69
丹麦	8.09	5.24	8.66	9.70	8.42	8.43	马达加斯加	6.10	7.75	3.05	8.02	5.85	5.82
吉布提	6.21	5.13	4.06	7.30	6.95	7.59	马拉维	5.98	6.56	4.93	7.16	4.56	6.68
多米尼加	7.36	8.69	4.98	9.36	7.24	6.53	马来西亚	7.35	7.12	5.88	8.32	6.97	8.47
厄瓜多尔	6.51	7.14	4.68	8.56	5.94	6.21	马里	5.85	6.45	3.52	7.10	5.84	6.34
埃及	5.61	5.29	3.62	8.46	5.41	5.27	马耳他	7.72	6.40	6.50	9.34	8.40	7.96
萨尔瓦多	7.12	8.48	4.37	9.59	7.12	6.04	毛利塔尼亚	6.13	5.73	3.50	8.34	5.85	7.22
爱沙尼亚	7.95	6.29	7.78	9.16	8.33	8.21	毛里求斯	7.88	7.90	6.94	9.47	7.70	7.39
斯威士兰	5.76	4.97	3.83	7.85	5.03	7.13	墨西哥	7.12	8.08	4.72	8.16	7.65	7.00

数据来源:《2022 年经济自由度指数》。

2.1.5 对外直接投资政策

有利的对外直接投资政策通常是提供经济和政治稳定、透明的进入和经营规则、外国和国内公司之间的公平待遇标准，并确保市场的适当运作和结构。总的来说，鼓励对外投资的政策有助于吸引外国投资的进入。对于东道国而言，对外直接投资通过提供资本、外汇、技术（包括管理和销售技术）、竞争和出口市场准入对该国的技术提升和经济发展有一定的贡献。虽然许多发展中国家不断增长的国际储备可能削弱了旨在吸引外国直接投资作为投资或外汇融资来源的政策的作用，但政策的一个更重要作用是确保东道国经济体从所获得的外国直接投资中获得最大限度的总体净利益。总体上，国家层面的对外投资政策包括三个方面：对外投资的限制性政策、对外投资的鼓励和激励性政策和双边投资协定。

1. 对外直接投资的限制性政策

很多国家出于国家安全和战略需求的考虑，会出台一些对外投资的限制性政策，以加强对外国直接投资的限制和审查。比如，国家发展改革委以及商务部制定的《外商投资准入负面清单》，针对不同的行业的业务都做出了一定的规定和限制。

对外直接投资的限制性政策不是静态不变的，不同的国家也会根据国内和国际的具体情况，进行实时调整。在 2021 年，很多发达国家出于国家安全考虑，出台了继续加强对外国直接投资的审查政策。比如：

✧ 澳大利亚修订了《外国收购和收购法案》，永久性地将敏感国家安全项目强制审查的资金门槛降至 0 美元。

✧ 加拿大加强了对四个风险较高领域的外国投资的审查：敏感个人数据、特定敏感技术领域、关键矿产和国有或受国家影响的外国投资者的投资。

✧ 捷克根据欧盟外国直接投资审查指南引入了新的外国直接投资审查机制。根据这项新法律，任何非欧盟投资者在获得该国一家公司的实际控制权之前，都必须获得许可。

✧ 丹麦通过《投资审查法》引入了外国直接投资审查机制。它要求外国投资者在收购一家丹麦公司至少 10% 的股权时，以及在选定的行业成立一家新公司时，必须事先获得政府批准。

✧ 法国将与可再生能源生产相关的技术列入了受外国直接投资审查机制约束的部门和关键技术清单。

✧ 德国在外国直接投资审查机制涵盖的活动清单中增加了 16 项高科技活动，使其总数达到 43 项，并根据不同行业改变了触发投资审查的不同类型收购的门槛。

✧ 意大利扩大了外国投资者收购对国家利益具有重要战略意义的资产需要事先获得政府批准的程序范围。这些修正案涉及港口、机场、国家利益的高速公路、国家太空港、跨欧洲网络内的铁路网以及宽带和超宽带服务。

✧ 日本增加了一项要求，要求购买34种稀土金属的外国投资者事先获得政府批准。因此，外国人如欲收购一家上市公司1%以上的股份或一家非上市公司一股以上的股份，必须通知日本银行。

✧ 沙特阿拉伯成立了一个外国投资调查常务部长级委员会，其任务是确定外国投资可能影响国家安全或公共秩序的敏感和战略性部门或公司。在这些领域的外国投资将受到审查，并可能受到限制。

✧ 斯洛伐克建立了投资审查机制，根据该机制，在关键基础设施运营中任何超过10%的股份或投票权的收购都可能受到审查，考虑到可能破坏公共秩序或国家安全。政府阻止收购的权力适用于一系列行业，包括运输、信息和通信技术、能源、采矿、邮政服务、制药和化工、冶金、卫生保健、水、金融和农业。

✧ 西班牙将暂停外国直接投资自由化制度延长至2022年12月31日。来自欧盟或欧洲自由贸易协会的投资者若要购买一家西班牙公司至少10%的股份，必须通知西班牙当局，并等待批准。这一临时计划适用于对战略领域上市公司的收购或超过5亿欧元的投资。

✧ 英国引入了独立于并购控制制度的独立审查制度，以解决国内外投资者对英国公司和资产的收购。审查程序的重点是评估与此类收购相关的国家安全风险。该法律规定，在获得公司或资产的控制权之前，必须向投资部部长发出强制性通知。

✧ 美国将其公民投资中国国防和监控技术行业相关公司的禁令延长一年（至2022年11月12日），并将禁令的适用范围扩大至8家新公司。

（以上资料来源于《2022年世界投资报告》。）

与发达国家的限制性政策的目的不同，很多发展中国家为了保护国内公司的生存和发展，包括中小企业或在战略部门和活动中经营的公司，发布了新的外国直接投资限制性政策。比如：

✧ 印度尼西亚要求一家非银行支付服务提供商的外国投资者保证至少持有 15% 的印度尼西亚的股权，其中 51% 的投票权由印度尼西亚投资者持有。

✧ 毛里求斯扩大了对非公民拥有财产的限制范围。持有、购买或获得财产必须事先得到总理办公室的批准，这一要求扩大到财产处置，其中包括对财产进行抵押。

✧ 墨西哥修订了《碳氢化合物法》，赋予国家新的权力，对该国生产的燃料和石油的分销、储存、进出口实施监管控制。

✧ 莫桑比克将外国投资者能够自由汇回利润和投资资本的最低资本要求从 4.5 万美元提高到 13 万美元。

✧ 纳米比亚修改了关于向外国公司转让、停止和转让矿产许可证的规则，要求当地保留该公司至少 15% 的权益。

✧ 尼泊尔要求外国投资者在开办企业之前转移至少 70% 的拟议投资资本，并在接下来的两年内转移余额。

✧ 南非出台了一项新规定，私人安保公司必须由南非公民拥有和控制至少 51% 的股份。

2．对外直接投资的促进和激励政策

很多国家为了改善投资环境，更好地吸收外商投资、引进先进技术、提高产品质量、扩大出口创汇、发展国民经济，也会出台很多鼓励外商投资和激励的政策。在 2021 年，有 30 个发展中国家实施了各种促进和便利化措施，吸引更多的外国直接投资。比如：

✧ 中国简化了在深圳经济特区注册公司所需的文件。申请人在网上提交申请时只需提供文件和信息。

✧ 斐济为外国投资者提供了更广泛的待遇和保护保障，并取消了申请外国投资者登记证的要求。它还统一了外国和当地投资者的报告义务。

✧ 印度推出了全国单一窗口系统，这将成为投资者、企业家和企业所需的审批和通关的一站式商店。

✧ 印度尼西亚放宽了科技初创企业雇佣外国工人的就业许可程序，对三个月以下的合同取消了外国工人录用计划的要求。

✧ 在阿拉伯联合酋长国，阿布扎比推出了虚拟许可证，允许非居民外国投资者获得在阿布扎比开展业务的经济许可证，无需任何事先居留手续，也可以在阿联酋以外的任何地方开展业务。

✧ 毛里求斯推出了几项新的投资税收激励措施，包括针对非洲市场的研发支出和专业软件和系统的收购的双重税收减免，制造业公司的未减免投资税收抵免的 10 年结转，以及规定行业和活动的新公司的 8 年免税期。

✧ 乌兹别克斯坦在石油、天然气、黄金、铜、钨和铀等资本密集型行业为国内外投资者推出了新的税收和关税激励措施。这些激励措施包括降低地下使用税，以及对非本国生产的设备、物质和技术资源以及特殊设备免征关税。

✧ 赞比亚将一般企业所得税税率从 35% 降至 30%，并将酒店住宿和餐饮服务收入的 15%企业所得税税率延长至 2022 年。它还使矿产特许权使用费可用于企业所得税扣除。

3．双边投资协定

双边投资协定是为缔约投资双方预先规定的建立投资关系所应遵循的法律规范框架，能够降低投资风险和障碍，保证投资关系的稳定性，从而促进双边国家投资者的利益。其包含了规定投资双方的权利和义务，以及应对处理投资争端的规定和程序。

从经验证据上看，双边投资协定可以促进缔约国之间的直接投资（太平、刘宏兵，2014；宗芳宇、路江涌、武常岐，2012；邓新明、许洋，2015）。双边投资协定的制定，不仅能促进我国企业展开对外直接投资（缔约国），而且能够保护缔约国对我国企业投资，而当制度环境较差时，效果更加明显。联合国贸发会的相关数据显示，截至 2022 年 12 月，世界各国已经累计签署并执行的双边投资协定达 2 221 项，其中中国签署并执行了 106 项。2022 年签署并执行的双边投资协定如表 2-8 所示。

表 2-8 2022 年签署并执行的双边投资协定

缔约国 1	缔约国 2	签署时间	执行时间
印度	阿联酋	2022 年 2 月	2022 年 5 月
日本	摩洛哥	2020 年 1 月	2022 年 4 月
匈牙利	阿联酋	2021 年 7 月	2022 年 4 月
匈牙利	吉尔吉斯斯坦	2020 年 9 月	2022 年 4 月
匈牙利	伊朗	2017 年 12 月	2022 年 3 月
巴西	智利	2018 年 11 月	2022 年 1 月
澳大利亚	乌拉圭	2019 年 4 月	2022 年 1 月
柬埔寨	中国	2020 年 10 月	2022 年 1 月
巴林	保加利亚	2009 年 6 月	2021 年 12 月
印度尼西亚	阿联酋	2019 年 7 月	2021 年 12 月

资料来源：联合国贸发会网站 https：//investmentpolicy.unctad.org/international-investment-agreements.

2.2 对外投资的文化环境

2.2.1 文化的定义和维度

除了国家和区域层面的制度因素以外，对跨国企业行为有重要影响的因素是国家之间的文化差异。文化有不同的定义方式，这取决于所采取的主要理论视角和方法。当代研究通常将文化概念化为价值观、故事、框架、工具包或类别。文化是理解社会系统如何变化的一个基本要素，因为文化既影响这些系统的规范和价值观，也影响群体在系统内部和跨系统互动中的行为。文化也被视为一套价值观，在一个特定的社会群体中共享，并将这个群体与其他群体区分开来。

Hofstede 和 Bond（1988：6）将文化定义为“将一类人与另一类人区分开来的集体规划”。文化是由一定的价值观组成的，这些价值观塑造了一个人的行为以及对世界的看法。当价值强调关于什么是好或坏、合法或不合法的意义、象征和假设时，它是文化的本质，是社会中普遍做法和规范的基础。Licht 等人（2005）进一步指出，文化为群体成员之间的互动和共同理解提供了基础，并决定社会规范和期望，最终塑造个人和组织的行为。在各种类别的文化研究中，Hofstede 的文化分类在文献中占据主导地位，因为他第一个提出文化的多个维度，包括个人主义—集体主义、权力距离、不确定性规避、男性气质—女性气质和长期导向，这五个维度组成了一个民族的文化框架。此外他在这些维度上提供了国家层面的测量方法。

第一个文化维度是个人主义/集体主义，个人主义/集体主义可能是区分社会的最重要的文化特征。个人主义和集体主义是指个体将个人需求和目标置于社会群体需求和目标之前或之后的程度。个人主义文化强调独立的价值观，而集体主义文化则重视群体内的和谐关系。在个人主义文化中，工作专业化、个人成就、个人责任和基于绩效的评估是突出的，人们认为自己是独立和自主的。在集体主义文化中，强调的是群体协调，非金钱奖励，稳定的群体成员，再加上群体决策和工作设计，使工作的社会价值最大化。与个人主义文化相比，集体主义文化往往更排斥和封闭。对于跨国企业而言，在个人主义程度较低的国家，跨国公司会发现，员工的雇佣和晋升主要基于社会群体的联系。在集体主义社会中运营的跨国公司需要认识到更大社会群体的重要性。由于强调群体和群体和谐，他们意识到在更集体主义的文化中，在某些情况下，有必要奖励群体而不是个人。

第二个文化维度是权力距离。权力距离是预期权力和权威被公平或不公平地分配和表达的程度。作为对社会群体之间地位差异的合法性的一种表达，可以预期权力距离与附属控制具有特殊的相关性。权力距离反映了对某些控制水平的舒适程度。例如，低权力距离文化中的员工倾向于支持协商式管理风格，而高权力距离文化中的员工通常选择威权主义或家长式风格。基于高权力距离文化的跨国公司更有可能意识到其海外子公司存在潜在的机会主义问题，也更有可能强调（或至少在必要时接受）成本控制。因此，跨国企业更倾向于子公司管理角色的内部化，希望减少机会主义和交易成本。与此同时，跨国企业的高管更容易坚持独裁控制，任命志同道合的同胞，以减少在子公司管理职位上实现自身利益的预期可能性。相反，因为低权力距离文化与较少尊重权威和较少关注组织地位有关，对于身处这种文化中的高管来说,外派人员不太可能是一种受欢迎的控制措施。

第三个文化维度是不确定性规避。它评估了一个社会成员应对未来的不可预测性以及由此产生的模糊性的能力。交易成本理论将外派视为一种内部化，能够降低与机会主义和其他低效率相关的成本。对于跨国企业，需要理解在高度避免不确定性的文化中，企业倾向于支持外派人员，以增强人们对这些担忧得到控制的信心。来自这些文化背景的跨国公司也倾向于更正式的协调机制，也更倾向于任命那些"久经考验"的负责人或值得信赖的当地经理。更高的不确定性回避文化寻求构建秩序和可预测性至关重要的社会系统（政治、教育和商业）。在这些国家，规则和条例占主导地位。在高度不确定性的社会中，危险的情况会给人们带来压力和不安。在许多不确定规避程度较低的国家，人们对变化和模糊感到舒适。相比之下，在不确定规避程度高的国家，当行为规则不明确时，人们通常会产生压力和焦虑。对于跨国企业而言，如果在具有高度不确定性回避的社会中运营，那么跨国公司最好提供结构和秩序。经理应该给下属明确的指示，这种明确的指示让下属们不那么焦虑，因为下属们确切地知道上级对他们的期望。

第四个文化维度是男子气概。性别角色是社会建构的规范，在劳动分工中产生了男女差异。男子气概包括果断和好胜心。高男子气概社会的特征是强调绩效，这表明在具有高男子气概特征的社会中，更有可能实现绩效目标和高风险。在更男性化的文化中，男女性别角色明显不同。在工作目标方面，男性社会强调与成就相关的目标，其价值体系围绕着争取成就的目标而建立。女性社会更关注生活质量问题，其价值体系围绕着提高人类福祉而建立。在许多男子气概水平较低的社会中，人们往往工作更少，休假更长。在这些国家运营的跨国公司应该期待一支不那么专注于工作而更注重生活质量的员工队伍。

第五个文化维度是未来导向。未来导向是指个人认为其当前行为将影响其未来的程度。这个维度反映人们如何利用时间来组织他们的经历和活动。未来取向较低的文化倾向于活在当下，相比之下，具有高度未来导向的社会倾向于更多地考虑未来，并参与规划和战略，以实现未来目标。未来导向对跨国企业有重要影响。跨国公司应该期望在未来导向较低的社会中，对战略规划的偏好较少，管理系统更为僵化。此外，跨国企业应该提供即时的工作保障而不是未来的前景。然而，在未来导向更高的社会中，往往有更多的未来视角。

此外，全球领导力和组织行为研究人员（GLOBE）收集了来自世界62个国家的17 000名管理人员的数据。GLOBE研究人员研究的许多文化维度与Hofstede研究的相似。具体而言，GLOBE研究人员发现了九个文化维度的证据，如权力距离、不确定性回避、社会和制度集体主义、自信和性别平等主义等。鉴于与Hofstede维度的相似性，先前讨论的Hofstede文化维度的许多含义也适用于类似的全球维度。

还有学者综合了GLOBE（House et al., 2004）和Hofstede（1980, 1997）的文化分类，提出除了权力距离、不确定性规避和个人主义/集体主义、性别平等主义（男性气质/女性气质）以外，对跨国企业行为有重要影响的文化维度还应包括自信维度。

自信被定义为个人自信、强硬、主导和侵略性的程度。GLOBE研究将Hofstede男性特征和女性特征分为性别平等主义和自信，从而避免了将男性特征与自信联系在一起的性别刻板印象。高度自信的文化更倾向于强调结果而不是关系，试图行使控制权，采取机会主义的行为，并将他人视为机会主义者。来自这些文化的高管更有可能利用外派工作来实现组织效率，尽管有在子公司层面产生不良情绪的风险，并抵消可能的机会主义。来自更自信文化的跨国公司更有可能采取外籍人员控制措施消除子公司的机会主义行为。相比之下，缺乏自信的文化倾向于合作、关系和传统，因此不太可能在子公司层面实施外籍人员管理。

2.2.2 文化差异

文化差异是指来自不同国家的个体观察到某些行为方面可能存在的差

异，这将影响工作实践和方法从一个国家转移到另一个国家的程度。这是影响跨国企业决策和行为的另一个重要因素。文化差异会导致获取信息的额外成本，增加沟通障碍，以及使当地子公司难以整合，公司自己的日常工作难以应用，产品难以适应。

对于跨国企业而言，文化距离是指母国和东道国文化之间的差异，是国际化战略的一个重要考虑因素。由于缺乏对东道国运作方式的知识和理解，文化距离给公司带来了困难和挑战，以及感知到的“异域感”或“精神距离”，为合作创造了障碍。因此，在国际化过程中，企业首先向文化和/或地理上接近的国家扩张，然后在吸取国际经验的过程中逐渐向文化和地理上距离较远的国家扩张。文化距离影响国际化进程的各个阶段，包括投资前阶段，即公司必须决定是否在某个市场投资，采用何种进入模式，投资多少，以及投资后阶段，即通过惯例决定外国地点的整合程度以及国际投资的绩效结果。通常，跨国企业进入文化距离越大的东道国，面临的交流障碍越多，也越难以理解当地消费者的需求和合作者之间的潜在文化。因此，部分跨国企业为了降低文化差异带来的负面影响，可能会采取合资的方式进入东道国市场。从另一个角度看，合资成员之间也可能存在沟通障碍，存在管理上的复杂性和较高的交易成本，为此，部分跨国企业为减少这些问题，也可能采取独资进入的方式。

在跨国并购这种进入模式下，文化距离对跨国企业绩效的影响存在一些争议（Reus & Lamont，2009）。一方面，文化距离阻碍了需要转移的关键能力的理解，并限制了收购方与其被收购单位之间的沟通，对收购绩效产生了间接的负面影响。另一方面，文化距离通过增强可理解性和沟通能力，强化企业的学习能力，对绩效有积极影响。此外，如果收购企业能够克服文化距离对理解关键能力和有效沟通的阻碍作用，就有可能获得显著的绩效提升。因此，从不同的角度来看，文化差异或者文化距离对跨国企业的影响其实更像是一把双刃剑，主要看跨国企业是否能够适应和克服文化差异带来的问题，是否能够展开有效的学习。

2.3 对外投资的社会环境

对于企业对外投资而言，一个国家的社会环境包括这个国家的社会规范、社会秩序和企业应承担的社会责任等。社会规范反映一个国家的总体上的信任和规范的水平以及社会的稳定性。一个国家内总体上较高的信任水平有利于在较低的交易成本下开展合作，而较完善的社会规范有利于约束合作中的自利行为。比如，社会成员之间的高度信任被发现与高水平的经济绩效相关，因为信任可以使人们避免陷入低效的非合作陷阱和提高社会的总生产力。相比之下，社会冲突对商业活动构成威胁，因为它降低了跨境经济活动的效率。社会秩序是否稳定表现为一个国家的暴力行为和冲突发生情况，越不稳定的环境越可能给企业带来较大的风险和经济损失。此外，社会规范源于人口成员之间广泛的联系和互动，以发展递归实践。社会规范会限制社会成员的行动选择并提供便于社会成员所接受和偏好的行为。社会规范会影响成员的工作伦理、对工作的态度、信任、民主、对生产力基础的信念、生产能力和管理动态，这些因素会影响跨国企业在一个国家从事商业活动的成本。

企业社会责任（CSR）是指企业在做出商业决策时应该考虑经济行为的社会后果，并且应该有一个有利于同时具有良好经济和社会后果的决策的假设。常见的企业社会责任做法包括污染预防、回收利用、慈善捐赠、社区参与、在组织中促进妇女和少数群体以及公平对待工会员工。目前，世界各地的公司越来越多地正式报告其在企业社会责任领域的努力。正式的企业社会责任报告始于 20 世纪 70 年代，发达国家的大型企业开始在年度报告中披露其企业社会责任举措和行动。到 20 世纪 90 年代，一些西方公司开始发布独立的企业社会责任报告，以应对企业社会责任在许多国家日益重要和制度化的情况。这一做法已在全球传播，包括来自披露要求较低国家的新兴市场跨国公司。

通常，企业社会责任能够影响跨国企业行为和绩效。基于新古典经济学理论，企业社会责任可能会带来企业成本，使企业相对于竞争对手处于竞争劣势。而基于代理理论，利用宝贵的企业资源从事企业社会责任会带来显著的成本而不是公司股东的财务利益。企业社会责任也可以产生积极影响，因为它可以更好地获取宝贵资源，例如优秀的人力资源，通过这些既提升效率，又可以增强公司的声誉等隐藏资产，不仅能够为社会合法性做出贡献，而且能够为公司发现新机会。此外，企业社会责任还具有营销的作用，通过这些活动帮助企业省下一些广告费用，不仅能够降低成本并增加对产品和服务的需求，还能获取消费者的信任，降低消费者价格敏感性。从利益相关者理论的角度来看，企业社会责任包括处理多个利益相关者的关系，由此可以减少企业可能引起的负面影响，同时还能吸引有社会意识的消费者或吸引社会责任投资者的资金。

企业社会责任在降低交易成本和改善资源获取方面的作用可能会在制度薄弱的国家更加明显，因为缺乏市场支持制度会导致这些国家的交易成本过高。如果一个国家缺乏强大的股权和信贷市场，由于代理成本和信息不对称问题，企业将难以筹集外部资本。通过增加透明度和缓解管理机会主义，企业社会责任活动降低了代理成本和信息不对称问题，从而帮助企业以更好的条件获得融资，这有助于企业的发展。同样，如果政府经常干预商业运营，给公司有限的自由，管理者将很难进行价值最大化的投资。通过表明对环境可持续性和社区福祉的承诺，企业社会责任可以产生社区支持，并减少正向净现值投资的障碍。与外部利益相关者的稳定关系所产生的信任和忠诚创造了社会资本，这也可以降低公司的风险，帮助公司在艰难时期生存。最后，如果合同没有得到有效的法律制度的执行，消费者和供应商无法在公司违反合同条款的情况下收回损失。在这种情况下，供应商将不愿意提供贸易信贷，而客户将对签订长期产品或服务协议犹豫不决。

对于新兴经济的跨国企业，由于其母国制度的缺陷和固有的负面印象，企业可能面临母国劣势等问题。有学者提出，企业社会责任报告是一种重要的合法化机制，可以减轻母国劣势。一方面，实施社会责任的企业更可能在东道国被视为行为合法的企业，也更可能被东道国的利益相关者所接受。因此，通过采用社会责任行为，新兴经济跨国企业更可能与全球合法性程度较高的社会实践保持一致。另一方面，企业社会责任报告为外国利益相关者提供了有用的信息，促进对公司的正面评估，而不是基于母国制度缺失的刻板印象。因此，企业社会责任报告可以改善企业形象，使利益相关者确信公司对产品质量和安全、环境和社会管理、行为准则和反腐败行为的承诺。

在中国，政府自 2006 年以来发布了企业社会责任和企业社会责任报告的声明和指导方针，为在中国市场从事商业活动的企业提供了社会责任实践的指南。例如，2022 年 5 月 27 日，国务院国资委产权局发布《提高央企控股上市公司质量工作方案》，推动更多央企控股上市公司披露 ESG 专项报告，力争到 2023 年相关专项报告披露“全覆盖”。同年 6 月 7 日，17 部门联合印发《国家适应气候变化战略 2035》，提出到 2035 年要基本建成气候适应型社会。此战略通过积极的政策引导和专业的赋能服务，将有助于企业更好地开展社会责任活动。

2.4 东道国的资源和经济环境

2.4.1 东道国的资源禀赋

1．自然资源

资源及能源供给的安全对于每个国家来讲都非常重要，在世界经济发展和经济安全化的进程中，为了争取和控制资源与能源，斗争无处不在。从资源总量看，中国虽属于资源大国，但实际上，资源的人均拥有量远远低于世界平均水平。中国的人均水资源为世界平均水平的 1/4，人均耕地面积为世界平均水平的 1/3，45 种主要矿产资源人均占有量远低于世界平均水平，尤其是石油、天然气、铁矿石、铜和铝等重要矿产资源。中国较为粗放型的增长模式导致资源因素日益成为制约中国经济发展的重要因素，在这样的背景下，跨国直接投资毫无疑问地承担起了实施资源、能源供给保障战略的重任，通过海外扩张，企业实现规模经济和生产的合理化，故而东道国资源禀赋状况也是中国FDI区位选择中不得不考虑的重要因素之一。例如，江苏省油田、沙钢集团、徐州胜阳、先锋新能源控股有限公司和大同江磁性材料厂等江苏省企业纷纷通过境外投资来获取资源。非洲因自然资源（尤其是石油、天然气和各种矿藏）丰裕而成为江苏省企业对外直接投资的传统区域。

此外，对能源行业而言，企业进行FDI活动主要的目的之一便是获得和保证持续的自然资源供应。世界能源产量分布及需求的分布不均衡使得许多国家和地区难以依靠本国能源来满足需求。而经济系统正常运转必须能源可持续供应，因此许多国家纷纷寻求从其他国家和地区获取能源。中国对外能源投资，尤其是传统能源行业的对外投资亦然。其次，国际市场能源价格伴随着世界经济形势和国际期货市场行情大幅涨跌。为了增强在全球化背景下的抗风险能力，能源类企业不得不进行大规模跨国投资。对中国能源企业而言，国内经济高速发展导致对能源的需求量不断增长，能源的稀缺性日益突显，因此国内能源企业也纷纷通过境外投资来获取国家急需的重要能源。根据中国全球投资追踪系统（China Global Investment Tracker）的数据，2005—2017年，中国对东盟国家的能源投资总额达到355.8亿美元，占总投资额的46%，且主要集中在煤、石油、天然气、可替代性能源等领域。例如：2009年中铝集团并购世界第二大矿业公司力拓集团；2015年中国广核集团以59.6亿美元收购马来西亚IMDB旗下所有能源资产，包括马来西亚、埃及以及孟加拉国等五个国家的13座电站；2019年2月26日，中海油收购加拿大尼克松公司，此次并购带来了丰富的资源储备等。

2．技术优势

新兴经济企业倾向于向拥有技术优势的东道国扩张。随着我国经济的快速发展，越来越多的企业意识到技术是企业核心竞争力的决定条件。很多企业通过并购等对外直接投资方式，学习发达国家的先进技术，获取专利等知识产权优势。近年来，江苏省的汽车制造业、信息传输业、软件业和计算机服务业获得迅猛发展，这些行业中越来越多的企业通过对发达国家的直接投资来获取技术优势。例如：2017 年 10 月，中国复兴集团以 14 亿美元并购印度科技医药公司 Gland Phama，获得其所有核心技术和知识产权。2010 年 3 月 28 日，吉利汽车出资 18 亿美元购得沃尔沃的 9 个系列产品的核心知识产权使用权。

3．*劳动力因素*

劳动力因素是对外直接投资企业必须考虑的一项重要因素，因为劳动成本是企业生产成本的重要组成部分之一，相对较低的工资水平可以使企业实现比在其他市场投资更高的盈利水平。尤其对于制造企业而言，劳动力成本占企业总成本的比重较高，在劳动力成本低廉的国家或地区进行生产加工，能够大幅降低企业成本，使产品在国际市场竞争中具有更大优势。在国内劳动力成本不断提升的情况下，很多企业转向较为不发达国家寻找廉价劳动力，以求降低生产成本和提高竞争力。例如：TCL 与法国汤姆逊的合并重组。2003 年 11 月 TCL 集团与汤姆逊集团合作，拟由双方共同投入电视机和 DVD 资产，设立一个合资公司 TTE。汤姆逊目前是全球四大消费电子类生产商之一，它的生产基地在劳动力相对低廉的墨西哥、波兰等国。

2.4.2　东道国的经济发展水平

东道国的经济发展水平是跨国公司，尤其是生产加工型跨国公司选择海外投资目的地的主要考虑因素。一国的经济发展水平体现了该国公共服务的物质性基础和社会性基础，该国商品和服务需求的规模，该国的劳动生产率和创新能力。从成本视角来看，东道国经济发展水平体现的基础设施和公共服务水平直接影响到跨国公司的生产经营成本和综合收益，从而进一步影响跨国公司的海外投资战略决策。东道国经济发展水平越高，其市场规模越大，消费者需求越多样，投资国企业产品被需求的可能性就越大，就越容易吸引国外投资，企业也越容易达到规模经济，降低在国外生产的边际成本，绕过种种贸易壁垒，从而减少经济损失，获取高额利润。

1．公共基础设施

充分、良好的基础设施能够降低运输成本，从而加强资源获取、转移、整合的能力，并使更多的 FDI 流入。如果各种公共基础设施不能很好地服务于当地企业和跨国公司，企业将不得不自建基础设施，使投资成本增加，会阻碍 FDI 的流入。而良好的基础设施供给，例如优秀的通信网络和现代化的交通能够有效减少跨国企业在基础设施上的投资，降低其生产经营成本，企业会更倾向于到这样的国家进行投资。

2．市场规模

东道国市场规模是企业对外投资选址的决定性因素之一。在市场规模较大的地区投资经营，不仅能够接近消费市场，还能够减少运输成本。投资者在当地经营的边际成本越低，企业越可以发挥规模经济和范围经济优势，提高资源使用效率，同时更及时了解市场需求的变化，并把握市场的主动权。同时，一国的消费需求通常随市场规模的扩大而增加，因此东道国较大的市场规模有助于 FDI 的进入，尤其是市场寻求型和进口替代型 FDI 的进入。例如：2016 年 7 月，乐观以 20 亿美元收购美国本土最大的智能电视生产商 VIZIO，寻求美国市场，进一步扩大其在全球电视市场中的份额。

3．金融发展水平

东道国金融发展水平越高，金融资源总量与资金配置效率越高。金融市场和机构越发达，越能缓解跨国公司融资约束，从而弥补对外直接投资产生的固定成本和沉没成本，例如东道国直接投资需要修建厂房、购买机器设备等固定资产以及进行产品推销和营销网络建设。在一个金融市场发达的国家里，企业和企业家可以以较低的成本融资，而这种影响在发达国家和发展中国家存在显著差异，而且其影响机制也不同。此外，发达的金融体系能够为技术创新提供便利融资，从而提升创新活动效率。

4．汇率水平

由于强势货币具有购置力优势，能够在货币相对弱势的国家获得较低的资本资源，因此国际投资往往意味着从货币相对强势国家流向货币相对弱势国家。在一个资本成本较低东道国，外国公司能够利用比其母国国内公司低的贴现率来资本化其在海外市场上的未来收益，这就刺激了相对强势货币国家的公司增加对外直接投资。

2.5 数字经济对国际投资和跨国企业的影响

2.5.1 数字经济对跨国企业国际投资的影响

数字化时代，数据已经成为企业创造价值的重要战略资产。应用物联网、区域链、大数据等数字技术的价值活动都需要数据的支撑。由于数据流动的扩大对实现所有可持续发展目标都很重要，数据的国际流动对全球贸易和国家经济发展会产生很大影响。数据的跨境流动对国家和平与安全也有重大影响，因此各国都在从国家政策方面应对这种数字风险。

在数字化时代，一方面，传统的企业正在进行数字化转型。2021 年国务院发布《“十四五”数字经济发展规划》的通知，提出数字经济是继农业经济、工业经济之后的主要经济形态，是以数据资源为关键要素，以现代信息网络为主要载体，以信息通信技术融合应用、全要素数字化转型为重要推动力，促进公平与效率更加统一的新经济形态。要加快建设信息网络基础设施、充分发挥数据要素作用，大力推进产业数字化转型。国家政策对企业数字化转型的大力倡导支持，使得越来越多的企业开始了数字化转型。

另一方面，数字化企业也在大力开展国际业务。大数据、人工智能、云计算等数字技术的赋能使数字化跨国企业快速提高其国际竞争力。与此同时,数字化技术应用正在改变企业的国际进入模式以及全球价值链取向。数字化跨国企业为全球数字经济活动提供了数字基础设施、数字平台以及数字工具等，是数字经济发展的核心力量。

詹晓宁和欧阳永福（2018）分析了数字时代跨国企业海外投资的特征。研究认为数字化发展既对全球价值链下游的销售、品牌推广等产生影响，还影响全球价值链中游的制造生产环节以及上游的设计研发环节。在数字经济背景下，追求低廉劳动力、低贸易成本的传统对外投资动因被降低，企业更可能会开展知识技术导向型海外投资。

具体而言，他们提出了在数字经济下企业海外投资行为凸显出的六个新特征。

第一，资产轻量化。轻资产成为数字化跨国企业最重要的特征之一。具体而言，轻量化是指数字化企业进行海外投资，能够通过投入较少的资源成本获取更大的利润份额。数字化跨国企业重点放在海外营销，将资产重心放在母国，这种新型的商业模式增加了东道国新的就业机会、增加了本地的税收收入，并且促进了当地经济的发展。一方面，数字化价值活动有助于跨国企业将企业非核心业务外包出去，减少了境外投资的需要。另一方面，随着数字化平台的发展，跨国公司能够在数字平台上实现端对端的销售，而不需要通过市场寻求型 FDI 出售产品及服务，也就不需要大量的重资产的海外分支机构，因此跨国企业的海外资产占企业总资产的比例有所降低。此外，数字化跨国企业，如互联网平台、电子商务平台等，国际化速度明显快于其他行业企业，并且数字化跨国企业在全球价值链生产经营活动中起着越来越重要的作用。

第二，轻就业、高技能化。一方面，人工智能、区域链等数字技术的赋能，使得企业生产率显著提高，这将代替一部分岗位人员，导致就业减少。另一方面，数字经济的发展同时也能产生很多新的就业机会，比如新型的销售岗位、主播、在线客服等。此外，数字技术的应用使得科技型 MNEs 的无形资产占企业总资产比例升高，明显比传统跨国企业高。联合国贸易和发展组织（UNCTAD）评选的前 100 名跨国企业中，较大规模的科技型企业的市场价值明显高于其他传统的跨国企业。其高市场价值主要是归因于企业的商誉、先进技术等巨大的无形资产价值，而这些无形资产创造的就业机会主要集中在高技术岗位。

第三，企业海外投资的区位选择因素发生了改变。由于数字化跨国企业的资产重心逐渐向无形资产转变，企业的商誉、核心技术等无形资产日益变成企业获得经济效益的关键来源。传统的战略要素，如东道国的自然资源水平、制度水平等对于企业对外投资的区域选择影响相对减弱。基于此，传统的企业海外投资动因被削弱，而东道国的互联网、信息通信等数字基础设施建设质量，以及科技人才、研发能力等相关战略性资产的发展程度，对企业对外投资区域选择发挥着越来越重要的作用。

第四，跨国企业对服务行业的投资比重增加。随着全球价值活动的数字化加速，以服务为主业务的企业海外投资将进一步增加。并且，一些制造业 MNEs 在相关服务领域的海外投资占比也可能会增加。

第五，非股权投资日益重要。数字化使得全球价值活动变得便利，因此跨国企业海外投资开始倾向于选择非股权投资方式。非股权投资方式包括服务外包、特许经营、协议生产等。这些方式也是跨国企业降低贸易保护主义和地缘政治风险的重要路径之一。

第六，企业海外投资的布局更加灵活。由于数字化的发展，全球供应链缩短，跨国企业的海外价值活动布局更加灵活，海外生产、营销等活动更能满足本土市场需求，对于市场的变化也能做出灵活的应对。但是这种数字化带来的企业海外投资布局灵活性也造成企业海外投入和产出的不稳定。

2.5.2 数字化跨国企业的类型和发展趋势

数字经济的发展，使得全球跨国企业未来发展的一个重要方向是数字化转型。在全球海外投资总体情况有所下降时，数字化跨国企业的海外投资快速增长。《2017 年世界投资报告》评估了数字化对国际生产的潜在影响，分析并提供了 100 家数字化跨国公司的排名（如表 2-9 所示）。该报告将数字跨国公司分为四种主要类型：

（1）互联网平台。指数字化出身，并通过互联网运营和交付的平台企业，如搜索引擎、社交网络和其他平台、共享经济公司（如 Uber 和滴滴）以及共享住宿平台 Airbnb。

（2）数字解决方案提供商。指其他基于互联网的参与者和数字推动者，比如 IBM 和阿里云平台。除电子支付解决方案提供商外，这一类别还包括软件服务和金融科技提供商。

（3）电子商务。指实现商业交易的在线平台。这一类别包括电子零售商和新的配送集团，比如亚马逊、淘宝、京东、美团等。

（4）数字内容。包括游戏、数据和分析在内的数字格式媒体商品和服务的生产者和分销商，比如小红书、豆瓣、知乎、维基百科等。

表 2-9 销售增长率和 FDI 轻量化程度：传统百强跨国公司、科技跨国公司和顶级数字跨国公司的比较

	总销售增长	FDI 轻量化程度		
	2016—2021	2016	2021	变化率（%）
传统跨国企业	36	1.00	1.01	2
技术跨国企业（来自前 100）	73	1.50	1.45	-3
头部数字跨国企业	159	1.37	1.58	15
互联网平台	212	2.25	2.32	3
数字解决方案提供商	110	1.85	2.21	20
电子商务	225	1.03	1.21	17
数字内容提供商	68	1.32	1.12	－15

数据来源：《2022 年世界投资报告》。调查对象：（i）总收入超过 10 亿美元的上市公司，报告海外业务信息（即海外销售和海外资产，或至少两者之一），（ii）相关核心行业或活动。公司是通过筛选科技或面向消费者行业的大型上市公司样本，根据活动代码、业务描述和财务报告来确定其核心活动。

跨国企业的数字化转型在一定程度上减弱了企业海外价值活动（销售额）与其资产的比重。2022 年世界投资报告公布的全球跨国企业 100 强中，相比于传统的跨国企业，数字化企业的海外资产占比和海外资产份额与海外销售份额的比率大大降低。跨国企业的生产经营活动应用数字技术越多，企业越能以较少的海外资产取得较高的销售额。在数字经济领域的跨国企业中，互联网平台上的数字化水平较高的企业，其海外资产与销售份额的比率都低于 40%，并且大多数甚至低于 20%。应用数字技术程度高的高端制造业，其海外资产与销售份额比率也低于 1：1，并且逐渐下降。上述现象表明数字

化转型使得企业将资产重心放在母国，但是加快了企业海外扩张速度。

特别是对电子商务跨国公司来说，当地知识是一个重要因素。随着来自中国、新加坡和欧洲国家公司的进入，互联网平台领域的地理多样性也有所增加。特别是中国搜索引擎百度自 2016 年以来扩大了海外业务，包括与社交网络公司 Snap 建立合作关系。尽管中国杰出的数字公司（如美团和京东）在经济上很重要，但由于它们专注于庞大的国内市场，它们没有出现在排名中。新排名的整体 FDI 轻量化程度（外国销售额占相应资产份额的比例）高于 2017 年的排名。

不同数字经济领域的外国资产轻量化程度不同，这凸显了这类跨国公司内部不同的基础业务模式。互联网平台和数字解决方案提供商的资产最为轻量化。他们的商业模式很容易在国际上扩展，这并不一定需要在每个产生销售的市场进行实物资本投资。相比之下，电子商务和数字内容跨国公司更类似于传统的跨国公司。他们通常仍从事内容的实物生产，并保持相对较高的海外资产份额。受疫情期间海外销售额快速增长的推动，数字解决方案跨国公司的资产轻量化程度变大。

国际资产足迹也明显体现在 2016 年以来不同的投资模式上。传统顶级制造业跨国公司主要从事绿地投资，绿地投资项目占其对外投资项目总数的 90% 左右。相比之下，数字跨国公司通常较少参与绿地投资，它们的海外投资大多涉及收购竞争对手或有价值的初创企业，以及销售支持活动。对于数字跨国公司来说，研发和信息通信技术投资的相对重要性明显高于传统跨国公司。在传统跨国公司中，研发中心的投资平均仅占新建项目总数的 6% ~ 7%，而在信息通信技术和互联网基础设施方面的投资约占 2% ~ 3%。

不同类别的海外收购也显示出不同的情况。在这种情况下，电子商务跨国公司和互联网平台不太活跃。数字内容和数字解决方案提供商在 2021 年加快了收购步伐，交易数量分别增加了 48% 和 70%，数字跨国公司通过收购进行的国际扩张既有横向（同一行业内）的，也有纵向（不同行业内）的。一些数字跨国公司可以跨部门扩展业务，将多种服务捆绑到应用程序中。电子商务和电子支付通常合并在同一个应用程序中，为了利用协同效应和网络效应，新的数字公司通常会添加更多的应用程序（例如叫车服务、社交网络、流媒体）。互联网平台通常投资于垂直交易，他们收购同行业公司的比例仅为13%。相比之下，数字解决方案跨国公司主要从事横向交易，通过收购海外直接竞争对手来快速获得当地知识和客户关系，从而扩大海外市场。电子商务和数字内容跨国公司介于这两个极端之间，横向交易的份额约为23%。

对于许多新进入2023年数字跨国公司百强榜单的公司来说，它们的投资情况与老牌跨国公司不同。大型数字跨国公司已经在全球占据主导地位，它们的投资决策主要是出于保护业务和确保下一次创新的需要，而不是为了获得外国客户。排名中资产排名前十的跨国公司占了交易的五分之一（以及几乎一半的绿地项目），主要是其他发达经济体的创新初创企业或其供应链的部分（ICT和基础设施）。

【案例1】

在"国货出海"历程中，高端智能生活电器品牌TINECO添可颇具代表性。品牌成立仅三年，添可的主打产品智能吸尘器和洗地机在国内外均已达到市场占有率领先，可见中高端价格的中国商品同样可以受到海外消费者的欢迎。

添可母公司科沃斯早已在全球家庭清洁行业深耕多年。伴随产品升级与消费升级，添可舍弃拼参数和价格战等传统打法，将自己的品牌定位为"智能化吸尘器"的先驱者，以智能科技创新为内核打造地面清洁高品质产品。2018年4月，添可在美国亚马逊开设品牌旗舰店。添可国际品牌营销中心总监糜文迪称，当时直接从线下批发切入海外市场很难，线上渠道更为合适，"亚马逊提供了一个很好的线上渠道，平台数据直观呈现了新市场的方方面面，帮助我们更好沟通消费者"。她表示，万圣节投放营销中，为了照顾不同市场消费者的喜好和习惯，美国和德国广告片里所用到的糖果都是不一样的。

资料来源：数字化营销时代，中国跨境出海企业如何在海外市场打造品牌. https://www.thepaper.cn/newsDetail_forward_16180895.

【案例2】 本土化即全球化，国货引领海外市场

2021年，安克创新创立十周年之际，旗下主打品牌Anker成为全球销

量第一的数码充电品牌（按2020年度销售额计算），全球用户突破1亿。安克创新创始人阳萌曾在产品的评论里看到一条留言："能不能请一个native speaker（母语者）把你们的说明书写得更通顺一些。"诸如此类来自亚马逊用户的评论让阳萌意识到，在海外创牌的历程就是把品牌细节一点一点完善起来的过程。相比拥有较长外贸经验的企业，国内新兴消费品牌在出海时更易遭遇意外状况。好在国内丰富的电商运营经验让他们一开始就意识到了，专业的产品评论是消费者真实需求的重要信息来源。

资料来源：数字化营销时代，中国跨境出海企业如何在海外市场打造品牌. https://www.thepaper.cn/newsDetail_forward_16180895.

【案例3】

2021年，全面口腔护理品牌usmile实现出海创牌从0到1的突破，尤其是去年"黑五"，usmile亚马逊销售额同比日常增长约300%。usmile副总裁陈建勇称，品牌与亚马逊合作的第一年，更大意义不在于生意结果，而是通过销售与平台消费者产生交互，从中不断验证产品力和营销内容，以更好地贴近本地用户，实现整体优化，为品牌加速出海奠定基础。除了与亚马逊平台的消费者沟通，usmile也针对不同的国家，在当地组织了多次针对消费者及牙医的机构调研访谈，充分了解当地用户口腔问题，获取专业人士相关见解。盲目投入试错成本很高，usmile产品总监Stella表示，早期阶段公司希望用现有产品去试水海外市场的反应，进而迭代提升产品，解决用户痛点。曾经有一款产品海外退货率偏高，经过平台数据分析，usmile亚马逊运营团队发现原来这款产品有简洁版和设计版两种包装，而顾客更喜欢设计版包装，而非公司原以为的简洁版。随机发货带来的退货风波加深了大家对用户运营的理解，"市场并不由我们的认知决定"。

资料来源：数字化营销时代，中国跨境出海企业如何在海外市场打造品牌. https://www.thepaper.cn/newsDetail_forward_16180895.

【案例 4】

"东方彩妆，以花养妆"的国货彩妆花西子，于 2021 年 3 月初登陆日本亚马逊网站。"同心锁口红"在上线首日便被买爆，挺进了亚马逊口红销售小时榜的前三名。结合国内丰富的数字营销经验，花西子通过"中华妆""东方彩妆"国潮概念，并联合海外 KOL 开展营销活动。2019 年底，花西子和日本博主"@鹿の間"达成了合作，她是最早在日本普及"中华妆"的博主。该博主的种草很快引发了日本网友对花西子"苗族印象""西湖礼盒"等系列产品的热议。不少日本网友都在评论中问在哪里能买到这个中国品牌的产品，助力花西子在当地市场一炮而红。

2022 年是中国品牌出海的关键之年。随着"出海"常态化，越来越多的"中国智造"与"中国创造"将通过跨境电商的方式走向海外市场，在输出好产品的同时，将中国品牌的价值观和生活方式传递给海外消费者。对于品牌来说，在产品侧的创新固然重要，但还应精准理解用户侧需求，完善供应链管理，并在平台运营、品牌故事营销推广等多方面发力，同时借助跨境电商平台的工具，不断反哺品牌自身的发展，最终构建出一个上下游高效联动的优质出海生态。

资料来源：数字化营销时代，中国跨境出海企业如何在海外市场打造品牌. https://www.thepaper.cn/newsDetail_forward_16180895.

2.6 国际形势变化对国际投资和跨国企业的影响

自 2020 年新冠疫情暴发以来，国际形势出现了重大变化，呈现出不确定性较大、相互影响加重、传播速度加快的突出特征，突出表现为逆全球化抬头、地缘政治紧张、世界经济放缓、通货膨胀突出等。国际形势的这些调整和变化给各国经济增长带来了极为严峻的挑战，也对跨国企业的国际化经营和发展构成了严重威胁。在这种情况下，企业如何应对外部环境变化、如何调整其国际化经营和投资策略成为重要的议题。下文将通过一些代表性的国际事件介绍国际形势变化对跨国企业的影响以及可能的相应的对策。

1．美国制造业回流

制造业回流是制造业大型跨国公司将其投资和生产从海外转回国内的一种现象，例如将海外的工厂迁回国内，或者在国内建厂取代海外建厂。2008 年全球金融危机爆发之后，时任美国总统奥巴马意识到了实体经济的重要性，为重振美国经济并保持和维护霸权地位提出了制造业回流战略（高敬峰等，2020）。历经奥巴马、特朗普和拜登三任总统执政期，制造业回流已经逐渐演变为美国自 2008 年全球金融危机后持续贯彻的大政方针。目前，美国针对制造业回流战略已出台多种政策，如《重振美国制造业框架》《美国制造业促进法》《减税和就业法》《先进制造业国家战略》《芯片与科学法》《通胀削减法》等，主要通过优化制造业的营商环境和鼓励研发创新、降低企业税收和干预企业对外合作、投资和补贴一些关键产业并实行安全审查的措施来吸引或促使制造业回流（黄郑亮，2023）。

中国是全球产业分工的重要参与者，也是制造业第一大国，美国推行制造业回流战略势必会对我国企业造成深刻影响。首先，为保护本土制造业，美国加强了对其本土企业的安全审查，要求最大限度地使用美国生产的商品、产品和材料以及提供的服务，从而减少对中国制造的依赖。这将增加我国企业的出口压力，导致其损失在美国的市场份额。其次，美国制造业回流增加的产业规模和资本存量会降低其本土企业的生产成本，缩小与我国企业成本差距，导致我国企业在国际市场面临的竞争加剧（李玉梅等，2020）。最后，长期以来外资的引入促进了我国企业的知识学习和技术升级，而美国制造业回流下的外资撤出和研发中心的转移，将阻断我国本土企业对美国先进企业的技术利用效应和学习效应，进而影响我国企业的创新发展。作为对策，中国企业应立足双循环新发展格局，对外开拓多元化出口市场，对内拓展内需市场，减少对美国市场的依赖；增强自主研发能力，加速技术升级和产业转型，培育长期可持续发展产能；抓住美国引进制造业的机遇，加快加大对美国的海外投资，同时加强与当地企业的合作关系，利用海外子公司逆向知识转移推动国内企业的技术升级。

2. 美国对华出口管制

美国对华出口管制是以美国为主导的发达国家实行的限制为中国实体或个人出口商品、技术和软件的措施。近年来，随着我国科技水平的迅速提高和中美关系的日益紧张，对华出口管制逐渐成为美国压制我国高新技术发展并维护自身技术领先地位的重要手段。从 2018 年美国禁止其企业向中兴通讯供应芯片，到 2019 年华为与其关联公司被美国商务部列入实体清单，再到 2020 年 5 月我国网络安全与人工智能领域的 33 家机构与个人被美国商务部列入实体清单，我国众多高新技术企业与个人受到了美国出口管制的限制与制裁。美国国家档案馆（National Archives）公布的官方数据显示，截至 2023 年 5 月，已有 584 家我国实体机构和 54 位个人被列入实体清单，涉及的领域包括半导体、人工智能、航空航天、生物科技等行业。美国对华出口管制正试图切断我国从美国直接获取高新技术和产品的渠道，严重干扰了我国技术和经济的正常发展，对我国企业尤其是高新技术企业造成巨大的挑战。一方面，由于我国核心技术的发展仍处于起步阶段，对尖端技术如高性能计算芯片仍有着较大的需求，因此美国对华出口管制将限制我国企业的技术引进，并影响依赖这些产品和技术的企业的供应链安全。另一方面，我国被管制企业在海外的跨国技术并购、研发机构设立将受到阻碍，与美国科研院所和企业的交流合作也将受到影响。这会限制我国企业参与全球创新网络，斩断我国企业重要的知识获取路径，从而不利于我国企业的创新发展（干越倩和王佳希，2023）。为应对这些挑战，企业应提升合规意识，充分了解美国《出口管制条例》等政策，协同供应商和交易伙伴排查原材料和技术是否属于受管制物项，以避免或减少被制裁的可能性。同时坚持自主研发和创新，着力提升自身的知识基础和网络资源整合能力，从而降低对美国原材料、产品和技术的依赖。

3. 俄乌冲突

俄罗斯和乌克兰两个国家之间的矛盾由来已久。2014 年乌克兰亲俄罗斯的亚努科维奇政府倒台以后，克里米亚“脱乌入俄”，乌克兰亲西方派和亲俄罗斯派之间的冲突加剧，并爆发了武装冲突。在随后的几年内乌克兰境内两种势力发生多次交火。2022 年 2 月，为防止邻国乌克兰成功加入西方的欧盟和北约组织从而对自身国家安全构成威胁，俄罗斯对乌克兰发起了“特别军事行动”，自此以后俄乌冲突全面升级，演变为了两国之间大规模的军事战争（门镜，2022）。

由于俄罗斯和乌克兰同为世界粮食出口大国和能源出口大国，也是“一带一路”倡议的重要沿线国，俄乌冲突对我国经济和企业的发展将带来不利影响。首先，我国经济依赖能源和粮食等大宗商品的进口，两国的军事冲突将导致全球供应链和贸易通道受阻，推升油价和粮价高位运行，进而引发输入性通胀压力增大，提高我国相关下游企业和中小企业的经营成本（胡子南，2022）。其次，我国企业在乌克兰具有大量的投资项目，两国的战火可能毁坏我国企业在乌克兰的投资项目，带来不小的金额甚至人员损失。最后，俄罗斯和乌克兰是我国与欧洲的经贸走廊、“一带一路”建设的重要抓手——中欧班列途经的国家，两国的军事冲突可能导致中欧班列运行受阻，从而影响我国企业与欧洲的贸易往来和“一带一路”合作，使我国企业面临欧洲客户的违约风险和退单风险。面对俄乌冲突，我国企业应减少并及时撤离在冲突地区的投资项目，寻求更加多元化的海外投资，增加对经济发展潜力巨大、地区风险较小的国家如东南亚各国的投资布局，同时抓住机遇加强在能源和粮食安全领域的合作和投资。出口企业应对客户做详细的背景调查，评估其按期结账和债务偿还能力，谨慎达成交易并在交易合同中做出明确的规定以防止客户违约。

3

企业对外投资的影响因素

学者们发展不同的企业国际化理论，致力于解释企业国际化扩张的动因与行为特征。总体上看，国际商务领域主要的实证分析问题是什么因素推动了企业的国际化，以及哪些因素会影响企业国际化决策，如目标地的选择、进入时间、进入方式等。正如 Buckley 等（2002）所言，早期国际商务领域研究所取得成果是得益于学者们找到并关注了三方面的“大问题”（Big Questions）。其中如何解释 FDI 的影响因素，是一个最受关注的大问题。

企业开展对外投资是国际化的一种主要方式，是企业的生产经营活动不局限于一个国家，而是面向世界经济舞台的一种客观现象和发展过程，其主要目的是通过国际市场，去组合生产要素，实现产品销售，以获取最大利润。对于企业国际化进程来说，国际市场的进入模式是一个动态过程，不同阶段，进入不同市场采取的模式有所不同。企业进入外国市场的行为模式和经营特征也会随着企业国际经营经验的逐渐积累而不断变化。在国际化的不同时期，企业自身的资源和能力是对外投资的基础，其自身特征和条件也决定了企业可以选择的投资方式和投资的目标国家。本章节将详细阐述新兴经济企业对外投资的影响因素，包括企业基本特征、资源、能力以及内部治理条件和所处行业特征。

3.1 企业基本特征

企业的基本特征主要是指企业的年龄、规模和组织结构，反映了企业的基础结构和组成，是衡量一个企业的基本组成部分。

3.1.1 企业年龄

根据 Johanson 和 Vahlne（1977）的国际化过程理论，企业的国际化行为是时间的函数，随着企业年龄的增大，企业可以积累更多的知识、经验和资源，这些资源有利于企业寻求新的市场机会，并探索海外市场的机会。同时，企业知识和资源的积累是一个缓慢的过程，而国际化是风险较高的投资决策，通常年龄大的企业有更强抵抗风险的能力。因此，从这个角度看，企业年龄对国际化有积极的促进作用。

然而，随着企业年龄的增长，企业更长久地嵌入在某一种认知框架中，并嵌入在本地经营网络中，导致管理僵化、官僚化等问题，也可能使其放弃既定的组织实践变得十分困难。新的知识优势与公司现有的运营方法或其“主导逻辑”相冲突。如果企业不尽早获得新知识，就可能形成“认知陷阱”或“能力陷阱”，难以打破现状追求新的发展机会。因此，由年龄增长积累的经验、知识通过对搜索过程的影响，对公司未来的国际化产生影响。管理者在国内市场投入的时间越多，他们就越不愿意将公司的主要注意力转移到国外市场上。同样，他们花在与国内商业伙伴建立关系、相互忠诚和义务上的时间越多，他们就越有可能继续将国内合作伙伴视为第一要务。

在国际化的发展中，年轻公司在吸收新的外国知识方面比老公司具有一些学习优势。第一，年轻公司的认知、政治和关系模式比老公司更容易被改变。第二，由于文化是累积形成的，当一家公司在进行早期国际化时，采用国际身份可能会使其更有能力同时更愿意探索国际市场机遇。正如 Bierly 和 Chakrabarti（1996）所言，公司建立了管理层，其学习方式的灵活性受到组织中许多部门的组织能力的限制。这些因素表明，年轻公司更易于发挥外国知识优势，寻求更快的国际增长。

3.1.2 天生全球化

随着国际化进程加快，有一类天生全球化公司——那些从成立之初或即将成立之时就向国外市场扩张并表现出国际商业实力和卓越业绩的公司（Knight & Cavusigil，2004）。这些企业最初出现在国内市场较小的国家，但现在在全球各地大量出现。比如字节跳动，它成立于 2012 年，在成立初期就试水国际市场，在 2015 年 8 月，正式发布了今日头条的海外版 TopBuzz。截至 2019 年，在 30 个国家、180 多个城市有办公室，并拥有超过 6 万名员工。字节跳动旗下产品全球月活跃用户数超过 15 亿，业务覆盖 150 个国家和地区、75 个语种。

大多数天生全球化企业的特点是缺乏资金、人力和有形资源，但天生的全球化企业向国际化的进展相对较快——从国内建立到最初进入国外市场的时间通常为 3 年或更短。典型的年轻公司因为其较小的规模而被赋予了一种灵活性，这为其在国外市场取得成功提供了关键的好处。在国际商业环境中，天生国际化公司可能受到两个关键趋势的推动，这两个趋势大大降低了海外市场扩张的交易成本。一个趋势是市场的全球化，它涉及很多公司的国际采购、生产和营销，以及产品开发和分销的跨境联盟。全球化与世界各地的买家偏好日益同质化有关，这简化了产品开发和在国外市场的定位，使国际业务更加容易。第二个趋势是信息和通信技术、生产方法、运输和国际物流方面的技术进步，这些技术进步正在降低商业交易成本，促进国际贸易的惊人增长。

从天生全球化公司的特征来看，这些公司更年轻、规模更小、管理模式更灵活、官僚主义较少，并具有强大文化创新和追求国际市场的倾向。文化创新也会促进知识的获取，从而产生驱动组织绩效的能力。因此，天生全球化的公司天生就是具有这些特征的创业型和创新型公司。这些企业展示了一种特定的知识和能力模式，从而实现了早期的国际化，并在国外市场上取得了可持续的卓越业绩。Cavusigil 和 Knight （2015）总结了天生全球化公司的特征：

✧ 全球性公司倾向于生产增值产品——创新的、前沿的、差异化的和独特的产品。

✧ 天生的全球化公司的领导层通常由变革推动者（创始人或员工）驱

动，他们支持出口计划，并团结其他人为支持国际化努力。

✧ 这些变革推动者具有企业家导向和心智模式，似乎“低估”了走向国际的风险。

✧ 天生的全球化公司的领导层受到全球客户对其产品的需求的激励。

✧ 天生的全球化公司往往在建立全球合作伙伴网络方面非常有效——分销商、代理商、代表和供应商。

✧ 国内市场较小的国家往往培育出不成比例的高天生全球化公司。

3.1.3 企业规模

企业规模是指企业在生产、经营、管理等方面所表现出来的规模大小。规模可以从多个角度来衡量，如企业的资产规模、员工数量、销售收入等。企业规模对其对外投资的决策和策略具有重要影响，是企业市场竞争力的重要体现。对于企业而言，开展对外投资因企业的具体情况而异，但是一般认为，企业规模越大，其对外投资的能力和动机也越强。

从规模经济的角度看，企业的规模越大，企业越有可能发挥自身的规模优势，通过对外投资的方式进一步扩大其市场份额和提高竞争力。首先，企业规模较大，其资金实力越强。在对外投资时，资金实力是企业能否成功并持续投资的重要因素。大规模企业可以更容易获得融资和资金支持，从而在对外投资中占据更有利的地位。相比之下，小型企业由于资金实力有限，可能会更加谨慎地进行对外投资，以避免风险。其次，企业规模越大，其品牌影响力越强。在对外投资时，品牌影响力可以带来更多的资源和机会。大规模企业的品牌影响力可以吸引更多的投资者和合作伙伴，从而为其对外投资提供更多的机会和资源。同样，企业规模越大，其人才队伍越强大。在对外投资中，人才队伍是企业决策和执行的重要因素。大规模企业可以更容易吸引和培养高素质人才，从而在对外投资中具有更强的竞争力（Liu et al.，2016；Liu et al.，2018）。相比之下，小型企业由于人才队伍相对薄弱，可能无法有效地执行对外投资策略。

此外，从风险管理的视角，规模不同的企业对风险的感知也会存在差异，这会影响企业的对外投资决策。企业在对外投资时，需要承担一定的资金风险，如投资项目的收益不如预期、资金流动性不足等。对于大规模企业而言，资金风险可能会更加显著，因为它们通常投入更多的资金。对外投资也可能会带来市场风险。企业在对外投资时，需要考虑目标市场的风险因素，如市场竞争、政策风险等。对于中小型企业而言，市场风险可能会更加显著，因为它们通常没有足够的资源来应对市场风险。对外投资还可能会带来政策风险。企业在对外投资时，需要考虑目标国家或地区的政策环境，如政策变化、政治不稳定等。对于大规模企业而言，政策风险可能会更加显著，因为它们通常在多个国家或地区进行投资。

在面对风险的同时，较大的企业规模也为企业提供了更好的管理能力，大规模企业可以更好地管理和控制对外投资的风险，从而在对外投资中占据更有利的地位（Luo & Tung，2007）。相比之下，小型企业由于管理能力相对薄弱，可能无法有效地控制对外投资的风险。在实践方面，我国一些企业——华为、海尔、中国化工集团等也利用了这些特点来展开有效的对外投资。例如，中国化工集团是一家以石油化工为主业的大型企业，拥有多家海外分支机构和广泛的海外投资经验。根据中国化工集团的官方网站数据，截至 2021 年底，中国化工集团在国内外市场的员工数量超过 20 万人，其中海外员工占总员工数的约 1/3。中国化工集团在对外投资方面表现出较强的扩张性，投资涉及多个领域，如基础化工、塑料、橡胶、染料等。

3.1.4 组织结构

组织结构是指企业内部各部门、岗位之间相互联系、相互依存、相互制约的关系。组织结构包括组织的层次结构、职权和责任、沟通协调机制等。组织结构是企业内部管理的基础和核心，它对企业的经营和发展具有重要的影响，在对外投资过程中，企业的组织结构也会对投资决策和执行产生影响。

首先，企业组织结构会影响对外投资决策的效率。在集中式组织结构中，决策权通常集中在高层管理层手中，决策效率较高，但可能会导致决策过于集中化，缺乏灵活性。相比之下，分散式组织结构中，决策权分散在各个部门和团队中，决策效率较低，但可以更快地响应市场变化和投资机会。例如，研究表明，通过分权的方式在东道国设立单独的跨国公司总部，可使其决策不受公司总部以及其他国家子公司的影响，同时，更有利于建立与东道国的联系，提高效率（Birkinshaw et al., 2006）。

其次，企业的组织结构会影响对外投资的资源配置。在集中式组织结构中，资源通常由高层管理层进行分配和调配，可能会限制各部门和团队的资源使用。相比之下，分散式组织结构中，各部门和团队可以更自由地配置和使用资源，更容易为对外投资提供所需的资源支持。

最后，企业的组织结构会影响对外投资的风险管理。在集中式组织结构中，风险管理通常由高层管理层负责，可以更好地控制风险，但也可能导致对外投资决策过于保守。相比之下，在分散式组织结构中，各部门和团队可以更自由地管理和控制风险，但也可能导致风险管理不够协调和一致。

3.2 企业资源和能力

相较于发展中国家企业，发达跨国企业对外投资做出投资决策可能是拥有某些“所有权优势”。所有权优势是一国企业所拥有的或者能够得到的而他国企业没有或难以得到的生产禀赋（如自然资源、资金、技术和劳动力）、产品生产工艺、专利、商标、管理技能等方面的特定优势。当企业自身拥有一定的竞争优势，即具有在东道国得以生产、经营的优势，跨国企业才能在东道国站稳脚跟。从世界范围看，发达国家企业在竞争总体实力上具有明显的优势，但是深入到具体行业来看，不同国家的企业则可能各有所长，各自拥有自己的相对优势。在跨国经济领域，由于世界经济发展不平衡，不同国家的企业进入相同的东道国市场，企业优势的相对性就更为明显。例如发展中国家制造企业进入发展程度较母国发展程度低的国家时，在密集使用劳动力、规模、自动化水平较低的设备和技术方面，就可能比发达国家进入该国时更受欢迎和更适用。

3.2.1　技术和营销资源

在国际商务研究中，内部化理论和国际生产折中理论（OLI）指出，企业所拥有的技术和营销等无形资源，是企业开展出口或进入海外市场开展经营活动的所有权优势，通过在多个国际市场上转移和利用其无形资产，可以获得更多回报。拥有更高无形资源禀赋的企业更有可能进行国际扩张并在国际市场上取得成功。基于资源的观点（Resource-based view，RBV）认为，企业拥有的有价值的资源决定了企业的竞争优势、绩效和战略选择。技术资源指用于开发新产品或制定创新制造工艺的资产，包括卓越的生产工艺、流程，丰富的技术知识和专利，熟练技术员工等。营销资源是企业用来将产品与竞争对手区分开来并建立积极品牌形象的资产，包括品牌资产、营销网络和渠道、营销相关技能和知识等。

技术资源和营销资源在一段时间内具有排他性或特定性，并使其与竞争对手相比具有一定程度的优势。这两种资源也具有公共产品的一些特征，即随着公司的跨国性越来越强，它们的价值也会增加。技术和营销诀窍也是产生垄断优势的知识资源，创造了内部化的需求。知识资源通常由企业个体或群组成员的重复性练习或实验性学习逐渐积累形成,具有公共物品、隐性和复杂性的属性。公共物品属性是指知识能够在多个个人、部门或企业之间分享，而不会降低知识的价值或其他人的可获得性。这一属性决定了知识资源能够实现在企业内部转移和分享。知识的隐性是由于某些知识难以编码，使得这些知识不容易交流与共享，增加了知识转移和被模仿的难度。复杂性是指某些知识涉及其他相关资源（包括惯例和人员）的程度，某些知识嵌入在企业惯例之中或知识的获取需要多主体之间的配合，使得资源难以被识别和获取。隐性和复杂性决定了知识资源难以在企业间轻易转移或被模仿，由此成为企业建立可持续竞争优势和获取超额回报的基石。

技术和营销资源不仅使企业在一定程度上优于竞争对手，而且对该企业具有排他性或特定性，这些优势在原产国产生并发展，但公司很容易将其转移到其他国家。因此，一家公司的子公司通过这种资源获得优势，从而获得比新公司更好的竞争地位。这些优势来自规模、生产多样化和专业化、范围和学习型经济，因此共享管理允许企业在无形资源开发方面获得额外的优势。跨国公司具有优势，是因为其特定的知识资源或资产使其能够克服在国外开展业务的困境。内部化优势或交易优势是基于公司内部对位于不同市场的一组资源的联合协调和控制所产生的利益，而不是它们在外部市场的销售或购买。企业避免了市场的不完善，降低了交易成本。因此，通过外国直接投资将所有权优势内部化比通过与其他公司签订许可证和合同更有利可图。在这种情况下，拥有先进知识资源的公司会将其活动扩展到国界之外，从而增加国际化程度。

现有研究表明，技术和营销资源是驱动企业对外投资的关键因素，因为转移技术资源和营销资源能够帮助企业在海外市场中快速建立生产线、研发新产品、移植母公司的品牌和营销实践，从而获取额外回报。在实证研究中，Kirca 等（2011）通过 Meta 分析证实了技术资源和营销资源对对外投资程度的促进作用。Kotabe 等（2002）通过检验美国跨国企业的数据发现技术和营销资源能够促进对外投资与绩效的关系。Lu 和 Beamish（2004）基于日本跨国企业的数据也得出知识资源能够加强国际化与绩效关系的结论。与对外投资相关的技术和营销资源研究总结见表 3-1。

表 3-1 与 OFDI 相关的技术和营销资源研究回顾

作者（年份）	知识资源相关变量	样本	技术和营销资源相关变量的测量	主要结论
Delios & Beamish（1999）	技术资产和营销资产	399 家日本制造企业	TR：R&D 投入/总收入 MR：广告投入/总收入	技术资源对地理多元化有正向影响，而营销资源对地理多元化影响不显著。
Tseng et al.（2007）	技术和营销资源、组织盈余、内外部财务资源	美国 200 多家制造业上市企业数据	TR：R&D 投入/总收入 MR：销售费用/总收入	技术和营销资源、组织盈余和内部财务资源是国际化增长的驱动因素，而且知识资源比财务资产产生的作用更加持久。

续表

作者（年份）	知识资源相关变量	样本	技术和营销资源相关变量的测量	主要结论
Wang et al.（2012）	技术资源和营销资源、公司能力、政府层级和股权	629 家中国制造业企业	TR：R&D 费用/员工数 MR：销售费用和广告费用/员工人数	政府所有权和层级对 OFDI 都有正向影响，企业资源对 OFDI 影响不显著，但会加强政府所有权和层级对 OFDI 的作用。
Xie et al.（2016）	技术资源、营销资源、绩效与绩效预期的差距	257 家中国制造业上市企业	TR：R&D 投入/总收入 MR：销售费用/总收入	技术资源对国际化增长影响不显著，营销资源对国际化增长负向显著，绩效与绩效预期的差距对国际化增长存在正 U 型影响，技术资源加强、营销资源减弱绩效与绩效预期差距对国际化增长的作用。
Kim et al.（2020）	技术和营销资源、国际化速度和国际化地理空间	2780 家中国上市公司	TR：研发支出/总销售额 MR：广告支出/总销售额	跨国企业对技术和营销资源的投资改善了区域内快速国际化的财务绩效，但损害了区域间快速国际化的财务绩效。
Qiao et al.（2020）	研发强度（技术资源）	568 家中国初创企业	TR：研发支出/总销售额	研发强度正向影响对外直接投资频率，区域制度环境加强研发强度与对外直接投资的关系。
宋渊洋等（2011）	营销和管理资源、财务资源、组织冗余、股权	629 家中国上市公司样本	MR：销售费用/总收入	营销资源对国际化程度有显著负向影响，财务资源对国际化程度有正向影响，组织冗余与国际化程度呈 U 型关系。国有控股企业比非国有企业更偏好国际化战略。
吴航（2012）	内部技术资源、外部技术资源	293 家高技术企业的调研数据	TR：R&D 费用/总收入	内部技术资源和外部网络技术资源对企业国际化均有显著影响。
陈岩（2014）	国际化程度、产品多元化、资本、技术和营销资源	186 家中国上市企业	TR：R&D 费用/总收入 MR：广告费用/员工数	国际化程度与绩效之间的表现表现为倒 U 型，有关产品多元化、企业资本、技术资源、营销资源能够提升国际化绩效。
吕捷等（2017）	可流动资源（研发资源和创新资源）、不可流动资源（营销资源和管理资源）	100 家中国海外投资企业	TR：研发费用/海外销售总额；年均专利数 MR：销售收入/总收入	研发资源和创新资源丰富的中国跨国企业更倾向于选择新建投资的方式进入海外市场；营销资源对投资模式的选择效应并不明显。

资料来源：作者整理（注：在变量测量处，为节省空间使用缩写，TR 指技术资源，MR 指营销资源）。

此外，技术资源和营销资源对企业国际化的影响也存在差异。技术资源是企业用于提升生产工艺、流程和技术相关的资源和能力（Zhou & Wu, 2010）。先前研究表明，企业的技术资源能够促进国际化扩张。第一，为了优化技术开发，企业需要走出国内市场，继续寻找能够最好地创造和利用其专有技术的市场，从而获得“区位优势”（Dunning，1981）。第二，企业将其技术资源与东道国的特定因素或市场条件（例如劳动力可用性、生产设施、分销渠道等）结合起来是有益的。为了抢占这种合并的先机，并阻止其他公司获得这种优势，技术密集型公司必须加速向海外扩张。第三，技术强度越高的企业在培育新理念和创新产品方面投入的精力越多。为了在创新过时或被他人模仿之前达到必要的销售量，企业可以进行迅速的国际化进程，以获得更广泛的市场基础。

营销资源是企业用来将产品与竞争对手区分开来并建立积极品牌形象的资产。企业通过将资源投入到营销计划（营销组合）和营销管理实践的开发中，可以使产品与众不同，提高品牌认知度。随着全球市场日益同质化，企业在全球范围内提供现有的营销计划和实践，有助于其开拓国际市场（Chung，2003）。营销实践的标准化也能帮助企业为其客户提供更一致的产品，并为其海外业务提供更统一的营销计划和控制程序（Chung, 2003）。这种营销资源在全球范围内的应用具有较高潜力，可以提高品牌形象的强度，促进在营销中实现规模经济，并提高与分销商和消费者的议价能力（Levitt，1983；普罗金，1993）。此外，在网络化和数字化时代，品牌的良好声誉也可能会更快地溢出到国外市场，从而鼓励品牌所有者向海外扩张。因此，为了提高全球营销效率，营销资源的占有将推动企业向更多的国外市场扩张。

尽管如此，在全球范围内部署标准化的营销资源也存在一些障碍，这会限制公司在海外扩张的程度。尽管世界经济日益一体化，但跨国或跨文化差异仍然存在。国际市场营销研究人员观察到，国家之间的差异，如消费者偏好、营销环境和基础设施，可能对现有营销技巧在外国的应用有害，并将减缓公司进入新市场的步伐（Whitelock & Pimblett，1997）。同样，在不同的环境中复制公司的营销实践有时会很困难，因为母国和东道国的环境存在差异，这被称为“区位特定劣势”。与技术资源的国际部署相比，东道国的制度和文化因素对营销资源的国际部署有更多的约束，如不同国家的消费者的口味或渠道网络存在较大差异，从而抑制了企业对外扩张的速度。此外，高度差异化的产品或非常强大的品牌名称往往与公司母国的民族身份密切相关，这并不总是对产品形象有积极的贡献。当进入一个与公司的母国保持敌对关系的外国市场时，拥有这种品牌“实力”的公司将需要在当地市场上格外小心，并面临可能的消费者抵制或厌恶。在这种情况下，不当的营销资源将不利于企业的对外扩张。

因此，先前实证研究表明，技术资源和营销资源对企业对外投资的作用实际上也是存在明显差异的。比如，Delios 和 Beamish（2004）基于日本跨国企业的数据，得出了技术资源对国际化有正向影响，而营销资源没有显著影响的结论。Tseng 等（2007）通过分析美国跨国企业的数据发现技术资源是驱动企业国际化增长的关键因素，但营销资源对国际化增长存在先增后减的倒 U 型作用。基于新兴经济跨国企业的研究中，Wang 等（2012）基于中国上市公司的数据，提出技术资源和营销资源都不是驱动对外投资的主要因素。Xie 等（2016）发现技术资源对中国跨国企业国际化影响不显著，而营销资源对国际化存在负向影响。宋渊洋等（2011）也得出营销资源对中国企业国际化有负向影响的结论，吴航等（2012）则发现企业的内部技术资源和外部网络的技术资源都对国际化有正向影响。此外，陈岩（2014）通过实证分析指出技术资源和营销资源能够加强中国企业国际化程度与绩效之间的关系。Guar 等（2014）指出拥有更多技术和营销资源的印度企业更可能开展国际化扩张，Yiu 等（2007）发现技术成就对中国企业的国际合资有正向作用，郑小碧（2019）、王站杰和买生（2019）指出技术创新能力对企业国际化有正向影响。

3.2.2 财务资源

从理论上讲，富裕的财务资源使企业有更大的自由度来考虑广泛的海外扩张可能性，并使扩张过程更顺畅，问题更少（Ito & Rose，2002；Mishina et al.，2004）。因此，未能保持足够的财务资源可能会限制公司的国际扩张，这反过来又导致在追求全球领导地位的竞争中落后于竞争对手。因此，企业需要将其全球扩张的步伐与不同资源提供者的预期同步，这表明财务资源的来源将影响企业的国际化行为。

财务资源主要有两种来源：组织内部产生或外部产生。其中，内部产生的财务资源主要由企业当前投资的利润构成，而外部筹集的资源则通过资本市场或金融机构获得，并用于未来的投资。通常情况下，成本问题越少，内部资金的使用越不受限制，可以立即投入新公司，优化正在进行的国外业务，继续在当地扩张，然后加强公司在东道国市场的地位。此外，内部利润作为一种持续的、更可预测的资金来源，是实现企业长期目标的支柱或动力，在全球化趋势下，对许多企业来说，持续的国际增长通常是最重要的。此外，拥有内部资源往往会赋予企业更大的能力，沿着国际发展的预定轨迹前进，使企业更有信心加速进入新的外国市场。

相比之下，外部融资，无论是以股权形式还是以债务形式筹集，都需要相当高的资本部署成本，并且通常是在公司无法为自己的业务活动提供资金时诉诸的。从简单的意义上说，不考虑特殊政府贷款的情况，从外部筹集资金的成本包括股票股息支付和债务利息支付。特别是，使用债务融资的公司被要求定期偿还贷款金额的特定部分，而不管它们赚取了多少利润。这种偿还债务和保持利润的压力经常迫使公司放弃在国外市场上冒险的行为，并禁止他们大胆进军国际市场。此外，管理行为往往受到债权人和股东的约束和监督（Jensen，1986）。由于跨国业务被认为比国内业务充满更多的不确定性和风险，而且公司面临着与本地公司相比的外来者劣势，外部资金提供者很可能不愿为扩张到遥远和未知的海外市场提供资金，这可能会导致公司未来收益的不稳定。这些资金提供者甚至可能要求公司退出无利可图的海外业务，以确保它们有能力偿还贷款。在高财务杠杆的情况下，企业在开展全球业务时会更加谨慎，可能会出现延迟，这些成本会使企业对外投资变得更加谨慎，会导致企业的国际化速度放缓。

3.2.3 关系网络资源

在新兴经济市场，企业在母国的关系网络为其寻求国际扩张提供了一个重要的优势来源。Dunning（1995）在他的 OLI 范式中将关系资产也视为一种所有权优势。Child 和 Rodrigues（2005）也强调了关系网络的价值，他们认为，在所有社会中，企业和外部机构之间的某种程度的网络化无疑都存在，这种网络化会对企业的国际化进程产生重大影响。Wright 等（2005）强调社会资本和社会网络在新兴经济体企业战略中所起的关键作用。这些关系网络既可以是东道国的组织或人员，也可以是本国的组织和人员。接下来，重点分析企业所处的母国关系网络如何影响企业追求国际冒险。

根据制度经济学的观点，关系网络在新兴经济市场中的主要作用是替代外部市场机制（Caves，1989；Khanna & Palepu，1997；Peng，2003）。由于外部市场机制发展不完全，难以创造国际扩张所必需的公司所有权优势，新兴经济企业更可能依赖关系网络，获取关键的信息、金融资本、创业和管理等知识（Khanna & Palepu，1997）。在新兴经济市场中，两种关系网络起到关键作用：商业关系和政治关系。

商业关系是指商业交易各方之间的联系，例如供应商和买家，以正式或非正式的方式。在母国的商业网络关系有助于企业开展国际风险投资，因为新兴市场企业对外直接投资通常与他们的本国合作伙伴（如供应商）垂直整合。Guillen（2002）认为，属于同一商业网络的企业可以从进行国际扩张的同行成员那里获得宝贵的信息和经验，从而克服外来者劣势。他的实证研究结果表明，韩国财阀成员公司之间的模仿提高了海外扩张的速度。因此，新兴市场企业可能会进入与其供应商和客户相同的国家，因为这种羊群式 FDI 不仅有助于提高整个商业网络对东道国政府的议价能力，而且有助于在当地市场建立市场合法性。因此，拥有与母国商业伙伴的网络联系，有利于新兴市场企业从事国际风险投资活动。

政治关联是指与政府官员和机构、银行和金融机构、大学和行业协会等机构的联系。从资源依赖的角度来看，政治网络是企业为了能够在市场中运作而依赖的资源。在一些新兴经济市场，企业建立外国合资企业或在海外开展经营活动时，必须寻求政府的批准。因此，政治关联对企业对外投资活动有重要影响，除获得政府的许可外，与行业协会和专业团体的联系可以提供不同市场的信息，并为国际业务提供进入这些市场的途径。此外，由于缺乏信用记录和面临外来者劣势，新兴市场公司在东道国获得金融支持是困难的或昂贵的。此外，很多新兴经济体的银行体系是基于关系来降低信贷风险的，银行愿意对熟悉的企业提供长期贷款。因此，政治联系是企业成功进行国际冒险所需要获得的另一个有价值的网络关系，促进企业获得政府、金融机构、行业协会等组织的支持，帮助企业在没有积累充足国际经验的情况下走上国际跳板（Luo & Tung，2007）。当企业公司遵守或积极利用政府关联的支持，包括财政和非财政利益时，其承担风险的能力就会提高，从而减少了先前国际经验的必要性。在实证研究中，有很多学者发现，企业的商业关联和政治关联能够促进企业的国际化扩张。比如，Yiu 等（2007）发现，商业关联和政治关联对企业国际风险投资有正向影响。Deng 等（2018）和 Li 等（2022）发现，政治关联和政治参与能够促进企业的国际化扩张。李杰义等（2019）的研究表明，企业的本土网络嵌入性会通过加强企业的利用式和探索性学习，提升企业的国际化速度。闫妍等（2021）基于南方航空的案例研究，借助关系网络和资源编排视角，提出企业嵌入的关系网络有三种类型，包括松散型、集中型和聚焦型关系网络，这些关系网络有助于企业获取资源、积累资源和部署资源等活动，从而助力企业加速国际化。

3.2.4　组织学习和国际化经验

国际经验是指企业在国际经营中积累的经验，是解释企业国际化的一个关键概念。组织学习是以经验为基础的企业知识的变化过程（Fiol & Lyles，1985；Madsen & Desai，2010），能够提升企业国际化进程和绩效。

企业在进行国际扩张时，通过组织学习扩大其知识基础。在国际化过程模型（Johanson & Vahlne 1977）中，国际经验对于解释企业的国际化模式很重要，企业通过国际经验习得经验知识，从而扩展到越来越遥远的国际市场。很多国际商务研究调查了国际经验在地点决策（Davidson，1980；Yu，1990）、区域扩张（Li，1994），进入模式选择（Dikova & Van Witteloostuijn，2007；Dow & Larimo，2009）和公司进入外国市场的时间等问题的重要作用（Barkema et al.，1996）。

具体而言，当一家公司在国外市场成立子公司或分支机构，它们通过在国外开展业务的增量和耗时的边做边学的过程，获得关于东道国的关键知识，并发展组织能力（Casillas & Moreno-Menéndez，2014；Pedersen & Shaver，2011）。组织学习能够帮助企业获得和积累国际经验，因为进入新的外国市场使企业能够学习三种类型的知识：市场、技术和社会学习（Hsu & Pereira，2008；杨紫琼，2004）。第一，企业通过了解他们进入的外国市场来增加他们的知识基础。随着公司获得国际经验，他们能够更好地学习和适应当地市场（Carlson，1966；Johansson & Vahlne，1977）。第二，企业能够通过共同选址学习东道国的国家创新体系，并从知识溢出中获益（Driffield & Munday，2000）。因此，企业参与技术学习是国际经验的结果（Zahra et al.，2000）。第三，企业可以进入国外的本地网络，从而增加他们的社会学习机会（Yeoh，2004）。

东道国的知识为外国投资者提供了关键信息，这在处理外国业务中的风险和不确定性方面至关重要。一方面，这些信息能够帮助企业避免高昂的信息和适应成本，减少了不确定性，克服进入壁垒，以缓冲“冒险进入未知领域”的不利影响（Kogut & Zander，1993；Kostova & Zaheer，1999）。另一方面，除了本地知识基础外，企业的国际经验有助于降低走出国门的风险，并影响管理者对国际化的感知成本（Eriksson et al.，1997；Johanson & Vahlne，2009）。公司可以利用东道国以前的经验进一步扩大在该国的业务，以实现生产和销售的规模经济。随后进入同一东道国使企业能够加深对商业环境的理解，并通过体验式学习提高其适应当地条件的组织能力

（Henisz & Macher，2004）。此外，向其他国家的扩张为企业提供了规模和范围经济，因为这允许企业在更多的市场中分担成本，同时还提供了从企业或市场之间的知识转移中获得的学习经济。因此，企业通过在该市场的其他项目中开发其无形资源来获得更大的优势。这些好处提高了这些项目的回报，并提高了它们的优先地位。

当企业决定提高国际化程度时，通常来说，它们会将活动集中在那些熟知的市场上。市场相似性往往会促进投资活动的增加，因为市场、技术和人力资源可以随时转移到相似的国家，而且决策者在这种环境中面临的不确定性水平较低。这些因素导致企业倾向于在附近或类似国家投资；然而，一旦公司在其他国家成立，这种偏好就会减弱。因此，国际过程不会随着公司进入一个国家而结束，因为在这一过程中获得的经验和知识往往有助于公司向其他国家扩张，以便继续进行渐进的全球扩张。然而，在新的市场中成功竞争所需的能力可能与在现有市场中获得成功所需的不同。公司必须开发适合东道国市场的新能力。企业的国际化使它们能够从多个企业之间的管理共享、从更大的规模或从跨国化过程本身获得新的无形资源（主要是信息、知识和经验）。

3.3 企业治理特征

3.3.1 企业性质

目前，学者们从企业股权角度分别研究了国有控股、家族控股和机构控股等因素对企业对外投资的作用。

1．国有控股

国有股权是指政府在企业中持有的股权比例。国有控股企业是指在企业的全部资本中，国家资本股本占较高比例，并且由国家实际控制的企业。国有控股企业包括两种类型：绝对控股企业和相对控股企业。国有绝对控股企业是指国家资本比例大于 50%（含 50%）的企业，包含未经改制的国有企业。国有相对控股企业是指国家资本比例不足 50%，但相对高于企业中的其他经济成分所占比例的企业（相对控股），或者虽不大于其他经济成分，但根据协议规定，由国家拥有实际控制权的企业（协议控制）。

学者们从两个方面考虑了国有控股对企业国际化的影响。一方面，国有控股促进跨国企业对外投资。从资源禀赋角度看，国有控股带来的政府支持可以使企业在海外投资中获得资源优势，以弥补企业特有优势的不足（Luo et al.，2010），从而促进企业实施对外投资。从风险感知角度看，管理人员可能会考虑到在不利情况下，国有企业可以获得正式或非正式的进一步支持。这种管理认知会影响决策者的风险感知，导致管理者低估风险在对外直接投资中的作用（Buckley et al.，2007），从而促使其实施国际化战略。另一方面，从政治角度来看，国有控股则产生了相反的影响。不同于民营企业，国有控股企业在追求商业目标的同时还承担着国家的政治任务，因此，其可能会在国家政治利益的驱动下实现非商业目标。基于这一特性，东道国将国有控股企业视为商业实体的同时，还会将它们视为政治行动者，而且它们的政治行动往往被认为对东道国不利，甚至有害（Globerman & Shapiro，2009），因此东道国可能会设置更高的制度障碍阻止企业对外投资。在这种情况下，国有控股企业往往会退而求其次选择合资式的对外投资缓解面临的制度压力。

2．家族控股

家族控股企业是指由家族出资成立并获得绝对控股，并向企业的董事会、经理层和关键部门委派家族成员实现对企业经营活动的实质性控制的企业。通常来说，当家族成员合计拥有的控制权比例不少于 15%，且家族成为企业的第一大股东和实际控制人时，该企业被视为家族企业（连燕玲等，2016）。

关于家族股权对国际化的影响作用，现有研究结论并不统一。一些学者认为，家族企业倾向于开展国际化业务。第一，家族企业有较为明显的长期导向，这些公司内部战略决策者的利益与公司本身的利益密切相关，这些公司更有可能进行长期投资（Dreux，1990），促使控股家族倾向于开拓新的国际市场（Carr & Bateman，2009）。第二，家族企业有着强烈的代际传承意愿，创业者也具有较强的冒险精神，促使企业开展冒险活动，如开拓国际市场（周立新，2016）。第三，家族控制权是一种潜在的资源，比如相对较低的监控成本和灵活的决策过程等。企业可以这种潜在的资源提高竞争力，实现进入新市场等战略目标。然而，另一些学者认为，家族企业的一些特征可能会成为国际化的障碍。首先，Gallo 和 Sveen（1991）认为，家族企业可能不愿意通过对外直接投资实现国际化，因为这些企业相对较难适应海外市场不同的文化和商业模式，难以将现有商业模式转移到新的市场中。其次，海外业务的管理通常需要更复杂的国际运营和营销等技能，而一般情况下，家族企业的核心成员并不一定擅长这些技能。因此，对外直接投资可能需要控股家族将相当大的决策权转移给外部专业人员，而家族对此很可能会不适应或不情愿，特别是在产权薄弱、非正式合同成为规范的情况下。因为拒绝精英统治和依赖家族关系来选择管理者可以确保家族企业的“战略简单”状态（Zahra，2003），即这些公司遵循相同的战略。再次，家族企业可能存在控股家族通过各种方式剥夺了少数股东的回报的情况（Baek et al.，2006），导致公司管理过程和信息的不透明性。因此，家族企业往往更不愿意接受监管机构、投资者、债权人和信用评级机构的外部审查。这种对审查的厌恶可能会阻止他们进行对外直接投资。

3．机构控股企业

机构投资者主要指的是一些金融机构，如国家或团体设立的退休基金、公募基金、私募基金、保险资金、社保资金、投资信托公司、银行、券商资金、信用合作社、保险公司等，这些机构买入股票，称为机构持股。一般来说机构持股比例相对较高是比较好的，因为机构信息来源优于散户，机构持股比例高意味着机构看好该股票，换句话说，这意味着企业资质优秀，能够吸引机构投资者。

已有研究大多认为机构持股，尤其是外国机构投资者，对新兴市场企业的国际化有积极影响（Singh & Gaur，2013）。机构投资者（即投资基金、养老基金、银行和保险公司）可以通过监督管理人员和提供获得重要资源的途径来影响家族中小企业的国际战略（George et al.，2005）。Tihanyi 等（2003）也发现，养老基金等机构投资者是长期导向的，可能会积极监督企业的国际化决策，企业内部董事和外部董事也会分别影响机构持股人对企业国际化的作用。除此以外，学者们还进一步发现，不论是在发达经济体的背景下，还是在发展中国家的背景下，机构投资者（包括压力敏感型机构投资者和抗压力型机构投资者）对企业国际化都会产生重要影响（Ferreira & Matos，2007）。

3.3.2 股权集中度

股权集中度（Ownership Concentration）是指企业内部股权的分布状况，即大股东持股比例在全体股东中的占比情况，反映了大股东对企业的控制程度（La Porta et al.，1999；Shleifer & Vishny，1997），是公司治理的核心要素之一。

股权集中度对企业对外投资同时具有正向影响和负向影响。一方面在高股权集中度的企业，其海外投资的倾向可能会降低。这是由于高股权集中度的企业，其大股东更可能会占有小股东的利益，使得企业利益受损，从而影响企业的海外投资行为。并且股权高度集中的情况下，单一决策的风险更大，由于企业海外投资决策需要承担高风险，大股东更有可能采取保守战略，对外投资倾向降低。也有学者认为股权集中度较高的企业，大股东掌握较大的控制权，可能导致控制权与现金流权的分离（Jensen & Meckling，1976；Stulz，1988）。这种分离可能影响企业对外投资决策，使得企业过度投资或者不足投资。Amihud 和 Lev（1981）、Chen 等（2007）的研究发现大股东对企业的长期利益更为关注，可能导致企业对外投资时表现出较低的风险偏好。《财新周刊》报道称恒大集团在 2019 年之前几乎没有进行海外投资，这是由于恒大集团的股权集中度较高，该公司的投资决策更加谨慎，对外投资倾向相对较低。另一方面企业股权集中度高，企业也可能会倾向于进行海外投资。这是由于股权高度集中的企业，能够加大对高层管理者的监督控制，这会减弱股东与代理者之间的冲突，使得企业更倾向于进行对外投资的决策。例如 Bushman 和 Smith（2001）认为股权集中度较高的企业，大股东掌握更多的内部信息，有能力利用这些信息进行对外投资。Aggarwal 等（2011）、Brouthers 和 Brouthers（2001）的研究表明股权集中度较高的企业，大股东的跨国经验和对目标国家文化的了解可能影响企业对外投资的倾向，具备丰富跨国经验的大股东可能有助于企业更好地适应目标国家的市场环境，降低投资风险，将有利于企业对外投资。《彭博商业周刊》报道称三星集团在过去几十年中通过大量的海外投资，已经成为全球最具竞争力的电子产品制造商之一。这是因为三星集团的股权集中度较高，因此高层决策效率较高，并且在海外投资中注重灵活性和创新性，不断推出具有市场竞争力的新产品和服务，企业更愿意进行海外投资。还有一些学者认为股权集中度对企业对外投资具有倒“U”型影响。龙婷等（2019）认为随着企业大股东的持股比例的提高，企业更倾向于对外直接投资，这是由于股权集中度越高，大股东对高层管理控制程度越大，控制性的股东会更注重海外市场给企业带来的机遇。此外，股权集中度高的企业，大股东更有可能为了自身的利益最大化选择进行海外投资，扩大企业规模，这将大大增大企业对海外投资的选择（姚安明和孔莹，2008）。但当企业股权集中到一定的程度，股权集中度越高，企业海外投资倾向可能会更低。这是由于利益协同效应，当大股东的股权达到一定程度，其将企业利益私有化的行为将减少，从而关注企业整体利益。因此为了减少海外投资风险，企业可能会不倾向于进行对外投资。

综上所述，目前关于股权集中度对企业对外投资的影响研究观点不一致。但是股权集中度是一种重要的公司治理结构特征，其对公司海外投资具有重要影响。

3.3.3　董事会特征

董事会作为企业治理结构的核心，对企业对外投资起着关键作用。以下将从董事会成员背景和差异性的角度、独立董事比例和外部董事比例、董事长兼任 CEO（CEO 二元性）三方面探讨企业对外投资时董事会的特征影响。

1．董事会成员背景和差异性

董事会成员的背景多样性对企业对外投资和国际化具有重要影响。例如，董事会成员的教育背景多样性可以带来不同的知识和视角。拥有不同教育背景的成员能够分享其在特定领域的专业知识，为企业的对外投资决策提供多样化的观点和见解，能够全面评估对外投资的机会和风险，有利于对外投资决策的多元化思考。不同董事会成员的行业经验也能为企业国际化带来多元化发展。具有广泛行业经验的董事会成员可以提供行业趋势、市场情况和竞争环境等方面的见解，帮助企业理解和评估对外投资机会的可行性和风险。此外，拥有在不同国家和地区工作经验的董事会成员对于企业的国际化战略具有重要洞察力。他们熟悉跨国投资的挑战和机遇，能够提供有关市场文化、法律法规和商业实践的宝贵见解。这种跨文化的视角有助于企业更好地适应不同国家和地区的商业环境，有效管理跨国投资项目。

在性别方面，性别多样化的董事会能够提供更多的观点和观念，从而改善风险管理和决策质量，增加企业对外投资的成功率。例如，Sajjad 和 Rashid（2015）认为女性在决策过程中可能带来不同的价值观和决策风格，这对于对外投资具有积极影响。女性在风险评估和管理方面表现出更加谨慎和审慎的倾向，有助于减少群体思维和盲目决策所带来的风险。性别多样性能够为企业提供更全面的决策视角，避免偏见和局限性，从而提高对外投资决策的全面性和准确性。此外，性别多样性可以促进更好的团队合作和决策制定，提高员工的参与度和忠诚度。性别多样化的团队在解决问题和制定战略方面更具创造力和创新力。不同性别的董事会成员带来不同的思维方式和沟通风格，有助于打破思维定式，促进更广泛的讨论和辩论，从而提高决策的质量和创新性，有利于企业开展对外投资。性别多样化的董事会还能够对企业的员工产生积极影响。当员工看到性别多样化的董事会成员代表企业决策时，他们更有可能感到被包容和重视，从而增加他们的参与度和忠诚度。这种积极的工作环境和组织文化有助于企业吸引和留住优秀人才，为企业的对外投资和国际化战略提供有力支持。

在年龄特征方面，董事间的年龄差异也可以促进董事会的多样化思考和决策。多数研究指出，董事会成员的年龄宜具备更为多元化的特点，以更好地适应变化多端的商业环境和全球化竞争，为企业对外投资和国际化提供有力支持。年轻的董事常常具备更广阔的视野和创新思维，他们对新兴技术和市场趋势有着敏锐的感知，能够提供前瞻性的战略建议。然而，在投资决策上，年轻董事可能更倾向于采取激进策略，追求高风险高回报的机会。相比之下，年长的董事往往具备丰富的资源和社交网络关系，但他们也可能因自身对现状较为安于稳定而倾向于采取风险规避策略，从而错失投资机会。因此，促进董事会的年龄多元化可以弥补两者之间的缺陷，提高企业对外投资中治理和决策的效率。通过引入年轻董事，公司能够借鉴他们的创新观念和前瞻思维，推动企业在不断变化的国际化市场环境中保持竞争力。同时，借助年长董事的经验和资源，公司能够更好地掌握对外投资风险管理，并在决策过程中更为谨慎和理性（苏坤，2020）。

2．独立董事比例和外部董事比例

独立董事是指在董事会中与公司管理层没有家族关系或经济利益关系的董事（Hampel，1998）。独立董事的参与可以提高董事会的独立性和监督功能，确保对外投资决策的合规性和透明度。同时，独立董事的专业知识和经验可以帮助公司评估投资机会和风险，并提供战略上的指导和支持，从而增强公司在对外投资中的成功率和长期价值。研究表明，较高比例的独立董事与更好的企业绩效之间存在正向关联（朱健齐等，2017）。独立董事能够提供更客观、中立的意见和建议，减少内部利益冲突和潜在的道德风险，提高决策的透明性和质量（曲亮等，2014）。

外部董事是指来自公司外部、与公司管理层没有利益关系的董事或高级管理人员。外部董事的参与可以在企业对外投资中为董事会提供来自外部的独立视角和专业知识，减少内部偏见和群体思维。研究发现，适度的外部董事比例与企业绩效之间存在正向关联（Balsmeier et al., 2014；Peng, 2004）。外部董事能够提供更广泛的经验和观点，帮助董事会更全面地评估对外投资的机会和风险，并提供有效的决策支持。

【案例 1】 苹果公司（Apple Inc.）是一家全球知名的科技公司，苹果的董事会中有相当比例的外部董事。苹果的董事会中包括了许多来自不同行业的外部董事，他们拥有广泛的行业经验。这些外部董事具备对全球科技市场和相关领域的深入了解，能够提供宝贵的行业见解和趋势分析。他们通过与内部管理团队合作，帮助苹果评估对外投资的可行性，并确保投资项目与公司整体战略的一致性。苹果的外部董事的参与确保了对外投资决策的全面性和客观性。他们带来不同的观点、经验和专业知识，能够对对外投资机会进行深入评估和分析。外部董事能够从独立的角度审视投资项目，并提供独立的建议和决策支持。他们的参与帮助苹果避免盲目决策和单一思维，确保投资决策符合公司整体战略和利益。

资料来源：作者整理。

3. 董事长兼任 CEO（CEO 二元性）

董事长兼任 CEO 是指同一人同时担任公司董事长和 CEO 的职位（Krause et al., 2014）。这种董事会特征在企业中较为常见，但在学界中存在较大的争议。不同的观点认为董事长兼任 CEO 可能对企业的对外投资产生积极或消极的影响。

支持董事长兼任 CEO 的观点认为，这种结构可以实现高效的决策和领导，提高执行力和协调性（Yang & Zhao，2014）。由于董事长兼任 CEO 具有更直接的权力和控制权，他们能够更快速地做出决策，并对对外投资战略进行快速响应。此外，董事长兼任 CEO 还能够更好地整合公司资源，促进战略目标的实现。

然而，反对董事长兼任 CEO 的观点则强调其可能引发的问题和潜在冲突（Coombes & Wong，2005）。首先，董事长兼任 CEO 可能导致权力过于集中，削弱了董事会的监督和平衡作用。缺乏有效的监督机制可能增加对外投资决策的风险（倪建林，2001）。其次，董事长兼任 CEO 的决策可能受到自身利益的影响，缺乏足够的独立性和客观性。这可能导致对外投资决策偏离了公司整体利益，并增加了风险暴露。

3.3.4 高管团队和 CEO 特征

1．高管团队背景

高管团队是企业的核心团队，其背景反映了企业的整体素质和管理水平。高管团队的成员一般具有以下特征：

（1）教育背景：高管团队的成员一般拥有较高的教育背景，应该至少拥有本科学历，有些甚至拥有博士学位，尤其是在高科技领域的企业中，教育背景的要求更高。

（2）行业背景：高管团队的成员一般具有行业背景，在特定的行业或领域中有丰富的经验和知识。他们对行业的运营规律和市场趋势有着深刻认识，能够为企业的经营决策提供有效的支持和建议。

（3）地域背景：高管团队的成员一般具有地域背景，他们来自不同的地区，具有不同的文化背景和观念，这有助于企业在跨国或异地投资中把握当地的特色和发展潜力。

首先，高管的教育背景可能直接或间接地影响企业的对外投资策略和方向。在高管选择对哪些国家或地区进行投资时，其所接受的教育训练和背景可能会发挥重要作用（吴建祖和关斌，2015）。比如，一些高管可能经过深入研究，认为某个国家或地区的市场潜力较大，从而决定向该地区进行大规模投资。其次，高管在接受教育时选择的不同的行业方向可能导致高管在决策过程中注重不同的因素，以及采用不同的投资决策风格（王雪莉等，2013）。例如，金融背景的高管可能更注重投资回报，而工程背景的高管可能更注重技术创新。再次，高管背景还可能影响企业的社会责任感和道德标准，进而影响其对外投资行为。一些高管经过深入的伦理、法律、社会学等学科的研究，注重企业的社会责任，避免在对外投资过程中损害当地社会和环境（Dahms et al.，2022；Ma et al.，2020）。相反，一些缺乏这些教育背景的高管可能在企业社会责任方面缺乏意识，导致企业在对外投资行为中出现短视且不负责任的行为。最后，高管背景中的"跨文化教育经验"也是重要的影响因素之一。一个高管如果曾经有过在国外留学或是工作的经历，那么他对于不同文化的了解和适应能力可能会更好，从而更有利于企业在对外投资时的交流和合作（李自杰等，2014）。因此，具备跨文化教育经验的高管，也可能对企业的对外投资行为产生积极的影响。

【案例 2】 中国企业中石化（Sinopec）在 2010 年以 46.5 亿美元的价值收购了美国康菲石油（Conoco Phillips）拥有的加拿大油砂开采商辛克鲁德有限公司（Syncrude Canada Lid）的股份。这笔交易的成功得益于背后一位具有加拿大地方经济学背景的高管。他在选择投资目标地区时，注重考虑了加拿大的自然资源和地方政策环境，认为这个目标投资地区与中石化的战略规划相符。由于该高管具有加拿大地方经济学背景的教育背景，他深入了解了加拿大的经济结构、发展趋势和政府政策。这使得他能够更好地评估投资目标地区的潜力和风险，并将这些因素与中石化的战略计划相匹配。加拿大是世界上最大的油砂生产国之一，拥有丰富的石油资源。对中石化而言，通过收购加拿大油砂公司 Syncrude 的股份，可以获得这些宝贵的资源。此外，加拿大政府对能源行业的支持和政策环境也是投资的一个重要因素。高管通过其地方经济学背景的知识和洞察力，能够更好地理解加拿大投资环境，为中石化的对外投资决策提供了重要的支持。因此，教育背景对高管在对外投资中的决策思维方式和视野产生了重要影响。在这个案例中，高管具有加拿大地方经济学背景，使其能够更好地理解和评估加拿大投资环境，从而为中石化的对外投资决策提供了重要的判断依据。

资料来源：中石化 46.5 亿美元购买加拿大油砂资源. https://www.163.com/money/article/644I9LD6002524SO.html.

2．高管短期和长期薪酬、激励

高管的短期绩效对企业跨国投资行为的影响主要表现在以下三个方面：首先，短期绩效可以影响高管的决策行为，从而影响企业的跨国投资行为。高管通常会面临各种各样的压力，包括投资者的要求、股价波动等等。为了应对这些压力，高管可能会采取一些短期行为，例如追求短期利润最大化，而忽视了企业的长期战略规划。其次，短期绩效可以影响企业的风险偏好，从而影响企业对跨国投资的态度和行为。为了追求短期的利润最大化，高管可能会在跨国投资中采取一些高风险的决策，这些决策可能会导致企业遭受巨大的损失。最后，短期绩效可以影响企业的声誉和形象，从而影响企业跨国投资的机会和效果。高管的短期决策可能会导致企业的声誉和形象受损，例如采取一些不道德、不合法的行为来追求短期利益。这些不良行为可能会影响企业在跨国投资领域的机会和效果，导致企业在国际市场上失去竞争力。

企业跨国投资的决策往往需要高管层制定战略方案，并投入大量资金和资源。因此，高管的长期绩效对企业跨国投资行为具有显著影响。首先，高管的长期绩效与企业决策者的实绩表现相关联。在企业决策者的职业生涯中，他们的长期绩效可能受到早期投资决策的影响。因此，高管在跨国投资决策中可能会优先考虑以前投资决策的表现，并会选择那些在过去表现良好的市场进行投资。其次，高管的长期绩效可以反映他们的管理能力和企业的稳定性。好的长期绩效通常反映出高管具备有效的战略规划、财务管理和资源分配能力，以及稳定的业绩表现和组织文化。这些因素对企业在跨国投资中的表现至关重要。

高管的激励机制是企业内部管理机制的重要组成部分，它直接影响到高管对企业决策的行为。在企业跨国投资行为中，高管的激励机制也起着重要的作用。首先，高管的激励机制通过影响高管的行为，对企业的跨国投资行为产生影响。比如，如果高管的激励机制是以企业股价为主要指标，那么高管的行为会更加倾向于采取短期的投资决策，以期望在短期内提高企业股价，而忽略了长期的效益和风险。这种行为可能导致企业在跨国投资中产生错误决策。其次，高管的激励机制还会影响企业的战略定位和投资方向。如果高管的激励机制是以高管个人收益为主要指标，那么高管可能更倾向于投资在自己家乡或熟悉的市场，而忽略了其他潜在的市场机会，进而影响企业的长期发展。此外，研究表明高管的激励机制还会影响企业的风险管理（Alessandri & Seth，2014）。如果高管的激励机制是以企业股价为主要指标，那么高管可能更倾向于采取高风险高回报的投资决策，以期望提高企业股价。这种行为可能导致企业在跨国投资中面临更高的风险。

3．CEO 特征

企业 CEO 的性别对企业对外投资行为的影响，是一个较为复杂的问题。首先，女性 CEO 可能更注重企业的长期发展和可持续性，而非短期获利。在投资决策中，女性 CEO 可能更倾向于选择那些能够对企业未来发展产生积极影响的项目（方宏和王益民，2021）。而男性 CEO 则可能更注重短期效益和投资回报率。这意味着企业管理层的性别可能对企业的长远发展方向产生影响。其次，女性 CEO 通常更关注企业社会责任和可持续发展。研究表明，女性 CEO 更倾向于采取社会责任和环境保护等方面的投资决策（徐细雄和李摇琴，2018）。这种投资决策能够提高企业公众形象，带来更长久的企业利益。与之相反，男性 CEO 可能更注重企业的财务利益和发展速度。此外，女性 CEO 在商业领域中面临着更多的挑战和障碍，因此她们可能更加谨慎地进行投资决策。研究发现，女性 CEO 往往要比男性 CEO 面临更多的偏见和歧视（Lewellyn & Muller-Kahle，2022）。她们往往需要付出更多的努力才能获得业界和投资者的认可。与之相反，男性 CEO 则相对容易获得投资者的信任和支持。总的来说，企业 CEO 的性别可能会对企业的投资决策和方向产生影响。

企业 CEO 的年龄是影响企业对外投资行为的一个重要因素。通常情况下，随着 CEO 年龄的增长，其对风险的容忍度可能会下降，而更加注重企业的稳定性和长期利益。因此，老年 CEO 更倾向于选择保守的投资策略，减少企业的投资风险。而年轻 CEO 通常更加乐观和冒险，更偏好高风险、高回报的投资机会。年轻 CEO 对于市场的变化更加敏感，更愿意将企业的战略方向调整到更符合当下市场需求的方向。他们更愿意采取大胆创新的战略，以积极主动的态度开展投资，追求较高的长期收益。

企业 CEO 的性格也会在很大程度上影响企业的对外投资行为。例如企业 CEO 过度自信可能会导致企业对外投资行为的风险加大，从而对企业产生负面影响（Li et al.，2023；陈伟宏等，2021）。首先，过度自信的 CEO 可能会高估企业的实力和能力，过度自信地选择投资项目，从而导致风险的加大，进而增加投资失败可能性。其次，过度自信的 CEO 可能会忽视外部风险，导致投资项目的不可控性增加。在当前经济全球化的情况下，任何一个投资项目都会受到各种因素的影响，如地缘政治、法律环境等。在对外投资时，CEO 需要考虑这些因素，从而更好地保护企业的利益。但是，过度自信的 CEO 可能会认为自己的判断一定是正确的，忽视外部风险的存在，从而导致投资项目的不可控性增加。最后，过度自信的 CEO 可能会忽视企业内在的问题，导致企业出现内部风险。企业内部的问题一旦出现，会对企业造成严重的影响。但是，过度自信的 CEO 可能会认为企业内部的问题并不重要，从而忽视这些问题的存在。这样，一旦出现内部风险，企业就容易受到打击，甚至导致企业崩溃。因此，企业 CEO 的过度自信可能会对企业对外投资行为产生负面影响。

3.4 企业社会责任

企业社会责任（Corporate Social Responsibility，CSR）是一种负责任的商业道德行为，是企业为了社会可持续发展的目标，满足其广泛的利益相关者（如消费者、供应商、监管机构、员工、投资者和社区）的需求和期望所采取的管理举措（Aguinis & Glavas，2012；Malik，2015）。例如，在公司内部层面，为公司所有者和股东提供投资回报、为员工提供公平薪酬和健康福利；在社区和社会层面，投资当地教育和基础设施建设、为慈善机构和社会福利组织捐赠资金与物资、采取环保措施减少污染物排放等。尽管投资 CSR 会对企业造成负担，但其在经济和社会效益方面无疑会给企业带来诸多好处。一方面，CSR 作为一种重要的战略工具，能够通过保护利益相关者的利益，实现股东价值和企业价值的最大化，提高企业的核心竞争力。另一方面，CSR 所产生的社会效益能够帮助企业积攒声誉和改善生态环境，从而促进企业的长期可持续发展。近年来，随着我国企业 CSR 意识的提升和相关政策的完善，越来越多的企业将 CSR 纳入其核心战略。根据《企业社会责任蓝皮书》，按可比口径，2022 年中国企业 300 强社会责任发展指数较 2021 年增长 0.8%，较 2012 年同比增 57.6%，已经取得较大的进步。在 CSR 披露方面，《中国企业社会责任报告研究》显示我国企业披露社会责任报告数量呈现逐年增长趋势，2022 年我国共发布各类形式的 CSR 报告 2 648 份，较 2012 年提升约 129.1%；2020 年我国 CSR 报告质量指数为 1 302，较 2010 年提升约 27.3%，表明我国企业 CSR 披露水平实现了较大提升。

CSR 能够通过降低融资约束、提升合法性两种方式促进跨国企业的对外投资。一方面，跨国企业进入新的国际市场需要花费大量的资金成本（如修建厂房、建立供应链和物流网络、开展市场调研和推广等），并且回收期长、风险和不确定性高，使跨国企业的对外投资面临着较为严重的融资约束问题。而对于新兴经济跨国企业而言，其母国金融市场和金融制度通常不完善、不发达，使得新兴经济跨国企业面临的融资约束问题更加突出。CSR 可以为企业塑造良好的公众形象，获得利益相关者的认可和投资者的信任，从而降低融资过程中的感知代理成本和信息不对称，帮助企业缓解融资约束。相反，CSR 的表现不佳意味着企业内部风险较高，因此难以被融资机构和投资者考虑为投资或放贷对象。另一方面，由于跨国企业具有较高的经济、社会、环境影响力，东道国对跨国企业在当地的 CSR 承担普遍有着较高的要求和期待。具有 CSR 优势的跨国企业能够更好地满足东道国利益相关者的诉求，提升自身在东道国市场的合法性，从而快速获得市场准入资格、提高投资效率。此外，对于新兴经济跨国企业而言，其相较于发达国家跨国企业具有来源国劣势，通常被东道国利益相关者贴上技术落后、产品低端、漠视环保问题、腐败等负面标签，因此新兴经济跨国企业面临着更加严峻的合法性挑战。CSR 可以为东道国传递企业与全球价值规范保持一致的积极信号，帮助新兴经济跨国企业摆脱负面的刻板印象并克服合法性挑战，从而降低企业的进入壁垒。现有研究普遍证实了 CSR 对企业对外投资的积极影响。例如，张先锋等（2021）发现，中国企业 CSR 的增加可以有效缓解东道国负面舆论对企业对外投资的不利影响。谢红军和吕雪（2022）研究发现企业在社会、环境和治理层面负责任的实践能够显著且稳健地促进企业对外投资的可能性和规模。Wang 等（2023）考察了“一带一路”倡议下 CSR 对企业对外直接投资速度的影响，结果表明 CSR 可以帮助企业积累战略资源、增强企业在东道国的合法性从而促进企业对外投资的速度。

【案例 3】 肯尼亚智库“跨地区经济网络”发布的一份调查报告称，中国对非合作在基础设施建设、快速决策及工程项目完工及时性等方面获得非洲人士高度认可。事实再次证明，中国凭借高质高效的实际行动，给非洲发展带来实实在在的收益和机遇，赢得扎扎实实的好口碑。

好口碑源于中国对非合作长期注重一个“实”字。“跨地区经济网络”的这份报告显示，过去 15 年，中国在非实施的路桥等基础设施合作项目正在“真实可见”地改变非洲地貌，帮助非洲国家推进互联互通建设和市场融合。长期以来，中国以行动为导向，在中非合作论坛框架下先后宣布对非“十大合作计划”“八大行动”和“九项工程”，以支持非洲国家提升自主可持续发展能力，切实破解非洲基础设施滞后、人才不足、资金短缺三大瓶颈。中非合作论坛成立以来，中国企业为非洲新增和升级铁路超过了 1 万千米，公路近 10 万千米，桥梁近千座、港口近百个，还有大量医院和学校，累计创造就业岗位超过 450 万个。非洲人民普遍称赞这是“值得尊敬”的成就。

好口碑更在于中国尊重非洲人民、视非洲国家为平等合作伙伴。不同于西方国家在对非合作中呈现出的傲慢和优越感，中国一直是非洲的真诚朋友。肯尼亚学者斯蒂芬·恩代格瓦在肯尼亚《首都新闻网》发表署名文章指出，无论从历史还是文化来看，中国和非洲人民有着更多共同点，中国乐见一个更有韧性且更为强大的非洲。中国对非合作，坚持走合作共赢、共同发展的道路。2021 年，中非双边贸易总额再创新高，中国连续 12 年保持非洲第一大贸易伙伴国地位。

资料来源：中国以实干在非洲赢得好口碑. https://www.yidaiyilu.gov.cn/p/264926.html.

3.5 企业所处行业特征

3.5.1 市场/行业竞争强度

市场（或行业）竞争强度是指企业在行业中面临的竞争程度，其特征是竞争对手的数量以及这些竞争对手的市场份额（Porter，1980）。市场竞争强度通过决定企业面临的市场约束和可获得资源的数量对企业造成影响。对于企业国际化而言，当市场竞争强度较低时，企业新的竞争对手的加入能够促进良性竞争、打破垄断等不完全竞争的市场格局，为现有企业尤其是劣势企业创造增长空间；也能刺激行业参与者更加积极地进行改进和创新，有助于提升现有企业的竞争力；同时这些企业改良和创新后的产品可以吸引更多的消费者，扩大当前的市场容量。因此，在市场竞争强度较低时，竞争强度的增加将降低现有企业面临的市场约束，从而降低企业逃离国内市场并开拓海外市场的意愿。当市场竞争强度较高时，现有市场已较为成熟，有关产品、技术和管理流程的知识较为完善，企业增长空间相对有限。此时新的竞争对手的加入不仅会加剧现有企业对有限资源的争夺，而且会缩小企业对产品服务、研发技术、内部管理流程进行改进和创新的范围。此外，高度激烈的竞争还可能引发价格战，导致现有企业利润率的下降。因此，在市场竞争强度较高时，竞争强度的增加将加大企业面临的市场约束、降低企业可获得资源的数量，进一步提高企业开展对外投资以逃避国内市场的资源竞争的意愿。现有的实证研究通常将市场竞争强度作为调节变量来检验其对其他因素与企业对外投资关系的调节作用。例如，Huang 等（2017）研究了市场竞争对国有股权与企业对外投资关系的调节作用，发现市场竞争将削弱国有股权比例与新兴经济体国有企业对外直接投资的负相关关系。Tang 等（2020）考察了行业竞争强度如何调节持续性绩效期望落差对企业 OFDI 区位选择的影响，发现行业竞争会推动持续性绩效落差困境的企业选择更加冒险的投资策略，前往与母国制度距离更远的国家开展对外投资。也有部分学者直接检验了市场竞争对企业对外投资的影响。如 Lu（2011）探讨了中国企业对外投资的动机，发现较高的国内行业竞争水平将推动企业开展市场寻求型对外投资。黄缘缘等（2017）的研究表明行业竞争强度对 OFDI 存在着正 U 型的影响。

3.5.2 市场/行业不确定性

市场（或行业）不确定性是市场未来的发展和变化能够被准确预测的程度或难度（Beckman et al., 2004）。信息处理理论认为，企业是不断获取、解释、交流和存储数据的信息处理实体，企业对信息的审查和使用决定了企业的管理行为（Atuahene-Gima & Li， 2004；Galbraith，1973）。作为企业最重要的信息来源之一，市场环境能够为企业提供竞争、需求、成本等多种关键信息。市场环境的不确定性将导致企业难以有效地获取和加工这些信息，进一步使企业决策存在着风险和不确定性，对企业生存和发展构成威胁。因此，企业应尽可能地降低市场不确定性以确保经营风险保持在可控范围内。根据不确定性的来源，市场不确定性可以分为需求不确定性、技术不确定性、竞争不确定性、投入成本不确定性、供给不确定性等多种类型。例如，需求不确定性是消费者或客户对某一行业产品的需求数量、需求偏好、需求品种方面的不确定性，来源于市场中的消费者或客户（许德惠等，2012）；而竞争不确定性是竞争对手采取的竞争行为方面的不确定性，来源于企业的竞争对手。不论何种类型的市场不确定性，其均是经济市场的一种系统性特征，不受单个企业的控制（Beckman et al., 2004）。因此，企业往往需要与其他企业建立合作关系或者加强合作关系来降低市场不确定性。

根据实物期权理论，企业对外直接投资是一种充满着不确定性的投资行为，企业应尽可能规避不确定性以最大化投资收益（Chi et al., 2019）。不确定性的市场环境将导致企业难以准确预测未来的市场需求、竞争态势以及政策环境等因素，增加企业投资失败或低回报的可能性。因此，东道国市场的不确定性将促成企业对其投资决策的犹豫和观望，使得企业延迟投资决策或者降低投资规模甚至实施退出决策，以优化其资源配置。而母国市场的不确定性可能会使企业将投资从国内转移至海外，以寻求更加稳定的市场环境。尽管市场不确定性被认为是企业投资的风险因素，但高度的不确定性有时也能够提升企业投资的意愿（不论母国还是东道国）。首先，实物期权理论指出，高度的不确定性意味着投资蕴含着巨大的增长价值，企业可利用不确定性的潜在价值获得可观的投资回报（Tong & Li，2008）。其次，市场的不确定性将导致企业竞争对手在进入该国市场时的犹豫和观望，这意味着高度不确定的市场其竞争程度也较低，企业可利用先发优势在该国市场中获取较高的市场份额和地位。最后，不确定性水平较高的国家可能会提供更加优惠的政策帮助企业降低投资风险以吸引企业投资。

现有的实证研究大多表明东道国市场不确定性将导致企业选择低承诺和低投入的投资进入模式。例如，Li 和 Xiong（2022）发现当东道国行业环境的不确定性较高时，中国企业会倾向于采取相对保守的市场进入模式，如出口或者是建立新的工厂。曲国明和潘镇（2022）发现，东道国市场不确定性越高，企业越可能通过小规模的绿地投资进入该国市场，而不是初始投入巨大的跨国并购。也有部分研究表明，母国市场的不确定性将驱使企业逃离国内市场并更多地开展对外投资（Stoian & Mohr，2016；杨永聪和李正辉，2018）。

3.5.3 外资进入程度

外资进入程度是外商直接投资在一个行业中所占的比例（Zhang et al.，2014）。外资进入程度主要通过溢出效应和竞争效应两种方式对企业对外投资产生影响。溢出效应是指外国投资者通常具有丰富的国际化经验、先进的管理能力和运营模式，以及广泛的市场渠道，可以转移给国内企业或被国内企业模仿，为国内企业国际化奠定基础。此外，外资进入还能够促进当地产业经济发展、提升劳动生产率，从而间接地对当地企业的对外投资产生积极影响。因此，外资进入程度越高，溢出效应下企业越可能发起对外直接投资。现有研究归纳了三种主要的溢出机制，包括示范效应、员工流动、国内业务联系（Zhang et al.，2014），并表明溢出效应的存在以及作用强度取决于当地企业的吸收能力（Zhang et al.，2010）、当地企业的地理位置（Xu & Sheng，2012）、外资进入时间（Merlevede et al.，2014）、外资企业与当地企业的联系（Orlic et al.，2018）等。

竞争效应是指外来投资者会加剧国内市场的竞争，使当地企业尤其是新兴经济跨国企业意识到自身与其全球竞争对手之间的差距，迫使当地企业开拓国外市场以实施竞争性追赶（Cui et al.，2014）。此外，通过竞争效应，外来投资者还可能夺取国内企业的市场份额，加剧国内企业的市场约束，从而提升这些企业逃离国内市场的意愿。因此，在竞争效应的作用下，外资进入程度越高企业就越可能开展对外投资。先前的研究揭示了竞争效应与溢出效应之间的互动关系。例如，Crespo 和 Fontoura（2007）提出外资进入带来的竞争可能会刺激当地企业模仿和学习外国投资者继而加强溢出效应。Barrios 等（2005）发现在外资进入的初期竞争效应会占据主导地位，而随着时间的推移溢出效应会逐渐地取代竞争效应。总的来说，在竞争效应和溢出效应下，外资进入对企业对外投资会产生积极影响。

4

企业对外投资的战略决策

4.1 是否开展对外投资

企业开展对外投资也可以理解为企业国际化的一种衡量方式，指一个企业的生产经营活动不局限于一个国家，而是面向世界经济舞台的一种客观现象和发展过程，其主要目的是通过国际市场，去组合生产要素，实现产品销售，以获取最大利润（Dunning，2008）。对于企业国际化进程来说，国际市场的进入模式应看作一个动态过程，不同阶段，进入不同市场采取的模式有所不同。企业进入外国市场的方式随着企业国际经营经验的逐渐积累而不断变化。

4.1.1 企业开展对外投资的原因

随着全球化的深入发展，企业之间的竞争变得更加激烈。为了获取更多的市场份额和利润，企业开始积极开展对外投资。企业开展对外投资的原因是多方面的，下文从几个方面阐述。

1．市场扩张

开展对外投资可以帮助企业拓展市场，进一步扩大企业的经济规模。企业的市场扩张可以带来更多的销售机会，增加销售收入和利润，提升企业的市场占有率。此外，企业的对外投资还可以缓解国内市场的逐步饱和，并在更广阔的海外市场中开拓新的销售渠道，提升企业的竞争力。

2．资源获取

企业的对外投资也可以帮助企业获取更多的资源。通过对外投资，企业可以获得更多的人才资源、技术资源、物质资源和财务资源等，从而提升企业的竞争力和生产力。例如，一些石油化工企业可以通过对国外油气资源的投资，为自己的生产和经营提供了更多的资源保障。

3．国际化发展

对外投资有助于企业进行国际化发展。国际化发展可以使企业在全球范围内展开业务，走出国门，建立跨国合作伙伴关系，提升企业的国际影响力和品牌知名度。对于许多企业而言，国际化发展是提高自身竞争力、开拓新的市场和获取更多资源的重要途径之一。

4．风险分散

对外投资还可以帮助企业实现风险分散。在经济不稳定和政策变动的环境下，企业的海外投资可以帮助企业降低风险，分散投资风险。企业通过多样化的投资和业务布局，可以在不同的国家和地区分散风险，减少对单一市场的依赖。

总之，企业开展对外投资有多种原因，但主要是为了获取更多的市场份额、资源、国际化发展和风险分散等方面的优势。在全球经济的变化和竞争的环境中，企业应该积极开展对外投资，不断提升自身的竞争力，从而在市场竞争中占据更有利的位置。

4.1.2 企业开展对外投资要承担的风险

企业开展对外投资是一项有风险的决策，企业在进行投资决策时，需要充分考虑并承担这些风险（Bloom & Van Reenen，2007）。下文将从政策风险、市场风险、经营风险和外部风险四个方面分析企业开展对外投资要承担的风险。

1．政策风险

政策风险是企业在对外投资中最常见的风险之一。政策风险是指政府或国际组织的法规、政策和决策变化对企业投资带来的影响。政策风险可能源于政策、法律、经济、环境等方面，使企业在投资后的回报受到不可预测的影响。例如，中国政府对海外投资的政策进行了调整，限制了一些投资行业，这对部分企业的海外业务产生了影响。政策的变化可能会引起投资物价上涨、汇率变动、税收增加、贸易壁垒等问题，从而增加企业的投资风险。

2．市场风险

市场风险是企业在对外投资过程中常面临的另一种风险。市场风险是指企业所投资的市场发生的变化，对企业投资产生的影响。市场风险包括市场需求的变化、竞争压力、市场规模变化等因素。例如，一家企业投资于某个国家的市场，并且该市场的竞争非常激烈，随着市场的变化，该企业遇到了销售量下滑、市场份额受损等影响，可能会面临经营困境。市场风险也可能因为地缘政治的不稳定或战争等问题导致投资失败，影响企业收益。

3．经营风险

经营风险源于企业的内部经营管理，在企业的投资活动中也是非常重要和常见的风险之一。经营风险是指企业的内部运营问题导致投资收益的下降或资产负债表的不稳定。企业面临的经营风险包括财务风险、管理风险、合规风险等。例如，企业没有充分了解市场和竞争情况，未能制定恰当的战略和营销计划，可能导致业务不断扩大，但毛利率不高，净利润较低。另外，如果企业没有建立完善的内部控制机制，可能会存在管理风险，从而影响企业的投资效益。

4．外部风险

外部风险是指企业在对外投资活动中所遭遇的一些不可预测和无法防范的因素。外部风险包括天灾、环保事件、公共健康危机等事件。此外，金融市场风险、汇率风险、信用风险等因素也可能对企业的对外投资产生影响。例如，企业投资于某个国家的市场，当发生类似恐怖袭击、地震等事件时，可能会造成企业在当地市场的资产损失和经营风险。此外，在跨境投资过程中，金融市场的波动和汇率风险也可能会给企业带来较大影响。

总而言之，企业在开展对外投资的过程中，需要密切关注各种风险的变化，做好风险防范工作。企业可以通过开展市场调研、建立统一的风险监测机制、制定合理的风险管理策略等方式，提高对外投资的成功率，规避风险并获取收益。

4.1.3　企业开展对外投资需要考虑的因素

一般来说，企业在国际化选择进入模式过程中必须充分面对各种环境因素（即外部因素）和审视企业内部因素。

环境因素包括政治法律、经济因素、社会文化因素等。企业在进行对外投资时需要考虑东道国以及本国对于相关企业进行投资接受以及开展对外投资的各种制度的了解（Buckley et al.，2007），例如东道国的政治制度、国家安全稳定性、特殊劳工制度等。同时还有经济因素，例如汇率、经济稳定性、税收政策等。同时还需要考虑到投资地的民族文化、宗教信仰、居民价值观等各种因素。以上因素的影响详见第二章内容。

4.2　企业对外投资的区位选择

从投资区位统计的数据分析来看，我国企业海外投资仍主要位于亚洲，截至 2020 年，我国在亚洲的投资存量为 16 448.9 亿美元，占比超 60%。其次为拉丁美洲、欧洲、北美洲、非洲和大洋洲，投资存量分别占比 24.4%、4.74%、3.88%、1.68% 和 1.55%。截至 2020 年，我国对“一带一路”投资存量位于前十的国家有：新加坡、印度尼西亚、俄罗斯联邦、马来西亚、老挝、阿拉伯联合酋长国、泰国、越南、柬埔寨、巴基斯坦。区位选择是指母国企业决定在某一特定地域空间开展对外直接投资，是 OLI 模型中的 Location 维度，决定了企业在海外的风险和成败（Dunning，1998；Nielsen et al.，2017）。企业对外投资的区位选择过程中受到很多因素的影响，主要分为三类：东道国特征因素、企业层面因素以及东道国与母国的差异和关系等因素。

1．东道国因素

（1）自然资源。

东道国资源水平是企业对外投资区位选择的重要考虑因素之一。东道国的资源禀赋越丰富，企业越喜欢选择该国进行海外投资（杨娇辉，2016），这样两国之间能够实现资源的流动，企业可实现资源互补，获得收益最大化。例如，由于巴西、澳大利亚、刚果、加拿大、蒙古国等国丰富的矿产资源、能源以及其他资源，吸引了我国大批企业在这些国家的采矿业、林牧业等行业的投资。

（2）制度环境。

从制度发展水平分析，企业对外投资所在地区的监管水平、产权保障、政府效率、法治健全情况等对企业区位选择起到了关键性的作用。东道国的制度环境越好，其政府的工作效率越高，对市场的监管更加规范，企业更愿意选择这样高质量投资环境的国家或地区开展投资（谢孟军和郭艳茹，2013）。因为东道国的制度越完善，侵犯知识产权、寻租、贪腐等情况导致的投资沉没成本将大大降低，企业的交易成本和投资风险也相应减少（尹美群，2019）。2007年，中外合资的中国国际石油及其合作伙伴与索马里过渡政府签署了一项协议，但是由于索马里国内族群斗争激烈，该协议规定的区域索马里过渡政府并无实际管辖权，该协议最终无效。由此可见，东道国的制度环境对于母国企业对外投资产生非常重要的影响。如果东道国的制度环境良好，企业更愿意在其投资，并且随着企业投资的深入，他们会扩大在东道国的投资规模（王培志等，2018）。

（3）经济水平。

东道国的经济发展水平高低是企业对外投资区位选择的重要考虑因素。企业在投资区域决策中，更倾向于选择经济开放程度较高的国家（王胜和田涛，2013）。东道国的经济发展水平越高，越吸引企业在该国进行投资。因为一国的经济发展水平越高，该国的经济自由度越高，国民的消费水平就越高，消费需求也越大，企业容易实现规模效应，降低海外投资的交易成本，扩大经济规模。

（4）市场因素。

影响企业对外投资区位选择的市场因素包括市场规模、市场增长潜力等。从市场规模来分析，东道国的市场规模越大，越吸引更多的企业在该国进行投资（Head 和 Mayer，2004）。因为东道国的市场规模大小意味着该国能容纳的公司数量的多少，而且市场规模越大，有助于企业的产品销售，企业越容易达到规模经济，从而降低其生产成本。从市场潜力来分析，市场潜力越大的东道国，企业越倾向于选择在此进行投资（Hengel，2010）。投资活动是一个持续的过程，所以企业进行海外投资时，既要考量目前市场的影响，还要将未来市场的影响纳入考量。东道国的市场潜力能够代表该国未来市场规模的大小，企业投资所在国家或地区的市场潜力越大，企业将来能够获得的利润也就越大。

（5）成本因素。

区位理论认为生产成本是影响企业海外投资区位选择的重要因素。通常来说，一国的生产成本越低，企业越愿意选择到此进行投资。例如东道国的劳动力成本越低，企业更愿意进行投资；反之东道国的劳动力成本越高，企业在此国家或地区的投资就相应减少（刘凤根，2009）。因为企业生产成本的高低直接对企业利润的高低起着决定性的作用。其中，劳动力成本是企业进行对外投资时考虑重要的一项因素，尤其是对于劳动密集型产业，海外投资区位选择时非常注重不同国家的劳动力成本的比较，倾向于选择劳动力成本低廉的国家和地区。我国的一些劳动密集型企业纷纷到东南亚等国家办厂，其主要原因就是寻求低廉的劳动力，降低企业的生产成本，实现利润最大化。

（6）人才技术因素。

人才和技术对于企业的创新发展起着非常关键的作用。企业在进行海外投资时，倾向于选择人力资源优越、技术水平高、创新能力强的国家或地区。企业对发达国家投资的一个重要动机就是为了获得发达国家的先进技术（姚利民和孙春媛，2007）。充足的人力资源和较高的人力素质能够较快地实现设计、研发的本地化，提高企业的市场竞争力，并为自身发展提供新动力。一国或一个地区的受教育水平和所拥有的科技人员总体上反映了一国的人力资源状况。一般而言与 FDI 的流入正相关，但高素质人才意味着高的劳动力成本，所以两者在一般情形下难以兼容，然而，对于学习导向的投资，企业更看重东道国的人力素质和科技水平。近年来，我国部分企业对美国等以知识密集型和技术密集型为主导的国家进行大量投资也说明了人才和科技的重要性。

（7）基础设施因素。

东道国良好的基础设施建设是企业海外投资需要考量的因素。公共基础设施建设越完善，越能吸引企业选择投资。因为良好的交通、通信网络、物流等基础设施有助于降低企业运输成本和海外经营风险，有效实现信息传递的及时性，保障产品的生产、流通以及销售。基础设施完善的国家或地区，企业进行投资，一方面能够有效快速地获取商业信息，制定出准确的战略决策，另一方面能够高效获得生产资源，实现商品的快速运输。基础设施落后的国家或地区，企业进行投资时，不但获取外地资源和生产要素困难，而且对外联系不畅通，生产效率低下。

2．企业自身因素

（1）企业性质。

企业作为海外投资的决策主体，其自身的性质特征对对外投资区位选择起着关键的作用。国有企业和民营企业的所有制类型不同，在国内受到的政策约束和支持程度不同，因此这两类企业海外投资时的区位选择也存在一定的差异。国有企业对外投资倾向于进入自然资源丰裕的国家或地区，而民营企业更愿意进入政治环境较为稳定、战略性资产较多的国家或地区（邱立成和杨德彬，2015）。

国有企业的性质决定了其海外投资的双重动机。一方面国有企业对外投资是为了提高生产效率，扩大市场份额，获得经济利益；另一方面国有企业海外投资是为了实现国家战略目标，为国家寻求资源，保障国民经济可持续发展。因此国有企业享有的政策优惠、融资机会相比于民营企业更多，这种所有权优势使得国有企业更能承受海外经营风险。相比于国有企业，民营企业海外投资的目的更多的是寻求市场，帮助企业产品的销售和寻求战略资产（如管理经验、技术等）。民营企业所享受的优惠待遇不多，加上民营企业海外投资的规模、实力等较小，对外投资经验较少，因此民营企业承担的海外经营风险更大，造成其规避风险意识更强，所以它们更倾向于选择政治环境比较稳定的国家或地区进行投资。

（2）企业生产率。

生产率是指企业单位设备或设备的单位容量，在单位时间内生产的合格产品的数量。每个工人在单位时间内生产的合格产品数量，称为劳动生产率，劳动生产率是衡量一企业生产技术的先进性、生产组织的合理性和工人劳动积极性的指标之一。企业生产率的提升能够显著地提高企业对发达国家投资的可能性（苏小莉和孙玉琴，2017）。生产率较高的企业更可能向距离较远、市场规模较小的国家投资（肖慧敏和刘辉煌，2012）。

（3）国际化经验因素。

国际化经验是指企业在海外经营过程中积累的技术、经营、管理、制度文化等各方面的知识。在企业对外投资的区位选择中，国际化经验实际上减弱了东道国禀赋因素的影响，同时减弱了东道国成本因素的影响，使企业能够更多地依据企业内部资源进行选择，这就促使一些原先不具有优势的东道国也可能成为企业对外投资的选择（金中坤和潘镇，2020）。一个企业进入某东道国越早，对其直接投资时间越长，获得的经验就越多，对东道国的政治、经济、社会、文化等方面的环境就越熟悉，就越可能高效快速地以较低的成本搜寻、掌握到东道国市场、资源、投资环境等信息，以较为低廉的价格和较少的代价获得东道国国内的各种有价值的社会与自然资源。这种由于经验带来的优势可以增强企业抵抗东道国不确定性的能力。因此，在其他条件相同的情况下，企业的对外直接投资经验越丰富，其在对外直接投资时的优势越明显，FDI 区位选择的自由度越大。相反，缺乏对外直接投资经验的企业，FDI 区位选择就会受到很大的限制，它们较倾向于向成本低、资源丰富的国家和地区投资。

（4）企业规模。

企业规模反映出企业市场行为的差异和竞争能力的不同。一般大型企业的技术创新能力、资金水平较强，应对风险的能力也相对较高，因此大型企业在对外投资的区位选择上相比于中小企业更加主动、灵活，可选择性也更多。相反，中小型企业由于规模效益不足，资金和技术能力较弱，它们应对抗风险的能力也不强，因而中小型企业在海外投资的区位选择上往往处于被动地位，可选择性也不多。因此中小型企业往往在对外投资中跟随大型跨国企业进行选择。

（5）战略动机。

企业的战略动机反映了企业海外投资的目的。企业的战略动机不同，海外投资的区位选择就会有所不同。企业对外投资的战略动机分为市场开发型、追求效率型、自然资源开发型、追求战略资产型四种类型。由于企业内部与外部环境的复杂性，企业的战略动机大多时间是不同类型的交织而绝非单一的战略动机，因此，投资选择的区位是企业多种战略动机互相比较、互相博弈的结果。企业在明确自身最主要的战略动机的基础上，才有可能做出正确的区位选择决策。

（6）所有权优势。

企业开展海外投资是因为该企业比东道国同类企业拥有技术、资本、创新能力等方面的所有权优势，从而克服在东道国的一些由于不确定性和不利因素带来的劣势，获取较高的投资回报。

企业的所有权优势越强，它可选择的区位范围就越广，可以选择较近的国家和地区，也可以选择较远的国家和地区，可以选择发展中国家和地区，也可以选择发达国家和地区。如我国东部沿海城市的一些企业，经过30多年的发展，管理水平大幅度提高，竞争力已趋国际化，相对一些发达国家企业有了一定优势，因此它们成为投资欧美市场的先行军，如海尔、联想、科龙等。当企业的所有权优势薄弱时，它们可选择的区位比较有限，通常选择比母国优势更弱的发展中国家和地区。

（7）心理距离。

心理距离是个体对母国与东道国差异的一种认知。根据区位理论中行为学派的观点，跨国企业管理者的价值取向、海外经营经验等方面的不同往往会导致它们对同一事物认知有所不同，致使它们的决策行为也不同。Catwll 和 Tolentino（1990）的技术创新升级理论总结出，发展中国家的企业在海外投资的区位选择受心理距离影响，区位选择时须遵循“由远及近、由发展中国家到发达国家”的原则。Child 等（2001）对香港企业案例进行比较研究，发现香港企业的国际化目标市场的选择一定程度上受到心理距离的影响，但这种影响不是很明显。而陈德金和李本乾（2011）实证研究了澳大利亚企业的情况，发现了心理距离对目标市场的选择有负向影响。

3．东道国与母国的双边关系和差异

（1）双边关系和贸易。

从东道国和投资母国双边关系的角度进行研究是近几年的热点。宗芳宇等（2012）研究提出，双边投资协定在一定程度上能弥补东道国制度的漏洞。对于制度不健全的国家来说，双边投资协定有很重要的作用。双边投资协定作为东道国制度的补充，会对 OFDI 产生影响。杨宏恩等（2016）、Albino-Pimentel 等（2018）都认为签订双边投资协定会对母国在东道国投资有促进作用。Li 等（2018）也发现国家之间的外交关系对外国投资地点的选择影响很大，并且这种影响在国企和民营企业之间、地方政府和中央政府控制企业之间存在差异。

母国与东道国的双边贸易关系反映了两国的经济联系。双边贸易规模越大，说明两国的经济往来越密切。Johanson 和 Vahn1e（1997）认为 FDI 与贸易是互相补充的，根据这一观点，投资国与东道国的先前贸易有利于促进投资者对东道国各个方面的认识，提升东道国相关知识的积累，特别是有关东道国市场、产业、对外贸易政策等方面知识的不断积累，这对促进投资国对东道国进行直接投资有非常重要的作用。项本武（2005）、徐雪和谢玉鹏（2008）通过实证研究发现，双边贸易对 FDI 流量有正的影响关系。在我国企业对外直接投资较高的国家和地区当中，大部分与我国有相当紧密的贸易联系和较大的贸易规模的国家，如日本、韩国、缅甸、泰国、新加坡、马来西亚等。

（2）文化差异。

文化差异是指东道国与母国之间文化传统、价值观念、风俗习惯、宗教信仰等方面存在不同。不同国家或地区的文化差异程度不同，企业海外投资进行区位选择时也需要将其作为一项因素仔细考量。一般来说，母国与企业投资所在国家或地区的文化差异越小,两国之间的文化相似度越高，企业越倾向于到该地进行投资。文化差异较大的东道国，会增加企业的交流沟通、管理等交易成本，比如语言，如果两国间的语言差异过大会增加信息失真的风险，而相似的语言不但能减少沟通成本，而且有助于母国企业实现规模经济。

（3）制度差异。

制度差异指企业母国与其投资所在国家的制度环境，包括法律、法规、社会文化与规范的不相似程度（Kostova，1996）。按制度差异的方向划分，制度差异分为制度顺差和制度逆差，制度顺差是指企业海外进入比母国制度更完善的国家；制度逆差是指企业海外进入比本国制度环境差的国家（Hernndez 等，2018）。东道国与母国之间制度顺差越小，企业越倾向于选择该地进行投资。东道国与母国之间的制度逆差越小，企业越愿意去往该地进行投资。当两国的制度顺差越大时，海外投资国家的利益相关者就会认为企业的资源约束比较严重、生产技术水平较低、安全性不高，因此企业在东道国需要遵守更加严格的跨国经营审批程序，阻碍企业获得重要资源，受到的出口限制更多。因此，企业更倾向于选择到制度顺差小的国家或地区进行投资。当两国的制度逆差越大，企业对投资国制度环境、市场规则等不熟悉，导致企业对东道国信息缺失的程度越严重，难以做出符合东道国制度要求的战略反应，这阻碍了跨国企业到制度逆差大的国家进行投资。2016 年中国广核集团与法国电力集团、英国政府签署了“华龙一号”

项目，在审查过程中，由于制度差异，中国企业遇到了合法性获取困境。2017 年启动审查，由于外来者劣势和制度距离带来的理解和沟通成本也较大，需要揣摩其中含义，导致整个审查沟通持续了多年。最终中方放弃了投标。

（4）经济水平差异。

母国与东道国经济发展水平差异也是企业对外直接投资区位选择时不可忽视的因素。经济发展水平差异的影响主要体现在两个方面：一是经济发展水平相近意味着需求结构相近，这样不仅有利于母国相关产业的移植，也有利于市场寻求型的投资在东道国的发展；二是经济发展水平相近，投资企业在母国拥有的优势，也会慢慢地转化为在东道国的企业优势，这样有利企业对东道国的直接投资。因此，东道国与母国经济发展水平越相近，企业越可能在该东道国投资。

（5）地理距离。

地理距离是影响 FDI 区位选择的重要因素。地理距离越近，产品的运输成本、流通成本和信息成本就会越低，企业的投资回报率越高。另外，地理距离也在一定程度上可以反映东道国与投资国在文化方面的差异，一般而言地理距离越近两国文化差距就越小，地理距离越远两国文化差距就越大。因此，以地理距离的远近来决定投资的区位，不仅利于民族产品的发展，还可以因为两国社会传统文化、生活习俗等方面的相似性而降低投资者因不熟悉东道国环境而带来的风险，更有利于投资国小规模技术的应用，有助于提高相关产业移植的成功率。例如，与我国毗邻的亚洲国家一直是我国企业对外直接投资的主要区域，2022 年，我国企业在共建“一带一路”国家非金融类直接投资 1 410.5 亿元人民币，较上年增长 7.7%（折合 209.7 亿美元，增长 3.3%），主要投向新加坡、印度尼西亚、马来西亚、泰国等国家。

总体来看，东道国环境因素、企业自身因素和东道国与母国的双边关系和差异等因素影响企业对某个单一东道国或某个类型东道国的投资行为。尽管以往研究揭示了我国企业的区位选择问题，但对企业在全球市场上对多个不同类型的目标国选择问题和区位布局问题的研究存在不足。

4.3 企业对外投资的进入模式选择

国外市场进入模式的战略决策是国际商务领域和战略领域研究的重要组成部分。企业进入海外市场的方式主要有两种：一种是非股权模式，如贸易或契约模式，跨国企业出口或签订合同进入海外市场。另一种是股权进入模式，例如利用投资的模式进入国外市场。投资模式又可以分为两类：对外直接投资和对外证券投资。对外直接投资一般是指跨国企业通过绿地投资或并购等方式获得东道国全部或部分外国子公司的所有权，并通过控股的方式在外国市场上开展业务活动。对外证券投资模式是指企业直接通过资本市场在二级市场上收购外国上市公司的证券，从而获得其股票所有权并进入东道国市场的方式。此外，企业还可以形成国际战略联盟以进入海外市场，即跨国企业签署协议和协议的合作模式，实现战略目标，如与具有类似战略规划和运营经验的企业共享资源，互利互补，分担风险等。

4.3.1 非股权进入模式

非股权进入模式作为以签订合同这种方式进入海外市场的一种战略选择，包括以下几种合同形式：

1．许可证合同

许可证合同是一种合同形式，用于许可方授权另一方在其他国家使用其知识产权或其他技术资源。在许可证合同中，授权方通常是知识产权的拥有者，例如专利、商标、版权等，受让方则是需要使用该知识产权或技术资源的企业或个人。许可证合同通常包括以下几个方面：

（1）授权范围：许可证合同应明确授权范围，即哪些知识产权或技术资源可以被许可方使用，以及使用的方式和期限。

（2）授权条件：许可证合同应规定许可方需要遵守的条件，例如支付授权费用、保护授权方的知识产权、约束授权方将技术资源泄漏给其他人等。

（3）授权费用：许可证合同应规定许可方需要支付的授权费用，并明确支付方式和期限。

（4）违约责任：许可证合同应规定违约责任，例如违反授权条件的后果或未按时支付授权费用的后果。

（5）解除和终止：许可证合同应规定解除和终止的条件，例如授权方有权解除许可证合同的情形，以及许可方提前终止许可证合同的条件和后果等。

许可证合同通常是一种重要的商业合同，对于许可方和受让方都具有重要的法律意义。在签署许可证合同之前，双方应该仔细审查合同的条款和条件，并确保合同的合法性和公平性。

2．管理合同

管理合同又称经营合同、经营管理合同等，也是一种技术转让。分两大类：全面经营管理，技术管理。全面经营管理顾名思义就是全权授予对方经营权，而技术管理则是以技术的方式参与管理，不参与其他方面的管理。

3．技术协作合同

这种技术服务模式是一种典型的“技术输出”方式，跨国公司通过为东道国提供各种技术服务，帮助其提升国内的技术水平和产业竞争力。跨国公司与东道国之间的合作关系更像是一种合作伙伴关系，而不是传统意义上的供应商和客户之间的关系。这种模式可以帮助跨国公司降低进入新市场的成本和风险，同时东道国也可以从中获得技术、人才和经验等方面的好处。然而，这种模式也存在一些问题，例如知识产权的问题和技术转移的难度等。因此，跨国公司和东道国在签署技术服务合同之前，需要充分沟通和了解彼此的需求和利益，以确保双方的合作能够顺利进行。

4.3.2 股权进入模式

股权进入模式中，对外直接投资是其中一种常见的投资方式。在这种模式下，股权投资者会通过购买东道国企业的股权，获得该企业在当地市场中的一定程度的控制权和管理权。这种投资方式通常需要投资者对当地市场的经济、政治、法律和文化等方面进行充分的研究和分析，以便做出正确的决策。股权进入模式主要包括：绿地投资和跨国并购。

1．绿地投资

绿地投资是指企业通过购买或租赁土地来建设生产基地，从而实现跨国经营的一种模式。该模式通常适用于需要大量海外生产的企业，例如制造业或房地产开发企业。绿地投资的优点在于可以在海外市场中降低成本、提升竞争力、拓展海外市场，同时也可以帮助企业实现全球化经营（李善民和李昶，2013）。然而，绿地投资也存在着文化差异、政治环境、法律法规等方面的挑战和风险，需要企业进行充分的调研和风险评估。因此，在进行绿地投资之前，企业需要制定适合自身的投资策略和管理措施，以确保投资的安全性和可持续性（林莎，等，2014）。

中国企业的绿地投资始于 20 世纪 90 年代的初期。当时，国内企业开始逐步走向国际市场，并通过建立海外生产基地来实现全球化经营。最早的绿地投资多数集中在东南亚地区，其中以马来西亚、印度尼西亚和泰国为主要投资国家。这些国家地缘位置优越，并且拥有较为稳定的政治环境、较低的生产成本，让中国企业在国际市场中获得了竞争优势。随着时间的推移，中国企业的绿地投资逐渐延伸到全球范围，涉及铁路、矿山、工业园区、物流基地、商业中心和住宅区等多个领域。特别是近年来，随着中国经济发展的迅速推进，越来越多的企业开始拓展全球市场，大量投资海外市场。现在，中国企业绿地投资涉及的国家不仅包括东南亚国家，还覆盖欧洲、北美、南美、非洲等多个地区。

作为中国投资者的代表企业之一，贵阳中铁建工集团有限公司在全球范围内进行了多起绿地投资。2019 年，该企业宣布在马来西亚成立了一个面积达 1 100 公顷的产业园区，投资金额高达 20 亿美元。这个园区不仅涵盖了制造业、物流和科技等多个领域，同时也是马来西亚的重点项目之一。

这个项目的成功，除得益于中铁建工的雄厚资金和先进技术外，还与马来西亚的投资环境密不可分。马来西亚地理位置优越，拥有发达的物流体系和优惠的税收政策，为中铁建工的投资提供了便利。此外，中铁建工还与当地政府和当地企业充分合作，共同开发园区，加强了在当地市场中的竞争力。然而，中铁建工的投资项目也面临技术和管理等方面的挑战，同时还需要应对市场和政治环境等多重因素带来的不利影响。因此，中铁建工需要充分掌握相关国家的法律法规，加强与当地政府和当地企业的合作，同时也需要建立完备的管理和监控体系，以确保项目的顺利推进和可持续发展。

总的来说，中铁建工在马来西亚的绿地投资案例展示了企业在跨国投资中的优势和风险。这也提醒其他企业在进行绿地投资时，需要充分评估当地市场环境和风险，制定科学的战略和管理措施，以实现可持续发展。

影响绿地投资的因素是复杂的，下文将从政策、经济、社会、环境和技术等方面阐述影响绿地投资的因素。

（1）政策因素。

政策因素是影响绿地投资的最重要因素之一。政策的制定和执行直接影响到绿地投资的可行性和利益（Globerman & Shapiro，2002）。当投资东道国政策不太稳定抑或与母国政策差异过大时，企业为了方便经营更可能采取非绿地投资的方式进行跨国投资。

（2）经济因素。

经济因素是影响绿地投资的另一个重要因素。绿地投资需要投入大量的资金，因此经济稳定和发展是保障绿地投资的基础（罗伟和葛顺奇，2013）。首先，市场需求是推动绿地投资的重要因素，如果市场需求不足，企业和个人就缺乏动力进行绿地投资。其次，绿地投资的盈利能力也是影响绿地投资的重要因素，如果绿地投资的盈利能力不够，企业和个人就会降低对绿地投资的热情。

（3）社会因素。

社会因素也是影响绿地投资的因素之一。社会对环保和可持续发展的重视程度，直接影响到对绿地投资的认可度和支持力度。首先，公众环保意识提高，加强了对绿地投资的支持，促进了其发展。其次，企业社会责任的观念也是影响绿地投资的因素之一。企业应该承担起社会责任，加强对环保和绿地投资的支持力度，为可持续发展做出应有的贡献。

（4）环境因素。

环境因素也直接影响到绿地投资的可行性和成效。环境污染和生态破坏等问题，既影响到绿地投资的实施，也会影响到其效益。因此，保护生态环境和改善环境质量是保障绿地投资的前提。首先，政府应该制定严格的环保法规，严格限制污染和破坏环境的行为。其次，企业和个人也应该承担起环保的责任，加强环保意识的培养，注重生态环境的保护和恢复。

（5）技术因素。

技术因素是推动绿地投资的关键因素。随着科技的进步，绿地投资的技术手段和规模得到了极大的提升，促进了其发展。首先，多样化的技术手段可以提高绿地投资的效益和成效。例如，智能化的种植技术可以提高绿地的产量、质量和效益，降低绿地投资的成本和风险。其次，技术进步也可以推动绿地投资规模和范围的扩大。例如，大规模的农业生产线、智能化的农业机械和设备可以提高绿地投资的效率和效益，促进其发展。

综上所述，影响绿地投资的因素是复杂的，政策、经济、社会、环境和技术等多种因素共同作用，促进其发展和进步。只有全面考虑各种因素，并且加强各方面的合作和协调，才能够实现绿地投资的可持续发展。

2．跨国并购

跨国并购是指在国际范围内进行的一种企业合并或收购活动。进一步说，是指一家公司从海外购买另一家公司，从而控制其业务或资产。它通常是在国际范围内进行，涉及不同的法律、货币和文化差异等问题。因此，跨国并购需要企业有较强的财务和管理能力，同时也需要具备一定的风险管理能力，以避免在合并或收购过程中出现的问题。跨国并购是国际贸易和企业发展的重要方式之一，它可以通过形成利益联盟、资源整合和技术共享等方式，实现企业规模和效益的快速增长。

随着全球化程度的加深，越来越多的企业开始通过跨国并购来扩大市场份额、提高竞争力和获得更多的资源。然而，跨国并购是一项重大的商业决策，需要充分考虑多种因素。下文将从政策、文化、法律、财务和商业战略等方面阐述影响跨国并购的影响因素。

（1）政策因素。

政策因素是影响跨国并购的最重要因素之一。政策的制定和执行直接影响到跨国并购的可行性和利益。与绿地投资相反，当投资东道国政策不太稳定抑或与母国政策差异过大时，企业可能更倾向于采取跨国并购的方式进行跨国投资。

（2）文化因素。

文化因素是影响跨国并购的另一个重要因素。企业进行跨国并购时，需要考虑到不同国家和地区的文化差异，避免文化冲突和误解影响合作。首先，企业需要了解目标企业所在国家的文化背景、价值观和行为规范，以更好地适应当地的商业环境。其次，企业需要加强文化交流和沟通，在跨国并购过程中注重文化的融合和共享，促进企业的文化多元化。

（3）法律因素。

法律因素也是影响跨国并购的因素之一。不同国家和地区的法律体系和法规制度存在差异，企业进行跨国并购需要遵守当地的法律规定，避免法律风险和纠纷。首先，企业需要了解目标企业所在国家的法律制度和法规要求，确保自身的行为符合相关法律规定。其次，企业需要与当地的律师和专业机构进行合作，协助企业了解和遵守当地的法律规定。

（4）财务因素。

财务因素是影响跨国并购的重要因素之一。企业进行跨国并购需要考虑到投资成本、资产收益、融资方案等一系列财务问题（Manova，2008）。首先，企业需要进行详细的财务分析和评估，了解目标企业的财务状况、投资效益和风险。其次，企业需要制定科学的财务方案，包括资本结构、资金来源、资产评估和税务规划等，为跨国并购提供可靠的财务保障。

（5）商业战略因素。

商业战略因素也是影响跨国并购的重要因素之一。企业进行跨国并购需要制定合适的商业战略，包括市场分析、产品定位、品牌策略等。首先，企业需要了解目标企业所在市场的商业环境、竞争状况等，制定有针对性的商业战略。其次，企业需要注重产品创新和品牌建设，不断提高产品的附加值和品牌价值，增强企业的市场竞争力。

综上所述，政策、文化、法律、财务和商业战略等多种因素共同作用，会影响跨国并购的实施和发展。对于企业来说，只有全面考虑各种因素，并且加强各方面的合作和协调，才能够实现跨国并购的成功，为企业的可持续发展和全球经济的繁荣做出应有的贡献。

4.3.3 对外证券投资

对外证券投资是一个国家或地区的投资者将资金投入其他国家或地区的证券市场，通过购买外国公司的股票、债券等证券来获得投资回报的一种投资方式。

证券市场是一个国家经济体系的重要组成部分，它连接着资金的供给方和需求方。对外证券投资能够带来多种好处。首先，它能够拓展投资者的投资机会和投资组合，增加了投资资产的多样性，提高了市场风险分散能力。其次，对外证券投资能够增强国际的经济联系和资本流动的积极作用，促进国际贸易和投资活动的发展。同时，对外证券投资也有助于促进技术和管理经验的交流，提高国际的合作和竞争力，进一步推动经济发展。

然而，对外证券投资也存在一定的风险。首先，政治风险是一个非常重要的因素。政治风险包括国际的政治关系、国家间的紧张关系、政治气候、政府政策等因素。政治风险的变化可能对外资产价格造成波动，影响投资者的投资收益。其次，市场风险也是一个非常重要的因素。市场风险涉及证券价格的涨跌等因素，证券市场有自己的规律，通常会受到某些因素的影响，例如市场需求和供给、股票业绩、竞争格局等。投资者必须要了解目标市场的市场规律和市场风险，以便能够根据实际情况做出适当的投资决策。

除此之外，对外证券投资还可能面临汇率风险、利率风险、流动性风险等多种风险。汇率风险是指对外投资者在购买外国证券时，由于汇率变化而可能发生的资产价值变动。利率风险是指由于利率变动所造成的资产价值变动。流动性风险是指投资者在卖出外国证券时可能面临的流动性不足或交易受阻等问题。

在进行对外证券投资时，投资者需要考虑以上风险和机会，以及目标市场的政治、经济、货币、金融、法律等方面因素。为了降低风险，投资者应该积极跟进目标市场的发展动态和市场风险，了解该市场的投资规则和法律法规，选择投资前景和潜力较好的公司和证券，进行合理的资产配置和风险分散。

4.4 企业对外投资的所有权选择

企业对外投资的所有权选择是指母公司拥有子公司股权多少的不同形式，又称为股权选择。企业在海外投资时，有两种不同的股权方式选择：（1）独资经营，即母公司拥有超过 95% 的海外子公司的股权；（2）合资经营，即母公司拥有子公司 5%～95% 的股权。选择合适的对外投资所有权是企业实现全球化发展的必经之路，它不仅可以帮助跨国公司更好地管理海外市场，降低投资风险，而且还能够更好地控制资源的使用。

4.4.1 独资与合资经营的优劣势分析

1．独资经营

独资是通过遵守东道国的法律，经过东道国政府的批准，由母国企业独自投入资金，进行独立的经营和管理，旨在获得海外市场的所有收益，同时承担所有的风险。通过这种投资方式，母公司拥有了极大的控制力和运作能力。

独资经营的主要优点是：

（1）可以有效防止企业机密、知识资产的外泄。

（2）母国企业能够全面把握企业的运营管理，根据总体经营战略的变化，及时调整海外公司的经营策略，追求收益最大化。

（3）与合资企业相比，母国企业能够有效地避免与其他投资者在经营理念、管理方式等方面的冲突。

（4）母国企业拥有极强的财务管理灵活性，能够灵活应对各种复杂的市场环境，实现企业的长期发展目标。公司内部融资和股本扩张都不会受到限制，可以从母公司获得税收优惠，并且可以独立分享经营成果。

独资经营的不足：

（1）由于建立独资母国企业需要负担更高的投入，且经营环境不甚熟悉，则承担的风险更大。因此，跨国公司采用独资方式进入海外市场的前提是企业在市场经营、资金方面有较强的能力。

（2）不同国家对外国独资企业往往有不同的限制政策，也难以获得当地企业的合作，这对母国企业来说是一个非常大的挑战。

（3）国家间的文化差异、不可预测的政治军事风险等方面带来的不确定性，都会增大跨国企业的经营风险。

2．合资经营

合资是指通过东道国政府的授权，两家或两家以上的公司可以通过合资经营的方式，共同承担风险，分享收益，实现双赢。

合资经营的主要优点：

（1）通过合资经营，母国企业可以减少对外投资，共同承担风险，共享收益，从而降低经营风险，提高企业的竞争力。

（2）在这种投资模式中，母公司通常会选择与自身优势相匹配的合作伙伴，充分利用它们成熟的营销网络和良好的声誉，加强对目标国家的社会文化和经济政策的理解，以便更快地适应当地的市场竞争环境，实现投资目标。

合资经营的不足：

（1）在企业文化、利益分配、经营管理等方面合资双方之间容易产生分歧。

（2）随着资源的共享和权力的分散，专利技术和其他商业机密的泄露和模仿的可能性也在不断提高，从而给企业带来了一定的风险。

综合来看，独资可以使企业获得更多的控制权但承担更大的风险。合资虽能降低风险但也分散了企业的控制权,同时带来额外的内部协调问题。

4.4.2 对外投资所有权选择的影响因素

1．东道国因素

（1）市场潜力。

市场潜力被定义为衡量一个特定市场中可以满足的最高需求的标准。东道国的市场潜力会对母国企业的对外投资产生重大影响（Buckley，2007），东道国市场潜力越强，企业更有可能通过独资的方式进行对外投资，以获取更多的竞争优势。通常来说，企业看重那些拥有巨大市场潜力的国家，越愿意投资这样的机遇，以获得更高的收益。在这样的国家，企业就可以采取规模化的经营方式，减少边际生产成本，进一步增强其盈利能力，获取更多的收益，同时也可以抓住长期存在的商机（Agarwal and Ramaswami，1992）。

（2）文化距离。

当两个国家的总体文化距离较大时，可能会导致一些公司更愿意通过合资的形式进入海外市场（岳中志，等，2011）。因为东道国的文化传统、社会习俗以及法律制度与企业母国的差异越大时，母国企业的认知水平也会相应降低，导致企业的管理模式和运营规范受到影响，从而引发一系列问题。例如，由于客户和经销商之间的争议、定价错误以及其他因素的影响（廖运凤，2007），使得企业面临更大的投资风险，同时也使得信息传递和交换的成本大幅提升（Demirbag et al.，2007）。因此通过合资模式进入海外市场，企业能够熟悉本地的文化习俗和制度规范，并借助合作伙伴的社交网络，最大化地减少两国文化差异导致的不良影响（Yiu and Makino，2002），从而降低进入市场的风险，减少资本投入，提升企业的竞争力。而在东道国的文化背景和母国基本保持一致的情况下，企业的贸易成本通常比其他地方要低。

（3）资本管制强度。

资本管制作为一种重要的货币政策手段，旨在通过监督国家资本账户的流动情况，并对外部定向投资的数量、规模、方式等实施有效的监督，以确保市场的稳定性与可持续发展。当东道国的制度管控日益严格，经济干预越来越多时，企业会面临更多的挑战，不得不减少自身的资本投入，选择与当地企业合资，以此来降低交易成本，防范风险（Qiu & Wang，2011）。因为政府的干预可能会对市场运行机制和资源配置效率产生重大影响，导致企业的交易成本和经营风险的增加（Rodrik，2000），进而影响企业的投资决策，甚至可能会影响其长期发展。因此相比于独资，采用合资模式进入海外市场，企业可以从中学习到本国的经营经验，并有效提升企业与政府之间的沟通效率（阎大颖，2008）。

为了在海外市场取得成功，企业必须全面了解当地的政治制度，并严格遵守新的政策规定（Demirbag 等，2007），以确保能够在海外市场取得经营合法性。因为与企业本国不同的制度管制将会增大企业海外投资的风险，这种风险和威胁可能会在两个方面体现出来。一是东道国政府的限制政策可能会导致外国企业遭受不公平的待遇，这可能会阻碍它们的投资。二是政府政策的不断变动可能会对东道国的经济造成影响，而维护一个稳定的经济环境对于企业的发展、持续增长以及获得更高的回报至关重要。

（4）制度差异。

制度差异是指两个国家在法律、规则和观念上的不同，这种差异可能会导致两国之间的分歧。North（1990）将国家间的制度距离划分为正式和非正式两种。正式的制度距离指的是跨国公司的所在国家和其他国家之间的法律和法规的不同。而非正式的制度距离则指的是两个国家之间的价值观、风俗习惯、文化传统、道德准则和意识形态的不同。

在企业进行海外投资时，它们必须考虑东道国的政治、经济、文化和社会背景，以及它们所遵守的法律、法规和商业流程（谢凤燕等，2020）。企业所投资国家或地区制度越完善，企业的投资自由度越高，风险越低，企业更倾向于独资进入东道国市场（吴先明，2011）。

随着母国和东道国的正式制度差异的增加，企业更有可能选择以独资的方式进入东道国；而随着双方的非正式制度差异的加剧，企业更有可能选择以合资的方式进入，以满足自身的需求（吴晓波等，2017）。尽管跨国公司面临着更严格的正式制度限制，但它们依然可以通过自己的努力来维护其合法地位，因此对当地的合作不会有太大需求压力。当选择独立于东道国的伙伴进行运营时，跨国企业可以通过改变组织结构来提升对子公司的掌握力，并将其所学的知识和经验传授给新的团队，这样就能够更加迅速地做出决定，同时也能够减少因人际关系管理带来的费用，最终获取更大的回报。非正式制度不同于正式制度的显性和强制特征，其包含的社会文化和规范认知往往深植于社会环境之中，对外来投资者来说更为隐晦，并且获取和理解这些信息也相对困难。基于这种情况，当跨国公司缺乏合法性时，它们更愿意通过合资的方式进军海外市场，并与本土企业建立长期的合作伙伴关系。

2. 企业自身因素

（1）企业性质。

企业所有制差异，会影响企业对外投资的股权选择。相比于民营企业，国有企业对外投资的所有权选择更倾向于合资。国有企业由国家政府拥有控制权，这使得它们能够从政府获得更多的财政投入，从而获得更大的资本优势，尤其是央企（王碧珺，2013）。但是国有企业受到政府政策和外交动机的影响更为显著。因此，它们的投资行为可能受到政府的干预更多，这可能会对企业投资的国家或地区的经济或安全形成潜在影响，从而引起东道国出于自我保护目的的限制性行为。Cui 和 Jiang（2009）指出，为了缓解东道国的担忧，国有企业可能会采取合资的方式，以此来获得进入海外市场的合法性。

（2）企业规模。

企业的规模是衡量其整体资源能力的重要指标，其大小反映了海外资产的投入能力和水平（Cui & Jiang，2009）。企业规模越大，企业越倾向于选择独资；企业规模越小，企业更倾向于选择独资进入海外市场。企业在海外拓展业务、参与市场竞争，必须投入巨额的财力物力。因此，企业的规模将影响企业对外投资的股权选择战略。随着企业规模的扩大，其整体实力和承担风险的能力也会得到提升，企业更愿意选择高风险高投入的独资方式对外投资。然而，如果企业规模较小，它们可能无法通过独资经营的方式进入海外市场（周经，蔡冬青，2014），因为讨价还价的能力有限，许多企业只能采取合资的方式来进军东道国的市场。

（3）研发能力。

企业的研发实力是其核心竞争优势的基础（李莉，2010），通过对外投资，企业的技术或知识在国际流动，因此企业的研发水平、研发强度等指标将直接影响其海外投资的股权选择。一方面，企业在 R&D 创新过程中，需要投入大量的资金和资源，但是由于合资经营可能会导致知识资产的泄漏，因此为了防止知识优势的损失，企业自身的 R&D 能力越强，拥有越多特殊资源，企业就更倾向于选择独资子公司（邓宏，等，2016）。另一方面，为了提升 R&D 水平，弥补研发不足，企业会选择与外国公司合资经营。因此企业的研发活动越密集，越倾向于采用独资形式进行对外投资以防止知识机密外泄。

（4）高管背景。

根据高阶理论，领导者的社会经济地位和文化背景对于公司战略选择和绩效表现具有重要意义。企业家的个人背景可以通过他们的年龄、教育水平、工作经历以及在公司的任期来评估。企业家的年龄不仅反映出他们的经验和风险偏好，更是他们对组织变革的态度的重要参照，这将直接影响他们在战略上的选择（陈守明，简涛，2010）。早期由于经验和知识有限，企业家在做出战略决策时可能会更加谨慎，并且倾向于避免风险和变革，而采用合资模式来实现这一目标；随着年龄的增长、经验的积累，企业家逐步具备冒险精神，倾向于选择独资模式。一般来说，拥有较高学历的企业家拥有更强的综合能力，可以更好地处理复杂的信息，并且更乐于承担创新的挑战。相对于合资来说，独资更需要掌握各方面关于东道国的知识和信息，因此具备处理各种复杂信息的综合能力显得十分重要。在一定程度上，企业家的职能背景能够体现出其价值观和认知，影响企业家的战略选择。对于生产型职能的企业家，他们更偏好高度的控制权，在面临所有权选择时，更倾向于选择独资进行对外投资。在决策对外投资行为时，有着丰富国际经验的企业家更能够承受高水平的资源承诺和风险，他们会将更多的注意力集中在企业外部环境中可能存在的机会上，从而更加倾向于选择独资进入海外市场（吴建祖，关斌，2015）。在任职时间方面，时间越长能够给企业家提供熟悉企业各方面状况的机会，也给企业家带来更多的时间来提拔与自己观念相统一的员工,这将会提高企业组织内部的同质性，增强企业家对于企业的控制力和影响力。当得到团队成员的认可追随时，企业家就更愿意冒险，更倾向选择高投入高风险的战略，从而更倾向选择独资模式进入海外市场。

（5）组织污名。

组织污名是一种具有标签性质的刻板印象、负面评价或歧视，在一定程度上会对企业的国际化战略产生影响（杜晓君和张宁宁，2019），是由个体污名或群体污名演化而来的（张斌等，2013）。组织污名化程度越高，企业进行海外投资时更倾向于选择合资形式。组织污名可能会阻碍企业获得投资国家或地区的利益相关者的认可（Tracey 和 Phillips，2016）。因此为能够在东道国顺利进行投资经营，获得当地合法性，母国企业会选择与当地企业合作（张宁宁和杜晓君，2020）。

（6）规模经验。

企业规模在一定程度上可以代表企业各种生产要素的累积水平与集中

程度，能够体现企业获取和整合资源的能力。来自其他母公司和子公司的相似、相异规模经验越多，对外投资企业采取独资的可能性越大。因为学习其他公司的相似规模经验，企业能够习得如何促进集团内部母子公司之间以及子公司之间的信息共享方面的经验，有利于提升企业内部信息管理能力，增强企业对海外市场的适应，从而实现对子公司的弹性化控制，相对减少对东道国合作伙伴的信息依赖，降低因东道国不确定性带来的不利影响。

（7）特定资产专用性。

特定资产专用性是指企业自身所拥有的独特资源和能力，主要包括是否拥有先进技术和国际化经验等（Williamson，2005）。从先进技术方面来说，技术水平越高，企业对外投资更愿意选择独资；从国际化经验来说，国际化经验越丰富的企业，越愿意选择独资形式进入海外市场（张海波和李彦哲，2020）。拥有先进技术的企业进入海外市场，如果母国与投资所在国或地区的技术市场信息不对称，则不能准确反映企业的技术价值。这会导致企业的交易成本较高，并且由于技术泄漏导致的损失可能会更大。这种情况下企业海外投资更愿意选择独资，这样能够降低技术市场的交易成本，也能尽可能降低技术外泄的风险。相反，如果企业的技术水平不高，则其无需承担防止技术泄漏的成本，因此企业更倾向于选择合资。如果企业有着丰富的国际化经验，有独立处理海外经营风险的能力，企业也更愿意采用独资方式以获取高额回报。相反，如果跨国企业的国际经验不足，那么母国企业更倾向于选择合资，与当地企业进行合作，学习合作伙伴的管理经验，降低海外投资成本和风险。

企业的国际竞争力和提升手段

5.1 新兴经济跨国企业的创新和技术

近年来，中国经济增长显著，在全球创新竞赛中发挥着至关重要的作用。2022 年，中国的研发支出总额首次突破 3 万亿元，位居世界第二，2022 年研发与 GDP 的比率为 2.55%，缩小了与美国和日本的差距。研发支出的增加以及经济和体制的快速转型使中国在知识产权产出方面超过了美国处于世界领先地位。对外直接投资已成为中国创新发展计划的重要组成部分。海尔、联想、TCL、格兰仕、宝钢和中石化等国际化的公司已经成长为世界一流跨国企业。

这些中国跨国企业将子公司设在网络、战略联盟和知识溢出潜力更大的国家，实现了国际化的创新促进效应。例如，总部位于中国的格兰仕是世界上最大的微波制造商，在华盛顿建立了一个研发中心，以获取研发资源和人力资源，从而提高其创新能力。因此，通过对外直接投资战略走向全球，后来的中国企业能够获得新的互补研发资源，从而赶上全球领先的参与者。

本节将阐述企业国际化与创新之间的关系，以及哪些因素能够影响二者之间的关系；在此基础上，分析我国企业在国际化经营中的创新行为特征，揭示我国企业利用国际化实现技术追赶的路径机制。

5.1.1 国际化与创新的关系

国际化能够从多个方面对创新产生影响。国际化能够提高组织的学习能力，加快企业的知识获取，从而促进企业创新。具体而言，在国际扩张的早期阶段，组织的学习能力较低，因为缺乏从东道国学习和吸收新知识所需的流程。因此，创新绩效有所提高，但速度较慢。随着公司在进入国际市场方面的扩张和积累经验，其向东道国学习的能力也在提高，并且在中等水平的国际经验下以更快的速度获得知识。因此，由于更高的组织学习，创新绩效以越来越高的速度提高。但这种创新绩效的急剧增长并不会无限期地持续下去。在国际经验非常丰富的情况下，企业难以从新的对外投资活动中学习，因为额外的国际化并不能提供新的知识。因此，随着企业继续在国际上扩张，组织学习的速度变得更加渐进或达到平稳期，因此，创新绩效可能会继续提高，但速度会下降，并最终停止增长（Piperopoulos et al.，2018；阚玉月和刘海兵，2020）。

此外，通过国际化获得的范围经济也带来了学习和创新的增加。具有强大核心竞争力的公司，通常是在其本国业务中发展起来的，可以在国际市场上应用这种能力。在国内市场产生更大盈利能力的竞争优势为在国际市场应用同样的能力以进一步提高公司的盈利能力提供了动力。企业的多种国际业务之间的资源共享反过来促进了共同核心能力的开发，以产生协同效应（Halilem，et al.，2014）。

尽管适度的国际化为一个组织带来了多重利益，但国际化也会带来一些成本，进而对企业创新绩效产生负面影响。国际化是复杂且难以管理的。不断加剧的地理分散会大大提高交易成本和管理信息处理需求。例如，地理分散增加了协调、分配和管理成本。为了获得规模经济和范围经济的效益，需要在多个地理位置的业务单位之间进行协调。不同的政府法规和贸易法以及各国货币价值的波动为相互协调制造了巨大的障碍，随着企业增加其国际多元化，这增加了组织学习和创新的复杂性。贸易壁垒、物流成本、文化多样性以及获得原材料和员工技能等因素的国家差异，需要进行相当大的协调能力，才能享受要素市场差异和范围经济的创新优势。这种协调需要在地理位置不同的单位的管理人员之间进行大量的内部交易，以及与政府官员和机构、供应商和客户之间的外部交易。因此，国际化只有保持在适当的范围内才能促进创新（Thakur-Wernz and Samant，2019；阚玉月和刘海兵，2020）。

5.1.2 新兴经济跨国企业创新的影响因素

1．战略隔离

在战略管理领域，战略隔离机制是领先企业为了保护其核心竞争资源不容易被竞争对手模仿，使其在很长的一段时间内可以获得经济租金的一种机制（胡大立，等，2021）。当新兴经济跨国企业试图向价值链的设计、研发等核心技术接近时，其他跨国公司会对其实施“技术隔离”，以防止其技术不被新兴跨国企业追赶甚至超越。“技术隔离”是指跨国公司为保证其竞争优势不受新型经济跨国企业的威胁，将只传授或让其企业只使用略高于本地水平的生产技术，而不让其接近核心技术，因此，发达跨国公司对新兴经济跨国企业也就形成了“技术隔离”。他国跨国公司通过技术隔离限制了知识、技术等资源外溢的可能，从而导致新兴经济国家的代工企业因获取不到核心或关键性的技术而只能服务于全球价值链的低端环节，跨国公司对代工企业的战略隔离将使其陷入低端锁定的情境从而难以实现技术升级。

2．企业的国际化方式

企业的国际化方式包括国际化深度和广度、进入的市场类型、进入方式等，会影响企业国际化与创新之间的关系。国际化深度是指企业经营中所参与的价值链功能在本国以外的类型与数量的多少，国际化广度是指在不同的地理或业务范围的多样性。企业的国际化程度越深，其越能够深入到东道国的内部市场，越能够深化与东道国市场上的买方、卖方以及科研机构等利益相关者之间的关系，从而加深对东道国市场的了解，通过加强市场的了解能够给企业带来更多的价值以及技术知识，从而提升企业创新能力。但是，在企业吸收能力不足、企业在国际化的管理和协调成本等因素的影响下，国际化深度对企业的创新能力可能会产生消极的影响。

以我国为例，由于我国的中小企业大多集中在传统服务行业或劳动密集型的制造业，该行业技术水平较低，且由于中小企业的自身特征导致自身的吸收能力以及学习能力较差，这些企业就很难通过国际市场嵌入的途径来提高自身的学习创新能力。其次，当前我国大多数企业在进行国际化时，采用的是低成本要素投入模式，以出口贸易为主，这种类型的国际化通常是以短期利益为导向，以赚取加工费和出口退税为主要目的，因此，这些企业在创新和创新意识上是相当匮乏的。再次，企业国际化通常面临较大的风险和不确定性，同时伴随着较高的管理以及处理协调和信息交易的成本。由于路径依赖与锁定，当企业采用深度嵌入少数国家市场国家化的模式时，增大了企业获取异质性的原有技术范式的新知识的交易成本，从而影响企业创新活动和创新能力的提高。最后，中小企业的任职特征通常都是家族人员，他们通常在企业的经营过程中表现出风险厌恶型的特征。相反，创新活动具有较强的不可预见性、风险性以及长期性的特征，这会使国际化的企业减少对创新活动的投入，从而不利于企业创新能力的发展。

对外直接投资对企业来说通常是一种常见的国际化的方式，对外直接投资有助于企业获取东道国的知识和技术外部性。国际子公司网络有助于企业访问和吸收全球分散的关于科学进步和技术发展的思想和专业知识库。这种溢出效应提供了信息和互补的技术资源，促进了学习，并使企业加强创新。例如，汽车制造商江淮汽车，在意大利都灵设立了子公司，以受益于蒙卡列里集群的邻近性和知识溢出。

企业可以通过与东道国更先进的公司和机构合作这种国际化形式来加强其组织学习。这反过来又使企业的子公司能够利用嵌入特定地点的公司、人员和机构的知识，取消嵌入某些技术和知识，并将其重新嵌入自己的研发资源和技术。例如，华为与 NEC、3COM、西门子和北电的合作使该公司能够促进其在3G、路由器和宽带技术方面的研发学习，并提高其创新性能。东道国的网络和合作活动也使新兴市场企业的子公司能够识别和招聘外国科学人才，这些人才可以帮助搜索和吸收先进知识，促进学习（周江华，等，2018）。

3．吸收能力

技术引进和降低研发成本的方式虽然可以以降低这种投入的方式来追赶绩效，但完全依赖于技术引进的方式会损害自身的技术创新能力，并不能作为企业长久以来经营优势的来源，应该增加多种渠道来提升自身的技术和创新能力。通过企业内部自身的吸收能力，将外部多渠道的技术提升进行融合，能够更好地达到追赶绩效的目的（吴先明和胡博文，2018）。

新兴市场企业的子公司可以通过整合东道国供应商、客户和分销商的知识和想法来提高其组织学习和创新能力。供应商和客户可以成为创新的创造者，因为大多数新产品和服务都是由这些用户共同开发或完善的。例如，客户可以提供有关如何改进现有产品的功能和设计的想法。此外，新兴市场企业可以通过与外国的全球供应商和分销商合作来共享互补资源，从而提高其组织学习和绩效。在这种情况下，子公司在实时生产过程中学习和创造知识，试图解决与逆向工程和产品适应性相关的问题。然而，与对外直接投资的创新促进效应并不一致，而是取决于子公司的吸收能力，即企业识别新的外部机会、价值，以及吸收这些信息并将其应用于商业目的的能力。吸收能力使新兴市场企业的子公司能够接受外部信息，感知和获取新知识，并将这些知识进行转化，整合到其知识库中，为企业带来价值。尽管新兴市场企业往往受到研发能力较弱的制约，但许多企业受益于本国市场外来直接投资的溢出效应，成功积累了足够的技术能力门槛。此外，在国外冒险的新兴市场企业通常规模更大，在国内市场取得了成功，因此具有相对更强的吸收能力。此外，企业可以依靠雇佣东道国当地人才来管理其海外业务（例如，联想和海尔的美国总部由当地首席执行官管理），这弥补了他们经验和能力的不足。

4．外部环境

跨境数字平台通过提高企业的组织学习，在新情景下为企业的组织学习提供了新的机会（邬爱其，等，2021）。首先，跨境数字平台作为一种生态系统，为企业创造和利用知识提供了新方式，融合了多层次的社会经济过程，重新整合企业与不同合作伙伴之间的边界和联系，导致企业知识获取的全过程都发生了改变。其次，跨境数字平台为企业提供了新的学习对象，拓展了企业的知识获取范围。一方面，企业与平台主之间的互动形成了强大的关系网络，不同来源知识可以在平台企业之间进行跨界快速扩散和集成，同时能够衍生出新的知识；另一方面，当数字平台的数字基础设施和治理体系较为完善时，本地化知识的获取、传播和整合变得更加容易，且速度更快。跨境数字平台的产生，为提升企业的知识和创新提供了更大的便捷性，同时给企业全球价值链地位的提升带来了可能。

此外，东道国的制度发展会影响企业的创新绩效。一个国家的制度发展体现在话语权和问责制、政治稳定性、政府效率、监管质量、控制力等方面。首先，反映国家民主程度的话语权和问责制是重要的参考。民主制度有利于政府控制权力的使用，以确保政府政策与利益相关者保持一致。民主国家强调保护人民和促进人类发展，同时鼓励国家创新发展。同时，政治稳定减少了发展的不确定性并鼓励创新者采取创新举措，进行创新投资。一个公平有效的东道国政治环境不仅能够为企业带来更多的创新资源，而且可以为企业创新活动提供多样化的服务，提供关键性的创新资源，提高创新产出。高质量的监管框架能够降低代理和交易成本，帮助企业降低信息不对称，保护企业的知识产权，促进创新活动。另外，明确、透明的法律法规提供了良好的制度环境，对鼓励投资、创业和创新活动提供了促进作用。例如，完善的知识产权保护法禁止非权利人使用专有知识，保护了专利权人的利益，限制了模仿机会。因此，在知识产权发达的东道国，限制模仿能够促进企业的创新。

5.1.3 新兴经济跨国企业的创新行为特征

新兴经济企业的国际化相比传统跨国企业有一定的独特性，使得这些企业的创新行为和路径机制也存在一定的差异（谢先达和程聪，2021）。

第一，新兴经济企业的总部是通过子公司访问国外创新知识。鉴于新兴跨国企业母公司相对于其外国研发子公司的知识差距，需要与子公司协商，从而启动反向知识流动，这个过程被称为知识获取的逆向创新过程。这与发达跨国企业形成了鲜明对比，发达跨国企业是知识流的来源。与发达跨国企业研发子公司相比，新兴跨国企业总部的创新追赶更难、更慢。

第二，新兴经济企业会采用适中的国际化战略、产品和流程创新实践，而成熟经济企业会同时采用密集型国际化和创新管理实践。因为相比于新兴经济企业，成熟经济企业具有较高的人力资本特征，这些与技术知识方面有关，有助于提升绩效和创新战略选择。

第三，新兴经济企业能够通过不同的市场驱动模式实现创新。企业在进入海外市场之前，需要先考虑自身有什么优势以及自身所对应的能力，能够帮助其在海外市场开展创新活动。在综合分析自身优势之后，通过比较分析母国与东道国之间的制度环境差异，选择最佳资源匹配方式进行创新活动，通过发挥企业的适应能力来决定企业的创新形态。由于我国企业在实施国际化赶超战略过程中，目标异质性导致我国后发企业在创新战略实施上具有显著的差异。根据创新动机、资源匹配以及适应能力三方面要素组合，将我国企业国际化过程中的技术创新划分为成熟型市场驱动创新模式、新兴市场驱动创新模式、企业内部驱动创新模式、投机市场驱动创新模式四种模式。首先，当市场较为成熟时，在市场能力的驱动下，东道国的政治稳定性和市场经营机制的完善性将作为企业国际化创新活动中考虑的关键因素，通过国际化战略达到全产业链布局的目标。其次，在新兴市场中，在市场能力的驱动下，东道国的资源禀赋会在企业国际化进程中发挥重要作用。再次，在投机市场中，市场驱动力量模式下，企业的创新活动在市场适应力的引导之下不断适应东道国的需求变化，从而反哺企业的创新活动。最后，在企业内部驱动创新模式下，企业可以通过既定的技术和管理国际化动机，以及对于东道国政治制度稳定性、经营市场机制的全面适应来达到国际化过程中的创新预期目标。

第四，后发国际化企业可以通过“跳板”作用，以战略能力和吸收能力为基础，以边界扩张为起点到核心研发网络重构、战略性组织学习、结果实现创新追赶。具体来说，发展中国家由于资源较为落后，后发企业通过海外并购的方式，通过结合外部的高新技术和自身能力，从外部获取新知识和新技术，通过学习、吸收、创新和整合这些新知识和新技术，以提升自身技术能力，实现技术追赶。因此，后发企业不仅能够通过外商直接投资的方式获取国外先进技术，而且在企业国际化进程中选择合作、并购、建立海外研发机构等直接投资的方式获取海外先进技术和知识，从而实现技术追赶。

追赶的另一种方式是同化，这涉及边做边学的内生过程。企业内生学习和同化的一个重要手段是国际化。国际化的过程包括逐步获取、整合和使用有关外国市场和运营的知识。通过国际化，企业可以获得学习效益/机会。市场是“学习实验室”，企业在其中进行组织学习并发展创新能力。一方面，国际市场为创新创造了激励；另一方面，它们通过搜索和调动分散在全球各地的未开发的技术和市场情报，创造了创造价值的机会。因此参与国际市场是组织学习的重要工具，企业接触不同的环境和经验会增加其知识库，从而促进价值链不同方面的创新，这也是发展新能力的主要途径。

5.1.4 企业技术升级的动态发展过程

新兴经济跨国企业可以通过组织学习、逆向创新、社会嵌入等方式逐步发展创新能力实现技术升级。企业在国际化过程中，通过提高组织学习，其国际接口会从“内向引入”向“全球配置”逐渐演变，资源从“产业配套资源主导”向“行业声誉资源主导”转变，技术创新战略从“外来技术本土化”研发、“外来技术学习”向“全球化研发”“全球战略学习”演变。从而实现企业技术动态升级。例如，海尔大学和华为大学的创建，通过企业大学建立了内外部沟通平台，能够起到企业知识创新的作用。与企业其他研发、生产和营销职能部门相比，企业大学内外连接功能较为强大，能够连接知识生产、转移及应用多个环节。因此，一定意义上，比较成熟的企业大学其功能也较为完善，并不仅仅局限于知识转移，也可以积极参与到知识生产或研发以及知识孵化等其他环节，将这些类型的知识活动进行高效整合也是企业大学特有的组织优势。

中国企业研发国际化应借鉴成功的跨国企业实现逆向创新的路径机制（王晟锴，等，2020）。在起步期，由于中国企业技术资源相对落后，本土化市场需求应当作为重点，重点关注扩大市场份额和品牌塑造。在成长期，中国企业发展能力差，应借鉴其他标杆企业，通过产品上的创新提升知名度，进而走出国门。在相对成熟期，应当着重于自主创新能力的培养，不断吸收整合优质资源，发展成为全球的技术引领者。

不同的学习方式也可帮助企业提高创新,如利用式学习和开发式学习，将这两种策略作为企业获取知识和积累知识的方法，通过创新要素获取阶段和能力升级阶段来积累能力。这两种不同的学习方式对企业资源、社会资本、能力的需求也不尽相同，利用式学习依赖于企业现有的知识上的提升，如规范、知识的扩展和完善；开发式学习重点关注新知识，探索和创新新知识。可见，这两种学习方式是企业能力积累与升级的关键，能够帮助企业应对在国际化学习过程中出现的能力积累不足的问题。

跨国企业可以通过社会嵌入的方式来完成技术升级过程。首先，合作和独立反映了跨国企业海外资源获取手段。跨国企业开展国际业务，能够获取外部的技术资源和利用市场，除了能够降低成本，还能满足特定的需求，通过外来的资源独立开拓市场和获取技术，从而达到缓解竞争压力的目的。因此，无论是竞争还是合作，跨国企业资源获取需要考虑对象（技术/市场）和手段（合作/独立）两个维度，包括合作技术、独立技术、合作市场与独立市场四种资源获取方式。在新兴技术领域，跨国企业体量较大，内部往往缺乏足够的资源用于研发与创新，更多则是通过合作来获取所需技术资源，因此，合作便成为企业开发新技术的主要方式；在市场领域，生存的压力迫使企业不得不利用低成本等相对优势，缓解经营压力，在这种环境下，独立寻求潜在客户等市场资源成为缓解国内激烈的市场竞争压力的主要方式。

其次，跨国企业国际化节奏不规律将造成技术与市场领域严峻对立，会引起资源分配冲突。而合作技术与独立市场的恶性冲突也会影响资源的分配，造成技术和市场资源获取的冲突，进而影响基于后发情境的持续发展机制的形成。从悖论的角度看，在特定领域之间展开的竞合行为，通过有利互动能够形成双赢的局面。这样有利于降低甚至冲抵由不良冲突产生的不利影响,使跨国企业市场与技术领域形成有利的并且相互依赖的局面。实际上，企业可以通过缓冲机制来维持跨国企业的国际化节奏规律，例如，通过将资源获取跨领域互动模式作为支点对其起到协调作用。因为一些企业在进行国际化的初期往往会通过市场和技术相互交换的方式来引进先进技术和资源，再以自身学习能力和吸收能力进行转化，提高自身技术的同时帮助企业开拓新的独立市场。当存在国际技术垄断和贸易保护主义等问题时，市场导向型企业和创新导向型企业可以通过有效的资源连接和组织学习交互，形成资源杠杆效应，从而让企业实现技术压力的突破。

最后，国际化企业若想更好地发挥资源杠杆的作用，关注的焦点在于如何与现有企业或合作伙伴建立联系，重点在资源本身及其杠杆潜力上，即资源杠杆的关键要素：自有资源和企业网络。自有资源是资源杠杆的动力之源，有价值的自有资源则更能激励合作伙伴共享资源；企业网络作为资源杠杆动力臂，是杠杆效应的依托载体和催化剂。此外，资源连接是强化资源杠杆动力臂的关键路径，组织学习是优化资源杠杆动力的有效手段，缺乏优势资源的国际化企业通常选择资源连接，构建杠杆效应撬动国际市场资源连接，对于新来者的关键出发点是从外部获得互补资源，而不仅关注自身资源，以及时全面了解当前市场和技术动态。为提升资源杠杆效应，企业不仅要管理外部资源的积累，还需通过组织学习优化自身资源，这种行为交互可以看作 Dunning（1977）折中范式下的特殊“内部化优势”，组织学习有助于更好地开展资源连接和资源杠杆活动，并抵御在位企业的竞争。

【案例 1】 2015 年 3 月 5 日午间 1 时，离董事会议召开还有 30 分钟时间，新和成股份有限公司董事长胡柏藩从位于上虞的新材料基地直接到达会场。新材料项目进展及创新将是董事会议主要讨论的问题。会议还未开始，胡柏藩在沙发上坐下，助理为他递上投资机构的最新研究报告。该报告认为：如果 PPS 销售持续增长、蛋氨酸项目进展顺利，VE、VA 持续盈利，新和成将走上快速成长的轨道，公司未来的规模很可能马上达到 80 亿甚至 100 亿元。这当然是胡柏藩希望的。多年前，胡柏藩与创业团队从回收酒精业务着手，经过二十多年的发展，公司已经成为国内最大、国际领先的维生素生产商，也是国家重点支持的创新企业。从当初的完全依赖高校专家，到目前已经建立起了以自我研发为主体、高校院所研发力量为辅助的创新模式，建立起了产学研一体化的创新体系。2010 年，新和成的业务从营养品、香精香料延伸至新材料领域，PPS 是该领域的第一个产品，也是新和成向材料板块开疆拓土的里程碑产品。胡柏藩认为，新和成要生存得更好，需要持续创新；尤其在瞄准新业务领域布局时必须创新，公司才可能有未来。

资料来源：清华大学经济管理学院案例中心。

5.2 新兴经济跨国企业的营销和品牌

与发达国家跨国企业相比，新兴经济跨国企业在国际竞争中处于先天性劣势地位，存在着“来源国劣势（liability of origin）”（Ramachandran & Pant, 2010）。在品牌营销方面，来源国劣势包含两方面含义：一是母国制度约束引起的新兴经济跨国企业能力的缺失，导致其难以培育和发展出全球化品牌；二是东道国利益相关者会依赖来源国的刻板印象对新兴经济跨国企业进行整体评价，并对企业的品牌和产品持有负面感知（杨勃和刘娟，2020）。无论是制度约束还是刻板印象，都会对新兴经济跨国企业在东道国的市场营销造成不利影响。为此，新兴经济跨国企业在国际市场竞争时需要采用独特的营销战略克服来源国劣势，提升品牌形象。

5.2.1 新兴经济跨国企业品牌形象的影响因素

新闻传播和公众经验是新兴经济跨国企业品牌形象的重要影响因素。媒体新闻作为客观世界的主观再现，能够对事物进行选择性加工，为受众传达隐喻性信息，从而建构人们的认知。由于西方发达国家掌握着国际媒介的话语权，再加之其对新兴经济体的刻板印象以及国际竞争和意识形态导致的对立关系，以中国为代表的新兴经济体长期遭受着西方媒体的负面报道，对新兴经济跨国企业及其品牌形象产生了连带的不利影响。有关研究表明，在推特和谷歌两大平台上，海外媒体对中国民营出口企业的新闻报道以主观消极为主，负面报道占比达44%，并将中国企业隐喻为“规则破坏者”（窦光华和王雪莲，2022）。与此同时，新兴经济企业缺乏既了解新兴市场又熟悉西方传播体系的专业人才，并对海外宣传不重视，进一步制约了新兴经济跨国企业的品牌发展。

新闻传播是公众从外部环境中获取的间接经验，除此之外，国际公众从自身与企业或来源国的互动中获取的直接经验，也能够影响其对企业形象的认知。这种互动包括三类：一类是与跨国企业来源国的互动，常见的方式有旅游和留学；一类是与跨国企业的互动，例如入职、贸易来往和参与企业社会责任实践等；还有一类是与企业产品的互动，如购买和使用产品。在这些互动中，公众对互动体验的满意度，是决定为企业形象带来积极影响还是消极影响的关键。当公众在与企业的互动中感知到满意时，会对企业产生积极的评价，从而塑造良好的企业形象；当企业在与来源国或产品的互动中感知到满意时，会对来源国或产品产生积极评价，并将良好印象转移到企业及其品牌。此外，公众互动的次数也会对企业形象造成影响。心理学研究表明，人们对某一事物的熟悉程度越高，对它的偏好程度也就越高（Zajonc，1968）。因此，与新兴经济跨国企业的互动越多，公众对企业形象的认知就越积极。

值得注意的是，相较于间接经验，公众从真实的互动经历中获取的直接经验，对个体的认知具有更强的影响。因此，作为对抗西方媒体负面报道一种手段，新兴经济体及新兴经济跨国企业应促进人员和贸易的国际往来，增加国家和企业在国际市场中的曝光程度，展示良好的国家和品牌形象。

与东道国、消费者和产品有关的某些因素能够减缓或者增强来源国形象对企业的不利影响，从而间接影响到新兴经济跨国企业的品牌形象。在东道国方面，这些因素主要包括东道国的制度和文化环境。当东道国的制度和文化环境更加多元化，以及与企业来源国的制度和文化更加接近时，东道国利益相关者将更加包容和接纳新兴经济跨国企业，进而缓解来源国形象的负面影响。在消费者方面，主要的影响因素包括消费者年龄、个人生活方式和价值观等，这些因素会导致消费者更加关注或不关注产品的品牌及其来源国，并影响着产品的来源国效应（Wall et al.，1991）。产品自身方面的因素有产品类别、产品价值和产品生产的国际分工等（Tseng and Balabanis，2011）。产品的价值越低、越是需求弹性低的生活必需品，来源国效应的作用水平就越低，反之亦然。此外，当某一品牌的产品设计和制造源于非新兴经济体中形象良好的国家时，消费者对该品牌的形象认知也会更加积极。

5.2.2 新兴经济跨国企业提升品牌形象的途径

从战略的角度上讲，新兴经济跨国企业提升品牌形象的途径一般包括跨国并购和自主发展两种。两种途径各自有着不同的优点和缺点，需要企业权衡利弊以选择合适的发展道路。

1．跨国并购

跨国并购是新兴经济体中的弱势企业（品牌）对国际市场中强势企业（品牌）的收购，包括收购目标品牌的所有权或使用权，收购目标品牌技术、研发和服务等相关资产，以及将目标品牌的所有权和相关资产进行整体性收购三种模式。在品牌方面，跨国并购能够为新兴经济跨国企业带来以下好处：第一，直接获取强势企业（品牌）的品牌资产，弥补企业品牌资产的不足；第二，获得强势企业（品牌）的经营资源和能力，以发展自身固有品牌；第三，利用收购得到的强势品牌充当企业在国际市场的代言人，打破东道国利益相关者对企业形象的负面认知。由于其直接性和便捷性，跨国并购受到了诸多新兴经济跨国企业的青睐。然而，跨国并购也存在着缺点和风险。例如，由于新兴经济跨国企业缺乏国际品牌经营能力，可能会对收购所得的强势品牌管理不当，导致其品牌资产下降。此外，消费者可能会认为强势品牌的形象被来源于欠发达国家的弱势品牌所破坏，从而产生认知失调和不愉快情绪等，并降低其品牌忠诚度。

【案例 2】 提起安踏，大多数人的第一反应是国内生产运动鞋服的国产运动品牌“ANTA”，少数人会将高端运动时尚品牌“FILA”（斐乐）纳入其中。但只有极少数人知道，安踏还拥有许多国际顶级运动品牌。如知名日本滑雪品牌“DESCENTE”（迪桑特）、韩国高端户外品牌“KOLON”（可隆）、加拿大顶级户外运动品牌“ARCTERYX”（始祖鸟）、法国高端户外品牌“SALOMON”（萨洛蒙）等。这些大众并不熟悉的高端品牌，却是安踏成功上位，甚至超越阿迪达斯（中国）与耐克掰手腕的关键。2022年上半年，安踏实现约 260 亿元的营收，收入体量是同期耐克中国的 1.1 倍、阿迪达斯中国的 2.13 倍，李宁的 2.1 倍，历史上收入首次超过耐克中国。在这 260 亿元的营收体量中，除了主品牌安踏占比的约 52% 外，剩余部分均由斐乐、迪桑特、可隆等品牌贡献。考虑到后者更高的毛利率，高端品牌实际上是安踏的利润大头。这些高端品牌如何被安踏纳入囊中的？答案是“买买买”!

在一次采访中，安踏董事长丁世忠向媒体吐露出心声：“以当今中国公司的品牌运营能力，在 30 年内做出一个始祖鸟或威尔逊，可能性几乎为零，而通过收购，并以中国市场为潜在增长空间，则可能完成一次脱胎换骨”。以斐乐为例，在被安踏收购之前，斐乐其实就已开创了运动时尚的先河，尤其是在日韩市场（2007 年斐乐被韩国 Yoon 收购）。斐乐在日韩市场以运动时尚品牌的面孔出现，将目标消费人群锁定在年轻人身上，产品主打性价比。安踏领导下的斐乐与并购前的斐乐的最大不同在于“高级”二字，大中华区的斐乐不再将主力消费人群定位在年轻人身上，而是35～45岁的成功人士与商业精英上,尤其是分布在中国二三线城市的这部分群体。这样的定位一方面补充了国内高端运动时尚市场的空白，另一方面还避开了与当时如日中天的耐克与阿迪达斯在一线城市的正面竞争。通过收购海外知名运动品牌，以及在国内树立“高级运动服装”的品牌形象，安踏及斐乐大中华区实现了营销成功。根据安踏财报，2022年上半年，斐乐业务实现营收107.8亿元，占安踏集团总收入的41.5%。2021年全年，斐乐营收首次突破200亿元至218亿元，仅比同期李宁的总收入少了8亿元。

资料来源：超220亿连续收购海外运动大牌安踏是如何通过“买买买”做大做强的？https://m.163.com/dy/article/HMSQTFAO0519AFU3.html.

【案例3】 自1992年推出第一款产品以来，ThinkPad系列笔记本至今已经走过了31个年头。该系列产品在笔记本电脑的历史中占有着极其重要的地位，更是商务笔记本的代名词。2005年，IBM由于战略转型将PC业务出售给了联想，这笔交易从现在来看也是一个双赢的选择。IBM因此甩掉了利润较低的PC业务,将更多的精力投入到软件和IT服务之中。联想则因此提升了品牌形象和竞争力，不仅弥补了商务PC领域的不足，也打开了国际市场的大门。然而，对于ThinkPad而言，其自身的品牌价值却在逐渐消失。

时至今日，ThinkPad系列产品虽然依旧保留着标志性的特色，并且拥有了更多的用户和更加丰富的产品线，但却似乎离用户心目中的“ThinkPad”越来越远，批评抱怨之声也在粉丝之中层出不穷。与早些年的“高大上”相比，如今的ThinkPad的系列更加亲民，除了高端商务的T系列外，也推出了定位相对低端的笔记本产品。尽管在IBM时代也曾经推出了低价位的R系列产品,但似乎并没有引起用户的不满。而如今的ThinkPad E系列产品可以说是多被用户所诟病，该系列虽然有着ThinkPad系列笔记本标志性的黑色机身和 TrackPoint（小红帽）设计，但材质和做工方面却无法和高端系列相提并论，这与 ThinkPad 笔记本给人稳定、故障少的印象有所出入。此外，早些年联想旗下 Thinkpad T60/X60 系列笔记本电脑曾被爆料出主板存在飞线，也一度让联想的 Thinkpad 品牌形象遭遇了一次严重的信任危机。这些在高端品牌中几乎不曾出现过的低端产品和质量问题，使得消费者对联想能否继承 ThinkPad 品牌高品质形象产生怀疑，更严重损坏了 ThinkPad 在普通消费者心目中高品质笔记本的品牌形象。

资料来源：名存实亡？ThinkPad 25 周年那些不得不说的事儿. https://notebook.pconline.com.cn/1003/10034570_all.html.

2. 自主发展

自主发展是指新兴经济跨国企业通过自主发展和积累，在长期的国际化经营中逐步提升自身实力和自有品牌的影响力（裴秋蕊和卢进勇，2019）。自主发展能够为企业带来独特且相对稳定的竞争优势。然而，自主发展对于具有来源国劣势的新兴经济跨国企业而言存在着巨大的挑战，其需要的时间长、起效慢，并且随时面临着失败的风险。这是因为品牌发展是一项复杂的系统性工程，需要企业在技术研发、质量管理、资本筹措、社会责任、客户关系等多方面发力，还需要政府、行业和相关企业提供共同支持。此外，经济全球化形势下的国际市场竞争异常激烈，后发跨国企业品牌难以与实力雄厚的国际知名品牌抢占市场份额。为规避风险，众多新兴经济跨国企业另辟蹊径选择了 OEM（代工生产）—ODM（代工设计）—OBM（自主品牌）的国际化品牌升级路径。在发展前期依附国际知名品牌通过为其贴牌代工获取利润，在此过程中逐渐学习和积累经验，并在时机成熟时转型发展自主品牌。该路径有利于新兴企业快速进入国际市场，以较低的成本获取知识和培养自身能力；但也存在着诸如进入门槛低、利润低和受人牵制的缺点，从而不利于企业的自主发展。

【案例 4】 淘宝搜索“电蒸锅”，销量排名靠前的产品以传统小家电品牌为主，但是单价超过 1000 元的，却仅有北鼎官方旗舰店一家……在其背后，则隐藏着一家代工厂转型为自主品牌商的故事。2003 年，北鼎股份的前身——晶辉科技（深圳）有限公司，在深圳悄然成立。在当时，晶辉科技便是全球最专业的厨房小家电研发基地及生产厂家之一，主要为惠而浦集团、摩飞电器、铂富集团等世界一流国际品牌提供小家电代工服务，每年生产各式产品约四百万台，产品畅销于欧洲、美洲、澳洲、中东等地区，全球市场覆盖率高达 60%。然而，2008 年的世界经济危机，为一切美好的未来带来了不可估量的变数。海外市场的流动性危机，短期剧烈波动的外汇，逐渐转移的劳动力成本优势……给众多国内企业的生产经营带来诸多未知的巨大变数。此时的北鼎早早意识到，单靠代工业务是无法支撑公司长期可持续发展的，唯有坚守产品品质、坚持自主创新，才是公司的立足之本。

于是 2009 年，公司创立了“北鼎 BUYDEEM”自主品牌。直到 2013 年，北鼎推出第一台养生壶，刚一上市便获得市场热烈好评。值得一提的是，当年大多数人还存在养生壶仅仅是用来煎熬中药的复古印象。而“北鼎 BUYDEEM”养生壶的推出，彻底打破了市场对养生壶的刻板印象。到现在，北鼎依然在根据用户实际需求，不断对原有养生壶产品升级换代，推出触控版 K159T 养生壶、多功能便携养生壶 Mini K 等产品。反观北鼎成功转型的原因，主要得益于公司始终坚守品质。一方面，制造端坚守品质。在谈到精益生产时，北鼎股份相关负责人表示，在做代工时，公司大部分是一些品质优良的客户，所以公司整体研发生产方式高度重视并始终践行“品质优先”原则。另一方面，产品设计端坚守品质。北鼎对产品似乎总有一些近乎苛刻的自我要求：既应该能够解决好真实生活中的实际问题，还应该是摆在家里的漂亮物件，同时又应该比较耐用，让用户有较好的体验感觉。

资料来源：代工厂“升级”样本：从一个电蒸锅说起的“北鼎式”品质创新. https://ishare.ifeng.com/c/s/7zf5hE0Oxce.

5.2.3 新兴经济跨国企业对品牌战略的选择

品牌战略是企业为提高品牌资产对品牌开展的全局性管理活动。对于选取跨国并购和自主发展两种途径来提升品牌形象的新兴经济跨国企业，其必定会面临各种品牌管理问题，如何通过有效的品牌战略维护品牌形象并促进品牌的可持续发展，是企业关注的重点问题。

Keller（1993）提出的品牌资产理论总结了三种企业建立品牌资产的方式，分别是选择品牌标识（Choosing brand identities）、开发配套营销方案（Choosing brand identities）和利用次要关联（Leveraging secondary associations）。该理论通过构建品牌资产的理论模型并阐述品牌营销组合与消费者认知之间的关联，总体性地概览了品牌发展的战略基础，为试图提升品牌价值的企业提供重要的理论参考。后来的学者在其基础上提出了三种品牌战略，即品牌要素战略（对应选择品牌标识）、营销支持战略（对应开发配套营销方案）和次级联想杠杆战略（对应利用次要关联）（郭锐，等，2012；郭锐和陶岚，2013）。品牌要素战略涉及对品牌标识和符号的设计和选择，例如品牌名称、品牌包装、品牌标语和品牌宣传曲等。成功的品牌要素战略能够增进消费者对品牌的熟悉度和忠诚度，也能够通过隐喻向消费者传达正面信息，从而有利于品牌形象的提升。营销支持战略是利用产品、定价、促销和分销等其他营销元素来间接地增加品牌资产，例如通过广告将品牌更多地暴露给消费者，以增加其对该品牌的熟悉程度。次级联想杠杆战略则是通过构造次级关联来促使消费者对品牌产生积极联想，如优质的原产地、名人代言等。目前，该理论及其延伸出的三大品牌战略被广泛应用于解释新兴经济跨国企业在提升品牌形象时所面临的品牌管理问题。

1. 跨国并购中的品牌战略选择

在跨国并购时，新兴经济跨国企业面临着两大品牌整合问题。一方面，根据认知一致性理论，强势品牌被成功并购后的双重身份会导致消费者产生认知失调和认知冲突，使消费者感知到双方品牌的契合度低，从而流失品牌忠诚度并降低强势品牌的品牌资产。因此，企业面临着如何对对方品牌进行有效管理以维持消费者的认知一致性，以及如何利用品牌营销元素避免消费者对被并购后的强势品牌产生不良情绪和态度的整合问题。旨在理解消费者为何会对品牌产生认知差异的品牌资产理论为此指明了方向。

例如，企业可通过品牌要素战略，选择采用单一品牌战略、联合品牌战略或新品牌战略，以决定双方品牌名称的保留；或是通过营销支持战略，将新品牌的产品维持原价或降低价格；或是通过次级联想杠杆战略，将产品的生产与组装转移到更有利的国家和地区。还有一方面的品牌整合问题涉及新兴经济跨国企业的跨国并购过程，例如如何与对方品牌进行良好沟通，如何对对方资源进行合理管理，以及如何实现品牌所有权的顺利转移等。针对这方面问题的品牌战略，例如采用渐进式品牌收购战略，或是采用激进式品牌收购战略；以及让对方员工进行自我管理或是纳入我方进行统一管理。无论哪方面的品牌整合问题，都涉及双方品牌的资产整合和形象整合，而这又取决于其他的诸多因素。

（1）企业层面因素。

在企业层面，新兴经济跨国企业的并购动机是会影响其跨国并购后对品牌战略选择的重要因素之一。一般来说，新兴经济跨国企业的并购动机可分为探索型和利用型两种。探索型并购动机主要是试图从对方品牌中学习自身所不具备的知识和技术，对对方品牌的依赖性更强。利用型并购动机主要是试图利用对方品牌资源来改进我方品牌现有的知识和技术等，对对方品牌的依赖性更弱。当并购动机为探索型时，企业需要采取反向吸收型战略或合作型整合战略，以分配对方对自有品牌的自治权，以及协调双方的日常运营活动与技术和研发活动（魏江和杨洋，2018）。反向吸收型战略是双方运营协调程度和治理共享程度均保持高水平的一种整合战略。它包括保留对方品牌的优质资源和优秀业务单元，并让对方品牌实现自我管理，以及让双方品牌实现实时沟通和协调等。该战略将品牌管理权让渡给对方，并维持对方品牌的核心竞争力，从而有利于我方品牌对对方品牌的吸收和学习。该战略还要求收购方的组织身份低于被收购方的组织身份，因此可直接应用于新兴经济跨国企业“蛇吞象”式的跨国并购。合作型整合战略与反向吸收型战略相同，也是一种运营协调程度和治理共享程度高的整合战略。不同之处在于，该战略保留了各自品牌中的优质资源和单元模块，并将二者中能够兼容的优质资源融合在一起，以形成不一样的品牌共享机制。此外，该战略要求收购双方的组织身份较为对称，因此仅适用于实力相近的两个品牌之间的收购，而不适用于新兴经济跨国企业“蛇吞象”式的跨国并购。

当并购动机为利用型时，企业需要选择隔离型整合战略或融合型整合战略。隔离型整合战略是双方治理共享程度低，但运营协调程度高的一种整合战略。隔离型整合战略一般赋予对方品牌高度的自治权，但并不协调我方品牌与对方品牌之间的生产研发和日常运营，从而使双方处于相互隔离的状态。因此，该战略在降低了双方协调成本的同时也使得我方品牌能够从对方品牌身上获取知识和技术以改进我方产品等。值得注意的是，隔离型整合战略要求双方品牌的组织身份不对称，并要求我方品牌实力低于对方品牌实力，因此可直接应用于新兴经济跨国企业“蛇吞象”式的跨国并购。融合型整合战略是双方运营协调程度高，但治理共享程度低的一种整合战略。该战略将对方品牌完全融入我方企业，例如设立专门部门来协调和整合双方的运营活动，并对品牌进行统一管理。在该战略之下，双方也可以进行实时沟通和隐形协调，以促进双方品牌的进一步融合。然而，该战略要求双方品牌的组织身份较为一致，要求双方品牌的实力相近，是发达国家企业常用的并购后整合战略，因此不适用于新兴经济跨国企业的“蛇吞象”式跨国并购。

【案例 5】 2013 年，在吉利集团并购沃尔沃汽车两周年的时候，吉利集团董事长李书福先生在一次专访中曾被问及吉利接手沃尔沃汽车后的经营策略，李书福提出要将中国作为沃尔沃的“第二本土市场”来建设和发展的战略设想，因为“全球所有的汽车公司都是在中国赚了钱，在中国发了财再去反哺在世界各国的竞争”。但“沃尔沃缺乏中国这一块市场，相对它的竞争对手，欠缺这方面的优势”。因此，李书福认为吉利并购沃尔沃汽车以后，首先要做的，是“要把这一块补上，要把这一块市场开拓出来，要在中国进行本土化，中国战略很重要”。因此，他进一步提出了要“巩固和加强在欧美传统市场的地位，开拓和发展包括中国在内的新兴国家市场”这种独特的战略构想。

在管理方面，李书福提出要“放虎归山、充分授权、探索发展、深度协调”，即一方面，尊重沃尔沃原有的管理、技术创新能力及其全球运营；另一方面，不断探索实现双方深度协同的方式。双方致力于在联合采购、联合开发、资金、物流、基础设施及人才培养方面展开协同，逐步从财务、生产制造到技术实现全方位融合。李书福曾提道：“尽管当时的沃尔沃遇到了一些问题，但它的底子是非常雄厚的，员工的素养是很高的，企业的文化底蕴是非常深厚的，技术创新能力也是很强的，所以它恢复起来是很快的。”“放虎归山，就是要让沃尔沃恢复到当年的雄风，恢复20世纪50年代的雄风，重新走到全球豪华车的第一阵营，领导全球汽车安全。”李书福补充说，“推动沃尔沃放虎归山战略，要使它重新找回过去的这种雄风，重新找回这种朴实的能力，这个是它需要的。”

具体做法是，在被吉利控股收购之后，沃尔沃的新董事会中中方人员仅占两席，沃尔沃管理层不受吉利控股的直接影响，并拥有相应的财务和非财务授权。“吉利是吉利，沃尔沃是沃尔沃”，在这种制度安排下，两个汽车品牌之间既相互独立又协同发展。吉利控股集团对于沃尔沃汽车的管理，体现了灵活性与创新性，为中国的企业、中国的企业家赢得了尊严和广泛的国际认可。“放虎归山”，实际上就是给予了沃尔沃充分的自主权，充分调动了沃尔沃原有管理团队和员工的积极性，释放了发展的动力。而“第二本土市场”战略构想的提出，又打消了他们对制造向中国转移的顾虑，并给了沃尔沃汽车巨大的市场想象空间。尤其是后者，对于当时已深陷巨额亏损的沃尔沃而言，已攸关存亡。

资料来源：十年之功，吉利沃尔沃从收购整合到融合创新. https://new.qq.com/rain/a/20211103A081VI00.

收购方品牌的自身能力和实力也是影响其选择跨国并购品牌战略的一个因素（张红明和杨晓燕，2014）。第一，当收购方企业的品牌管理能力较强，但品牌影响力不够时（如中小企业），想要拥有一个强大的自主品牌，可在跨国并购中选择单纯收购品牌的品牌战略，即仅对对方品牌的使用权进行收购，而不收购其附属的专利技术、管理团队等资产。该战略要求收购方企业掌握有关产品生产和市场营销的技术和知识，从而能够对对方品牌进行有效管理。此外，该战略的收购过程简单，投入少且见效快，因此被广泛应用于 OEM 企业对该行业国际知名品牌的收购，例如安踏收购斐乐在中国地区的商标运营权。第二，当收购方企业的品牌在国内市场的影响力较强，但在国际市场的品牌影响力低，想要获得国际市场消费者的认可，并将自身品牌发展为国际知名品牌时，可在跨国并购中选择收购品牌相关资产的品牌战略，来获取对方在国际市场经营中所积累的技术能力和营销渠道等以供自主发展。该品牌战略的收购过程较为复杂，并且涉及对对方专利产品、员工团队等的跨文化管理，可能会给企业带来法律、外交和政治上的风险。因此，该品牌战略还需要收购方企业的政府提供支持。例如，上汽集团收购英国罗孚汽车的全系列发动机的知识产权就属于该品牌战略。第三，当收购方企业的资金实力雄厚并且在国内的品牌影响力较强，需要进一步增强自己在国际市场的影响力，或是削弱国际市场竞争对手的实力时，可在跨国并购中选择收购对方整体品牌，将国际知名品牌的所有权和附属资产一并收购。该品牌战略为收购方带来的收益极大，不仅能够获得目标品牌的品牌溢价收益，还能够将对方的品牌资产吸收，从而获得对方品牌的全部收益。然而，与收购品牌相关资产相比，该品牌战略的收购过程更加复杂，会面临着多方面的风险，不但需要收购方政府提供支持，还需要社会组织的帮助。例如，华为收购美国 IT 公司却被美国政府频频否决就属于该品牌战略。

【案例 6】 缺乏关键技术是我国自主汽车企业过去长期处于国际汽车行业分工格局低端的根本原因，以至于早年我国推行了市场换技术的汽车发展战略，通过建立合资工厂来学习技术、培养人才。上汽集团作为较早开启合资生产的自主车企,对市场换技术的战略贯彻应该是最具代表性的。然而事实上，上汽与大众、通用的合资，在 20 世纪过去的几十年中，核心技术一直被外资方所掌控，并未能为我所用。虽然早在 1958 年上汽就制造出了中国第一辆自主生产的小轿车凤凰牌轿车，但由于缺乏核心技术的研发后停滞，反而在合资的道路走得很彻底。从与德国大众合资开始，先后合资成立从零部件到汽车金融的很多个中国第一家合资企业。虽然期间自主的重型汽车、客车有所发展，但上汽乘用车由于缺乏核心技术，一直没有得到发展。直至2006年发布荣威品牌，及随后并购南汽获得名爵品牌，以及后来的兼具商用和乘用的上汽大通，情况才有所好转。

作为国内第一的汽车工业集团，上汽除在合资方面取得了很多个第一外，在海外并购方面也是第一家收购海外汽车企业的中国车企，2004年上汽收购韩国双龙48.9%的股份，后来以失败告终。2005年对罗孚展开了收购，但由于各方面原因，上汽未能全面并购罗孚，仅以6 700万英镑买到了罗孚75的全部知识产权和技术平台，却没有买到罗孚商标和其他平台。收购当年在英国合作成立技术中心，并2007年全面收购了该技术中心，技术完全被上汽所获得。上汽在罗孚75平台基础上开创了“荣威”这一自主品牌，荣威750率先上市。后面还发布了550、350、W5、360等车型，如今的RX5、RX8、I6以及通过并购南汽获得的当年收购罗孚时被南汽收购的名爵，荣威和名爵都获得了不错的市场表现。说到上汽大家很熟悉，但提及罗孚大家却很陌生。其实英国罗孚在海外是一个非常有名的汽车集团，其母品牌不出名，但旗下子品牌都被人们所熟知。最初的英国罗孚（MG-Rover）集团由于管理不善1994年被宝马集团接管，随后2000年被宝马分拆兜售，著名越野车品牌路虎卖给了美国福特，迷你（mini）自己留着，今天发展还不错，而使用母品牌商标的罗孚（MG-Rover）由英国政府回购。上汽正是看中了罗孚的知名度和技术实力，将对方的优质品牌资产予以收购，并用以提升自身品牌的技术能力，最终实现了商业成功。总之，一家企业持续的发展离不开掌握的核心知识产权，上汽收购罗孚几乎所有知识产权和大部分平台技术，以及技术研发中心的做法，可以被看作一招漂亮的“掏心”战术。

资料来源：掏心战术上汽并购罗孚创建自主荣威 —国内车企海外并购案例盘点. https://www.sohu.com/a/281141399_222650.

（2）双方企业/品牌之间的关系。

跨国并购中一个重要的整合问题是双方品牌名称的保留问题。在这方面，收购方和被收购方之间的身份对称性是影响企业对该问题进行战略决策的重要因素（吴思，2011）。当双方身份不对称时，可采用优势品牌战略，仅保留强势品牌的名称。若并购方品牌的身份高于被并购方品牌的身份，则可直接使用自有品牌替代对方品牌。若被并购方品牌身份高于并购方品牌身份，则需要追加投资或者通过租赁的方式使用对方品牌。该战略通常见于实力强的大企业对小企业的收购，一般被大企业用于开拓外国市场，以及获取小企业在当地市场中的品牌资产。当双方身份对称即实力相近时，可采用联合品牌战略，在市场中新推出一个同时包含双方品牌属性的新品牌，例如“索尼爱立信”。该战略能够提高行业集中度，整合双方的核心能力，以及统一双方的品牌定位。此外，当双方身份对称且双方的品牌具有一定的互补性时，可采用灵活品牌战略，将双方品牌都各自地保留，并根据市场、产品的具体情况灵活地使用品牌名称。该战略能够较为隐蔽地扩大企业的地区分布和市场规模，不易引起竞争对手、消费者和监管部门的抵制与反对。除双方身份的对称性外，双方品牌的关联程度、双方企业的文化差异以及并购双方的行业差别也会影响品牌名称的整合。当双方的产品、品牌价值和企业愿景较为相关时，应采用联合品牌战略以产生互补效应充分发挥各自的优势；当双方企业文化差异较大，缺乏共同的文化内涵时，应采用联合品牌战略以外的其他战略，以避免双方在文化和价值观上产生冲突，以及避免消费者对双方企业的价值观产生认知错乱；当双方企业的行业差别较大时，应采取优势品牌战略或灵活品牌战略，以发挥双方品牌在各自专业领域中的独特优势。

对于收购模式的选择，双方企业的合作关系以及并购方对被并购方的了解程度是一个重要的影响因素。若在并购之前双方就已经具有良好、长期的合作关系，如代工和合资等，双方彼此之间都较为了解，可采用渐进式的收购模式，在一段时间内以逐渐的、相对稳健的方式收购对方的品牌。若在并购之前双方并没有合作关系，但并购方对被并购方非常了解，例如被并购方是重要的竞争对手，或是行业的领先品牌和企业时，可采用激进式的收购模式。该模式的选择意味着并购方对被并购方关注已久并早已具有并购意向，只是在等待适当的时机。

（3）宏观层面因素。

消费者的文化背景是企业在跨国并购的品牌整合时需要考虑的重要因素。不同文化背景的消费者具有不同的价值追求、生活习惯和社会规范等，这会影响到他们对品牌、产品和企业的认知和评价。有关研究表明，为了减轻“蛇吞象”式并购给消费者带来的认知不一致，企业在并购后应在品牌要素方面采取单一品牌战略，保持被并购方原有的品牌；在营销支持方面采取维持原价的战略。因此，新兴经济跨国企业在跨文化并购时，应格外注意国内市场与国外市场消费者的文化差异，通过符合双方消费者文化规范的品牌战略，减轻消费者对并购品牌的认知不一致性，有效地管理原有品牌和新购品牌。

2. 自主发展中的品牌战略选择

由于来源国劣势，通过自主发展进入东道国市场的新兴经济跨国企业会面临品牌合法性的缺失这一主要问题。合法性是在一定的环境中，一个实体的行为被环境中的利益相关者认为是可行的、合适的、无异议的感知，代表了环境对该实体的认可和接受程度（刘英为，等，2017；周玲，等，2012）。新兴经济跨国企业在东道国市场的合法性缺失体现在两个方面。一方面，东道国的消费者、政府部门等利益相关者由于缺乏对新兴经济跨国企业的直接经验，会依赖其对企业来源国主观的刻板印象，以及潜意识中不对等的比较，更加严苛地评价企业的合理性。另一方面，新兴经济跨国企业在刚进入东道国时，由于对东道国制度环境不熟悉，不能快速适应新环境中的制度规则，从而面临着更大的制度压力。对此，新兴经济跨国企业需要根据具体的情境选择适当的国际化品牌战略来获取在东道国市场中的合法性。

（1）东道国与母国的关系。

东道国与母国的制度距离会影响自主发展的新兴经济跨国企业对品牌

战略的选择（汪涛，等，2018）。制度距离会为新兴经济跨国企业带来两方面影响。一方面，当东道国与母国的制度距离较远，且母国制度环境相对于东道国制度环境具有劣势时，新兴经济跨国企业可能难以适应东道国制度环境，其在东道国市场的发展会受到制度的制约。此时企业的品牌战略应以降低制度距离带来的制约作用为主要目的。另一方面，当东道国与母国的制度距离较远，且母国制度环境相对于东道国制度环境具有优势时，新兴经济跨国企业将能够从母国制度环境中获取战略资源，此时企业的品牌战略应该以利用母国制度优势来促进合理性的获取为主要目的。总之，企业需要根据东道国与母国的制度距离以及制度距离的方向来确定自身的品牌国际化战略。在品牌身份和品牌形象的战略方面，若企业面临制度逆差，即母国相对于东道国具有制度优势时，母国的来源形象会为企业贴上正面“标签”，而企业也能够从母国的身份标签中获取某些利益特权。此时的新兴经济跨国企业应该选择基于母国形象的品牌身份战略，将母国的优势身份更加明显地表现出来，以获取东道国利益相关者的支持和认可。若企业面临制度顺差，即母国相对于东道国具有制度劣势时，此时母国的来源形象会为企业贴上负面“标签”，对企业在东道国的市场进入和市场营销造成不利影响。此时的新兴经济跨国企业应该选择基于东道国形象的品牌身份战略，通过选择品牌要素和设计次级联想等方式模糊来源国与品牌之间的联系，避免来源国负面形象传递给企业的品牌和产品。同时，也需要营造出符合东道国市场消费者认知需求的良好品牌形象，以获取自身品牌在东道国的合理性。

【案例 7】 总部设在法国马赛的 Wiko 智能手机的联合创始人 Laurent Dahan 曾在法国电信领域工作了 15 年，他在接受记者采访时说：“法国以浪漫出名，除了红酒、香水，现在人手一部的 Wiko 手机，成了法国人新的时尚标配。在法国，几乎没有人不知道 Wiko 这个智能手机品牌。提到 Wiko，我们法国人都会骄傲地说，这是可以与苹果、三星媲美的法国手机品牌。”“根据国际调查机构 GFK 发布的数据，Wiko 自 2014 年至今已经连续四年在法国市场排名第二，即使是在全球竞争激烈背景下的 2017 年，更是以 17% 的市场占有率逼近三星，可以说是家喻户晓。”Laurent Dahan 不无自豪地说，“我们在法国风靡之后，便乘胜追击地将品牌扩展到德国、意大利、比利时、葡萄牙、荷兰等欧洲国家，Wiko 挺进西班牙时，成功赞助了西班牙足球甲级联赛，目前 Wiko 在欧洲的市场占有率保持在第四的位置。除欧洲外，Wiko 正逐渐将业务拓展到日本、东南亚市场，并计划向美国与拉美地区发展。然而，很多人并不知道，法国 Wiko 手机的母公司竟然是来自中国深圳的‘天珑移动’”。

创立于 2005 年的天珑移动，跟绝大多数的手机制造商一样从 ODM 起步，发展成为一家覆盖手机研发、设计、生产、销售、服务提供及品牌运营的移动通信综合服务提供商。但是从 2009 年开始，面对巨大的海外市场，天珑移动就不断地尝试如何才能让中国制造在海外市场“灵魂出窍”？走出一条从“制造产品”向“创造品牌”的“海外＋”的创新升级之路，Wiko 在法国和欧洲的成功，让天珑更加坚信商业模式创新的重大价值，通过“海外自主品牌＋供应链效率革命”的双轮驱动，独创了这一“海外＋”品牌创新模式，被称为“有灵魂的 ODM 创新”，掀开了“一国一品”的国际化新征程。过去，中国公司想要在国际市场上攻城伐地，总面临“到别人家门前推销”的窘境。除了高成本这一道坎，还有文化差异、制度差异和市场差异，特别是消费者对品牌的“认知差异”更是一个个“拦路虎”和“绊脚石”，天珑通过“海外＋”品牌创新模式成功破解了这一“跨国难题”。2011 年 2 月，天珑移动在法国创立 Wiko 品牌，全部由法国本土团队来主导品牌建设运营、产品本土化设计、市场营销管理。法国营销团队率先从中小型传统分销渠道、互联网渠道聚焦突破，确保以法国消费者的认知需求和品牌价值为核心来构建一个中法融合、持续创新、不断进化的新型组织。

天珑移动独创的“海外＋”品牌创新模式迅速在市场上得到验证，Wiko 通过营销团队和品牌打造的“法国化”，成功解决了品牌的“前顾之忧”，又在生产效率、技术创新以及供应链效率中解决了品牌的“后顾之忧”。正如 Wiko 的 Laurent Dahan 所说：“Wiko 手机一经推出便成为法国继红酒、香水之外的‘时尚标配’，迅速赢得法国消费者的心智认知，成为法国市场的手机首选。”天珑移动进一步乘胜追击，面向国际市场不断夯实、丰富“海外国家本土品牌 NO.1”“一个国家专注一个重点客户的‘一对一’深度战略合作”“全力帮助客户成就 Local King”等内涵的“海外＋”品牌创新模式，目前已经帮助印度、巴基斯坦、印尼、菲律宾、俄罗斯等多个国家本土手机品牌成为当地第一品牌。在此基础上，天珑移动在法国成功推出自主品牌 Wiko，并迅速扩张到全欧洲、非洲及东南亚国家。

资料来源：天珑移动：添加秘密“荷尔蒙”，独创有灵魂的海外+品牌创新模式. https://www.sohu.com/a/259751967_412985.

（2）东道国层面因素。

自主发展的新兴经济跨国企业，在进入东道国市场时，需要在尊重当地文化和价值观的基础上，选择合适的品牌发展战略。根据东道国属于集体主义还是个人主义文化，以及其社会关系中对水平同等群体更加看重，还是对垂直的上下级群体更加看重，可以将东道国国家文化划分为垂直的集体主义、水平的集体主义、垂直的个人主义以及水平的个人主义四种类型。根据不同的文化类型，企业需要选择不同的针对性的品牌战略以获取合理性（王海忠，2023）。

在垂直的集体主义文化中，公众重视上下级等级关系和群体内的团结与稳定，并愿意为此牺牲个人利益以保全集体利益。该文化倡导服从权威和尊重组织与上级的意志。在进入该文化类型的东道国市场时，新兴经济跨国企业需要将自身打造为“服务员”的品牌形象，表现出衷心地、勤勤恳恳地为消费者服务的态度，并在企业内部以及与利益相关者之间弘扬和谐、仁爱、道德、保守的儒家传统价值观。此外，还需要将自身塑造为“合伙人”的品牌形象，在消费者面前表现出自身产品的优势地位和自身企业的专业水平，使其感知到品牌的可靠性、安全性和专业性。

在水平的集体主义文化中，公众重视群体内成员之间平等的人际关系，而不重视上下级等级关系和组织的稳定。该文化倡导人与人诚信、友善相处，以及互相帮助，例如以色列。在进入该文化类型时，新兴经济跨国企业一方面需要将自身塑造为“合伙人”形象，表现出品牌的专业实力。另一方面，还需要将品牌定位为消费者的“朋友”。不同于“服务员”的为消费者服务,“朋友”的核心要点是保持企业和消费者之间的平等关系，并使消费者感知到企业及其品牌具有亲切、亲密的人格形象。

在垂直的个人主义文化中，公众重视人与人之间的上下级关系，但并非出于组织的利益而考虑，而是出于个人的价值追求，即追求个人的社会地位，并希望获得某些成就以超越他人。该文化的典型例子是美国和英国。在进入该文化类型时，新兴经济跨国企业一方面需要将自身打造为“合伙人”的品牌形象。另一方面，还需要表现出“领导者”的人格形象，使消费者感知到企业品牌具有非凡的成就，并且在专业领域中具有自己的、与之不同的设计思想，以及相当的话语权。

在水平的个人主义文化中，公众重视人与人之间的平等社会关系，并关注如何表达自我的不同、如何实现自我独立，但并不愿炫耀自己的成就和与他人攀比。新兴经济跨国企业在进入该文化类型时，一方面需要营造出“领导者”的品牌形象，以表达品牌的独特性。另一方面，还需要打造“玩伴”的人格形象，传递出时尚、个性、享受的价值观，并使消费者感知到潮酷、刺激、快乐的产品体验。

（3）企业层面因素。

品牌的生命发展周期是影响企业品牌战略选择的重要因素。根据企业生命周期理论，在不同的生命周期，企业将具有不同的资源、能力和发展目标，也将面临同的经营环境。品牌也是如此，在不同的品牌阶段，企业需要选择与组织内外部环境相适应的品牌战略，以实现最优发展。

针对品牌要素战略中品牌名称的选择，在品牌刚成立的时期以及成长期，企业需要对新品牌采用统一品牌战略，将该品牌的产品都使用同一个名称进行管理。因为这两个时期的品牌还缺乏资源和资产，在此时设置多个品牌将分散自身资源、能力和市场份额，并且此时也缺乏足够的市场份额支撑其培养多个品牌。在品牌的成熟期，企业应视自身情况采取统一品牌战略或多品牌战略。如果此时的品牌基础较好，并且积累了足够的资源，则企业可以采取多品牌战略以支持多线发展。否则，企业需要坚持统一品牌战略，以避免优质资源和竞争能力被分散。在品牌的衰退期，企业应重点采取多品牌战略。因为此时品牌的竞争能力逐渐减弱，企业也面临着巨大的竞争压力，需要打造新的品牌为企业注入新鲜血液和带来现金流，并考虑放弃旧品牌。

针对品牌在东道国市场的合法性获取,企业需要根据品牌的发展阶段,动态地选择合法性战略。在品牌合法性发展的早期，企业刚进入东道国市场，企业的品牌会面临着实用合法性和道德合法性的不一致问题。东道国尚不了解新进入的企业品牌，对品牌的合法性判断依赖于行业中的其他利益相关者，如企业的供应商、经销商和竞争对手等。企业应针对东道国的利益相关者采取目标一致战略和价值认同战略。目标一致战略主要为明确与利益相关者的共享利益和共同前景，有利于利益相关者与企业达成战略一致并为东道国提供更多有关实用合法性的信息。价值认同战略主要为利益相关者传递企业的价值观和愿景等信息，有利于塑造利益相关者对企业道德合理性的积极认知，并为东道国提供更多的有关道德合法性的信息。

在品牌合法性发展的中期，一般为企业进入东道国部分时间后，企业应重点采取环境影响战略和社会适应战略。环境影响战略包括两个方面：一方面是寻求东道国的政府部门和行业协会等官方力量的支持，为品牌的运营创造良好的制度环境；另一方面则是利用意见领袖的影响力为道德合法性造势，为品牌营造出有利的舆论氛围。社会适应战略则是与企业社会责任有关的战略，例如对东道国的教育问题和赈灾救援提供帮助。此战略能够引起东道国意见领袖的关注，促使其传播有关企业的正面信息，从而增强品牌的道德合法性。

在品牌合法性发展的后期，一般为企业进入东道国市场较长时间后，社会公众从各种渠道积累了丰富的品牌信息和使用体验，并对品牌有了自主的判断，能够通过社会网络影响其他人。因此这一阶段的合法性信息主要由公众消费者提供。企业应采取社会沟通战略和立场启动战略。社会沟通战略是指通过线下接触和线上传播等与消费者互动的方式促使消费者理解企业的产品和品牌价值观，如邀请消费者参观生产研发中心和举办粉丝节活动等。此战略的成功应用有助于消费者产生积极的合法性感知，并促进品牌信息的社会传播。立场启动战略是指通过激活消费者对于品牌的支持态度来影响消费者的认知评价。在该战略的使用中，企业需要重点选择是激活消费者对实用合理性的支持态度还是激活消费者对道德合法性的支持态度。当品牌的实用合法性较强时，应激活消费者在实用性表现方面的立场，例如强调产品的质量安全的重要性；当品牌的道德合法性较强时，应激活消费者在规范性表现方面的立场，例如强调环境保护的重要性。

5.2.4 新兴经济跨国企业的营销资源和能力

尽管新兴经济体跨国企业在国际市场中缺乏强大的自主品牌以及品牌管理能力，但经过长期的激烈竞争，这些企业却形成了一些独特的营销资源和营销能力。其中，一种重要的营销资源是关系型营销资源，即市场中的外部利益相关者对企业及其品牌的认知以及与企业之间的关系，例如消费者认知、品牌声誉和客户关系等（吴晓云，等，2015）。尤其是在与母国市场较为相似的发展中国家市场中，新兴经济跨国企业所具备的在关系型营销资源方面的优势更为突出。这是因为：一方面，相比于发达国家跨国企业，新兴经济跨国企业更加了解发展中国家市场的消费者需求（如在意产品的价格），并能够根据当地消费者的需求不断创新，从而有助于其积攒品牌声誉；另一方面，母国的制度约束使新兴经济跨国企业擅长和政府建立关系来创造有利的制度环境，而这又有助于企业在当地发展客户关系等（Ramamurti and Williamson，2019）。

新兴经济跨国企业的独特营销能力包括五个方面：国际产品研发管理能力、国际供应链管理能力、国际市场信息管理能力、跨文化管理能力和社会关系网络管理能力（许晖，等，2011）。国际产品研发管理能力是设计、研发和推出新产品以满足不同国家消费者需求的能力，例如与东道国的科研机构合作进行研发、融合东西方传统文化进行产品创新等。国际供应链管理能力是设计、管理和整合由不同国家的消费者和供应商组成的供应链的能力，例如在国外建立生产基地、打造国际化营销渠道等。国际市场信息管理能力是基于企业在海外市场建立的营销渠道和关系网络，对现有的市场信息进行收集、分析和传播并在此基础上做出适当的营销反应，以适应变化的国际市场的能力，例如深入当地市场考察调研、打造国内国际信息传递平台等。跨文化管理能力是对子公司所在国家的不同种类文化采取包容性管理和避免文化冲突的能力，例如学习当地法律法规和尊重当地风俗习惯等。社会关系网络管理能力是企业在东道国建立关系网络以嵌入当地社会，并利用关系网络有效和高效地从事营销活动的能力，例如聘用当地的员工、在当地积极地承担社会责任等。根据企业及其进入国家的异质性特征，企业对五种能力的侧重点可能有所不同，但五种能力均能够为新兴经济跨国企业创造持续的顾客价值，并使其灵活地应对东道国市场的变化，最终形成和增强其竞争优势。

【案例 8】 龙狮共舞：中国企业推动中非经济合作

短短 20 年间，中国一跃成为非洲最重要的经济伙伴，从对非贸易、投资、基建融资和发展援助的深度和广度上看，没有任何一个国家能与中国相比。20 年里，中非贸易额每年都以 20% 这一惊人的速度增长，且过去 10 年间中国对非洲的外商直接投资年均增速高达 40%，背后的主要推动力量是前往非洲投资的中国企业，它们的市场触觉极其敏锐，能够快速适应新环境、捕捉新机遇。除了埃塞俄比亚等少数国家，非洲各国的中国企业主要侧重于满足日益增长的非洲市场需求，而非出口业务。

中国企业不仅成功开拓了非洲市场，而且为当地带来了巨大的经济红利。调查显示：（1）在 1 000 多家在非中国企业的所有雇员里，89% 是非洲当地人，这些企业共计为非洲创造了超过 30 万个工作岗位。据此推算，整个非洲的一万家中国企业雇佣的当地员工有数百万人之多。（2）近 2/3 的中国企业向员工提供技能培训。在需要熟练技工的建筑业和制造业，有 1/2 的企业提供学徒式培训。（3）1/2 的中国企业向当地市场推出了新产品或服务，1/3 引进了新技术。有些企业还通过技术改良、提高规模效率等方式，将现有产品和服务的价格降低了 40%。（4）中国建筑承包商占据了非洲国际 EPC（设计、采购、施工总承包）市场约 50%的份额。被访谈的各国负责基础设施建设的官员均表示：中国企业的主要优势在于低廉的成本以及较快的项目交付速度。总之，中国企业凭借其自身优势以及为当地社会带来的积极影响，赢得了非洲广大人民的认可，实现了双方经济的共同发展。

资料来源：龙狮共舞：中非经济合作现状如何，未来又将如何发展？https://www.mckinsey.com.cn/%e9%be%99%e7%8b%ae%e5%85%b1%e8%88%9e%ef%bc%9a%e4%b8%ad%e9%9d%9e%e7%bb%8f%e6%b5%8e%e5%90%88%e4%bd%9c%e7%8e%b0%e7%8a%b6%e5%a6%82%e4%bd%95%ef%bc%8c%e6%9c%aa%e6%9d%a5%e5%8f%88%e5%b0%86%e5%a6%82%e4%bd%95/.

【案例 9】 从“中国制造”到“非洲制造”

海信 1994 年就进入南非市场并坚持自主品牌。2013 年 6 月，海信南非开普敦制造基地正式投产，这是海信在非洲南部最大的家电生产基地。海信南非家电产业园由中国海信集团与中非发展基金共同投资，园区位于距离开普敦约 40 千米的南非重要电子和电器生产基地——亚特兰蒂斯工业园，工业园占地约 10 万平方米，项目已经建成投产，每年可生产冰箱 45 万台、电视 60 万台，不仅为当地提供了优质产品，带动了当地的技术发展，并且带动当地近 3 000 人就业。与此同时，海信南非家电产业园还率先把欧美市场流行的高端家电产品引入非洲本土生产，通过引入欧洲的能耗和环保标准，引领规范非洲市场。工业园生产的产品除满足南非需求外，还销售至非洲撒哈拉沙漠以南 30 多个国家。海信南非分公司负责人在接受媒体采访时表示，海信希望在南非长期扎根，现在当地工厂的技术、设备、产品都是最新的，在中方高级技术人员的带领下，工厂一些岗位的生产效率甚至高于中国工厂。未来海信将以南非为基地向整个非洲市场拓展，当市场需求达到一定规模时，会进一步对工厂进行投资扩建。通过本地化生产和经营，海信将“中国制造”正在变成“非洲制造”，得到了越来越多非洲消费者的认可。

资料来源：“一带一路”：中国家电走进越来越多非洲家庭. http://www.ccpnt.org/article/3357.html

5.2.5 新兴经济跨国企业对营销战略的选择

营销战略是企业在创造、传播和交付产品时对生产、市场、营销活动和营销资源的综合决策，能够为顾客提供价值并实现特定的组织目标（Varadarajan，2010）。营销战略不仅涉及对品牌的管理活动，还包含市场选择、渠道选择、产品设计、广告宣传等多种营销活动，它将这一系列广泛的营销活动转化为一套完整的和详细的组织流程，并通过适当的资源和行动部署来促进战略的实施，最终影响到企业的市场和经济绩效。

在跨国营销实践中，企业所面临的一个首要的战略问题是对标准化和适应性的选择与权衡问题（Schmid and Kotulla，2011；吴晓云和张峰，2007）。标准化是指在各个国家市场中建立一致的营销模式，以实现全球范围内的规模经济和范围经济，例如面向不同地区的产品使用相同的设计、包装和外观等。适应性则是指基于国家和地区之间的差异采用适合当地市场的营销模式，以实现差异化的竞争优势，例如提供定制化产品、地区特供版产品等。总的来说，有关标准化和适应性的选择包含三个方面的内容：第一，营销要素的选择，即在不同的国家和地区市场是否采用相同的产品、价格、促销等营销要素；第二，营销过程的选择，即针对市场调研、信息沟通、营销决策等营销的过程活动是否实现标准化；第三，营销要素的组合和分配选择，即在不同的国家和地区市场内，是否采用标准化的资源分配方式，如配置广告、价格、促销、销售团队等营销要素（张峰和吴晓云，2010）。其中，营销要素的选择是企业标准化或适应性的直接体现，而营销过程和营销要素组合与分配的选择涉及更深层次的战略实施，表现不明显但却为营销要素的标准化或适应性奠定了基础。

目前，学术界普遍认为标准化和适应性是连续统一体的两端，二者处于“你中有我，我中有你”的状态（吴晓云和张峰，2007）。正如权变理论指出，企业需要决定标准化或适应性的“度”，即根据特定情境选择标准化或者适应性的程度。实际上，经过多年的营销实践，以中国为代表的新兴经济跨国企业也探索出了一条权变的标准化和适应性道路，采取了一种适应全球化背景和条件的标准化战略。因此，在对标准化和适应性进行战略决策时，有必要考虑并识别两种战略有效性的影响因素。

1．东道国层面因素

东道国的经济发展水平、政策法规、文化习俗、基础设施、政府监管力度、竞争强度和市场不确定性等因素能够影响标准化和适应性的效果。如果东道国的经济发展水平、文化习俗与母国相似，那么东道国市场的消费者偏好与母国市场消费者通常也就相似，此时企业采取标准化战略的效果更好，否则将需要根据目标市场进行适应性调整；如果东道国的政策法规和政府监管对外来企业没有做过多的限制，或者拥有高质量和数量的基础设施时，标准化战略将会更多地发挥其潜力；如果企业在东道国拥有较多的竞争对手，且市场竞争强度较高时，则企业需要迎合当地市场进行本土化改造，以应对激烈的竞争。此外，东道国市场的不确定性也将对标准化和适应性战略产生影响（李雪和张伟，2021）。市场不确定性是指一个市场当前的供需情况以及未来的发展难以被评判和预测的程度，体现在要素市场的不确定性、产品市场的不确定性和竞争的不确定性等多个方面。市场不确定性越高，企业对当地市场的掌控能力也就越低，对当地市场进行投资带来的风险也就越高。此时企业应采取标准化战略，通过减少本地化投入以及采用与其他市场相一致的标准化战略来降低风险和不确定性。

2．行业和产品因素

行业和产品因素主要包括行业和产品类型、产品技术更新速度、行业的全球化程度、产品的生命周期阶段等因素（李倩倩和薛求知，2015；吴晓云和张峰，2007）。一般而言，与消费品相比，工业品的生产成本和研发投入更高，采取标准化战略将有助于显著地降低成本，为企业带来更多经济效益。而在消费品行业中，食品、服饰等非耐用消费品比汽车、数码产品等耐用消费品更适合采用适应性战略，因为消费者对非耐用消费品的消费习惯受当地风俗文化影响较大，采取适应性战略将更好地满足不同地区消费者的需求。对于产品技术更新速度，如果某一产品的技术迭代速度较快（如数码产品），那么企业应在全球范围内采取标准化战略，以提高研发效率并减少因高频率更新而产生的巨额成本。当行业的全球化程度较高时，行业内将存在较多的跨国竞争对手和跨国细分市场，这些竞争对手一般依靠标准化战略在多个市场中建立全球化优势。此时的企业应针对不同的细分市场进行适应性调整，以寻求差异化竞争优势。此外，当某一产品在各目标市场中处于不同的产品生命周期时，企业应根据市场差异采取适应性营销战略以符合当地市场的发展规律；而当产品的生命周期相同或相近时，标准化战略将能够产生更多的市场效益。

3. 企业层面因素

企业层面因素主要包括企业的组织文化、国际化经验、管理承诺、全球化导向、集权化程度等因素。对于组织文化，如果企业能够在全公司范围内营造一种良好的文化氛围，并且该文化氛围具有较高的流通性和可传递性，那么各国子公司将理解企业的战略目标并一致地执行战略决策，此时采取标准化战略将更好地发挥其潜力。对于国际化经验，积累了较多国际化经验的企业能够充分地感知不同国家和地区消费者的异质性需求，并基于此寻求营销元素的标准化，因此国际化经验有助于标准化战略的实施。管理承诺是指管理层对国际化经营的支持和投入程度，它有助于提升子公司对母公司的认同感和归属感，并促进全球标准化战略的实施。全球化导向是管理层偏好全球化经营以及倾向于进入和开拓多个国家市场的程度。全球化导向程度高的企业青睐于和善于挖掘不同市场之间的相似点，并采取统一化和标准化的营销战略。此外，集权化程度较高的企业对子公司的控制能力较强，其内部协调能力也较高，此时采取标准化战略将产生更好的效果。总之，推行标准化营销战略的阻力主要来源于处于不同国家和地区子公司的抵制，若母公司能够较好地统筹和协调各个子公司，那么采取标准化营销战略是更加有效的。

【案例 10】 说起手机，大家耳熟能详的有国产龙头“华米 OV”（华为、小米、OPPO、vivo），也有海外巨头苹果、三星、诺基亚。但是，还有一个“隐形冠军”也许很多人不知道，它就是高居2020年全球手机销量排行榜第四位，占据着整个非洲大陆50多个国家和地区近半市场份额，在国内科创板上市，被称为“非洲手机之王”的传音手机。传音手机于2006年由国产品牌波导手机的海外市场负责人竺兆江创立。当时国内手机行业面临着动荡的局势，竺兆江离开了波导，他凭借着多年的海外调研经验，意识到了非洲市场的巨大潜力，决心自己创立手机品牌切入非洲这块尚待开发的处女地。

考虑到了手机产品具备以用户需求为导向和细分市场程度高的特殊性，传音针对非洲市场的需求，进行了极致的本土化创新。“智能美黑”“四卡四待”“手机低音炮”……正是这一个个深植非洲用户需求的本土化创新，成为传音的撒手锏。当手机有了摄像头后，自拍便成为全球人民的钟爱，但一般的手机自拍对于黑肤色的非洲人却不太友好。为此，传音手机结合深肤色影像引擎技术，定制 Camera 硬件，专门研发了基于眼睛和牙齿来定位的拍照技术，并加强曝光，加上“智能美黑”黑科技，让更多非洲人拍出了满意的自拍照，甚至晚上也能自拍，一下子就俘获了众多非洲用户的心。

相较于国内的统一市场以及移动、联通、电信三家主流运营商，非洲大陆有着50多个国家和地区，甚至同一个国家也有着为数众多的运营商，而且不同运营商之间的通话资费很贵，一个非洲当地人兜里装着三四张电话卡是较为普遍的现象。为了解决非洲用户的这个痛点，传音先是将国内特有的“双卡双待”机型引入非洲，此后更是破天荒地开发了“四卡四待”机型，一个手机配备四个卡槽，可以放四张电话卡，这再次获得非洲用户的青睐。坦桑尼亚大使曾表示，非洲小伙谈恋爱不给姑娘买个传音手机，可能就会被看不起。从中也能窥见传音手机在非洲用户心目中的影响和地位。

非洲人民热爱音乐和跳舞，传音就专门开发了“Boom J8”等机型，把手机音响变成低音炮，即使在很嘈杂的大街上，也能让他们随着手机的歌曲起舞，传音还贴心地为手机配备了头戴式耳机。据悉，该款手机发布的时候，尼日利亚知名的18位巨星一起为其站台，创造了巨大的轰动效应和万人空巷的奇效。针对非洲部分地区经常停电、早晚温差大、天气普遍炎热等问题，传音还针对性地开发了低成本高压快充技术、超长待机、耐磨耐手汗陶瓷新材料和防汗液USB端口等。

手机好不好用，硬件是一方面，软件的功能适配及生态也很重要。在非洲市场收获众多用户和流量的基础上，传音也把中国当下火热的软件应用引入了非洲，并针对非洲市场和用户的特点进行了针对性的开发。传音提供的数据显示，截至2021年上半年，已经有超过10款自主与合作开发的应用程序月活用户数达到1 000万，包括音乐流媒体Boomplay、新闻聚合应用Scooper、移动支付应用Palmpay和短视频应用Vskit等。其中，Boomplay已是目前非洲最大的音乐流媒体平台，截至2021年9月，Boomplay月活用户已超过6 000万。Boomplay类似于国内的网易云音乐，Scooper类似于国内的头条，Palmpay类似于国内的支付宝，Vskit则类似于国内的抖音，相当于传音把在国内经过市场验证的软件应用带到了非洲市场上，并进行了针对当地特点和需求的适应性开发。“传音这种做法，相当于是把中国这个高度成熟市场的成功经验和做法，依托其庞大的手机用户基础，复刻到了非洲这个新兴市场，实现降维打击，想不成功都难”，一位科技行业分析师这样表示。

资料来源：传音手机：一年一亿部称雄非洲的背后. https://t.cj.sina.com.cn/articles/view/1650111241/625ab3090200117ej.

5.3 新兴经济跨国企业竞争力提升的手段和路径

在新兴经济企业的国际化领域中，学者们经常讨论这些企业为什么要进行国际化、如何进行国际化以及进行国际化后的获利情况等问题。但是新兴经济跨国企业在进行国际化的过程中，如何提高自身的企业竞争力却常常被忽视。下文将详细讲述新兴经济跨国企业竞争力提升的手段和路径。

5.3.1 新兴经济跨国企业的国际化能力构建

1. 新兴经济跨国企业建立国际竞争优势的路径

相比于传统的企业，新兴经济跨国企业具有一些独特的竞争优势，这些企业的核心优势来自它们在国内市场生存和成功的能力。受新兴跨国企业所处国家发展现状因素影响，它们会更加清楚如何在一个具有挑战性的制度环境下运营企业，例如当企业面临不完善的市场司法体制、不稳定的政府、不连续的政府政策、欠发达的市场机制等问题时，新型跨国企业往往拥有更加合适且有效的解决或者缓解方式。这些基于母国市场的能力能够被新兴经济跨国企业应用至国际市场中，构成其全球竞争优势的基础。

新兴经济跨国企业在母国市场中培育的能力具体包括创新能力、学习能力和营销能力。由于母国制度约束，新兴经济跨国企业不得不面对数量庞大的对价格敏感的消费者群体、拥挤的要素市场、不完善的基础设施等。限制性的制度环境迫使新兴经济跨国企业进行创新，以在各种细分市场中寻求生存空间，例如 Grab 是东南亚地区最大的出租车软件，面临着监管压力。为了克服这些障碍，Grab 与当地政府保持合作，推出符合当地规定的服务，包括与政府合作推出公交车和电动车等新型交通服务。基于母国市场的创新能力使新兴经济跨国企业能够识别不断变化的全球消费趋势，以及比竞争对手更快地向发达市场推出和销售新产品的技术和流程。同时，为了减少对外国供应商的依赖，一些新兴经济跨国企业开始进行自主创新和国际化扩张，在此过程中逐渐地积累了技术经验并提升了在国际市场中的地位。例如，作为中国最大的互联网公司之一，腾讯在游戏、社交、支付、云计算等领域积累了丰富的经验。此外，腾讯还在 AI、自动驾驶、智能硬件等新兴领域进行了大量布局，不断推动自主创新。同时，腾讯也在全球范围内拓展业务，涉及游戏、社交、数字娱乐、金融技术和零售等多个领域。

在学习能力方面，由于新兴经济体中的众多私营中小企业难以承担高额的研发费用，因此它们转向了组织外部，建立起一种发现、整合和使用外部知识的能力，以提高自身的创新技能（Li and Fleury，2020）。这种外部知识主要来源于科研院所等公共机构。例如，华为作为全球领先的通信技术企业，其与中国科学院合作推进人工智能技术研究和应用。同样的，为了减少对外国供应商的依赖，新兴经济跨国企业还与国内有关企业建立了产业联盟，并在联盟内部共享和流通知识，例如我国南京智造谷联盟，旨在推动智能制造产业发展，以打造国内一流的智能制造产业聚集区为目标。以及江苏省 IT 服务联盟，以促进 IT 服务企业的合作与创新，共同打造江苏省 IT 服务产业的优质品牌为目标。或者与国外的领先企业发展合作关系，如战略联盟、合资企业、贴牌代工等，并利用知识的溢出效应向发达跨国企业学习。这些在国内市场培养起来的学习能力和知识共享能力，有助于企业在东道国广泛地吸收多方面的知识，并在总部和子公司之间有效地分享知识，使创新、学习和信息传递制度化，从而全面提升国际化经营能力。具体而言，新兴经济跨国企业可以在进入东道国后与当地企业建立合作关系，通过交流合作来积累与当地市场有关的知识；也可以与当地消费者交流，了解他们的需求，从而改善自己的产品和服务；还可以向当地的员工和社区学习，以关注当地利益相关者的需求，并提升企业的合法性。

在营销能力方面，新兴企业营销能力的培养就显得极为必要。例如我国和印度作为拥有十几亿人口的国家，企业在面对国内市场竞争时经常遇到类似价格战、产能过剩等问题，这使企业必须通过完善且合适的营销手段来提高自己的竞争力以抢夺更多的市场份额。此外在新兴经济国家中，消费者往往对商品价格有着极高的敏感性，同时又会非常追求商品的实用性和耐用性。在这两种作用力的影响下，新兴经济跨国企业必须要以有竞争力的价格提供有吸引力的产品，否则将难以生存。在母国市场培养起来的营销能力，使新兴经济跨国企业能够立足于自己的细分市场，为消费者提供高性价比的产品和服务并根据其需求不断地改进，在此过程中逐渐向价值链的高端环节延伸，从而增强企业的国际竞争力。

依靠资源和能力进入东道国后，新兴经济跨国企业继续寻求与发达跨国企业建立包括研发、营销等方面的战略伙伴关系，有时甚至收购发达跨国企业，这将使它们能够扩大产品和服务组合，并了解如何同时满足对价格敏感的国内消费者和对质量敏感的发达国家消费者。在寻求战略合作伙伴关系时，新兴经济跨国企业倾向于获取领域内的专业知识和特定技能，并且可以将很大一部分工作转移到母国，以利用母国低成本的离岸交付模式并实现更高的利润。例如，苹果与富士康于2007年开始合作，富士康将其生产线转移到中国大陆，以利用国内的低成本劳动力和便宜的原材料成本。富士康在中国大陆建立了多个工厂，为苹果的 iPhone、iPad 和 iPod 等产品提供组装和生产服务。这些工厂不仅提供了大量的低技能和高技能工作机会，也为苹果公司提供了一个可以灵活管理和控制生产过程的地方。这种合作模式有效地降低了苹果生产的成本，在竞争激烈的电子产品市场中取得了巨大的优势。同时，这种跨国合作也为中国经济的发展提供了一定的贡献。因此，新兴经济跨国企业与发达跨国企业的战略伙伴关系或收购关系，有助于增强其先前开发的能力，从而在国际市场上建立竞争优势。

总之，新兴经济跨国企业的国际竞争优势来源于它们在不发达的母国市场中生存和成功的能力。国内环境中制度不确定性的持续威胁及其长期导向，使新兴经济跨国企业多年来改善了财务状况。通过与本国的产业联盟、科研机构和跨国公司的关系所获得的知识和经验，加上充裕的资金，使它们能够在东道国建立伙伴关系，有时甚至收购发达跨国企业。这些与发达跨国企业的新关系使新兴市场跨国企业能够获得新的资源或加强其现有资源，以满足它们在东道国的市场需要（如技术和产品分销）。包含产品、流程和市场知识的各种技术与组织的学习能力相结合，使新兴经济跨国企业能够满足海外的各种细分市场，最终形成独特的竞争优势。

2．新兴经济跨国企业面临的国际化挑战及解决方法

尽管新兴经济跨国企业具有一些独特的竞争优势，有利于其国际扩张，但它们往往缺乏国际竞争所需的典型战略资产或垄断优势，如国际化知识和经验、技术创新能力、资源配置能力、创造性领导力、品牌价值、

国际合作伙伴关系、人才团队、先进的生产技术和管理模式等，这导致新兴跨国企业在与强大的全球对手的全球竞争中难以生存下来。

面对以上问题，新兴经济跨国企业可以通过组合投资、组合竞争和组合协作来建立其优势或减轻在全球竞争中的劣势。组合投资是指投资者将资金分散投资于多种不同的资产，以获得更好的风险分散和投资收益率。组合投资的核心思想是“不要把所有的鸡蛋放在一个篮子里”，通过投资多种资产，可以降低单一资产所带来的风险，实现整体投资风险的分散。组合投资可以采用多种不同的方式和策略，例如定期定额投资计划、资产配置策略、动态平衡策略等。相比于单一资产投资，组合投资可以降低风险，提高收益，同时还可以减少市场波动对投资者的影响，更好地适应不同的市场环境和变化。组合投资的关键是在投资过程中要认真选择资产，进行充分的分析和评估。投资者需要考虑资产的质量、估值、市场表现、风险等多个因素，并根据自身的投资目标和风险承受能力来选择资产组合的比例和行业分布。组合竞争是指企业通过整合不同资本、技术、资源和市场等多种要素，构建有竞争力的企业集团或联盟，以提高其在市场上的竞争力和地位。在组合竞争中，企业通过整合多种资源和能力，形成更加完整和具有竞争力的产业链，从而提高整个产业的效率和竞争力。组合协作是指不同国家或地区的跨国企业之间建立起合作关系，共同利用各自的资源和优势，实现协同效应，以达到共同的目标和利益。组合协作是一种重要的全球化战略，可以帮助企业拓展全球业务，提高跨国竞争力。 跨国企业组合协作通常采用以下几种形式：

（1）跨国企业联盟：不同国家或地区的跨国企业之间建立起合作关系和联盟，共同实现某一业务领域或市场的协同发展。

（2）跨国企业并购：跨国企业通过收购或兼并方式，整合各自的资源和优势，实现产业链的补充和协同发展。

（3）跨国企业合资：不同国家或地区的跨国企业之间建立合资公司，共同投资和经营某一领域或市场的业务。

（4）跨国企业供应链管理：不同国家或地区的跨国企业之间建立供应

链关系，共同优化供应链管理，实现资源共享和效益的提升。

虽然新兴市场企业拥有较强的创新驱动力和创新需求，但如何进行创新类型转变也是阻拦该类型企业进入他国市场的一只拦路虎。从某种角度来说，企业国际化能力的形成路径是一个缓冲、激发和融合技术与市场两种竞争性资源悖论的过程。

技术和市场存在竞争性资源悖论，即一方面，技术是一种稀缺的资源，具有竞争性；另一方面，技术本身的竞争性与市场竞争性资源不同。如何平衡技术和市场竞争性资源是一个非常关键的问题。技术资源是企业创新和发展的基础，也是企业获得竞争优势的重要手段。但是，技术资源又是有限的，一旦技术被竞争对手复制或者跟进，就会失去竞争优势。因此，技术资源具有竞争性。市场竞争性资源是指市场中那些可以被所有竞争者使用的资源，比如品牌、渠道、人才、客户关系等。这些资源不是稀缺的，不会因为一个企业使用而失去价值。但是，市场中这些资源的使用和组合也是具有竞争性的，不同企业的使用和组合方式也可能导致某些企业在市场上取得竞争优势。因此，技术和市场竞争性资源在一定程度上存在悖论。企业需要综合考虑两种资源的重要性和竞争性，并在技术和市场资源之间实现平衡。企业进入海外的第一阶段，其科技创新能力不能立马提高，此时许多该类企业会选择与其他企业进行合作，通过多种方式进行科技共享或者技术协作。但此时的企业在跨国经营时经常会处于被动的情况，随着企业的跨国经营进入第二个阶段，又面临合作技术不能满足合作市场开发需求的悖论矛盾，因为仅仅依靠合作技术并不能为企业带来持续的竞争优势，尤其是进入欧美发达国家市场有较高的技术门槛，这要求企业进一步发展独立技术。为了应对合作技术和合作市场的竞争性资源悖论，此时新兴市场企业就需要借助资源的整合利用开始尝试研发属于自己的技术。当企业开发出属于自己的技术后就进入技术和市场的平衡时期。为了应对独立技术与国际化合作市场的竞争性资源悖论，这个时期企业需要通过营销、合作等手段打造出自己的市场地位，并逐渐形成独立的国际经营能力。

5.3.2 动态能力

动态能力对于确保组织在复杂和多变的环境中快速适应以及持续发展起着非常重要的作用。近年来，全球经济格局发生了较大的变化，新技术民主主义兴起，再加上全球化的不确定性和复杂性，使得跨国企业越来越需要提高动态能力。国际商务领域中动态能力指的是公司在不断变化市场的环境中，有效和持续地构建、捆绑、移动、集成、重新配置、升级，并保护关键资源的能力（Zahra el al.，2022）。动态能力有多样性、整合性、演化性、动态性和独特性五个内涵。

多样性包括组织行动的多样性以及组织行动在地理范围上的多样性，如开发新的商业模式和创造性的组织设计,以及在地理上分散价值链活动,使企业具有创造性的、及时的区域和国家响应能力。

整合性是整合组织和地理上分散的知识和资源池的能力，能够缓解多样性带来的冗余和低效率。整合机制有很多，包括决策的集中化、组织流程的正规化和标准化，以及通过共享价值观和共同组织文化实现的社会化。

演化性体现在感知环境的变化、改进和优化现有的能力、推动创新和变革、建立学习型组织，使企业能够调整战略和结构来对抗自身活动发展和外部环境的不确定性和复杂性，从而与其制度环境共同进化。

动态性是部署、协调、重新配置和升级跨境资源的能力，使企业敏捷、灵活、系统和有弹性地组织其业务，并及时响应不断变化的全球商业格局。

独特性体现在对组织的隐性专长和知识、特色流程和商业模式的关注和保护，使竞争对手难以识别、观察或模仿组织的独特优势，从而保护了企业创造价值的潜力。

新兴经济跨国企业可以通过以下途径培养动态能力，进而提升国际竞争能力。

第一，及时地感知环境，基于环境进行适应型学习并开展学习驱动型创新（Luo & Witt，2022）。适应性学习是跨国企业竞争优势的一个主要来源，其强调了感知环境和适应环境的即时性，要求企业及时识别新的市场机遇和威胁。因此企业需要对市场进入策略、产品定位和供应链管理等领域进行灵活性试验。基于此，信息获取和利用则成为关键，企业必须建立高效的信息收集和处理机制，以便快速了解市场趋势、竞争对手动向和政策变化。其次，知识管理和知识共享同样起着至关重要的作用。跨国企业需要建立知识库，以促进员工之间的知识共享和内部专家的经验传承。这有助于加速学习曲线，避免重复工作，并更好地适应环境的变化。最后，企业需要建立鼓励创新和灵活性的组织文化，以便员工能够积极适应和应对环境变化，这包括奖励创新、支持员工培训和发展，以提高适应性。企业在进行这些行为后，很大程度上会激发企业产生学习驱动创新，而跨国企业在产生驱动型创新后，又会反过来加强企业的吸收能力和复杂环境的适应能力。因此适应性学习构建了一个从环境感知到环境适应再到学习创新驱动，在进行学习创新后又反馈加强于企业环境感知以及适应能力的一个循环框架。

第二，发展包含合法化能力、利用能力和启动能力在内的重组能力（Grφgaard et al.，2019）。由于地理分散的固有性质，跨国企业不断面临全球整合和本地响应的压力，这些压力是动态的，会随着时间的推移而发展和变化。因此，跨国企业（无论是总部还是子公司）需要进行组织重组，以应对不断变化的压力。组织内部的障碍可能会限制重组的尝试，具体表现为惯性和能力的不足。为此，企业需要合法化能力、利用能力和启动能力，以感知、分析和响应各种战略机会和需求，从而克服组织障碍和提升灵活性。合法化能力是使组织推出新计划合法化的能力，它侧重于内部合法性，而不是在进入国外市场时寻求外部合法性。发展合法化能力需要充分感知外部的机会，以及对当前组织及其遗产具有深刻的理解。利用能力是指企业在营销、生产、服务等方面利用各种组织现有优势的能力。它减少了组织的阻力，有助于子公司释放出目前用于“非价值创造活动”的组织资源。启动能力是在现有优势的基础上推出新举措的能力，发展启动能力需要批判性地理解要启动哪些新举措来支持计划的组织重组。三种能力共同作用，使企业及时抓住机会，并发起新的整合举措来开发和利用不受地域限制的特有优势，从而不断平衡全球整合和本地响应。

第三，获取国际人力资本和国际社会资本，同时发展国际管理认知能力（Andersson and Evers，2015）。国际人力资本是指通过投资国际教育或国际工作经验而获得的知识、技能和能力。随着全球化的加深，国际人力资本越来越受到重视。国际化的企业和组织需要在全球范围内招聘、培训和管理人才，这样可以让企业对不同国家的文化、法律和商业环境有深入的了解，在全球范围内建立良好的人际关系和人才开发计划。同时，国际人力资本还可以增强企业跨文化的沟通技能，包括语言、文化和管理方式等，这有助于促进团队合作和利用全球化的商业机会，从而提高企业的竞争力和利润。国际人力资本的质量直接影响企业动态能力，国际人力资本的能力水平、国际视野和跨文化交流能力等，都直接影响着企业的应变能力和创新驱动力。因此，企业应该注重国际人力资本的培养和引进，提高人才素质和专业技能水平，以提高企业的动态能力。

国际社会资本是跨国界的社会关系网络,在不同国家之间建立的政治、经济、文化和人际关系。国际社会资本强调国际社会的合作、互利和共同发展。国际社会资本的形成主要是因为全球化和信息时代的发展，越来越多的国家之间开始建立政治、经济和文化联系。国际社会资本还可以促进跨国企业和组织之间的合作。这种合作可以促进跨国企业之间在人才、技术、市场和资源等方面的互补，从而提高企业的竞争力和利润。在国际社会资本的框架下，各国政府、企业和民间组织可以积极参与国际合作，实现共同利益和共同发展，推动全球化进程朝着更加平衡和公正的方向发展。国际社会资本可以为企业带来创新和新技术，企业通过国际社会资本的渠道，可以获得国际先进技术和知识，提升企业的技术水平和创新能力，从而增强企业的动态能力。同时国际社会资本可以为企业拓展市场。企业通过与国际社会建立联系和网络，可以获得更广阔的市场和客户，推动企业进行市场创新和拓展，增强企业的动态能力。

国际管理认知能力是指作为战略决策基础的管理信念和心理模型。在即面临复杂的环境下需要做出战略决策时，知识结构、心理模型和个人信念与国际管理认知能力是密不可分的。这种能力对于国际企业和组织的成功至关重要。国际管理认知能力包括以下几个方面：

（1）文化认知能力：理解和尊重不同国家的文化差异，包括价值观、习惯和社交礼仪等。只有理解文化差异，才能更好地进行跨文化的交流和合作。

（2）跨文化沟通能力：具备有效的跨文化沟通技能，包括语言、沟通方式、表达方式等。能够从不同视角思考问题，妥善处理跨文化沟通中出现的问题，从而增强合作的效率和准确性。

（3）管理团队能力：有效地管理跨国团队，包括组织和协调团队成员的工作，培养和激励团队成员的能力，建立和维护团队合作和信任关系等。

总而言之，国际管理认知能力和企业动态能力是相辅相成的，二者的结合能够使企业更好地适应国际市场的变化和发展，并且在这个过程中寻找和创造商业机会，提高企业的竞争力。

6

我国企业对外投资的全球布局

对外投资的全球布局是指跨国企业在全球市场上通过开展对外投资行为对目标国进行选择和组合，以实现单一国家不具备的特性和功能。本章将从地理区域、东道国投资组合和全球价值链三个角度分别阐述有关企业布局对外投资的理论观点，分析企业在布局对外投资时面临的战略问题，并展示我国企业在全球范围内的投资布局状况。

6.1 地理区域视角下企业对外投资布局

6.1.1 企业对外投资的区域化与全球化观点

关于企业开展对外投资的地理范围，存在两种互补的理论模型，分别为 Uppsala 国际化过程模型（Johanson & Vahlne，1977）和 Penrose 能力模型（Penrose，1995）。Uppsala 国际化过程模型假定，为了降低进入陌生市场带来的不确定性，并减少与嵌入在当地网络的合作伙伴来往的复杂性，跨国企业会从熟悉和接近的区域逐步国际化到新的和遥远的区域，随着它们对这些新市场了解程度的增加，它们将以小步骤加大对外国区域的投资。Penrose 能力模型通过强调跨国企业在国际扩张进程中管理资源的日益紧张，对国际化过程模型进行了补充。Penrose 能力模型假定管理者可分配于国际化的复杂问题的注意力是稀缺的。因此，跨国企业通常将注意力放在近距离和熟悉的投资机会上，以尽可能减少动态调整的成本。两种理论模型在不同程度上表明，企业选择对外投资的地点时偏向于离母国更为接近的相邻区域。

2005 年，Rugman 在其著作 *The Regional Multinationals MNEs and "Global" Strategic Management* 中提出了区域化跨国企业的假设，进一步深化了两种理论模型的观点。Rugman 发现几乎所有世界 500 强企业的总部都位于北美、欧洲和亚太这三大区域。他收集了 2001 年世界 500 强跨国企业的销售数据，发现 500 家企业中有 321 家企业是主要面向本土区域，有 25 家企业是跨越两个地区的，而只有 9 家企业是真正的全球化公司。基于此，Rugman 认为跨国企业的商业活动是区域性的，即集中在其总部所在的本土区域内。这背后的主要原因是跨国扩张和跨境整合在区域之间（例如中国和美国之间）的成本高于区域内部（例如中国和日本之间）的成本。具体而言，一方面，跨国企业在本土区域以外的国家经营时所面临的环境多样性要高于本土区域内国家，因为跨区域经营会产生更大的经济、文化和制度差异。例如，文化规范的问题将使中国企业比俄罗斯企业更容易进入韩国市场。另一方面，产品、知识、人员、资本在同一地区国家之间的流动比地区之间的流动更容易。这两个方面的原因是密切相关的，因为它们既与地理距离有关，也和欧盟、北美自由贸易协定和"一带一路"合作倡议等经济政策驱动的区域一体化有关。

与区域化观点相反的为传统的全球化观点。该观点认为随着当今资本市场的愈加自由化、信息流动的加速、人员和产品的流动性增强、运输成本的下降和全球监管的协调与统一，跨国企业的经营与业务活动将更多地扩展到本土区域以外的各个国家，以充分获取当地的优质资源、技术和市场等并寻求更多的增长机会。此外，跨国企业在全球范围内的扩张是经济全球化直接的、主要的推动力量（Buckley and Ghauri，2004）。

针对两种观点的争论，后续的学者采用多方面的数据进行了深入的研究，发现跨国企业的对外投资布局总体上符合 Rugman 的区域化观点。然而研究表明，这种区域化并不是纯粹的区域化，而是以本土区域为导向，伴随着一定程度的国家和企业层面的差异（Asmussen，2009）。也就是说，企业的对外投资布局主要集中在其本土区域范围内，并受到企业和目标国所具备的异质性条件的影响——不仅在各大区域之间的投资布局会受到影响，而且在本土区域以内的投资布局也会受到影响。例如，企业在研发方面的技术优势有助于企业深入地渗透到更加遥远的海外市场，并增强自身在全球范围内整合知识的能力，找到更有效的全球分销渠道，从而推动企业的全球化布局；而本土区域内各国制度环境的差异会促使企业将其对外投资部署在制度距离更加接近的国家，以最小化决策风险和交易成本。总之，区域化观点从地理范围的角度描述了企业对外投资布局的大致特征，但具体的投资布局还取决于企业和东道国层面的因素。

6.1.2 我国企业在三大区域的投资布局状况

本节通过多方面数据展示我国企业在亚太、北美和欧洲这三大区域的投资布局状况，并在中国背景下验证企业对外投资的区域化观点。三大区域的分类标准见表 6-1。

表 6-1 三大区域的分类标准

区域	包含的国家（地区）
亚太	澳大利亚、文莱、柬埔寨、斐济、印度、印度尼西亚、日本、马来西亚、新西兰、巴布亚新几内亚、菲律宾、新加坡、韩国、泰国、越南、中国香港、中国澳门、中国台湾
欧洲	奥地利、比利时、丹麦、芬兰、法国、德国、希腊、爱尔兰、意大利、卢森堡、荷兰、葡萄牙、西班牙、瑞典、英国
北美	美国、加拿大、墨西哥
其他	其他国家和地区

资料来源：改编自 Rugman & Verbeke（2004）和 Flores & Aguilera（2007）。

1. 对外直接投资流量数据

表 6-2 分区域显示了 2006 年至 2021 年间我国对外直接投资的流出金额及占比。由表可知，自 2006 年以来亚太区域一直为我国对外直接投资的主要目的地，我国对该区域的投资占比每年都达到接近 70%的水平，并未随时间而发生显著的变化。对欧洲和北美的投资自 2011 年起开始上升，而在 2021 年有所下降。这可能是因为早些年我国企业受“走出去”战略的驱

动纷纷开展国际化扩张，而后来因为新冠疫情等因素的影响收缩了扩张幅度。此外，对欧洲和北美两个区域的投资占比常年保持在个位数水平，而对其他区域的投资占比也在 20% 左右浮动，远远低于对亚太区域的投资水平。总之，这些数据表明我国对外直接投资主要布局在本土的亚太区域，从而支持了 Rugman 提出的区域化观点。

表 6-2 2006 年至 2021 年我国对外直接投资流出（分区域）

单位：万美元

	亚太		北美		欧洲		其他	
年份	年均流出	占比	年均流出	占比	年均流出	占比	年均流出	占比
2021	12 423 752	69.47%	674 635	3.77%	963 702	5.39%	3 819 843	21.36%
2016—2020	11 175 411	70.90%	946 745.8	6.00%	966 863.4	6.13%	2 672 837	16.96%
2011—2015	7 466 249	69.25%	610 160.6	5.66%	651 537	6.04%	2 053 819	19.05%
2006—2010	3 011 542	66.81%	118 991.4	2.64%	200 588	4.45%	1 176 629	26.10%

资料来源：2006 年至 2021 年中国对外直接投资统计公报。

2. 企业海外子公司数据

表 6-3 显示了 2021 年我国上市企业设立子公司最多的 20 个国家或地区，以及该国家或地区存在的我国企业子公司总数及占比。如表所示，亚太地区为我国上市企业在海外设立子公司最多的区域，存在的子公司数量占所有海外子公司数量的 54.13%。中国香港、新加坡和澳大利亚是其中排名前三的国家或地区，存在的子公司数量分别占该区域总数的 57.67%、9.89% 和 4.79%。北美地区为三大区域中设立子公司数量第二多的区域，存在的子公司数量占所有海外子公司数量的 13.03%。其中美国为子公司数量最多的国家，区域占比为 83.67%。欧洲地区是三大区域中设立子公司数量最少的区域，存在的子公司数量占所有海外子公司数量的 12.32%。其中德国、英国和荷兰是排名前三的国家，区域占比分别 32.38%、16.19%、10.65%。

表 6-3　2021 年我国企业设立子公司数量前 20 位的国家或地区

所属区域名称	国家或地区名称	子公司总数	区域占比	全球占比
亚太		8 166	100.00%	54.13%
	中国香港	4 709	57.67%	31.21%
	新加坡	808	9.89%	5.36%
	澳大利亚	391	4.79%	2.59%
	日本	372	4.56%	2.47%
	越南	337	4.13%	2.23%
	印度	262	3.21%	1.74%
	马来西亚	238	2.91%	1.58%
	印度尼西亚	230	2.82%	1.52%
	泰国	213	2.61%	1.41%
	韩国	186	2.28%	1.23%
北美		1 966	100.00%	13.03%
	美国	1645	83.67%	10.90%
	加拿大	189	9.61%	1.25%
	墨西哥	132	6.71%	0.87%
欧洲		1 859	100.00%	12.32%
	德国	602	32.38%	3.99%
	英国	301	16.19%	2.00%
	荷兰	198	10.65%	1.31%
	意大利	189	10.17%	1.25%
	法国	149	8.02%	0.99%
其他		3 095	100.00%	20.52%

数据来源：CSMAR 数据库，统计对象为中国沪深上市企业。

接下来，参考 Rugman & Verbeke（2004）有关本土区域导向型跨国企业、双区域型跨国企业、东道国区域导向型跨国企业、全球型跨国企业的描述（见表 6-4），从各区域海外子公司的数量占比这一角度对我国上市的跨国企业进行分类统计。如表 6-5 所示，在统计的大型跨企业样本中，2021

年我国上市跨国企业中有 391 家企业为本土区域导向型企业，占比为 56.18%。有 92 家为双区域型企业，占比为 13.22%。其中，子公司集中在亚太和北美地区的企业最多，数量为 42 家；子公司集中在亚太和欧洲、北美和欧洲地区的企业次之，数量分别为 38 和 12 家。东道国区域导向型企业有 72 家，占比为 10.34%。其中子公司集中在欧洲的企业有 38 家，而子公司集中在北美地区的企业有 34 家。子公司均匀地分布在全球三大区域的跨国企业仅有 32 家，占比为 4.6%。

表 6-4 跨国企业的分类标准（依据各区域海外子公司的数量占比）

跨国企业类型	定义
本土区域导向型	本土区域内子公司数量占比高于 50% 的企业
双区域型	三大区域内任意两个区域的子公司数量占比高于 20% 且低于 50%，且另一个区域的子公司数量占比低于 20% 的企业
东道国区域导向型	除本土区域外，其余两大区域有任意一个区域的子公司数量占比高于 50% 的企业
全球型	三大区域内每个区域的子公司数量占比都高于 20% 且低于 50% 的企业

资料来源：改编自 Rugman & Verbeke（2004）。

表 6-5 2021 年我国跨国企业分类

跨国企业分类	数量	占比
本土区域导向型	391	56.18%
双区域型	92	13.22%
其中：亚太—北美	42	6.03%
亚太—欧洲	38	5.46%
北美—欧洲	12	1.72%
东道国区域导向型	72	10.34%
其中：欧洲	38	5.46%
北美	34	4.89%
全球型	32	4.60%
合计	696	100%

注：表中企业为拥有较多海外子公司数（高于总体平均值）的大型跨国企业。
数据来源：CSMAR 数据库，对象为中国沪深上市企业。

以四川长虹和福耀玻璃这两家企业为例，分析其投资布局状况（以披露在年报中数据为分析基础）。四川长虹是国内著名的家电企业，也是一家典型的本土区域导向型跨国企业，其总部位于四川省绵阳市，并在本土的亚太区域（主要为东南亚地区）设立了21家海外子公司，经营业务以产品的生产、流通和销售为主。四川长虹在北美区域的美国拥有2家子公司，经营业务为产品经销和研发；在欧洲区域的荷兰、西班牙、德国和意大利设立了4家子公司，经营业务涉及投资以及产品的生产和经销。在这种投资布局之下，四川长虹能够凭借自身在本土范围内的实力基础，不断地将影响力扩大至全球范围，提升企业的全球化竞争能力。

福耀玻璃是一家全球领先的汽车玻璃制造企业，是我国最大的汽车玻璃制造商和出口商，长期为奥迪、大众、现代、福特等国际知名汽车品牌供应玻璃产品。福耀玻璃是全球型跨国企业，在亚太区域的日本、韩国等设立了6家子公司，主要从事贸易业务；在北美区域的美国和墨西哥设立了7家子公司，而在欧洲区域的德国设立了4家子公司，经营业务均以生产和贸易为主。依托全球型投资布局模式，福耀玻璃能够对各国市场进行快速反应并保障产品的持续和稳定供应，进而建立独特的全球竞争优势。

3．企业营业收入数据

下文将讨论我国的代表性企业在全球三大区域获得的营业收入及占比，并判断这些企业属于何种类型的跨国企业。

（1）山东海洋。

山东海洋是一家从事海水养殖和水产品加工的企业，在美国等国均设有子公司，经营业务分别为产品研发和进出口贸易。近几年来，依靠大健康产业政策的支持，以及内部强大的营销团队，该公司实现了立足中国，扎根美国，辐射欧洲、南美洲、非洲、亚洲等市场的布局模式。表6-6显示了2021年山东海洋在三大区域的营业收入情况。如表所示，山东海洋在本土的亚太区域的营业收入约为2.83亿元，占比72.78%；在北美区域的营业收入约为1亿元，占比25.63%；在欧洲区域的营业收入约为0.06亿元，占比1.43%。因此，山东海洋是一种本土区域导向型跨国企业，其营业收入主要集中在亚太区域。

表 6-6　2021 年山东海洋各区域营业收入

单位：元

区域	营业收入	占比
亚太	283 104 949.7	72.78%
其中：中国	186 451 779.8	47.93%
北美	99 711 438.6	25.63%
欧洲	5 555 048.46	1.43%
其他	597 984.39	0.15%
总计	38 896 9421.2	100.00%

数据来源：CSMAR 数据库。

（2）鹏鼎控股。

鹏鼎控股是一家从事印制电路板的设计、研发、制造与销售业务的企业，在新加坡、印度和日本投资设有多家子公司。该公司是全球范围内少数同时具备各类印制电路板产品设计、研发、制造与销售能力的专业大型厂商，具备为不同客户提供全方位产品及服务的强大实力，2017 年至 2020 年连续四年位列全球最大印制电路板生产企业。表 6-7 显示了 2021 年鹏鼎控股在三大区域的营业收入情况。如表所示，鹏鼎控股在北美区域的营业收入约为 254.11 亿元，占比 76.28%；在本土的亚太区域的营业收入约为 78.25 亿元，占比 23.49%；在欧洲区域的营业收入约为 0.79 亿元，占比 0.24%。因此，山东海洋是一种东道国区域导向型跨国企业，其营业收入主要集中在北美区域。

表 6-7　2021 年鹏鼎控股各区域营业收入

单位：元

区域	营业收入	占比
北美	25 410 929 903	76.28%
亚太	7 824 716 668	23.49%
其中：中国	7 048 680 657	21.16%
欧洲	79 202 650.19	0.24%
总计	33 314 849 221	100.00%

数据来源：CSMAR 数据库。

（3）申达股份。

申达股份是一家以产业用纺织品研发与制造为主的多元化经营上市公司，主要业务包括汽车内饰及声学原件、纺织新材料和进出口贸易。申达股份在美国、柬埔寨、英国和德国等国家设有子公司，经营业务涉及产品的生产与加工以及投资与贸易。经过多年的稳健经营和快速发展，该公司在技术研发、产品质量及后续支持服务方面已树立起良好的品牌形象，具有较高的知名度，为全球较多知名客户配套供货。表 6-8 显示了 2021 年申达股份在三大区域的营业收入情况。如表所示，申达股份在本土的亚太区域的营业收入约为 45.92 亿元，占比 43.52%；在北美区域的营业收入约为 31.93 亿元，占比 30.26%；在欧洲区域的营业收入约为 27.49 亿元，占比 26.06%。因此，申达股份是一种全球型跨国企业，其营业收入在三大区域的分布较为均匀。

表 6-8　2021 年申达股份各区域营业收入

单位：元

区域	营业收入	占比
亚太	4 591 762 800	43.52%
其中：中国	3 329 097 900	31.55%
北美	3 193 068 300	30.26%
欧洲	2 749 146 800	26.06%
其他	16 433 286	0.16%
总计	10 550 411 186	100%

数据来源：CSMAR 数据库。

6.2 期权投资组合视角下企业对外投资布局

6.2.1 实物期权理论与企业对外投资

在国际投资中，企业面临巨大不确定性和不可逆性，其投资决策实际是一种实物期权决策的体现。实物期权理论认为，国际投资为跨国公司提供了一系列实物期权，可以使公司在不同国家利用上行潜力，同时限制其对各种不确定性的下行风险。传统国际战略理论将不确定性与下行风险联系起来，并建议跨国公司避免不确定性，而实物期权理论认为不确定性也可能意味着跨国公司可以利用的潜在机会。实物期权理论为跨国企业提供了一个系统的理论框架，通过创建、维护和行使各种类型的期权，分析海外投资过程中遇到的不确定性，以及如何从东道国的不确定性中获益。

实物资产的投资可以应用类似一般期权的方式来进行评估。由于其标的物为实物资产，故将此性质的期权称为实物期权。实物期权理论（Real Options Theory，ROT）的核心内涵是考虑投资项目的价值时，不仅要考虑投资项目当前为企业带来的现金流量，还要考虑其成长机会具有的价值。获得实物期权意味着企业可以取得一项权利，在未来以一定价格取得或出售一项实物资产或投资计划。从本质上讲，实物期权是公司可自由支配的未来投资机会，是以期权定义的现实选择权，与金融期权相对应。由于环境变化，企业进行投资将面临价格动荡等多种不确定性，当即做出投资决定会产生较大风险。以期权的方式进行投资，先获得投资对象的实物期权，企业可以在未来以确定的成本对有形或无形资产采取特定的行动，由此避免投资不可逆性带来的巨大风险。

实物期权理论的一个核心前提是，不确定性会提高企业投资中所蕴含的期权价值，且期权价值在不确定性条件下会被放大。具体来说，只有随着时间推移而减少的外生不确定性或环境不确定性才会带来期权价值。实物期权是一种权利，没有任何义务，因此有利的上升潜力可以得到充分利用，而下降风险和潜在的损失则被控制住。并且这种上升潜力和下降风险之间的不对称性会由于不确定性的增加而变得更加突出，因为不确定性扩大了潜在结果的分散性,实物期权的价值也会随着不确定性的增加而增加。决策环境中存在不同水平和类型的不确定性。外生不确定性允许企业在不采取具体行动的情况下获得新的有用信息，而内生不确定性则需要采取昂贵的行动来获得新的、有用的信息。外生的不确定性意味着被动的学习，而内生的不确定性则需要主动的学习。

实物期权理论认为，增长期权是企业自由裁量的投资机会，企业可以通过初步投资取得在未来以一定价格取得或出售一项实物资产的权利。并且，企业有权不承担任何义务。实物期权理论在企业对外直接投资领域进一步发展为期权投资组合理论，将期权投资从一个东道国市场扩展到多个东道国市场，为公司提供了一个增长期权组合。

期权投资组合理论的一个关键思想是，在更多东道国投资的公司应该能够获得更大的增长期权价值，因为它们更有能力利用这些东道国市场中存在的更广泛的增长机会。期权投资组合理论是解释企业在不确定性下的投资决策、组合属性和业绩结果的一个有用的视角，揭示了投资组合配置如何影响公司的投资行为和结果。该理论认为，扩展到多个东道国市场为公司提供了一个增长期权组合，提供了潜在的学习和上升机会。企业不仅可以利用其在某些市场的优势，还可以在其他市场收购有价值的资产，从而创造增长期权的价值。

国际扩张是有价值的增长期权的来源（Chi 等，2019；Kogut，1983，1989；Kogut & Chang，1996）。一些研究认为，在进行进一步投资之前，国际扩张可以作为收集信息、访问资源和了解东道国环境的“平台”（Belderbos 等，2014）。在不同国家的扩张也可以通过提供应对环境变化的灵活性和套利机会来创造增长期权价值（Tong 等，2008）。

一些研究还考查了增长期权对跨国企业业绩和风险水平的影响。例如，学者们认为，在地理上分散的市场上投资可能使企业能够利用不同国家的增长机会（Kogut & Kulatilaka，1994）。Tong 和 Reuer（2007）发现，拥有适度跨国选择的美国企业可能面临较低的下行风险。Song 等（2014）指出，以高深度为特征的跨国网络有助于韩国跨国企业在高度不确定性下增加增长价值。Belderbos 等（2019）表明，日本跨国企业的增量投资策略对于通过海外扩张创造增长期权价值至关重要。

6.2.2 企业的对外投资组合布局特征和影响机制

根据期权投资组合理论，我国企业的对外直接投资可以被视为一种激进的投资行为，目的是快速建立一个增长期权组合，其中包含在异质东道国环境中的不同投资。增长期权组合促进后来者快速获得增长机会和利益，通过更大的步骤实现国际化，显著促进企业绩效（Barkema & Drogendijk，2007；Luo & Bu，2018）。企业可以寻求国内无法获得的资源和知识，获得灵活性和套利机会。然而，由于我国企业在投资布局过程中会遇到各种挑战（Cui 等，2017；Lu 等，2014），限制企业利用增长期权的能力，包括时间压缩的不经济性、政策歧视、外源性的能力和管理复杂性，这些都会导致行使期权时的错误（Buckley & Tian，2017；Cuervo-Cazurra 等，2018）。

企业对外直接投资的收益和挑战之间的权衡取决于企业如何随着时间的推移在不同的东道国环境中配置其嵌入的对外直接投资。根据期权投资组合理论，投资的成长性选择权受期权配置的影响（Belderbos & Sleuwaegen，2005）。具有不同特征的跨国企业的投资组合为企业提供了不同的环境，这些环境包含特定于环境的增长机会和不确定性（Nachum & Song，2011；Trigeorgis & Reuer，2017）。Lee 和 Makhija（2009）指出，具有高广度和低深度多国性的跨国网络更有助于提高灵活性。Belderbos 等（2014）发现，当跨国企业在劳动力成本相近的东道国经营时，它们不太可能减少跨国投资带来的下行风险。Pantzalis（2001）提供的证据表明，在发达国家和发展中国家都有业务的跨国企业可能具有更好的企业价值。

具体而言，企业对外投资组合的配置特征需要从东道国环境两个重要维度来识别，包括战略要素市场发展和制度发展（Hobdari 等，2017；Hoskisson 等，2013），这在跨国投资组合中嵌入的期权研究中很重要（Belderbos 等，2019；Chi 等，2019）。战略要素市场是企业获取实施投资活动所需资源并确定与一国相关的战略资源集和增长机会的市场（Barney，1986；Chatain，2014）。鉴于各国之间的战略要素市场是异质的，嵌入在一个国家的企业可能可以获得一种特定的资源，但同样的资源在其他国家可能难以获得或价格高昂（Khanna & Palepu，1997；Kim 等，2015）。东道国战略要素市场的发展程度是指多个东道国的生产要素和资源的丰富程度，包括自然资源禀赋、人力资本和技术要素等。制度是“游戏规则”，它构建了一个国家的法律、政治和社会互动，并定义了经济交易中的不确定性和成本（North，1990；Peng，2003）。正如 Jackson 和 Deeg（2008）所认为的，跨国企业的制度组合可能会为这些企业产生一组特定的机会和约束。因此，东道国战略要素市场和制度的投资组合决定了跨国公司的增长机会和创造价值的程度（Smit 等，2017；Tong 等，2008）。

从投资组合的特征角度，企业对外直接投资组合包含两个特征，即平均质量和多样性。若将投资组合特征和东道国特征结合起来分析，将产生四种类型的投资布局。具体而言，第一种布局，即跨国企业投资于具有发达战略要素市场的东道国时，它们可以更好地接触到这些市场中嵌入的关键战略资源、先进知识和增长机会（Kotabe & Kothari，2016；Wan & Hoskisson，2003）。一方面，拥有更先进的知识和资源，企业更有可能提高生产率，开发新产品，并在国内和国外市场实施产品战略，这可能有助于绩效（Bertrand & Capron，2015）。另一方面，在战略要素市场质量较高的东道国，企业更有可能在获得的知识基础上，结合自身的优势，如较低的成本和寻求细分市场以满足客户需求，合成独特的竞争优势组合（Luo & Bu，2018）。相比之下，在要素较差的国家，由于资源高度稀缺和信息不对称，企业不太可能获得关键信息和资源，这限制了它们对增长期权的利用和绩效的提高（Kim 等，2015；Wan & Hoskisson，2003）。

第二种布局，即跨国企业投资于多样化战略要素市场的东道国时，这种投资组合可能提供多种的资源和套利机会。正如 Kim 等（2015）所说明的，韩国跨国企业在资源贫乏或资源丰富的东道国进行的对外投资可能会对企业盈利能力产生不同的影响。市场环境的多样性可以拓宽企业的搜索范围选择和促进从当地企业的学习（Cohen & Levinthal，1990）。在多样化的要素市场中，跨国企业可以更好地利用搜索期权的价值，因为它们有更多的机会获得独特的信息，以及核心和互补的资源，以更好地实施产品战略和创造期权价值。其次，他们可以通过转移优势资源和将从发达的战略要素市场获得的先进技术应用到其他欠发达市场来利用套利机会

（Bertrand & Capron，2015；Luo & Bu，2018），因为丰富多样的资源和知识有助于企业顺利重组资源和重组知识，以创造自己的优势（Zhang 等，2010）。最后，在具有更多样化战略要素市场的东道国进行跨国经营时，企业跨国网络内的活动可以根据环境变化进行及时和适当的转换，从而为企业提供了更高的战略灵活性（Belderbos 等，2014；Lee & Makhija，2009）。

第三种布局，即当对外直接投资组合具有较高的制度发展水平时，企业可能在不确定性和交易成本较低的环境中运营（Chan 等，2008；Chen 等，2018；Deng，Jean 等，2018；Deng，Yan 等，2018）。制度质量被定义为坚持自由市场政策的法律、政治和社会规则的水平（North，1990；Peng，2003；Shinkle & McCann，2014），它们是决定经济交易中不确定性程度和交易成本的最显著因素（Chen 等，2018；Smit 等，2017）。先前的研究表明，向拥有发达制度的东道国扩张，能够使企业减少母国制度与企业战略需求之间的失调成本（Marano 等，2017；Shi 等，2017；Witt & Lewin，2007），以及补偿母国制度空缺造成的竞争劣势（Luo & Tung，2007，2018）。因此，投资于具有较高制度质量水平的 OFDI 投资组合将有助于企业跨国投资对绩效的影响。

东道国所拥有的发达制度可以以较低的不确定性和交易成本指导投资者之间的经济行为，并提供评估期权价值所需的高透明度信息，以及保护外国投资者的权利并确保合同的执行，从而促进外国企业在利用增长期权时迅速改善其成本结构（Chan 等，2008；Deng 等，2018；Deng 等，2018；Smit 等，2017）。与此同时，拥有更好制度、强调市场化战略重要性的东道国为外国投资者提供了更有利的制度环境（Gölgeci 等，2019；Meyer 等，2014）。外国企业可以寻求战略资产和信息，并基于有效的市场机制探索增长机会，而不是大量投资于政治关系和腐败（Peng，2003；Spencer & Gomez，2011）。然而，制度质量差的东道国政府更有可能干预和歧视外国企业的运营（Hermelo & Vassolo，2010；Li 等，2018），这对寻求利用增长期权和提高绩效的外国企业是有害的。

第四种布局，即当一个投资组合具有更高的制度多样性时，企业在经济活动中面临更高的不确定性和成本，因为异质监管导致更高的复杂性（Banalieva & Dhanaraj，2013；Kostova & Zaheer，1999）。制度多样性反映了跨国企业所接触的东道国制度环境的变化程度（Jackson & Deeg，2008；Lundan & Li，2019）。制度多样性为跨国企业创造了不同的压力、目标和实践复杂性，这要求企业采用不同的经营惯例和商业准则，以适应产生高成本和管理复杂性的异质制度压力（Arregle 等，2016；Wu 等，2015）。投资组合的制度多样性会削弱企业对外投资与绩效之间的关系。一方面，制度多样性带来了许多不确定性的来源，并为试图理解不同法规和商业实践的跨国企业创造了困难（Kostova & Zaheer，1999），以及阻碍外国企业寻求获取关键信息和资源以制定增长计划（Smit 等，2017；Tong 等，2008）。另一方面，在具有制度多样性的东道国组成的投资组合中投资时，不同的监管和认知压力可能阻碍外国企业将其在一个国家形成的“最佳实践”输出到其他国家（Hutzschenreuter 等，2011；Meyer 等，2000）。此外，制度的复杂性可能会降低跨国企业快速且顺利地重新分配资源的能力，降低快速和盈利投资的战略灵活性的潜力，并增加在东道国之间转移经营活动的制度障碍（Arregle 等，2016；Jackson & Deeg，2008；Kostova & Zaheer，1999）。具体来说，鉴于我国企业通常积极地进行国际化，且缺乏国际经验，这些制度上的挑战对其海外业务和经营绩效更加不利（Lu 等，2014）。

6.2.3 企业投资组合布局特征的动态演化

在投资组合分析中，时间是影响期权价值的一个关键因素。不同类型的对外投资组合的期权价值可能会随着进入东道国时间的变化而变化。在最初进入新市场时，由于缺乏东道国条件知识，外来者劣势会产生较高的成本（Johanson & Vahlne，1977；Zaheer，1995）。在进入后的短时间内，进入多个战略要素市场或制度发达的国家可能有助于企业快速了解东道国环境并获得关键资源（Dau，2013；De Clercq 等，2012；Deng，Jean 等，2018；Deng，Yan 等，2018），并随着时间的推移急剧降低外来者责任

（Barnard，2010），这有利于企业的短期绩效。然而，快速扩张到多个具有不同战略要素市场或制度的国家将导致信息过载和管理复杂性，限制企业进行学习和利用增长期权（Klarner & Raisch，2013；Wennberg 等，2011）。此外，在很长一段时间内，跨国企业可以从多样化的环境中获益更多，因为这样的环境不仅通过让企业接触丰富的经验来促进探索性学习（Casillas & Moreno-Men´endez，2014；Lundan & Li，2019），而且还促进企业开发有价值的长期增长期权（Hutzschenreuter & Matt，2017；Lin & Lee，2011）。因此，投资组合特征作用可能随时间动态变化。

在第一种布局情况下，在战略要素市场质量较高的东道国接触先进知识和资源的边际效益将随着时间的推移逐渐下降。正如组织学习理论所揭示的那样，从单一类型的环境中学习和积累经验“在早期阶段和后期改善率下降”（Casillas & Moreno-Men´endez，2014；Musaji 等，2020）。March（1991）认为，利用所获得的知识有短期的好处，但有长期的坏处。在很长一段时间内，市场中同源增长期权和知识的会导致信息过载和短视行为，这限制了企业对长期增长期权的学习和利用（Dahlin 等，2018；Levitt & March，1988）。相反，随着企业在较长一段时间内更多地了解这些市场条件，资源贫乏国家的挑战将逐渐被克服（Kim 等，2015）。

在第二种布局情况下，跨国企业国际业务中的异质战略要素市场在长期内提供了更有价值的增长期权。组织学习理论认为，深入学习有更多的短期效益，而多样性学习有更多的长期优势（Casillas & Moreno-Men´endez，2014），因为从不同的知识来源中产生的经验和探索性学习需要更多的时间互动，对企业的影响存在差异（Barkema & Drogendijk，2007；Hutzschenreuter & Matt，2017）。例如，跨国企业需要时间来理解嵌入在不同市场条件中的各种思想和知识，并吸收适用于特定背景的知识，然后将其转移到不同战略要素市场中的其他附属企业（Huber，1991；Pedersen & Petersen，2004）。同时，跨国企业需要在不同的战略要素市场中投入时间来理解和处理各种需求特征的客户、供应商和合作伙伴（Nelson & Winter，1982）。从这一动态过程中学习有助于企业积累广泛的企业特定知识，并发展处理多样性的不完全模仿能力（Nachum & Song，2011），创造长期增长期权。

在第三种布局情况下，在较长时期内，东道国制度空缺所带来的挑战和困难会随时间增长逐渐被企业克服。Cuervo-Cazurra 和 Genc（2008）认为，随着时间的推移，跨国企业很容易理解和适应糟糕的制度条件，并相应地在探索增长机会方面发展出独特的优势。Zogah 等（2015）认为，跨国企业可能在制度条件恶劣的国家获得高额利润，因为当企业随着时间的推移学习更多，不确定性减少，增长潜力显现时，制度动态和不确定性可能带来显著的增长机会（Belderbos 等，2019；Chi & McGuire，1996；Deng，Jean 等，2018；Deng，Yan 等，2018）。相比之下，在长期内，向发达制度国家扩张可能对企业的增长期权的价值贡献较小。一方面，拥有更透明和成熟制度的东道国可能向所有本地和外国投资者提供平等的市场准入条件（North，1990；Peng，2003；Shinkle & McCann，2014）。因此，这些国家的进入后竞争带来的压力越来越大，具有挑战性，特别是对于长期与发达同行竞争的优势不足的跨国企业（Deng，Jean 等，2018；Deng，Yan 等 2018；Luo & Bu，2018）。另一方面，在制度成熟稳定的国家，相对较低的不确定性和制度动态带来了有限的未来增长机会（Belderbos 等，2019；Tong 等，2008），对外直接投资对跨国企业长期增长期权价值的贡献较小。

在第四种布局情况下，制度多样性可能在长期内有利于跨国企业，因为随着跨国企业更多地了解异质制度环境，并随着时间的推移发展更多与当地商业网络的联系，这些源于制度多样性的初期困难可以被减弱（Johanson & Vahlne，1977；Lu & Beamish，2004）。在很长一段时间内，制度多样性可以通过让企业获得更丰富的经验来促进探索性学习（Jackson & Deeg，2008），并促进企业创造长期价值的增长期权。Casillas 和 Moreno-Men´endez（2014）认为，多元化制度环境中的国际活动促进跨国企业的长期学习，因为这种学习只会随着时间的推移而发生。Barkema 和 Drogendijk（2007）假设，利用异质制度环境进行探索性学习可能会降低短期绩效，但会提高未来绩效。Lundan 和 Li（2019）表明，随着时间的推移，制度多样性的负面结果将会减少，而积极后果可能确实会增加，因为制度多样性有助于跨国企业与多个利益相关者角力，这些利益相关者为跨国企业提供了知识多样性和套利机会。

总体而言，从期权投资组合的角度来看，企业的投资不仅仅是单一目标国选择，而是多个投资目的地国家组合的布局决策。下文从东道国的市场规模、自然资源、劳动力、技术、制度、不确定性等角度出发，具体分析我国上市制造业企业投资布局状况。

6.2.4 我国企业对外投资组合布局状况

1．以市场规模为特征的投资布局

（1）市场规模水平。

东道国的市场需求即市场规模是母国进行对外直接投资时考虑的众多因素之一。在市场规模较大的地区投资经营，不仅可以接近消费市场，充分了解其需求，还能够减少运输成本。投资者在当地投资经营的成本越低，企业就越能发挥规模经济和范围经济优势，提高资源使用效率，把握市场的主动权，因此企业更可能会进入具备这一区位特征的东道国。

为了研究跨国企业对外投资的市场规模水平布局，选取了 2020 年中国沪深 A 股上市公司，以其海外子公司所在东道国的人均 GDP 为衡量标准，根据世界银行各国数据，以 33% 和 66% 的百分位数值点为阈值，将东道国的市场规模分为高、中、低水平。然后分别汇总各个跨国公司处于高、中、低市场规模水平的子公司的数量，如表 6-9 所示，若处于高水平的子公司的数量高于 50%，则认为该企业对外投资的东道国的市场规模处于高水平；若处于中水平的子公司的数量高于 50%，则认为该企业对外投资的东道国的市场规模处于中水平；若处于低水平的子公司的数量高于 50%，则认为该企业对外投资的东道国的市场规模处于低水平。

如表 6-10 所示，2020 年我国上市制造业跨国企业海外投资于高市场规模水平东道国的子公司数量为 1 465 家，占全部子公司数量 84.63%；投资于中市场规模水平东道国的子公司数量为 53 家，占比 3.06%，投资于低市场规模水平东道国的子公司数量为 36 家，占比 2.08%，总体上 2020 年我国企业对外投资的东道国市场规模处于高水平。

表 6-9　跨国企业对外投资的市场规模水平布局（依据海外子公司的数量占比）

跨国企业市场规模水平布局类别	定义
高市场规模	高市场规模子公司数量占比高于 50% 的企业
中市场规模	中市场规模子公司数量占比高于 50% 的企业
低市场规模	低市场规模子公司数量占比高于 50% 的企业
其他	高、中、低市场规模子公司数量占比均不高于 50%

注：市场规模水平分级是根据东道国的人均 GDP。

表 6-10　2020 年我国跨国企业对外投资的市场规模水平布局分类

单位：公司数

跨国企业市场规模水平布局分类	数量	占比
高市场规模	1465	84.63%
中市场规模	53	3.06%
低市场规模	36	2.08%
其他	177	10.23%
合计	1731	100%

数据来源：世界银行公开数据库，研究对象为中国沪深上市制造业企业。

（2）市场规模水平的多样性。

通过计算每一个跨国企业海外子公司所在国家市场规模的标准差求得其海外投资市场规模多样性，并按年度求均值得到图 6-1。由图可知，从 2010 年到 2020 年，在样本内，我国上市制造业跨国企业海外投资布局的市场规模多样性稳步上升，并于 2019 年达到峰值，2020 年有轻微的下降。

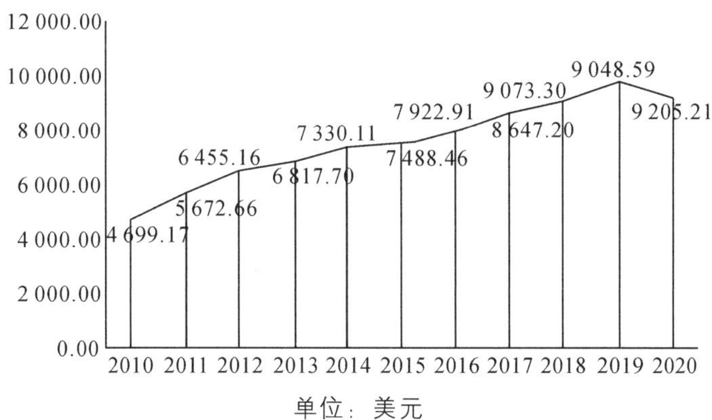

图 6-1 2010—2020 年我国上市制造业跨国企业海外投资布局的市场规模多样性

数据来源：世界银行公开数据库，研究对象为中国沪深上市制造业企业。

2．以自然资源水平为特征的投资布局

（1）自然资源水平。

东道国资源水平是影响企业对外投资区位选择的重要因素。当东道国的资源较丰富时，在此东道国设立的子公司能够以较低的成本获得资源，增加收益。而近年来，由于先进科学技术的业绩增效作用愈发明显，企业对自然资源的注意逐步转移到技术水平上行投资。为了研究跨国企业对外投资的自然资源水平布局，选取了 2020 年中国沪深 A 股制造业上市公司，以其海外子公司所在东道国的自然资源租金占 GDP 比重为衡量标准，根据世界银行各国数据，以 33% 和 66% 的百分位数值点为阈值，将东道国的自然资源分为高、中、低水平。然后分别汇总各个跨国公司处于高、中、低自然资源水平的子公司的数量，如表 6-11 所示，若处于高水平的子公司的数量高于 50%，则认为该企业对外投资的东道国的自然资源处于高水平；若处于中水平的子公司的数量高于 50%，则认为该企业对外投资的东道国的自然资源处于中水平；若处于低水平的子公司的数量高于 50%，则认为该企业对外投资的东道国的自然资源处于低水平。

如表 6-12 所示，2020 年我国上市制造业跨国企业海外投资于高自然资源水平东道国的子公司数量为 42 家，占全部子公司数量 2.43%；投资于中自然资源水平东道国的子公司数量为 81 家，占比 4.68%，投资于低自然资源水平东道国的子公司数量为 1382 家，占比 79.84%，总体上 2020 年样本企业对外投资的东道国自然资源处于低水平。

表 6-11　跨国企业的对外投资的自然资源水平布局（依据海外子公司的数量占比）

跨国企业自然资源水平布局类别	定义
高自然资源	高自然资源子公司数量占比高于 50% 的企业
中自然资源	中自然资源子公司数量占比高于 50% 的企业
低自然资源	低自然资源子公司数量占比高于 50% 的企业
其他	高、中、低自然资源子公司数量占比均不高于 50%

注：自然资源水平分级是根据自然资源租金占 GDP 比重。

表 6-12　2020 年我国上市制造业跨国企业对外投资东道国的自然资源水平布局分类

单位：公司数

跨国企业自然资源水平布局分类	数量	占比
高自然资源	42	2.43%
中自然资源	81	4.68%
低自然资源	1 382	79.84%
其他	226	13.06%
合计	1 731	100%

数据来源：世界银行公开数据库，研究对象为中国沪深上市制造业企业。

（2）自然资源水平的多样性。

通过计算每一个跨国企业海外子公司所在国家自然资源租金占 GDP 比重的标准差求得其海外投资自然资源水平多样性，并按年度求均值得到图 6-2。由图可知，从 2010 年到 2020 年，企业海外投资布局的自然资源水平多样性围绕着 1 这一数值上下波动，总体呈现平稳趋势。2015—2016 年出现大幅下降，主要是因为国家对企业通过对外投资获取自然资源加大了监管力度。

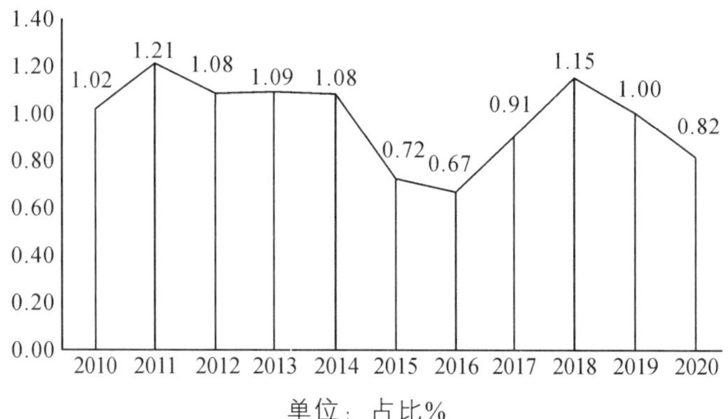

图 6-2　2010—2020 年跨国企业海外投资布局的自然资源多样性

数据来源：世界银行公开数据库，研究对象为中国沪深上市制造业企业。

3．以劳动力水平为特征的投资布局

（1）劳动力水平。

劳动力成本是企业生产成本的组成部分，而生产成本是区位优势的重要内容，相对较低的工资水平可以使企业实现比在其他市场投资更高的盈利水平。过去，东道国劳动力水平越高，跨国企业海外子公司支付的劳动成本越低，然而近几年，随着科学技术的发展，许多重复性的工作被 AI 机器人取代，劳动力水平的重要性降低，其他因素，如经济、技术等要素水平越来越成为跨国企业重点考虑的因素。为了研究跨国企业对外投资的劳动力水平布局，选取了 2020 年中国沪深 A 股制造业上市公司，以其海外子公司所在东道国的劳动力总数为衡量标准，根据世界银行各国数据，以 33% 和 66% 的百分位数值点为阈值，将东道国的劳动力水平分为高、中、低水平。然后分别汇总各个跨国公司处于高、中、低劳动力水平的子公司的数量，如表 6-13 所示，若处于高水平的子公司的数量高于 50%，则认为该企业对外投资的东道国的劳动力处于高水平；若处于中水平的子公司的数量高于 50%，则认为该企业对外投资的东道国的劳动力处于中水平；若处于低水平的子公司的数量高于 50%，则认为该企业对外投资的东道国的劳动力处于低水平。

如表 6-14 所示，2020 年我国上市制造业跨国企业海外投资于高劳动力水平东道国的子公司数量为 366 家，占全部子公司数量 21.14%；投资于中劳动力水平东道国的子公司数量为 705 家，占比 40.73%，投资于低技术水平东道国的子公司数量为 5 家，占比 0.29%，总体上 2020 年我国企业对外投资的东道国劳动力处于中水平。

表 6-13　跨国企业对外投资的劳动力水平布局（依据海外子公司的数量占比）

跨国企业劳动力水平布局类别	定义
高劳动力水平	高劳动力水平子公司数量占比高于 50% 的企业
中劳动力水平	中劳动力水平子公司数量占比高于 50% 的企业
低劳动力水平	低劳动力水平子公司数量占比高于 50% 的企业
其他	高、中、低劳动力水平子公司数量占比均不高于 50%

注：劳动力水平分级是根据东道国劳动力总数。

表 6-14　2020 年我国上市制造业跨国企业对外投资的东道国的劳动力水平布局分类

单位：公司数

跨国企业劳动力水平布局分类	数量	占比
高劳动力水平	366	21.14%
中劳动力水平	705	40.73%
低劳动力水平	5	0.29%
其他	656	37.84%
合计	1 731	100%

数据来源：世界银行公开数据库，研究对象为中国沪深上市制造业企业。

（2）劳动力水平的多样性。

通过计算每一个跨国企业海外子公司所在国家劳动力总数的标准差求得其海外投资劳动力水平多样性，并按年度求均值得到图 6-3。由图可知，从 2010 年到 2020 年，跨国企业海外投资布局的劳动力水平多样性整体上呈现稳定的上升趋势。

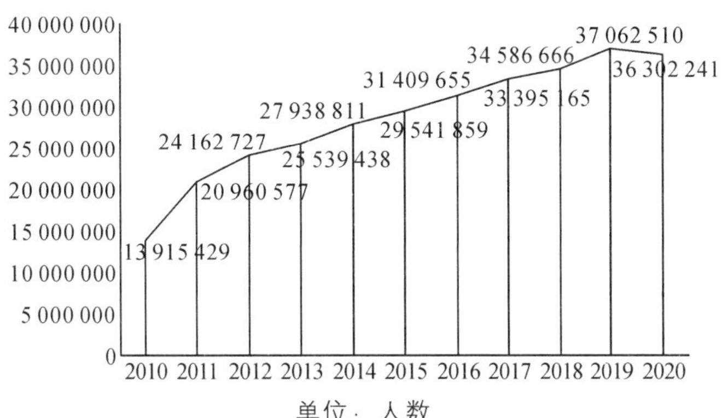

图 6-3 2010—2020 年样本企业海外投资布局的劳动力水平多样性

数据来源：世界银行公开数据库，研究对象为中国沪深上市制造业企业。

4. 以技术要素为特征的投资布局

（1）技术水平。

东道国的技术资源有助于企业较快地实现设计、研发的本地化，提高企业的市场竞争力，并为自身发展提供不竭的动力。东道国较高的技术水平有利于获取目标企业的核心技术、核心研究人员以及与本企业互补的研发能力，在此基础上吸收、获取自身发展所需要的知识、技术，从而缩短企业自主创新的时间，降低研发投入成本。与此同时，企业还可以获得与核心业务相关的上、下游技术，这对于企业节省交易成本以及开发新产品有诸多裨益，因此高技术水平的东道国更受跨国企业的青睐。为了研究跨国企业对外投资的技术水平布局，选取了 2020 年中国沪深 A 股制造业上市公司，以其海外子公司所在东道国的高科技产品出口占总出口的比重为衡量标准，根据世界银行各国数据，以 33% 和 66% 的百分位数值点为阈值，将东道国的技术分为高、中、低水平。然后分别汇总各个跨国公司处于高、中、低技术水平的子公司的数量，如表 6-15 所示，若处于高水平的子公司的数量高于 50%，则认为该企业对外投资的东道国的技术处于高水平；若处于中水平的子公司的数量高于 50%，则认为该企业对外投资的东道国的技术处于中水平；若处于低水平的子公司的数量高于 50%，则认为该企业对外投资的东道国的技术处于低水平。

如表 6-16 所示，2020 年样本企业海外投资于高技术水平东道国的子公司数量为 1 477 家，占全部子公司数量 85.33%；投资于中技术水平东道国的子公司数量为 68 家，占比 3.93%，投资于低技术水平东道国的子公司数量为 16 家，占比 0.92%，总体上 2020 年我国企业对外投资的东道国技术处于高水平。

表 6-15　跨国企业对外投资的技术水平布局（依据海外子公司的数量占比）

跨国企业技术水平布局类别	定义
高技术水平	高技术水平子公司数量占比高于 50% 的企业
中技术水平	中技术水平子公司数量占比高于 50% 的企业
低技术水平	低技术水平子公司数量占比高于 50% 的企业
其他	高、中、低技术水平子公司数量占比均不高于 50%

注：技术水平分级是根据高科技产品出口占总出口的比重。

表 6-16　2020 年样本企业对外投资的东道国的技术水平布局分类

单位：公司数

跨国企业技术水平布局分类	数量	占比
高技术水平	1 477	85.33%
中技术水平	68	3.93%
低技术水平	16	0.92%
其他	171	9.82%
合计	1 731	100%

数据来源：世界银行公开数据库，研究对象为中国沪深上市制造业企业。

（2）技术水平的多样性。

通过计算每一个跨国企业海外子公司所在国家高科技产品出口占总出口的比重的标准差求得其海外投资技术水平多样性，并按年度求均值得到图 6-4。由图可知，从 2010 到 2020 年，样本企业海外投资布局的技术水平多样性整体上呈现稳定的上升趋势，2016—2017 年间上升最剧烈。

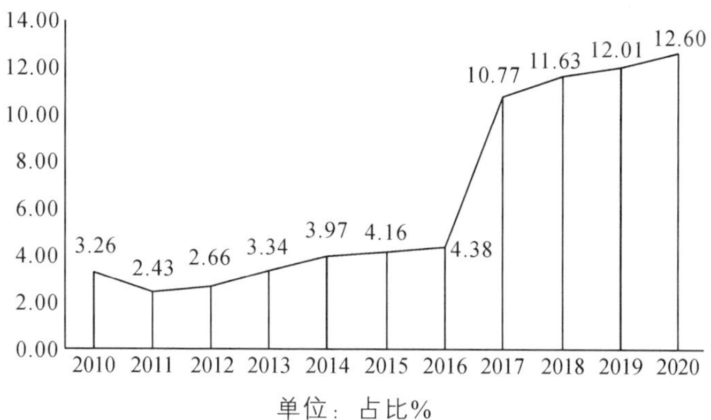

图 6-4 2010—2020 年跨国企业海外投资布局的技术水平多样性

数据来源：世界银行公开数据库，研究对象为中国沪深上市制造业企业。

5．以制度水平为特征的投资布局

（1）制度质量。

制度环境是指一系列用来建立生产、交换与分配基础的政治、社会和法律基础规则，包括东道国的监管水平、产权保障、政府效率、法制健全情况等。东道国的制度水平越高，对微观经济活动的干预和制约就越少、企业的经营环境就越理想，从而有效降低企业投资活动的交易成本和不确定性。为了研究跨国企业对外投资的制度水平布局，选取了 2020 年中国沪深 A 股制造业上市公司，以其海外子公司所在东道国的经济自由指数为衡量标准，根据世界银行各国数据，以 33%和 66% 的百分位数值点为阈值，将东道国的制度水平分为高、中、低水平。然后分别汇总各个跨国公司处于高、中、低制度水平的子公司的数量，如表 6-17 所示，若处于高水平的子公司的数量高于 50%，则认为该企业对外投资的东道国的制度处于高水平；若处于中水平的子公司的数量高于 50%，则认为该企业对外投资的东道国的制度处于中水平；若处于低水平的子公司的数量高于 50%，则认为该企业对外投资的东道国的制度处于低水平。

如表 6-18 所示，2020 年样本企业海外投资于高制度水平东道国的子公司数量为 1 489 家，占全部子公司数量 86.02%；投资于中制度水平东道国的子公司数量为 48 家，占比 2.77%；投资于低制度水平东道国的子公司数量为 175 家，占比 10.11%，总体上 2020 年我国企业对外投资的东道国制度处于高水平。东道国的制度环境越好，其政府的工作效率越高，对市场的监管更加规范，侵犯知识产权、寻租、贪腐等情况导致的投资沉没成本将大大降低，跨国企业的交易成本和投资风险也相应减少，企业更愿意选择拥有这样高质量投资环境的国家或地区。

表 6-17　跨国企业对外投资的制度水平布局（依据海外子公司的数量占比）

跨国企业制度水平布局类别	定义
高制度水平	高制度水平子公司数量占比高于 50% 的企业
中制度水平	中制度水平子公司数量占比高于 50% 的企业
低制度水平	低制度水平子公司数量占比高于 50% 的企业
其他	高、中、低制度水平公司数量占比均不高于 50%

注：制度水平分级是根据东道国经济自由指数。

表 6-18　2020 年样本企业对外投资的东道国的制度水平布局分类

单位：公司数

跨国企业制度水平布局分类	数量	占比
高制度水平	1 489	86.02%
中制度水平	48	2.77%
低制度水平	19	1.10%
其他	175	10.11%
合计	1 731	100%

数据来源：制度相关数据来源于美国华尔街日报和美国传统基金会，企业数据来源于 csmar 数据库。

（2）制度多样性。

通过计算每一个跨国企业海外子公司所在国家经济自由指数的标准差求得其海外投资制度水平多样性，并按年度求均值得到图 6-5。由图可知，从 2010 年到 2020 年，样本企业海外投资布局的制度水平多样性整体上呈现稳定的上升趋势。

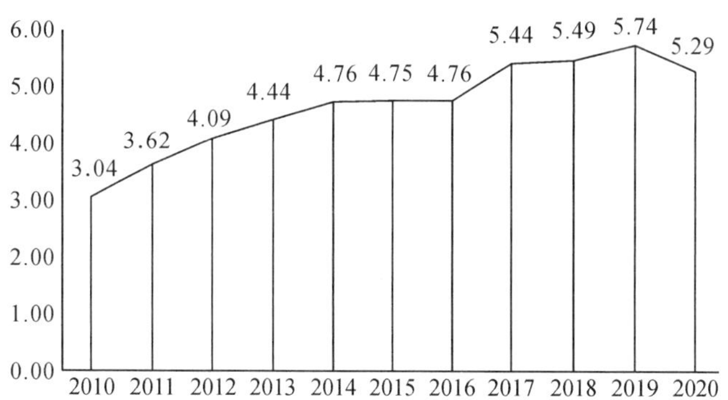

图 6-5 2010—2020 年跨国企业海外投资布局的制度水平多样性

数据来源：美国华尔街日报和美国传统基金会。

6．以市场不确定性为特征的投资布局

市场不确定性描述了企业对外投资的东道国市场波动情况。为了研究跨国企业对外投资的市场不确定性水平布局，选取了 2020 年中国沪深 A 股制造业上市公司，以其海外子公司所在东道国的 GDP 为衡量标准，根据世界银行各国数据，以 33% 和 66% 的百分位数值点为阈值，将东道国的市场不确定性水平分为高、中、低水平。然后分别汇总各个跨国公司处于高、中、低市场不确定性水平的子公司的数量，如表 6-19 所示，若处于高水平的子公司的数量高于 50%，则认为该企业对外投资的东道国的市场不确定性处于高水平；若处于中水平的子公司的数量高于 50%，则认为该企业对外投资的东道国的市场不确定性处于中水平；若处于低水平的子公司的数量高于 50%，则认为该企业对外投资的东道国的市场不确定性处于低水平。

如表 6-20 所示，2020 年样本企业海外投资于高市场不确定性水平东道国的子公司数量为 68 家，占全部子公司数量 3.93%；投资于中市场不确定性水平东道国的子公司数量为 815 家，占比 47.08%；投资于低市场不确定性水平东道国的子公司数量为 333 家，占比 19.24%，总体上 2020 年我国企业对外投资的东道国市场不确定性处于中水平。东道国市场的不确定性较高时，企业需要花费大量时间对该市场进行考察，从而做出是否进行战略投资的决策，这会导致企业的进入成本过高。此外，东道国市场不确定性较大也表明了市场需求不稳定，企业的经营风险较大。然而，高风险意味着高回报，因此一般情况下，更多企业可能会倾向于选择市场不确定性中等水平的东道国。

表 6-19　跨国企业对外投资的市场不确定性水平布局（依据海外子公司的数量占比）

跨国企业市场不确定性水平布局类别	定义
高市场不确定性水平	高市场不确定性水平子公司数量占比高于 50% 的企业
中市场不确定性水平	中市场不确定性水平子公司数量占比高于 50% 的企业
低市场不确定性水平	低市场不确定性水平子公司数量占比高于 50% 的企业
其他	高、中、低市场不确定性水平公司数量占比均不高于 50%

注：市场不确定性水平分级是根据东道国 GDP。

表 6-20　2020 年我国跨国企业对外投资的东道国的市场不确定性水平布局分类

单位：公司数

跨国企业市场不确定性水平布局分类	数量	占比
高市场不确定性水平	68	3.93%
中市场不确定性水平	815	47.08%
低市场不确定性水平	333	19.24%
其他	515	29.75%
合计	1 731	100%

数据来源：世界银行公开数据库，研究对象为中国沪深上市制造业企业。

6.3　全球价值链视角下企业对外投资布局

6.3.1　全球价值链与企业对外投资

全球价值链是由相互关联的职能和业务组成的纽带，通过这些职能和业务，商品和服务在全球范围内被生产、分配和消费（Coe & Yeung，2015）。

由于国际贸易逐渐自由化，投资管制的逐渐放松以及通信技术的发达，各国已经深入参与到全球价值链中，因此全球价值链已经成为经济全球化过程中国际分工的重要形式。2010 年世界银行报告称："鉴于许多行业的生产过程已经分散并在全球范围内转移，全球价值链已经成为世界经济的支柱和中枢神经系统。"（Cattaneo，Gereffi，& Staritz，2010：7）

全球价值链中的价值活动可分为上游技术、中游生产、下游营销三大环节，如图 6-6 所示，这些环节或者活动本质上就是一个价值创造过程，并且具有前后有序的承接关系。

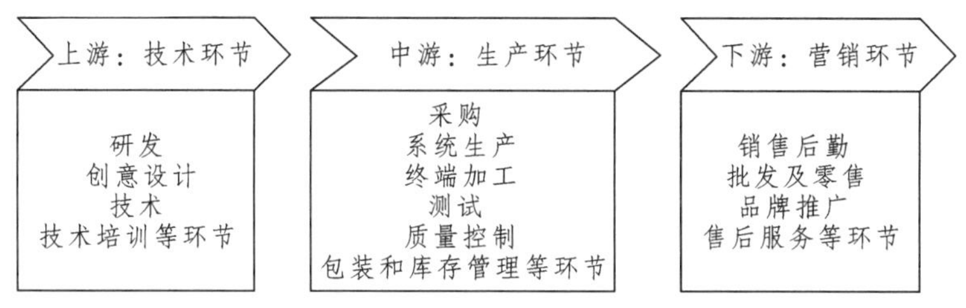

图 6-6　全球价值链的三个环节

全球价值链的三个环节所创造的附加值是不同的，如研发、创意设计、品牌等在价值链中创造出较高的附加值。同一产业或产品的价值链的各个环节或工序能够体现出一国或地区的竞争优势。在这一过程中，微观企业作为实际的参与主体，是推动中国全球价值链分工体系参与程度的主导力量。企业从全球战略视角出发，根据不同国家或地区的要素特征，把产品的设计、生产、组装以及销售分布在全球范围内，以优化配置各项要素，建立全球性的产销网络，从而获得竞争优势，获取最大化利润。随着经济全球化，各国企业都已深入到全球价值链当中，参与产品价值创造及其利润分配的活动，但在这一过程中各国企业所处的地位是不同的。其中有价值创造和利润分配的主导者，有价值安排和分配的参与者，这之间有着明显的层级关系。各个国家都希望提升本国企业在全球价值链上的地位，占据一个更高端、拥有更高附加值的位置。

中国加入 WTO 以来，"走出去"战略促使越来越多的中国企业参与到全球价值链的价值活动当中。通过对外投资，企业可以优化价值链活动，提高其在全球价值链的分工地位。在进行对外投资以优化企业价值链活动时，企业面临两个战略决策，分别为控制决策和区位决策。控制决策是指企业建立价值链的治理结构，即决定每个价值活动是否应该内部化或外包，还是通过合资企业进行控制（Coase，1937；Williamson，1975）。通常来说企业会将技术上具有竞争优势的、专业的活动内部化，而将比较简单、标准化的活动外包。价值链活动的内部化能够让企业掌握技术的核心，对价值活动拥有较高的控制力，以获得最大化价值；将价值链活动外包，交给专业的人干专业的事，可以节省企业的管理成本，提高活动效率，但是随之企业的协调成本和市场交易成本会增加，因此一般创造的价值和获得的利润较少。区位决策是指企业决定全球价值链最有利的地理配置，即企业的价值活动应该布局在哪里，如何进行分配，以降低劳动力成本，提高知识丰富度等，进而通过全球价值链实现价值最大化。一般来说，当涉及知识密集型、专业化、附加值高的价值活动时，企业对外投资更倾向于知识丰富的发达国家或地区；而当涉及低知识、标准化、附加值低的价值活动时，企业海外投资更愿意去劳动力丰富的新兴市场经济体（Kumaraswamy 等，2012；Mudambi，2008；Shanley，2015）。例如，苹果公司完成新的上游知识和产品设计的地方在硅谷、得克萨斯州奥斯汀和其他地方的设计中心，这些知识和产品设计的宣传是由在纽约和旧金山的内部营销团队和广告公司完成的，而其采购和制造几乎完全由中国的零部件供应商和合同制造商完成。如图 6-7 的曲线所示，处于曲线的“末端”的知识密集型专业化活动（如设计、研发和营销）位于发达市场经济体，并且趋向于内部化，而处于曲线的“中间”的低知识标准化活动（如大批量制造和标准化服务）位于新兴市场经济体并将趋向于外包。

在全球价值链中，企业对外投资的控制决策主要受到东道国管制制度、企业自身经营业务等因素的影响。当东道国的管制制度越严格，如针对进入全球价值链中大型下游市场的跨国企业，国家政治机构施加当

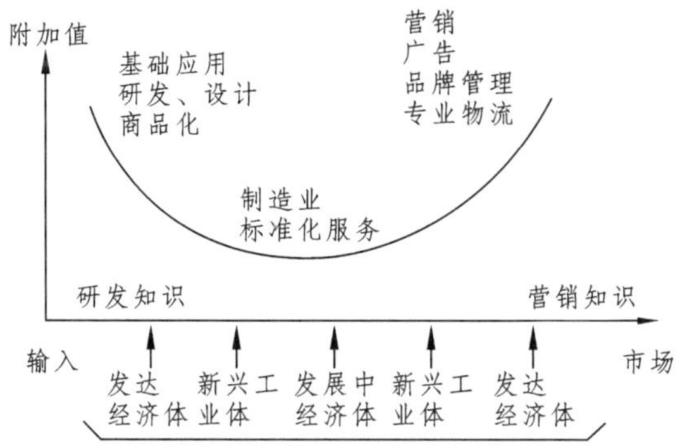

图 6-7　企业价值活动在全球价值链的分布

资料来源：Mudambi（2008）。

地制度压力越大，企业对外投资就越倾向于采取合资形式以获得合法性。当跨国企业经营主要是高科技或定位知识密集型业务时，企业则更愿意到知识产权保护较弱的国家或地区以独资形式进入。但是，企业对外投资的控制决策在相同地理区域和经营范围的企业之间有相当大的异质性，这表明企业对外投资的控制决策不仅要考虑宏观层面的因素，还需要考虑在全球价值活动中与合作伙伴关系的性质、企业的专业化水平、价值活动等因素（Amendolagine 等，2019；Dallas，2015；Kleibert，2016）。在全球价值链中，企业对外投资的区位决策主要受到东道国的制度环境、技术水平、经济水平等因素的影响。良好的制度环境，如完善的商业法规、较强的知识产权保护和大量的教育支出，将吸引企业到该国或地区进行投资，并且能够吸引技术和功能复杂的活动（Amendolagine 等，2019；Ascani 等，2016；Pipkin & Fuentes，2017）。生产技术水平更先进的国家将更多地参与到全球价值链的高端环节，并成为该地区其他国家的主要供应商（Amendolagine 等，2019；Suder 等，2015）。此外跨国企业的区位决策还受到其战略资产寻求的影响，这在知识密集型行业尤其明显，在这些行业中，领先企业往往将业务设在创新中心和全球城市（Taylor 等，2014）。

6.3.2 我国企业在全球价值链中的分工与布局

1．我国企业在全球价值链中的总体分工与地位

全球价值链是由价值环节的片段化和空间重组过程中边际成本和边际收益之间的比较形成的，是全球价值活动分工进一步深化的产物。

改革开放以来，中国凭借低廉的劳动力成本和较低的贸易价格的优势，积极加入国际价值活动当中，成长为“世界工厂”（吕越等，2017），2000年加入 WTO 以后，对外贸易总额持续增长。世界银行统计数据显示，2022年我国货物出口总额达到 239 654 亿元，远远领先美国、日本等国家，成为世界商品出口第一大国。虽然根据商品出口总量指标，中国的对外贸易水平稳居世界首位，但我国绝大多数企业的业务活动仍然只是处于在全球价值链分工的中低端部位。

就电子信息制造业全球价值链来看，由于不同国家或地区的地位或作用不同，其在全球价值链布局上呈现出较强的多元化特征。20 世纪 60 年代，以美国电子企业为先驱的离岸生产及跨国垂直一体化就已经开始出现，如美国最早将集成电路中的封装测试环节转移到中国香港等地（Scott，1987；Scott & Angel，1988；Scott & Drayse，1990）。随着电子信息制造业的地理扩张，中国因其劳动力成本优势，逐渐成为发达国家投资及生产转移的选择。一般的零部件和组装加工环节主要布局在中国等具有劳动力成本比较优势的发展中国家和地区。而标准、品牌及研发等高端环节主要布局在美国、日本等发达国家，并且在附加值较高的关键零部件生产上，日本、韩国具有较强的技术垄断性。

以反映全球电子信息产业格局的苹果产品零部件为例（康江江和宁越敏，2023）。表 6-21 显示了 2012—2020 年苹果各零部件环节（高、中、低价值环节）产品供应商在国家或地区层面的分布集中度，以赫芬达尔指数（HHI）衡量，以及供应商分布最多的几大国家或地区所占的供应商比例。如表 6-21 所示，苹果产品低价值零部件环节的布局集中度最高，HHI 总体呈先上升后下降趋势，代表第一大国家仍具有集中分布优势；从占比情况

表 6-21 2012—2020 年苹果产品零部件全球价值链地理分布局域特征

年份	2012	2013	2014	2015	2016	2017	2018	2020	分布区域		
S 前四大国家 HHI	0.218 2	0.231	0.238 1	0.238 4	0.241 6	0.253	0.256	0.255 5	中国	中国台湾	
S 前四大国家数量占比（%）	79.05	78.68	80.29	79.67	80.51	82.24	82.8	81.5	日本	美国	韩国
H 前三大国家 HHI	0.120 9	0.127 3	0.123 3	0.122 7	0.12	0.128 8	0.130 4	0.125 7	中国	日本	美国
H 前三大国家数量占比（%）	59.41	60.28	60.25	59.94	59.52	60.14	61.48	59.6			
M 前二大国家 HHI	0.279 6	0.264 2	0.272 9	0.258	0.271 6	0.272 3	0.284 6	0.278 5	中国	日本	
M 前二大国家数量占比（%）	71.43	67.14	69.14	67.77	69.23	69.11	70.94	70.8			
L 第一大国家 HHI	0.537 8	0.606	0.64	0.617 3	0.616 7	0.487 7	0.500 8	0.500 6	中国		
L 第一大国家数量占比（%）	73.33	77.84	80	78.57	78.53	69.83	70.77	70.75			

注：S 为供应商子公司总数；H 为高价值零部件环节；M 为价值零部件环节；L 为低价值零部件环节。

数据来源：康江江和宁越敏（2023）。

看，低价值零部件环节集中布局在中国，虽总体呈先增后降特征，表明尽管低价值零部件环节倾向于布局在中国，但是其他国家或地区出现一定的分流趋势；中等价值零部件环节的 HHI 次之，虽有所波动但变化较小，集中布局在中国和日本，二者合占该环节全球分布总数的 2/3；最后，高价值零部件环节的区域集中度最低，总体呈现较为稳定趋势，说明其在全球分布相对稳定，且集中向中国、日本和美国进行布局，占比接近 60%。附加值中、高的零部件环节主要布局在城市化地区，例如北美、西欧、东亚及东南亚等地，而附加值较低的零部件环节主要分布在中国东南沿海大城市及周边，逐渐向内陆扩张。中国在苹果产品零部件全球价值链中的分工地位有所提升，在中、高等价值链环节嵌入程度加深。其中，中国的主要优势是在生产电池、结构件等零件方面，集中在价值链的中、低端环节。然而在附加值高的零部件环节，中国相比于美日韩供应商数量还较少，在关键技术环节，例如芯片设计和制造环节等明显处于劣势。因此，中国在全球价值链中要实现中高端攀升主要途径是主要发展先进制造业，从而推动构建现代化产业体系。

2．我国制造业不同行业在全球价值链中的分工地位

基于 2007—2021 年全球价值链位置指数 Pos_APL，下文分析我国制造业不同行业在全球价值链中的分工地位，并同美国、日本、澳大利亚、韩国进行国际比较。Pos_APL 越大于 1，表明在全球价值链活动中，行业处于相对上游位置。Pos_APL 的年变化率能够体现出行业在全球价值链中向上游或下游发展趋势。根据亚洲开发银行 2021 和 WIOD2013 行业分类选取了纺织业（C4）和皮革业（C5）、基础金属和加工金属业（C12）、电气及光学设备业（C14）作为制造业劳动密集型、资本密集型和技术密集型行业部门的代表。我国制造业 2007—2021 年全球价值链分工位置演变趋势如图 6-8 所示，可以看出我国制造业的价值链分工地位基本保持不变，并且 Pos_APL 小于 1，处于相对下游位置。由于我国制造业国内生产链条长度不断增长，在国内价值链中“上游化”日益明显。针对生产要素，国内对国外的替代导致我国制造业的国外生产链条不断缩短，加之在进口需求侧，我国制造业高度依赖国外中间品，使得我国制造业在国际价值链中“下游化”日益明显。

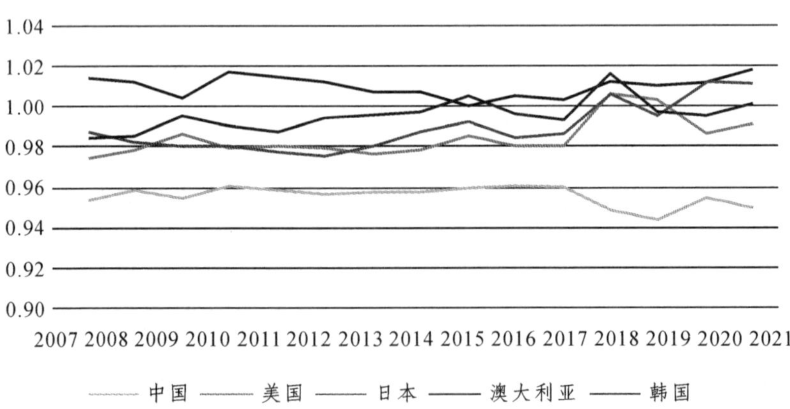

图 6-8　2007—2021 年制造业的全球价值链位置指数的国际比较

数据来源：UIBE GVC 数据库。

（1）纺织业（C4）和皮革业（C5）。

以纺织业和皮革业为代表的制造业劳动密集型行业的 2007—2021 年全球价值链分工位置国际比较如图 6-9 和图 6-10 所示，我国纺织业和皮革业的全球价值链分工位置指数 Pos_APL 均小于 1，表明处于相对中下游的位置，并且常年保持稳定发展。因为在我国加入世界贸易组织以后，随着

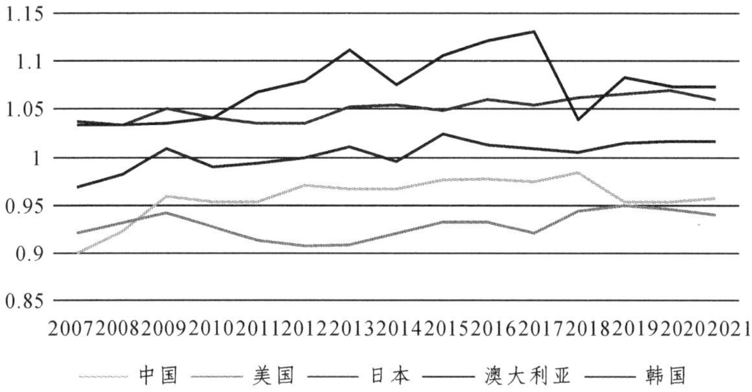

图 6-9　2007—2021 年纺织品业全球价值链位置指数的国际比较

数据来源：UIBE GVC 数据库。

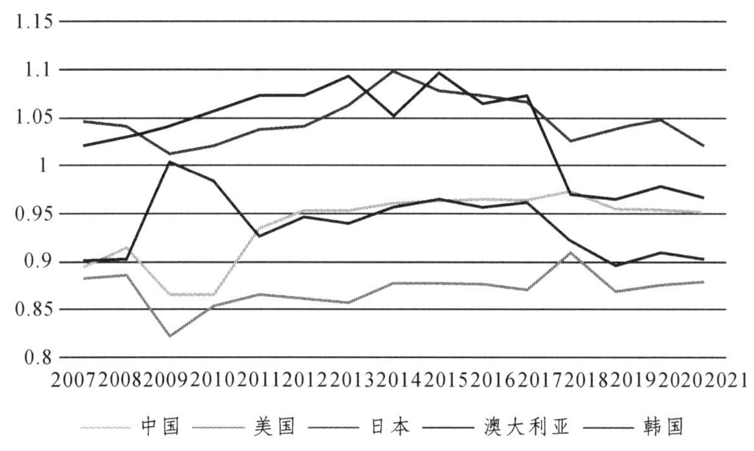

图 6-10　2007—2021 年皮革业全球价值链位置指数的国际比较

数据来源：UIBE GVC 数据库。

关税降低和配额的取消，我国纺织业、皮革业参与全球价值活动逐渐深入，并且更加侧重品牌销售、消费流通等下游环节，这使得其在全球价值链中的中下游位置基本保持不变。

（2）基础金属和加工金属业（C12）。

以基础金属和加工金属业为代表的制造业资本密集型行业的2007—2021年全球价值链分工位置国际比较如图6-11所示，我国基础金属和加工金属业的全球价值链位置指数Pos_APL基本保持不变，在全球价值链中的中下游位置稳定发展。

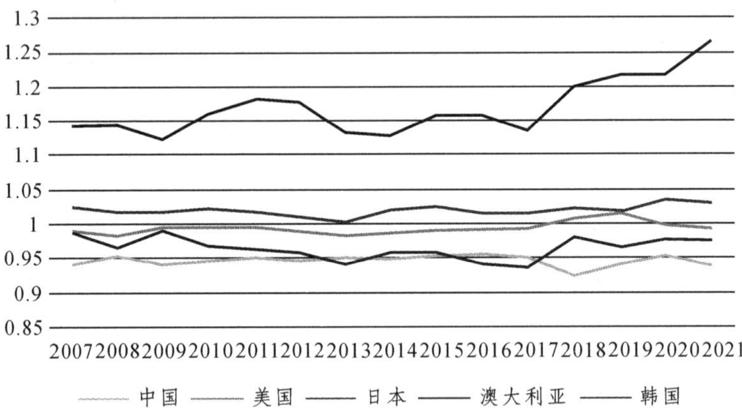

图6-11　2007—2021年基本金属和加工金属业全球价值链位置指数的国际比较

数据来源：UIBE GVC数据库。

（3）电气及光学设备业（C14）。

以电气及光学设备业为代表的制造业技术密集型行业的2007—2021年全球价值链分工位置国际比较如图6-12所示，我国电气及光学设备业从全球价值链地位指数来看处于相对下游的位置，且下游发展基本保持不变。这是由于我国电气及光学设备制造业是以加工组装、代工生产等方式嵌入全球价值链当中的，并且是偏后向进入的价值链，使得其全球价值链位置指数不断向下游移动，在一定程度上呈现出“低端锁定”的迹象。

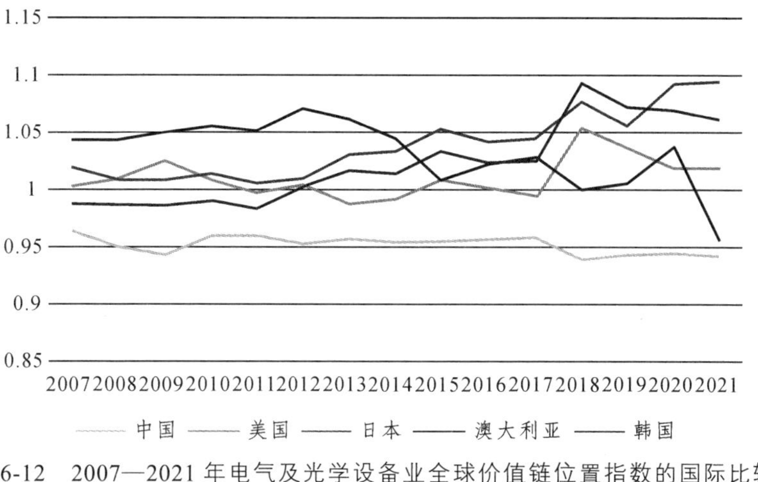

图 6-12 2007—2021 年电气及光学设备业全球价值链位置指数的国际比较

数据来源：UIBE GVC 数据库。

6.3.3 我国企业在全球价值链中的投资布局与演进特征

近年来，我国企业通过对价值链活动的全球布局，以及对对外直接投资的流向调整，来提升在全球价值链中的地位。在全球价值链分工背景下，中国对外直接投资的国家或地区的布局呈现由“单一”向“多元”演进趋势，全球价值链中的高端环节，如研发设计的海外投资快速增长（张二震和孙利娟，2020）。

我国企业的投资布局特征是随时间推移而有所变化的，可以分为三个阶段。

第一个阶段是 1978 年到 1992 年，中国开始对外贸管理体制改革，通过“走出去”和“引进来”，中国得以参与到全球价值链的各环节当中。进出口贸易尤其是加工贸易的迅速发展，使得中国企业海外投资遭遇了贸易限制，因此企业多倾向于去往贸易伙伴国或者管制制度较为自由的国家或地区进行投资，这样可以避开很多关税和非关税壁垒，以此降低对外投资成本。

第二阶段是 1993 年到 2001 年，中国迅速参与到全球价值链当中，开展价值活动。随着全球价值链分工的不断发展，中国企业海外投资经验的积累，中国开始调整对外直接投资流向，由最早比较单一的投资区位选择转向多区域、多类型的投资布局。

第三个阶段即 2001 年至今，我国企业海外投资要获取稀缺资源，通过在海外建立研发机构以学习其先进技术及管理经验。因此这一时期中国企业海外投资布局逐渐呈现多中心化特征。例如 2003 年至 2007 年，中国香港、开曼群岛、英属维尔京群岛等传统的避税天堂一直是中国企业海外投资的首选区域。中国企业为了获取丰裕的原材料、石油等资源，倾向于去往俄罗斯、沙特等国家进行投资；为了获取先进的技术和管理方面的经验，中国企业更倾向于去往美国、欧洲等发达国家或地区进行投资。2008 年以后，中国企业在发达国家以及避税岛之外，对于在发展中国家的投资日益明显。“一带一路”倡议的提出，促使中国企业前往印度尼西亚、马来西亚等亚洲地区进行投资。2020 年末，我国海外投资布局在全球 189 个国家（地区），投资的国家（地区）数量占比全球总数的 81.1%。从地区来看，中国香港、开曼群岛等是我国企业主要海外投资区域，投资存量为 16 448.9 亿美元，占比超 60%。其次为拉丁美洲和欧洲，投资存量分别为 6 298.1 亿美元，占比 24.4% 和 1 224.3 亿美元，占比 4.74%。

为了进一步展示我国企业的投资布局与演进特征，接下来将讨论一些代表性企业的对外投资活动，分析其投资布局的发展战略。

（1）华为公司。

华为公司早期的国际化开拓阶段，主要是以海外合资、合作研发、在海外各地建立研究所、成立技术联盟、建立海外子公司等形式获取当地优秀资源，拓展资源渠道，获取国际知名企业的营销经验、技术诀窍等。因此企业的内外部资源实现规模性增长，企业的研发能力得到了很大的提升，业务收入显著增加。为了实现更大的发展目标，华为开始实施国际化扩张战略，这一阶段，企业主要是以成立合资公司、成立 InTouch Lab 合作伙伴计划、建立联合创新中心等形式获取其他国家的优秀资源。华为公司为了集中资源专注研发，将制造环节进行外包。在此基础上，华为技术创新实力明显提升，并且实现了价值链的迁移，嵌入到全球价值链的高端环节。 2022 年，华为全球销售收入达到 6 423 亿元，世界财富企业 500 强排于 96 位。

（2）科达制造公司。

在全球价值链中，建陶设备的高端环节被意大利及西班牙企业占据，而中国企业主要位于低端生产环节。为了向上游领域扩张，获取高端环节巨大的市场利润，科达制造主要以建立生产基地、海外并购、合资建厂等形式对外投资，获取海外企业优秀的资源、关键的核心技术。科达制造于 2015 年在肯尼亚、加纳等地完成陶瓷厂的建设，2018 年完成其对意大利建陶设备企业 Welko 的收购。因此通过海外合作建厂、并购等对外投资战略，科达制造获取了智能装备领域的关键技术，得到了拓展海外市场，向高端环节攀升的机会。现在的科达制造已成为建陶设备制造全球价值链中高端环节的主导者，2022 年企业的营业收入达到 111.57 亿元，同比增长 13.89%。

（3）海尔集团。

为了获取世界各地的优质资源和研发技术，海尔集团采取的是海外建立研发中心、生产基地、贸易中心、技术联盟等对外投资战略。20 世纪末，海尔抓住了中国加入世界贸易组织这个机遇，在美国、欧洲等地建立研发中心、生产基地，并且设计实施了研发、制造和销售“三位一体”本地化战略以利用当地的优秀资源，拓展海外市场。通过在日本、加拿大、荷兰等国家建立产品设计分部，并且与日本东芝、德国迈兹等国际公司成立技术联盟，海尔获取了关键研发技术。通过在非洲、亚太、中东等地区建设生产基地，海尔节约了大量的运输成本，获取了利润最大化。截至 2023 年，海尔集团在全球设立了 10 个研发中心、71 个研究院、35 个工业园、138 个制造中心和 23 万个销售网络。2022 年海尔在全球品牌百强榜排名 63 位，荣获“华谱奖——叱咤全球的国家名片”。

（4）万向集团。

万向集团对外投资，获取国外市场的战略布局主要是海外并购、海外新建公司、建立合作联盟等。1984 年万向以贴牌生产开启国际化之路，于 1995 年在欧洲和南美建立公司以拓展海外市场。1997 年收购了英国 AS 公司，打开了海外市场；2003 年万向收购了美国的洛克福特公司、GBC 公司，并且与美国 TRW、DANA 公司建立战略合作伙伴关系以获取市场渠道、技术、生产制造等战略资产。万向集团总共进行了十几次海外收购行为，截至2017年，万向集团在国外已经拥有近30家公司，40多家工厂，2022年营业收入达到140.15亿元，入选中国制造业民营企业500强，位于第26位。

（5）格力集团。

早期格力集团是以贴牌生产的方式开启国际化之旅，但是这种代工生产一直处于全球价值链的低端环节。为了获取先进的制冷技术和营销经验，格力空调开始采用海外合资、在国外建立生产基地、设立研发中心、新建公司等海外投资战略布局。2001年格力在巴西建立第一个生产基地；2006年在巴基斯坦与DWP公司合作设立了第二个生产基地；2008年，格力完成了在越南的生产基地的建设，通过海外建设生产基地，很大程度上降低了格力的运输成本，增大了海外销售利润。2009年，格力与日本大金建立了全球战略合作关系，通过此次合作，格力大大提升了关键研发技术、拓展了原材料采购渠道。2011年格力在美国建立了格力电器分公司，进一步拓展了发达国家市场。截至2018年，格力建立了12个研究院，培养了一万多名技术研发人员。截至2021年格力产品已经远销160多个国家和地区，营业收入达到1 878.69亿元，海外营业收入达到225.35亿元。

7

“一带一路”倡议与我国企业对外投资布局

7.1 “一带一路”倡议与企业对外直接投资

7.1.1 “一带一路”倡议及发展现状

“一带一路”倡议旨在共建“丝绸之路经济带”和“21世纪海上丝绸之路”。这一倡议旨在促进区域内贸易和投资，并促进区域内各国的经济增长和发展。自2013年“一带一路”倡议提出以来，我国已与140个国家、32个国际组织签署了206份合作文件，构建了广泛的国际合作网络。一方面，我国与共建“一带一路”国家的合作内容不断地升级优化，在传统的双边合作基础上，不断地深化拓展至新型产业领域，包括能源、医疗、数字化和通信等领域。例如在数字化和通信等领域，我国在2021年加入《数字经济伙伴关系协定》，共同参与数字经贸规则制定，与20多个沿线国家设立“丝路电商”合作机制，包括中国—东盟信息港等数字信息基础设施建设在内的多个项目成效显著。这些成果有效地推动了沿线国家的数字化建设和转型，弥合国家之间的数字化鸿沟。另一方面，“一带一路”倡议合作形式不断推陈出新。在不断地发展中，形成了集双边合作、多边合作、区域与全球协作发展的全方位合作形式。在持续推进对外直接投资、海外工程承包合作、海外劳务合作、进出口贸易的基础上，创新合作形式，如建立境外经贸合作区、成立第三方市场、开展数字经济合作、投资经营民生发展合作等。

截至2022年第三季度，中欧铁路联运班列总开行量已达到1.2万列，西部陆海新通道海铁联运班列累计开行超过 2 万列。与此同时，中国还与 14 个国家，如日本、意大利、瑞士等，签署了第三市场合作文件。另外，“一带一路”的合作思想和主张已经被纳入联合国、G20、亚太经合组织等重要国际机构的成果文件中。国内推动建设自由贸易港、粤港澳大湾区、中国国际进口博览会和消费品博览会等开放平台，更进一步为“一带一路”倡议提供强有力的支持。

7.1.2 我国企业向共建“一带一路”国家投资的经济意义

在“一带一路”倡议提出并实施后，众多学者对企业对外投资产生影响的各方面因素进行了深入的探究，包括对外投资区位的选择、目标市场进入的战略、目标市场的制度因素等。实证研究结果表明，“一带一路”倡议发起后我国企业向沿线国开展的投资活动（以下简称“一带一路”投资），切实地为沿线国家带去了新的发展机会以及经济增长动能。同时，对我国而言，这些投资推动了我国与沿线发展中国家的双边关系，促进经贸往来，对我国经济高质量发展具有重要作用。

一方面，共建“一带一路”国家基础设施水平的提高对投资国和中国经济发展具有显著的拉动作用（王继源等，2016）。在中国投资共建“一带一路”国家的基础建设中，当地水电气供应、交通运输和邮政电信业等部门的投资能够促进中国的总产品增长和 GDP 提升。根据研究结果，每个部门 1 亿美元的总投入最大情况下能够分别带来中国 0.307、0.398、0.414 美元的总产品增长，以及 0.078、0.105、0.103 美元的 GDP 提升。同时，国内的金属冶炼、电器制造、运输设备、通用制造、金融、商务服务、批发、交通运输等行业也会受到明显的拉动效应。此外，基础设施对企业出口影响显著。基础设施越完善，企业从事出口经营的可能性越大，出口比例也会越大。交通基础设施合作可以通过降低企业出口障碍、减少出口所需时间成本来改善当地的出口环境，提高企业的出口可能性和出口比例。港口建设对于改善交通类基础设施，推动当地企业的出口具有积极作用。这些结果表明，通过在共建“一带一路”国家投资基础设施建设，中国能够促进自身经济增长，并对相关行业产生积极影响，同时也推动当地经济发展和出口增长。

另一方面，“一带一路”投资促进了中国与沿线国家的金融和贸易往来。就金融而言，“一带一路”投资推动了我国金融行业的国际化扩张，促进我国与沿线国家的金融合作，并有力地推进人民币的国际化。截至 2020 年年初，已有 11 家中资银行在 29 个共建“一带一路”国家设立了近 80 家一级机构，中资保险机构走出去的步伐日益扩大，中资金融机构布局全面展开并不断完善。同时，我国与 21 个共建“一带一路”国家签署了本币互换协议，与 8 个沿线国家建立了人民币清算机制，并与 35 个沿线国家金融监管当局签署了合作文件，金融服务沿线国家企业能力持续提升。人民币国际支付、投资、交易、储备功能稳步提高，2019 年中国与沿线国家人民币跨境收付金额超过 2.73 万亿元，同比增长 32%，人民币海外基金业务规模超过 3 000 亿元。在此基础上，我国构建的“一带一路”金融支持体系拓宽了沿线国家政府、金融部门和企业的融资渠道，为当地基础设施的建设与本土企业的发展提供资金支持，从而带动当地的经济增长。研究显示，共建“一带一路”国家金融深度每提升 1 个单位，就能导致该国经济增长效率提升 0.013 6 个单位，而外来直接投资能够强化沿线国金融发展对其经济增长的积极影响（文淑惠和张诣博，2020）。此外，人民币国际化能够减少美元汇率波动产生的系统性风险，切实降低我国与共建“一带一路”国家间的经济活动产生的汇率风险和结算成本，提高这些国家的债务偿还能力。总之，通过加强金融合作，“一带一路”投资不仅有助于我国金融业发展，而且能够带动沿线国家的经济增长，实现互利共赢的局面。

就贸易而言，2017 年中国与共建“一带一路”国家的贸易总额达到 10 492.04 亿美元，相当于中国当年外贸总额的 25.25%。而沿线国家的贸易额占比为 10.53%。同时，中国与沿线国家的贸易额占当年两国 GDP 的比例分别为 8.57% 和 7.76%。相较之下，1994 年中国与共建“一带一路”国家的贸易额仅为 298.52 亿美元，占中国和沿线国家当年外贸总额的 12.62% 和 2.06%。从贸易额这一指标来看，中国企业与共建“一带一路”国家的贸易往来在迅速增加，双边经济贡献率也显著提高。根据王腊芳

（2020）的研究，中国经济增长对共建“一带一路”国家的经济增长溢出贡献率呈逐步上升的趋势。尤其是对经济规模较大、发展水平较高以及关键能源供应国家的影响更为突出。中国经济增长对沿线国家溢出效应的增长是由中国最终需求规模的快速扩张和价值链分工结构的变化共同推动的。

随着国家之间贸易往来的不断深化，贸易合作从简单的货物进出口发展到了供应链的深入合作。王知博（2022）利用中国上市公司数据与中国海关数据，从微观层面对包括共建“一带一路”国家的新兴市场海外供应链构建与出口产品质量升级之间的关系进行深入探究。研究表明，新兴市场海外供应链构建显著推进了企业出口产品质量升级，这种效应在私营企业、一般贸易企业、零部件进口企业及内陆地区企业的表现尤为突出；另外，技术进步效应和资源配置效应是企业通过构建新兴市场海外供应链促进出口产品质量升级的传导机制。因此，“一带一路”贸易建设，尤其是扩大新兴市场海外供应链布局，以此推动国内出口产品质量提升，应以“一带一路”建设推动区域间专业化分工、以“五通”为重点推进“一带一路”倡议向纵深发展，从而提升与共建“一带一路”国家的经贸交流及产能合作层次。马淑琴（2022）经过研究，也对中国对外贸易的布局提出了具有建设性的建议。即中国应拓宽与贸易活跃国的合作范围和渠道，激发活跃国对商品贸易网络活力的带动作用，完善与枢纽国的设施联通，提升商品贸易网络资源流转效率，深化与核心国的优势产业互补，优化商品贸易网络结构，借以搭建与活跃国、枢纽国及核心国稳态可持续的商品贸易网络，高质量共建“一带一路”。总的来说，“一带一路”投资的开展，有助于推进中国与其他参与国家的经济金融合作，加强国际联系，为这些国家的安全与稳定发展贡献中国方案。

对于企业而言，向共建“一带一路”国家投资具有多重意义。首先，“一带一路”投资有利于企业拓展市场范围，开拓更加广阔的欧亚市场，帮助我国企业顺应“走出去”的要求更好地实施国际化和多元化战略。此外，积极响应“一带一路”倡议的企业也将面临更加便利的商贸环境和优惠政策，特别是在基础设施建设、能源和矿产资源等领域，与共建“一带一路”国家具有广泛的合作和发展前景。

其次，“一带一路”投资能够优化我国产业结构，促进企业和产业转型升级。随着中国经济的发展，国内要素成本不断上升，供需关系发生变化，我国部分企业和产业已经失去了传统的比较优势。然而，对于大多数发展中共建“一带一路”国家而言，其市场需求较大、要素成本较低，我国企业和产业能够在这些国家转移和配置生产活动从而重新焕发活力。

最后，“一带一路”投资有助于我国企业提升其品牌价值和竞争力。我国企业可以通过在海外市场的投资和并购活动，提高在国际市场上的知名度和影响力。我国企业还可以通过“一带一路”建设获取海外企业的先进技术和管理经验，再将其带回国内，推动国内企业在商业模式和生产技术等诸多方面的创新升级。总之，“一带一路”建设为中国企业的对外投资提供了更广阔的市场、更多的商机和更大的发展空间，这对中国企业和中国经济的发展都具有重要意义。

7.1.3 我国企业向共建“一带一路”国家投资的重点领域分析

下文将阐述“一带一路”各区域沿线国的经济水平和资源环境差异，分析我国企业在这些区域的投资重点，共建“一带一路”国家及区域划分如表 7-1 所示。

表 7-1 共建“一带一路”国家及区域划分

区域名称	区域所含国家及地区	国家及地区数
西亚	伊朗、伊拉克、土耳其、叙利亚、约旦、黎巴嫩、以色列、巴勒斯坦、沙特阿拉伯、也门、阿曼、阿联酋、卡塔尔、科威特、巴林、希腊、塞浦路斯、埃及的西奈半岛	18
南亚	印度、巴基斯坦、孟加拉国、阿富汗、斯里兰卡、马尔代夫、尼泊尔、不丹	8
中亚东亚	哈萨克斯坦、乌兹别克斯坦、土库曼斯坦、塔吉克斯坦、吉尔吉斯斯坦、蒙古国	6

续表

区域名称	区域所含国家及地区	国家及地区数
东盟	新加坡、马来西亚、印度尼西亚、缅甸、泰国、老挝、柬埔寨、越南、文莱、菲律宾	10
独联体	俄罗斯、乌克兰、白俄罗斯、格鲁吉亚、阿塞拜疆、亚美尼亚、摩尔多瓦	7
中东欧	波兰、立陶宛、爱沙尼亚、拉脱维亚、捷克、斯洛伐克、匈牙利、斯洛文尼亚、克罗地亚、波黑、黑山、塞尔维亚、阿尔巴尼亚、罗马尼亚、保加利亚、马其顿	16

资料来源：“一带一路”网。

（1）西亚。

位于“五海三洲之地”的西亚地区拥有独特的地理位置，总面积约为723万平方千米，国家数量为20，各国经济发展水平存在很大差距。西亚的大多数国家都蕴藏巨额的石油和天然气，尤其在波斯湾地带，这里的石油储备超过了世界总储备的2/3，伊朗、伊拉克、沙特阿拉伯、阿曼、阿联酋和卡塔尔这些国家的能源工业已成为它们的重要财政来源。但仍存在一些地区，其中包括叙利亚和巴基斯坦，自然资源并不充足，采矿业、加工业也相对薄弱，大多以农牧业为支柱产业。

中国与西亚各国经济发展风格的差异非常明显，跨国企业能够取长补短与西亚各国开展合作。一方面，中国企业在西亚工程建设产业上有很大的开拓空间。西亚各国大多属于新兴经济体，目前都处于快速的城镇化进程中，这就导致了对基建的迫切需求。比如，土耳其正在积极实施“2023愿景”发展战略，计划投资高速铁路、大桥、核电等重要的基础建设，而沙特阿拉伯也将在未来十年内完善全球铁路网络。西亚国家的工业开发水平较低，但中国是制造业大国、工程建设大国，在基础设施建设等领域已经形成了一定的品牌效应，因此这些国家基建计划都为中国建筑材料和劳动密集型产业提供了巨大市场，跨国企业应该积极关注西亚地区PPP投资机会（Public—Private—Partnership，公私合营）。另一方面，中国跨国企业也要重视投资西亚的新型能源和清洁能源产业。近几年传统能源投资开发潜力已相对受限，西亚地区不仅是石油、天然气等传统能源的丰产区，约旦、沙特等国家也是新型页岩油、页岩气能源的高储备区，并且由于其独特的气候和光照条件，西亚地区拥有极佳的太阳能开发机会。除此以外，西亚国家对新能源的发展给予了极大的关注，沙特政府将其作为国家产业发展的重要组成部分，积极推动太阳能等清洁能源的开发。为了抓住这一机遇，中国企业应该积极参与西亚地区的新能源和可再生能源领域的投资，中国汉能集团已经于 2019 年 1 月与 Ajlan&Bros 集团公司签署了投资意向协议，计划在沙特建立一个超过 10 亿美元的薄膜太阳能产业园。

（2）南亚。

南亚地区是我国企业投资的重点区域之一，该区域的地理位置优越，人口众多，自然资源丰富，经济增长潜力巨大，具有强大的发展潜力和吸引力。南亚区域的主要国家包括印度、巴基斯坦、孟加拉国、斯里兰卡、马尔代夫等国。这些国家的人口规模共计近 20 亿，形成了巨大的市场需求。同时，南亚地区拥有丰富的自然资源，包括石油、天然气、煤炭、铁矿石、金、银、铜、锌等矿产资源。此外，南亚还拥有丰富的水资源，包括多条大河和湖泊。南亚的气候和土地条件也非常适宜农业生产，是世界上主要的粮食生产地之一，主要种植水稻、小麦、玉米、棉花、茶叶、香料等作物。

据世界银行发布的数据，南亚地区的经济增长率在过去数年中呈现出逐渐上升的趋势。其中印度是南亚地区的经济中心，经济发展速度领先于其他国家。此外，巴基斯坦、孟加拉国等国的经济也开始展现出蓬勃发展的迹象。南亚地区的经济主要以农业为主，但近年来，服务业和轻工业也在不断发展。

南亚地区的支柱产业主要包括纺织业、农业等。其中，纺织业是南亚地区的传统优势产业之一，该地区的纺织品生产具有一定的市场竞争力。纺织业是南亚地区的传统产业之一，也是南亚地区的主要出口产品之一，包括棉纺织品、丝绸、毛织品等。南亚地区的农业生产量大，主要出口农产品，包括水稻、小麦、茶叶、棉花等。此外，南亚地区还拥有一些其他产业，如石油、天然气、煤炭、钢铁、化工等，但这些产业规模相对较小。近年来，一些南亚国家也在积极发展科技和信息技术产业，以推动经济转型和升级。

中国与南亚的经济互补性较高，组成了一个投资潜力巨大的市场。南亚地区拥有近20亿人口，同时是当前全球经济增长最快的地区之一。根据《2021年度中国对外直接投资统计公报》，从2013年到2021年，中国对外直接投资总额从1 078.4亿美元增长到1 788.2亿美元，增长率达65.82%。其中，中国对南亚直接投资流量从2013年的4.63亿美元增加到2021年的14.8亿美元，增加了3.2倍；投资存量从2013年末的58.1亿美元增加到2021年末的148.19亿美元。总体来看，未来中国企业对南亚地区的投资重点国家是印度和巴基斯坦。

在基础设施建设领域，南亚地区的交通、电力和通信等基础设施建设比较滞后，这为中国企业提供了很大的投资空间。例如，印度的“印度制造”政策推动了基础设施建设领域的需求。我国的“一带一路”倡议中的“公路、铁路、港口、电网”等建设项目可以为南亚地区的基础设施建设提供帮助，开展相关投资建设。

在农业生产和加工业领域，南亚地区的农业生产资源非常丰富，中国企业可以投资南亚地区的农产品加工和包装，提高农产品附加值，同时开拓南亚地区的农产品市场。尽管南亚地区的农民生产规模巨大，但是由于技术水平和经济政策的限制，该地区的农业生产和加工水平仍远远没有发挥其潜力。以农业为主的南亚国家也在转型升级，寻求新型工业化品牌发展。我国企业可以将农业技术和管理经验带到南亚地区，从农作物的出口、储存、加工以及物流等各环节提供经验支持，帮助当地农民提高农作物产量和品质，同时引进优质农业机械和设备来优化生产效率。

在纺织和制衣业领域，南亚地区是世界上最重要的纺织和制衣生产地之一。中国企业可以通过在该地区投资，充分利用促进该地区出口的政策，并增加垂直整合一体化，涵盖从纱线和面料到成衣的所有制造领域，以及包括机器设备和配件在内的上游生产阶段，并从中获得巨大利润。利用南亚地区的丰富棉花资源和廉价劳动力，生产高品质的纺织品和服装，供应到全球市场。

在信息技术产业领域，南亚地区的信息技术产业发展迅速，其中以印度最为突出。中国企业可以投资南亚地区的信息技术产业，利用南亚地区的廉价劳动力和软件开发能力，开发软件和服务，供应到全球市场。“一带一路”政策中的数字经济和信息技术合作也可以促进南亚地区的信息技术产业的发展。

（3）中亚东亚。

中亚东亚地区虽属于内陆地区，而且远离海洋港口，并不存在海外贸易条件，但却有着优秀的地缘经济优势。地处欧亚大陆中心的中亚东亚，具有地理上的辐射效应，在地理、人口、资源上具有进一步开发的潜力，带动周边国家的投资发展。我国提出的“一带一路”倡议，将拉近中亚东亚与东西方各个国家的联系，促进国家间相互开放程度。为了在该地区进行投资，首先需要分析本地区所拥有的资源优势。中亚东亚地区虽然发展较慢，却拥有丰富的土地资源。中亚东亚地区的人均耕地约为我国人均耕地面积的 6 倍，耕地面积高却利用不足，多“靠天”吃饭。此外，该地区还具有丰富的油气资源，优异的资源禀赋以及发展不足的特点，我国企业可集中投资于石油勘探与开采、交通及通信建设、化工、农副产品加工等领域，促进互动的良性发展。中亚东亚各国拥有丰富的土地资源，但其土地集中利用水平不高，其种植业的农产品产量仍旧处于较落后程度。在畜牧业，多以分散养殖和小规模养殖为主，缺乏大规模的标准规范养殖场和养殖企业。虽然存在许多不足，但中亚东亚各国的有较好的农畜牧业生产基础，其粮食作物农产品具有相对优势，出口量居世界前列。可投资其农畜牧业，加快产业升级，扩大规模，发挥该地区优势，提升其产业发展潜力。此外，“一带一路”建设加深了我国与中亚、东亚地区国家之间的关系，也为相互展开战略合作以及战略投资提供了更多机会。在人力资源方面，其各个国家地区的人均收入并不高，其农业人均工资更是远低于我国平均水平。因此，无论是在农业还是在其他领域，在中亚、东亚投资生产，雇佣当地劳动力也可节省大量的人工成本。

【案例 1】 中国—中亚峰会|聚焦新能源。2023 年 5 月 17 日，峰会举行前夕，乌兹别克斯坦—中国商务论坛的成功举办为峰会积极预热。寰泰能源董事长出席会议,并同乌兹别克斯坦能源部签署了风电合作投资协议。根据协议，寰泰能源将在乌兹别克斯坦撒马尔罕州投资建设中亚地区首座山地风电站，总规模 500MW，预计 2023 年年底启动，2026 年可建成并网。

资料来源：中国—中亚峰会|聚焦新能源，中国公司与中亚多国达成合作意向. https://www.thepaper.cn/newsDetail_forward_23161461.

【案例 2】 中亚最大！国家电投哈萨克斯坦札纳塔斯风电项目全容量并网。哈萨克斯坦札纳塔斯，是一座因磷矿石而兴，又因矿产工业没落而衰的城市。在哈萨克斯坦，火力发电在总发电量中占比超过 8 成，且集中在煤炭资源富集的北部地区。而南部城市电力消费量约占全国的 70%，电力供应不足，需从北部远距离输送。整体看，哈萨克斯坦新能源储量可观，且南部地区资源尤其丰沛。为解决其电力问题，国家电投旗下中国电力主动对接，提出利用哈南部地区风力资源优势，在哈南部地区开发包括风电在内的清洁可再生能源的方案，于 2018 年与哈方签署札纳塔斯 100MW 风电项目合作开发协议。两年建设期内，克服了疫情反复、封关设备滞留、冻土期工期影响等诸多困难，项目人员零感染。2020 年 9 月，首批风机实现并网发电；2020 年 10 月 26 日，项目融资协议签署落地；2021 年 6 月 9 日，完成全部 40 台风机吊装。

资料来源：中亚最大！国家电投哈萨克斯坦札纳塔斯风电项目全容量并网. https://www.thepaper.cn/newsDetail_forward_13231315.

（4）东盟。

自“一带一路”倡议提出以来，中国与沿线国家的经济合作在广度和深度方面逐渐延伸。对中国来说，东盟是沿线国家中极具发展潜力的重点区域。东盟地区的大部分国家拥有丰富的煤炭、石油以及矿产自然资源、大量的劳动力资源，东盟总人口数庞大，其消费市场潜力大，并且东盟国家具备多国关税优势，贸易壁垒少，近年来逐渐成为较受中国企业欢迎的海外投资目的地。根据商务部的数据统计分析，2013—2021 年，我国对东盟国家的直接投资流量由 73 亿美元增长到 197 亿美元，总体上呈现稳定的增长趋势（如图 7-1 所示）。截至 2021 年，我国对东盟十国的直接投资总额为 197.3 亿美元，占对亚洲投资的 15.4%。在我国对外直接投资流量前 20 位的国家（地区）中，有 6 个东盟国家位列其中，包括新加坡、印度尼西亚、越南、泰国、马来西亚和老挝。

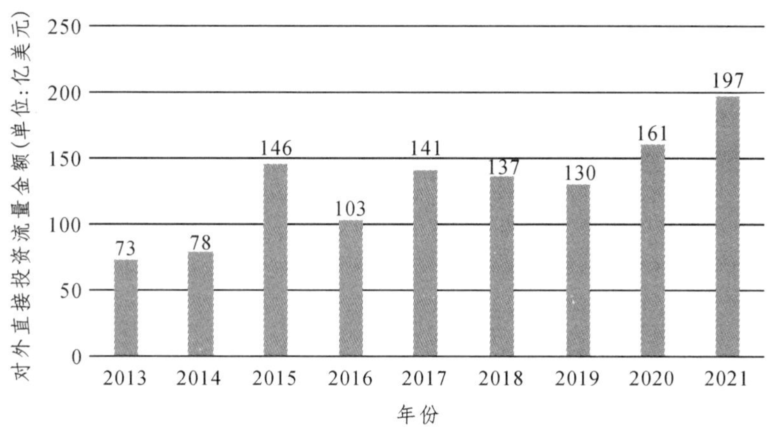

图 7-1　中国对东盟国家直接投资流量趋势

数据来源：中国商务部。

中国在东盟地区投资前三位国家分别是新加坡、印度尼西亚以及越南。其中新加坡位居首位，根据中国商务部的数据，2021 年中国企业对新加坡的投资存量达到 672 亿美元，对印度尼西亚的投资存量达到 200.8 亿美元，对越南的投资存量约 108.5 亿美元，分别占比中国对东盟投资存量的 47.9%、14.3% 和 7.7%。这三个国家都有着大量的劳动力资源、良好的交通基础设施以及稳定的政治制度环境，并且它们都容易接近自由贸易区，因此吸引着中国的投资。中国在东盟地区的投资主要是制造业、批发和零售业、租赁和商务服务业等领域。截至 2021 年中国投向制造业总额为 86.2 亿美元，占对东盟投资总额的 43.7%；批发和零售业投资总额为 31.7 亿美元，占比达 16.1%；租赁和商务服务业投资总额为 21.5 亿美元，占比约

10.9%。中国投资制造业主要分布在印度尼西亚、新加坡、越南、泰国和马来西亚等；投资批发和零售业主要分布在新加坡、马来西亚、泰国等；投资租赁和商务服务业要分布在新加坡、印度尼西亚等。

2023 年，随着 RCEP 生效实施红利逐渐释放，中国和东盟国家的投资壁垒逐步消除，未来中国和东盟国家的投资蓝海将进一步扩大。

（5）独联体。

独联体国家包括俄罗斯、亚美尼亚、阿塞拜疆、白俄罗斯和摩尔多瓦等国家，其广泛分布于欧亚大陆。这些国家位于欧亚交会处，具有重要的地缘政治和经济地位。独联体国家总人口超过 2.1 亿，其中以俄罗斯的人口规模最大，超过 1.4 亿。

自然资源是独联体国家的重要优势之一。俄罗斯作为独联体国家中最大的国家，是世界上拥有最大的石油和天然气储备之一的国家，其石油产量约占全球总产量的 13% 以上，天然气产量约占全球总产量的 20% 以上。此外，独联体国家还拥有丰富的煤炭、铁矿石、金属矿产等资源。这些资源的开发与利用对于中国企业具有重要意义，有助于满足中国国内的能源需求，并推动共建“一带一路”国家的经济发展。

在经济情况方面，俄罗斯拥有多样化的经济结构，工业、能源、农业和服务业都相对发达。俄罗斯 2019 年的 GDP 达 1.7 万亿美元，占独联体国家总 GDP 的约 80%。

鉴于独联体国家的特点，我国企业对这些国家的投资可以关注以下领域。能源合作：独联体国家拥有丰富的能源资源，中国企业可以与当地企业展开能源勘探、开发和合作，特别是在石油、天然气和煤炭等领域。基础设施建设：独联体国家在交通、能源、通信等基础设施建设方面有较大需求，中国企业可以参与公路、铁路、港口和电力等领域的投资和建设。农业合作：独联体国家拥有广阔的农业土地和农产品市场，中国企业可以在种植、养殖、农产品加工等领域展开合作，加强农业技术交流和产业链合作。矿产资源开发：独联体国家的矿产资源丰富，中国企业可以参与矿产勘探、开发和加工，特别是在金属矿产、稀土和能源矿产等领域。工业制造合作：独联体国家在机械制造、冶金、化工等领域有较强实力，中国企业可以与当地企业开展工业制造、技术合作和设备供应等合作。

在能源方面，以中俄油气合作为例，中俄两国在 20 世纪 90 年代开始讨论修建原油管道和天然气管道的工程项目。原油管道于 2011 年投产，全长 999.04 千米，设计年输油量为 1 500 万吨，但无法满足两国的需求，因此在 2016 年开始建设扩能工程。天然气管道则是中俄签署了合作协议后修建的，被称为中俄东线天然气管道，是中国第三条跨国境天然气长输管道，总长约 8 000 多千米。这些管道的建设填补了中国的石油和天然气供应缺口，提高了能源供应安全。此外，中俄在液化天然气合作方面也取得了进展。“一带一路”合作倡议的提出，极大地促进了中俄的油气合作。以俄罗斯诺瓦泰克股份公司为例，近年来，我国企业与该公司签订了多项购销合同。包括 2021 年 2 月，申能集团与诺瓦泰克签订了协议总供应量超过 300 万吨，合同期限为 15 年的液化天然气购销协议；浙能集团在 2021 年与该公司签署协议约定每年向中国最多供应 100 万吨液化天然气，期限为 15 年，2022 年双方又追加了一笔 160 万吨的液化天然气长期购买协议。

（6）中东欧。

中东欧是指欧洲大陆的中部和东部地区，包括波兰、捷克、斯洛伐克、匈牙利、罗马尼亚、保加利亚、阿尔巴尼亚等国家。这些国家的地理位置靠近欧洲的核心国家，如德国、法国和意大利，也与俄罗斯和土耳其等亚洲大国接壤。根据联合国的数据，2019 年中东欧的总人口约为 1.6 亿人，其中波兰、罗马尼亚和捷克是人口最多的三个国家，分别有 3 790 万、1 940 万和 1 060 万人。中东欧的人口密度平均为 80 人/平方千米，低于欧洲平均水平（108 人/平方千米）。中东欧的自然资源主要包括煤炭、石油、天然气、铁矿石、铜、铅、锌、黄金、银、铀等矿产资源，以及森林、农田、水资源等可再生资源。中东欧的经济情况各国之间存在较大差异，但总体上属于发展中国家或新兴市场经济体。根据世界银行的数据，2019 年中东欧的总 GDP 约为 1.3 万亿美元，占全球 GDP 的 1.7%，其中波兰、罗马尼亚和捷克是 GDP 最高的三个国家，分别为 5.9 万亿美元、2.4 万亿美元和

2.4 万亿美元。中东欧的支柱产业主要有制造业、农业、服务业和旅游业等。其中制造业包括汽车制造、机械制造、化工制造、纺织制造等领域，占 GDP 的比重较高，如捷克是世界上汽车产量最高的国家之一，匈牙利是世界上电子产品出口最多的国家之一。农业在中东欧也有重要地位，主要生产谷物、油料作物、蔬菜水果等，如波兰是世界上苹果出口最多的国家之一。服务业在中东欧也在不断发展，主要涉及金融服务、信息技术服务、教育服务等领域，如罗马尼亚是世界上软件出口最多的国家之一。旅游业在中东欧也有潜力，主要吸引了来自西欧和北美等地区的游客，如克罗地亚是世界上旅游收入占 GDP 比重最高的国家之一。

前往中东欧地区投资，首先应重点加强基础设施建设，提高中东欧互联互通发展水平。中东欧作为“一带一路”倡议的重要节点和桥头堡，需要加强基础设施建设以提高区域互联互通和经济发展水平。我国企业可以利用自身在基础设施建设方面的优势和经验，在交通运输、能源电力、通信网络等领域开展合作项目，并通过公私合营（PPP）模式降低风险和成本。其次，注重劳动力与资源市场应用。中东欧拥有较强的制造业基础和较低的劳动力成本，我国企业可以与当地企业开展产能合作，在汽车制造、机械制造、化工制造等领域进行技术转让或联合投资，并利用当地市场和资源拓展第三方市场。再次，注重服务业发展与人才提高。中东欧在服务业方面有较大的发展空间和需求，我国企业可以借助自身在金融服务、信息技术服务、教育服务等领域的优势和经验，在当地提供高质量和高效率的服务，并促进当地人才培养和创新能力提升。最后，着重于旅游业发展与交流。中东欧具有丰富而多样的旅游资源和文化遗产，我国企业可以与当地企业开展旅游业合作，在旅游产品开发、旅游市场推广、旅游设施建设等方面进行合作或投资，并增加两地民众之间的文化交流和友好感情。

【案例 3】 2016 年 11 月，中国交通建设集团与匈牙利政府签署了布达佩斯至贝尔格莱德铁路匈牙利段项目合同，总投资约 18 亿美元。该项目是“一带一路”倡议下第一个跨境铁路项目，将极大缩短货物从希腊到匈牙利的运输时间。

资料来源：中国国家铁路集团有限公司—匈塞铁路项目. http://www.china-railway.com.cn/gjhz/jwxmjs/201812/t20181217_91358.html.

【案例 4】 2017 年 5 月，中国长城汽车与保加利亚政府签署了在保加利亚建立汽车生产基地项目协议，总投资约 1 亿美元。该项目将使中国长城汽车成为首个在保加利亚建立汽车生产基地并出口到其他欧盟市场的中国汽车品牌。

资料来源：姜琍. “17+1 合作”和“一带一路”框架内中国与保加利亚经贸合作[J]. 欧亚经济，2020（2）：111-124+128.

7.2 “一带一路”倡议对企业对外投资的影响

现有文献针对“一带一路”对外直接投资问题，借助多个理论视角，如制度理论、资源理论、双边关系视角和所有权优势视角等，探讨了国家层面、区位层面和企业层面的对外投资的区位选择、进入模式、投资规模及效率问题。相关研究总结如表 7-2 所示。具体而言，第一，从东道国与母国间的距离和双边关系角度，学者们分析了“一带一路”沿线投资的影响因素及作用机制。一方面，学者们发现两国的地理、政治、经济、文化等距离增加了企业国际化经营的交易和沟通成本，对共建“一带一路”国家的投资流量产生抑制作用（方慧和赵甜，2017；祝继高等，2021；邸玉娜和由林青，2018）。另一方面，从国家双边关系角度，有研究提出友好密切的东道国和母国双边关系作为一种替代性制度，有利于促进两国间信息流动、经贸往来、文化交流，提升对外投资规模、多元化程度和投资成功率（杨连星等，2016；吕越等，2019；聂世坤和叶泽樱，2021；Li et al.，2019）。

第二，有研究表明，东道国的资源禀赋和基础设施建设是影响中国在“一带一路”对外投资决策及区位选择方面的重要因素（曲智和杨碧琴，2017；王建秀等，2018；潘素昆和杨雅琳，2020）。此外，一些研究强调，东道国经济、政治、文化以及制度的发展会降低成本和风险（贺娅萍和徐康宁，2018；程中海和南楠，2018；张述存，2017），对中国“一带一路”

投资决策与规模产生积极的影响（杨栋旭和于津平，2021）。一些观点认为，中国对外直接投资存在“制度背离”和“风险偏好”问题。这就是说，如果东道国的法律规范和民主程度越高或风险越低，那么中国对其直接投资规模就越小（曹亚军和胡婷，2021；程中海和南楠，2018）。

第三，从母国环境角度，有少量文献提出母国投资政策和政府支持为企业对外投资提供资金保障和良好营商环境，增加企业向共建“一带一路”国家投资的意愿，提高投资规模与效率（Huang et al.，2022；Wang & Liu，2022；陈胜蓝和刘晓玲，2018）。比如，Wang 和 Liu（2022）提出国有企业通过股权可以获得稀缺资源、政府背书，更倾向于在共建“一带一路”国家投资。Huang 等（2022）发现母国政府支持可以提升我国跨国子公司在海外市场的投资绩效。

第四，从投资主体角度，少数学者从所有权优势视角，指出企业“可转移”的优势（祝继高等，2021），如企业规模、生产率、资本密集程度能够为企业创造异质性优势，影响企业进入共建“一带一路”国家的战略选择（蒋冠宏，2017）。此外，学者们还发现出口经验能够提高企业的快速学习能力和环境适应能力，从而促进企业向沿线国开展对外投资（崔远淼等，2018）。

表 7-2　相关文献总结

<table>
<tr><th></th><th>研究问题</th><th>影响因素</th><th>影响机制</th><th>主要观点</th><th>BRI 角色</th></tr>
<tr><td colspan="6">宏观层面：东道国与母国</td></tr>
<tr><td>距离角度</td><td>东道国与母国间距离如何影响 BRI 投资区位、模式及规模？</td><td>• 地理、经济、政治、技术、文化距离</td><td>• 增加成本
• 增加风险
• 管理困难</td><td>• 国家距离对企业 BRI 投资总体呈现抑制作用</td><td rowspan="2">• 减少外来者劣势
• 降低不确定性和风险
• 完善平台机制
• 深化交流合作</td></tr>
<tr><td>双边关系角度</td><td>东道国与母国间双边关系如何影响 BRI 投资区位、规模及绩效？</td><td>• 双边政治关系
• 双边投资协定
• 双边文化交流</td><td>• 增加合法性
• 替代性制度
• 减少摩擦
• 降低风险</td><td>• 友好双边政治关系、双边投资协定有助于提高企业 BRI 投资规模、投资成功率</td></tr>
<tr><td></td><td colspan="5">代表性研究：距离角度—方慧和赵甜（2017）；邸玉娜和由林青（2018）
关系角度—杨连星等（2016）；吕越等（2019）；聂世坤和叶泽樱（2021）；Li et al.（2019）</td></tr>
</table>

续表

	研究问题	影响因素	影响机制	主要观点	BRI 角色
宏观层面：东道国					
制度角度	BRI 沿线国制度环境如何影响中国向其投资的区位、规模及效率？	• 经济制度 • 政治制度 • 文化制度	• 削减成本 • 降低风险 • 提升效率	• 完善的东道国经济、政治、文化制度对 BRI 投资区位选择、规模产生积极影响	• 建设基础设施 • 推进政策对接
资源角度	BRI 沿线国资源禀赋如何影响企业向其投资的决策及区位？	• 要素禀赋 • 基础设施	• 利用资源 • 削减成本	• 丰富的资源禀赋、完善的基础设施推动 BRI 投资	
	代表性研究：制度角度—张述存（2017）；贺娅萍和徐康宁（2018）；程中海和南楠（2018）；杨栋旭和于津平（2021）；曹亚军和胡婷（2021） 资源角度—曲智和杨碧琴（2017）；王建秀等（2018）；潘素昆和杨雅琳（2020）				
宏观层面：母国					
制度角度	母国制度环境如何影响企业向 BRI 沿线国投资规模及效率？	• 政府支持 • 国有股权	• 提高内需 • 政策效应 • 股权优势 • 削减成本	• 母国通过政策效应、股权控制等增加企业 BRI 投资的意愿，提高投资效率	• 推动制度建设 • 提供政策支持 • 优化营商环境
	代表性研究：陈胜蓝和刘晓玲（2018）；Wang & Liu（2020）；Huang et al.（2020）				
微观层面：企业					
所有权优势角度	企业的所有权优势如何影响 BRI 沿线投资决策及模式？	• 企业规模 • 企业生产率 • 资本密集度 • 出口经验	• 快速学习 • 环境适应 • 技术溢出	• 企业规模、生产率、资本密集度、出口经验等优势对企业 BRI 投资产生积极影响	• 提供资源支持 • 提供中介服务
	代表性研究：蒋冠宏（2017）；崔远淼等（2018）				

注：BRI 指“一带一路”倡议。

7.3 “一带一路”倡议下我国企业对外投资布局

7.3.1 “一带一路”倡议下我国对外投资总体布局

“一带一路”倡议的首要目标是促进亚欧非地区的互联互通和经济合作，因此，中国企业在该地区的投资主要集中在沿线国家和地区，包括东南亚、南亚、中亚、西亚和北非等地。

为了更直观地了解“一带一路”倡议实施以来，中国对沿线国家的对外直接投资情况以及该倡议的建设状况，对2003年至2021年间中国对共建“一带一路”国家的投资数据进行了统计。

在介绍中国对“一带一路”投资情况之前，需要对投资存量和流量两个概念进行解释。在经济学中，存量指的是某一时点的经济价值或物量结存，反映了该时点持有的经济价值或物量。流量是指一段时间内累积发生的经济价值或物量，反映了该时期内经济价值或物量的产生、转换、交换、转移和消失，体现了经济价值或物量的变化。图7-2和7-3分别展示了中国对共建“一带一路”国家的对外直接投资存量和流量情况。

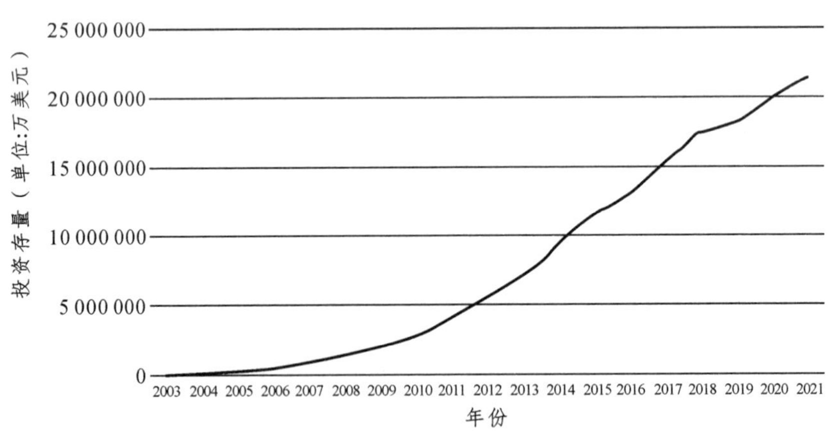

图7-2　我国“一带一路”对外直接投资存量统计

数据来源：CSMAR数据库。

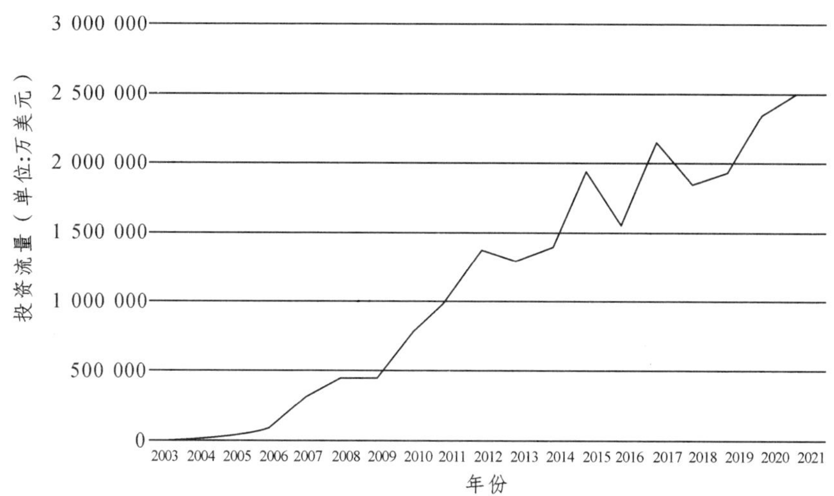

图 7-3 我国“一带一路”对外直接投资流量统计

数据来源：CSMAR 数据库。

从存量趋势来看，自 2013 年以来，中国对共建“一带一路”国家的对外直接投资存量一直保持较高水平的持续增长。从流量趋势来看，自 2013 年以来，中国对“一带一路”投资的流量也一直保持较高水平。尤其在 2014—2015 年和 2016—2017 年这两个时间段，对外投资流量有明显增长。

另一方面，我国企业在共建“一带一路”国家设立子公司或分支机构的数量，也能够反映出我国对外直接投资水平。图 7-4 展示了我国上市企业在共建“一带一路”国家分支机构的数量增长情况。

从数量上来看，我国企业在共建“一带一路”国家设立子公司的数量增长大致经历了三个阶段。第一阶段是 2003 年到 2010 年，这一期间并没有大幅度的增长。第二阶段是 2010 年到 2014 年，在这一阶段，我国企业在国外设立子公司的数量有了较为明显的增长。第三阶段是 2014 年到 2021 年，这一阶段，“一带一路”倡议不断发展和深入，国家和政府层面鼓励企业出海寻求发展，同时，随着社会经济的不断增长，企业自身也产生了较为强烈的出海意愿。因此在这一阶段，我国企业在海外设立子公司的数量有明显的增长。

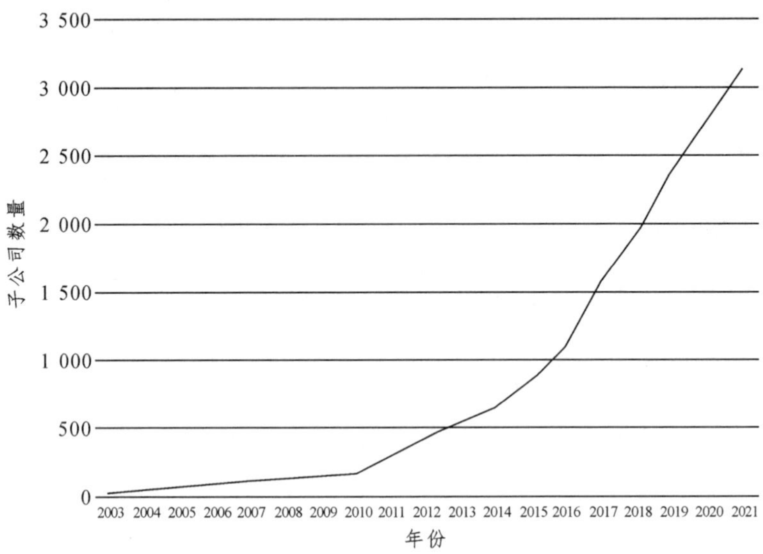

图 7-4　我国企业在共建“一带一路”国家设立子公司的数量

数据来源：CSMAR 数据库。

7.3.2 “一带一路”六大经济走廊投资布局

在 2015 年，国家发改委、外交部和商务部联合发布了《推动共建丝绸之路经济带和 21 世纪海上丝绸之路的愿景和行动》。该文件确定了六大国际经济合作走廊，这些走廊构成了“一带一路”倡议的重要框架。作为区域经济合作网络的支柱，六大经济走廊的形成已经明显推动了中国与沿线国家的经贸发展（田晖等，2023）。

六个经济走廊分别为：新亚欧大陆桥经济走廊、中亚西亚经济走廊、中蒙俄经济走廊、中南半岛经济走廊、中巴经济走廊以及孟中印缅经济走廊。表 7-3 展示了六大经济走廊所包含的国家。

经济带或经济走廊指的是一个区域经济单元，由特定的交通运输干线、自然环境、地理位置和资源组成。在经济带内，凭借互联互通的优势，若干经济发达大城市通过经济积累和辐射带动，串联起不同规模城市，形成经济走廊。这些走廊由点状密集、面状辐射、现状延伸的生产与流通一体化区域组成。现将六大经济走廊简要介绍。投资存量和流量数据为宏观层面，子公司数量数据为沪深上市企业层面。

表 7-3 “一带一路”倡议六大经济走廊及国家分布

经济走廊	国家	数量
新欧亚大陆桥	阿尔巴尼亚、爱沙尼亚、白俄罗斯、保加利亚、波黑、立陶宛、拉脱维亚、捷克、斯洛伐克、斯洛文尼亚、匈牙利、克罗地亚、亚美尼亚、格鲁吉亚、北马其顿、塞尔维亚、摩尔多瓦、黎巴嫩、黑山、波兰、罗马尼亚、乌克兰	22
中亚—西亚	哈萨克斯坦、乌兹别克斯坦、吉尔吉斯斯坦、塔吉克斯坦、土库曼斯坦、沙特阿拉伯、卡塔尔、巴林、土耳其、以色列、叙利亚、科威特、约旦、阿联酋、伊朗、伊拉克、阿富汗、阿塞拜疆、阿曼、也门、巴勒斯坦	21
中南半岛	新加坡、文莱、马来西亚、印度尼西亚、东帝汶、菲律宾、泰国、越南、柬埔寨、老挝、斯里兰卡、马尔代夫、尼泊尔、埃及	14
孟中印缅	孟加拉国、印度、缅甸	3
中蒙俄	蒙古国、俄罗斯	2
中巴	巴基斯坦	1
总数		63

资料来源：商务部、国家统计局和国家外汇管理局联合发布的《2019 年度中国对外直接投资统计公报》。

1．中蒙俄经济走廊

中蒙俄三国地理位置相邻，它们之间的边境线长达数千千米。这三个国家的发展战略互相呼应，可以整合丝绸之路经济带倡议、俄罗斯跨欧亚大铁路和蒙古国草原之路倡议的优势。通过加强基础设施建设，包括铁路和公路，优化通关和运输服务，以提高跨境运输的便利性，进而促进在跨境旅游、智库、媒体、环境保护、减灾救灾等领域的合作，致力于构建中蒙俄经济走廊，以实现三国的共同发展目标。

中蒙俄经济走廊可分为两个重要通道，其划分基于区位特征、资源禀赋和交通布局。第一条通道始于中国的华北地区，包括北京、天津和河北等地，延伸至呼和浩特，然后通过边境城市二连浩特进入蒙古国的乌兰巴托，最终与俄罗斯远东铁路网相连。第二条通道沿着老中东铁路线，从中国的大连、沈阳、长春和哈尔滨出发，经过满洲里抵达俄罗斯的赤塔。这两条通道共同连接了中国的环渤海经济圈和欧洲经济圈，形成了一条从亚洲到欧洲的北方通道，即中蒙俄经济走廊。相较于丝绸之路经济带，该经济通道从东三省出发，向东可达到符拉迪沃斯托克的出海口，向西可到达俄罗斯的赤塔，并进而接入亚欧大陆桥。该通道具备低运输成本、短时间、经过国家较少以及低海关通关成本等优势，是一条潜力巨大的经济走廊。

截至 2017 年，“中俄欧”国际货物班列，如“津满欧”“苏满欧”“粤满欧”和“沈满欧”已经常态化运营。在上海合作组织杜尚别会议上，中蒙俄三国领导人积极推动中蒙俄经济走廊的建设，并建立了双边层次的多部门对话管道以及中蒙俄三国副外长级磋商机制，以协调推进三国间的合作。

图 7-5、7-6、7-7 展示了我国历年对中蒙俄经济走廊国家的投资情况。从投资情况来看，在“一带一路”倡议提出的初期，我国对中蒙俄经济走廊的投资有一段爆发式的增长。而在后期，不管是从投资存量还是流量上，都有一定程度的下降。但是，结合我国企业在中蒙俄经济走廊设立子公司的情况来看，我国企业对中蒙俄经济走廊的发展持有比较积极的态度。总体而言，我国对中蒙俄经济走廊的投资已由快速增长转化为高质量发展阶段。

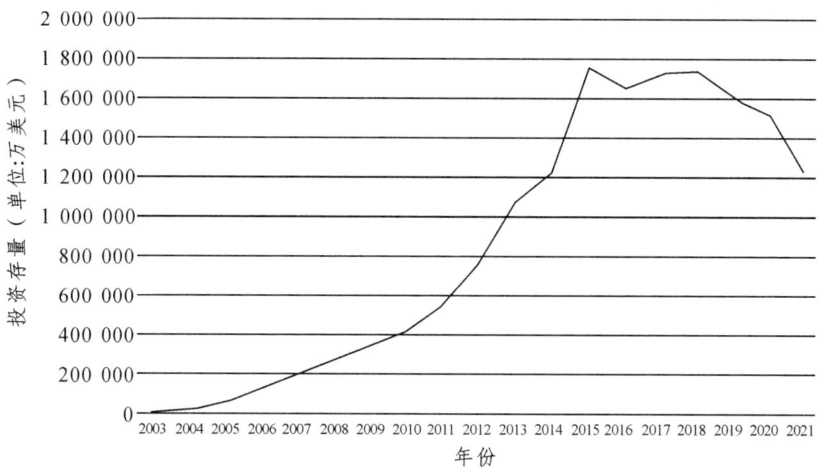

数据来源：2003—2021 年度中国对外直接投资统计公报。

图 7-5　我国企业在中蒙俄经济走廊历年投资存量

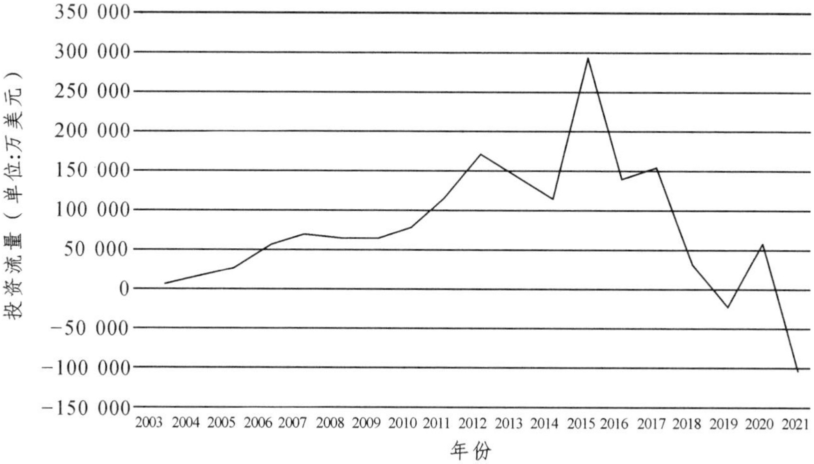

数据来源：2003—2021 年度中国对外直接投资统计公报。

图 7-6　我国企业在中蒙俄经济走廊历年投资流量

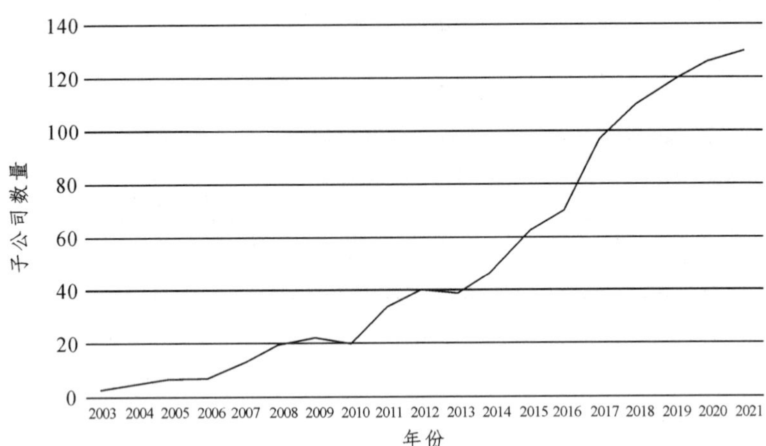

数据来源：CSMAR 数据库，样本为沪深上市企业。

图 7-7 我国企业在中蒙俄经济走廊设立子公司数量

2．新亚欧大陆桥经济走廊

新亚欧大陆桥总长 10 900 千米，紧密连接了中国东部城市连云港与荷兰鹿特丹港。该国际铁路干线穿越 30 多个国家和地区，为交通提供了巨大的便利。与绕道印度洋和苏伊士运河的水运相比，北线大陆桥缩短了 3 000 千米的运距，减少了 20% 的运费，并将时间缩短了一半。这一举措将连接环太平洋经济圈和欧洲经济圈。考虑到新亚欧大陆桥跨越多个国家，通行成本较高，因此应重视推进通关便利化，促进贸易和鼓励投资，同时优化沿线国家的经济通道。在现代化国际物流体系的支持下，新亚欧大陆桥经济走廊建设注重经贸和产能合作，并致力于开拓更多的能源资源合作途径，以建立畅通高效的区域大市场。

新亚欧大陆桥建设在 1992 年基本完成，然而由于货运量和通关成本等制约因素，它未能在贸易往来中发挥预期的经济通道效用。随着我国经济的发展和与欧洲国家之间贸易的不断深化，自 2010 年以来，新亚欧大陆桥开始发挥起经济干线的作用。2011 年，重庆启动了“渝新欧”班列，该班列由重庆出发，途经哈萨克斯坦、俄罗斯、白俄罗斯和波兰，最终抵达德国。这标志着中欧班列建设的开端。截至 2017 年，我国已经有 35 个城市开通了 57 条运行线路，将中国与欧洲 12 个国家、34 个城市紧密连接起来。中欧班列的开通极大地优化了我国与欧洲之间的贸易运输和交通网络，为进一步深化合作提供了坚实的基础。

在图 7-8、7-9 和 7-10 中可以看到，我国企业在新亚欧大陆桥经济走廊沿线国家的投资意愿是比较高的。从投资存量上来看，2013 年从 194 096 万美元持续增长至 2019 年的 385 255 万美元。这一时期的投资流量也处于

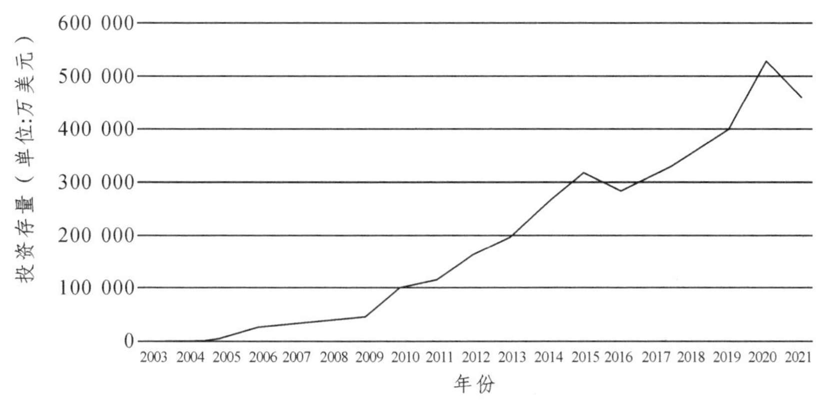

数据来源：2003—2021 年度中国对外直接投资统计公报。

图 7-8　我国企业在新欧亚大陆桥经济走廊历年投资存量

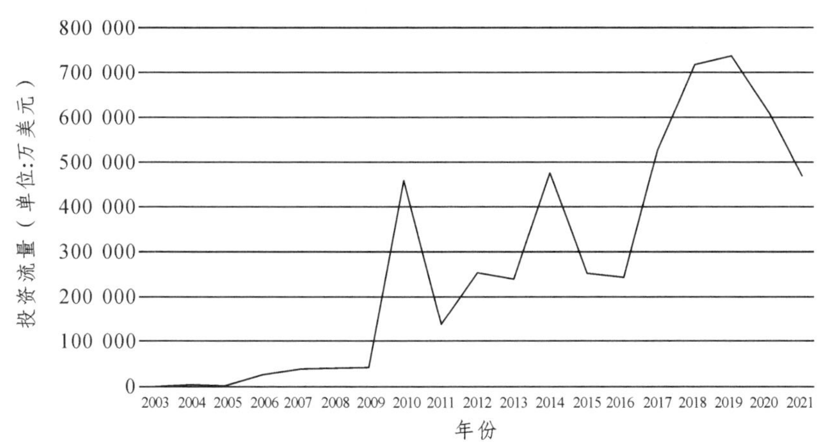

数据来源：2003—2021 年度中国对外直接投资统计公报。

图 7-9　我国企业在新欧亚大陆桥经济走廊历年投资流量

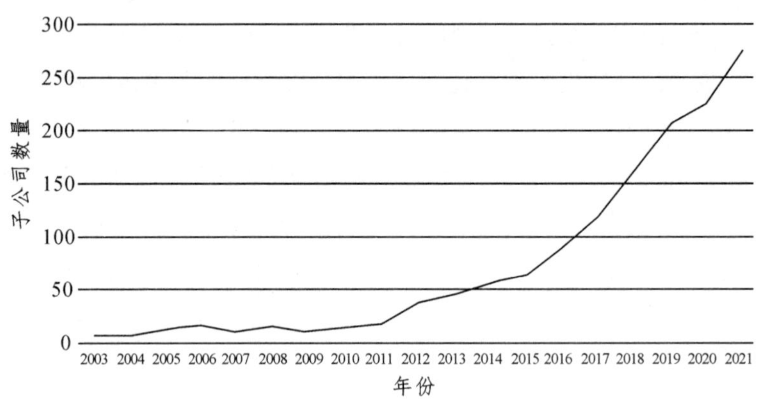

数据来源：CSMAR 数据库，样本为沪深上市企业。

图 7-10 我国企业在新欧亚大陆桥经济走廊设立子公司数量

较高水平。此外，2020 年到 2021 年尽管受到新冠疫情的影响，投资的存量并未有较大幅度下降。从我国企业设立子公司的情况来看，新亚欧大陆桥经济走廊对我国企业也具有较强的吸引力。

3. 中国—中亚—西亚经济走廊

中国—中亚—西亚经济走廊是将中国与中亚、西亚沿线国家相连接的重要通道。与以铁路为主要交通方式的亚欧大陆桥不同，该经济走廊通过能源运输和物流合作成为一个关键的能源大通道，并扮演着中国—中亚石油和天然气管道的重要角色之一。

在“一带一路”倡议的推动下，中国—中亚—西亚经济走廊在 2021 年至 2022 年期间取得了显著的进展。中国与中亚国家之间密切合作，以共建“一带一路”为目标，分别确立了与哈萨克斯坦的“光明之路新经济政策”、乌兹别克斯坦的“新乌兹别克斯坦规划”、塔吉克斯坦的“2030 年前国家发展战略”以及土库曼斯坦的“复兴古丝绸之路”等双边战略对接机制。同时，双方还签署了多项关于基础设施发展和互联互通的规划，成功建立了一系列连接欧亚的基础设施项目，初步实现了交通、能源、电讯和产业协作等领域的互通与连接（宋博，2021）。未来，该经济走廊还将延伸至伊朗、伊拉克、沙特和土耳其等国家和地区。

在交通领域，中国与中亚国家通力合作，实现了铁路、公路、航线、油气管道、通信网络立体对接，建设了中吉乌公路、“中国西部—西欧”交通走廊、中哈霍尔果斯国际边境合作中心、中哈连云港物流合作基地等项目（宋博，2021）。

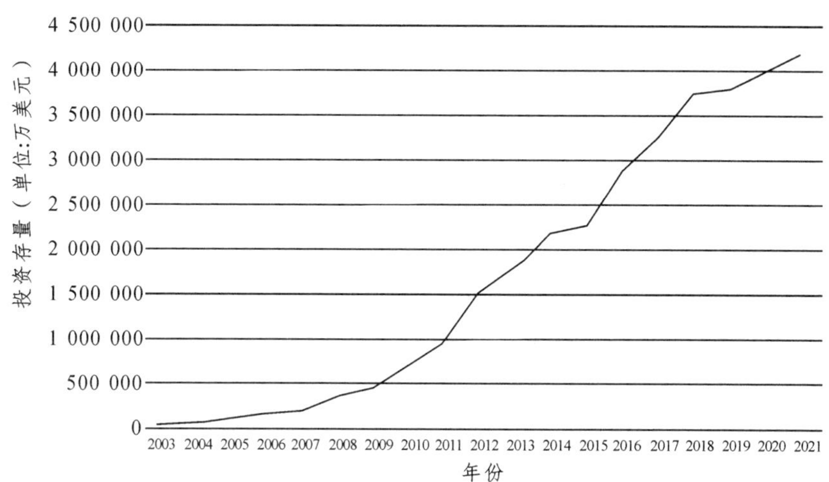

4 500 000
4 000 000
3 500 000
3 000 000
2 500 000
2 000 000
1 500 000
1 000 000
500 000
0
投资存量（单位:万美元）
2003 2004 2005 2006 2007 2008 2009 2010 2011 2012 2013 2014 2015 2016 2017 2018 2019 2020 2021
年份

数据来源：2003—2021 年度中国对外直接投资统计公报。

图 7-11 我国企业在中国—中亚-西亚经济走廊历年投资存量

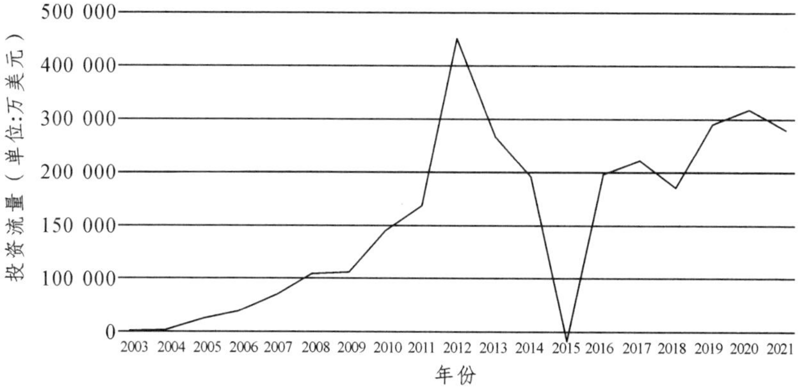

500 000
400 000
300 000
200 000
150 000
100 000
0
投资流量（单位:万美元）
2003 2004 2005 2006 2007 2008 2009 2010 2011 2012 2013 2014 2015 2016 2017 2018 2019 2020 2021
年份

数据来源：2003—2021 年度中国对外直接投资统计公报。

图 7-12 我国企业在中国—中亚—西亚经济走廊历年投资流量

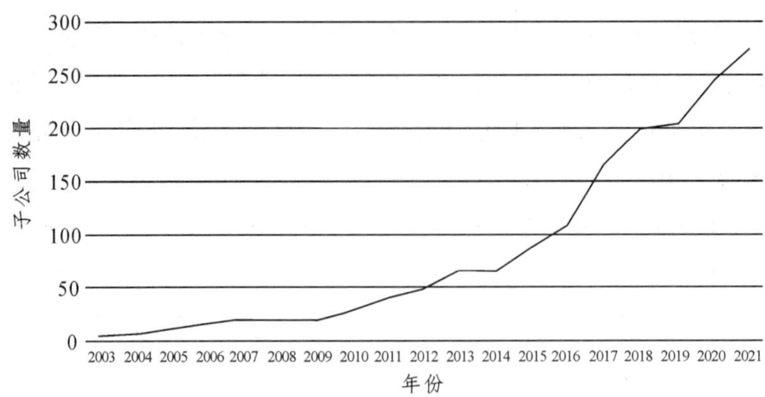

数据来源：CSMAR 数据库，样本为沪深上市企业。

图 7-13　我国企业在中国—中亚—西亚经济走廊设立子公司数量

在能源领域，中国与中亚国家积极展开合作，共同建设了“中哈石油管道”“中国—中亚天然气管道”等能源管网项目，以及“复兴”气田和奇姆肯特炼油厂等能源供应源项目。通过这些能源基础设施网络，中国与中亚国家之间的能源合作得到了持续深化（宋博，2021）。

此外，中国与中亚国家还进行了密集的线上元首对话。2021 年是中亚国家独立 30 周年，2022 年是中国同中亚国家建交 30 周年，中国与中亚在“一带一路”倡议下的合作将会发现新机遇、获得新动能（宋博，2021）。

图 7-11、7-12 和 7-13 展示了我国历年在中亚—西亚经济走廊的投资情况。从投资存量来看，2012 年到 2018 年投资流量处于较高水平，后期平稳增长，这一时期投资波量流动较大。但是结合我国在中亚—西亚经济走廊设立子公司的情况来看，我国对中亚—西亚经济走廊的发展持有积极的态度。

4. 中巴经济走廊

中巴经济走廊起点位于南疆喀什，经喀喇昆仑山口进入巴基斯坦，最终达瓜达尔港。该走廊旨在加强中巴在交通、能源和海洋等领域的合作。通过建设喀什北部至巴基斯坦瓜达尔港的主干线，推动互联互通。随着“一带一路”构想成熟，中巴经济走廊纳入整体规划。2015 年，习近平主席访巴启动总投资 460 亿美元的计划，促进新疆喀什至巴基斯坦瓜达尔港的交通和通信基础设施发展，包括公路、铁路、油气管道和光纤通道等，纳入综合规划。中巴经济走廊是南北丝绸之路的重要组成部分，连接丝绸之路经济带北端和 21 世纪海上丝绸之路南端，畅通贸易走廊，推动区域经济一体化。2015 年，中巴经济走廊委员会在伊斯兰堡成立，标志着走廊正式组织起来，迈向制度化发展。

中巴经济走廊作为中国和巴基斯坦之间的重要合作项目，目前展现出强劲的发展势头。根据报道，该走廊已经基本完成了 20 多个项目，预计到 2030 年，还将接近完工另外 63 个项目。

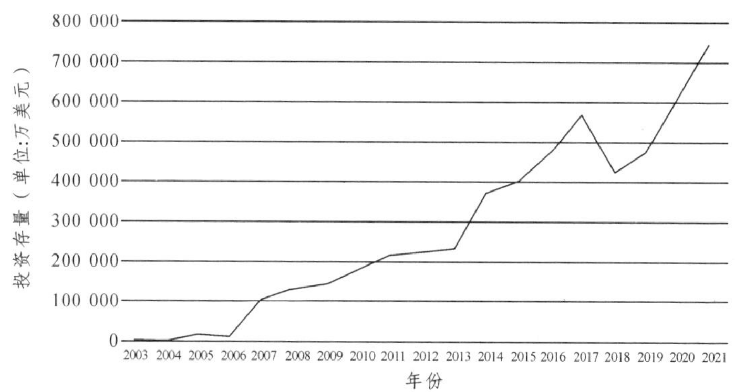

数据来源：2003—2021 年度中国对外直接投资统计公报。

图 7-14　我国企业在中巴经济走廊历年投资存量

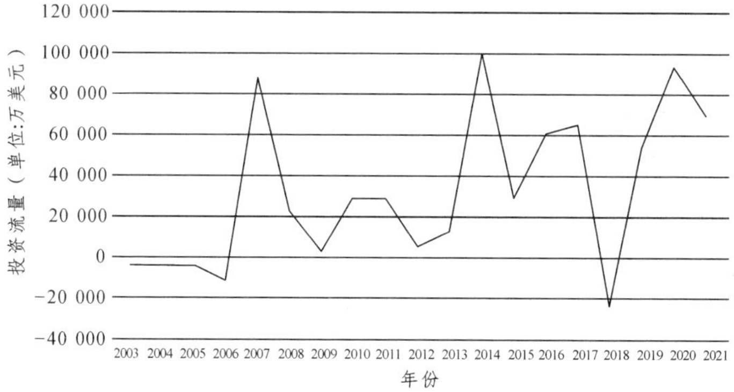

投资流量（单位:万美元）
120 000
100 000
80 000
60 000
40 000
20 000
0
−20 000
−40 000
2003 2004 2005 2006 2007 2008 2009 2010 2011 2012 2013 2014 2015 2016 2017 2018 2019 2020 2021
年份

数据来源：2003—2021 年度中国对外直接投资统计公报。

图 7-15　我国企业在中巴经济走廊历年投资流量

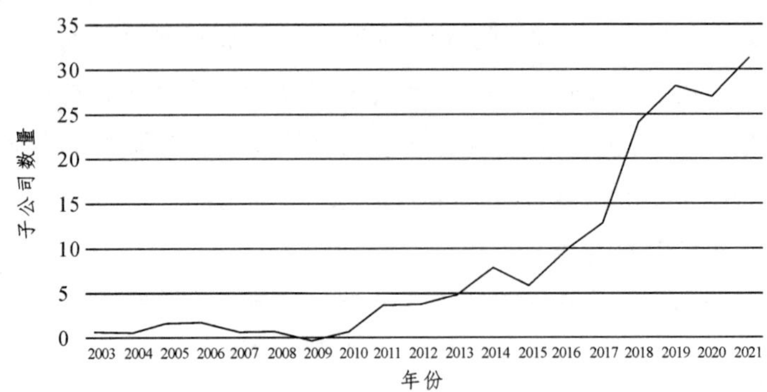

数据来源：CSMAR 数据库，样本为沪深上市企业。

图 7-16　我国企业在中巴经济走廊设立子公司数量

从我国企业对中巴经济走廊的投资和设立子公司的情况来看（详见图 7-14、7-15、7-16），我国企业近年来对于在该经济走廊的投资热情较高。此外，中巴经济走廊建设在基础设施建设领域取得成就的基础上，迈入以产能合作、农业、社会民生等领域为重点的高质量发展新阶段。瓜达尔港建设不断取得进展，港口已具备全作业能力并启动商业化运营，港口自由区引资落户，正朝着物流枢纽和产业基地的战略目标扎实迈进；拉沙卡伊、塔贝吉等“特别经济区”进入建设阶段，将为巴基斯坦下阶段工业化发展提供动力。

5．中国—中南半岛经济走廊

中国—中南半岛经济走廊国家是我国企业对外投资的重点区域。2017 年到 2021 年间，我国企业对其投资存量占整个六大经济走廊投资存量分别为 55.40%、58.11%、60.32%、62.83%、64.95%。从我国企业对中国—中南半岛经济走廊国家进行投资的统计数据来看（详见图 7-17、7-18、7-19），无论是投资量，还是企业出海设立分支机构的数量，都能够反映出我国企业对中国—中南半岛经济走廊国家的投资热情。同时也反映出了该经济走廊在持续稳中向好的发展态势。

双方在互联互通、经贸合作、金融合作和体制机制建设等方面积极加强合作。这些努力不仅推动了区域内的发展，而且有助于促进东盟与中亚、欧洲之间的互联互通。在交通基础设施领域，中老铁路项目已经进入实施阶段，为中南半岛国家之间的人员和货物运输提供了便利。同时，中泥铁路项目也已经启动，将进一步加强区域内的铁路网络。此外，即将开工建设的金边至西哈努克高速公路将提升中南半岛国家之间的道路连接，促进贸易和人员流动。

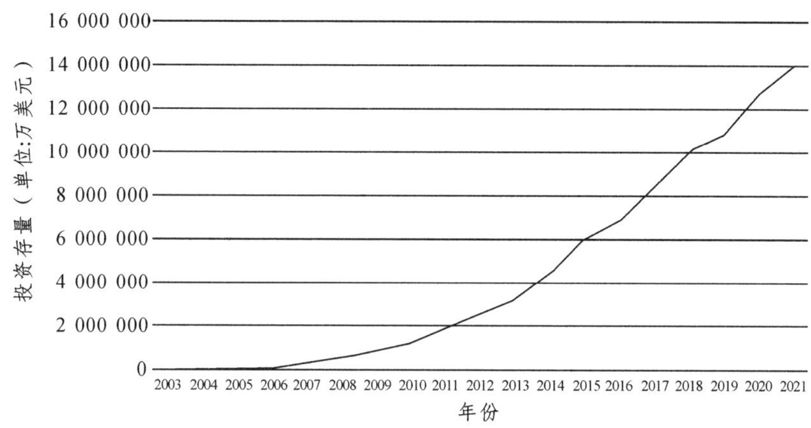

数据来源：2003—2021 年度中国对外直接投资统计公报。

图 7-17　我国企业在中国—中南半岛经济走廊历年投资存量

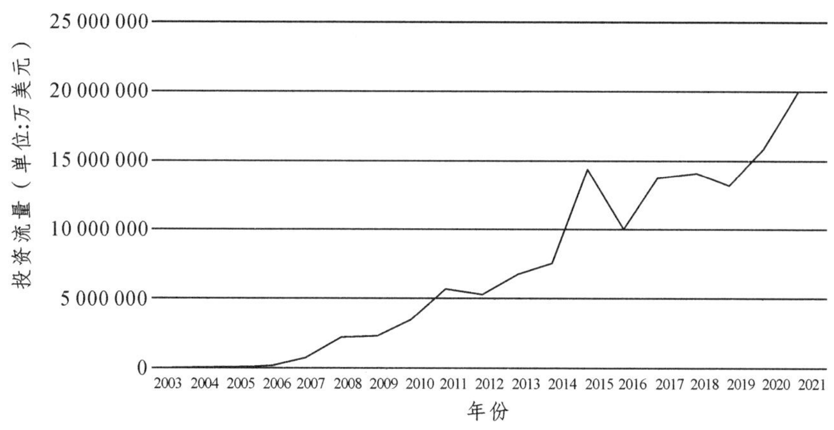

数据来源：2003—2021 年度中国对外直接投资统计公报。

图 7-18　我国企业在中国—中南半岛经济走廊历年投资流量

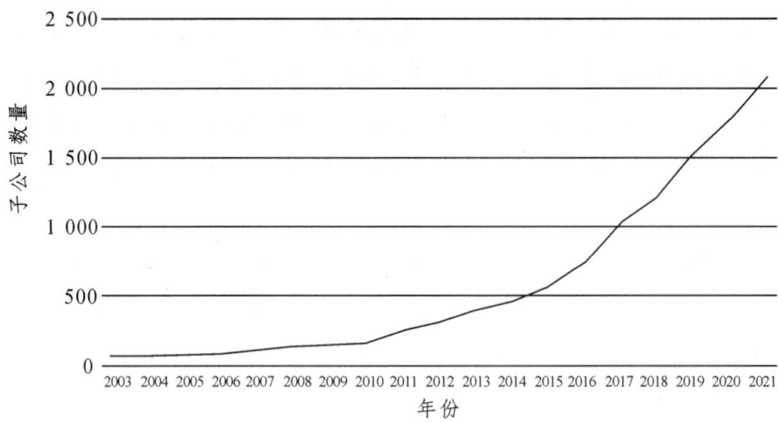

数据来源：CSMAR 数据库，样本为沪深上市企业。

图 7-19　我国企业在中国—中南半岛经济走廊设立子公司数量

在投资方面，海螺水泥、德龙钢铁、信义集团、北部湾国际港务等中国企业纷纷在中南半岛国家投资兴建钢铁厂、水泥厂和浮法玻璃生产线。这些项目的实施不仅为当地经济带来了就业机会和技术转移，而且加强了中国与中南半岛国家之间的经贸往来。

通过这些实际案例可以看出，中国与中南半岛国家在互联互通、经贸合作和投资领域取得了重要成果。这些合作不仅有助于推动区域内的发展，而且为中国与东盟及其他相关国家之间的合作奠定了基础，促进了互利共赢的区域合作格局的构建。

6. 孟中印缅经济走廊

孟中印缅经济走廊是中印缅孟四国共同推动的区域经济合作计划。四国政府成立了加速合作机构，并签署了相关协议。四国联合成立了研究工作组，共同展开对经济走廊建设的联合研究。在双边层面上，中缅、中孟在交通、能源、经贸、人文等多个领域取得了丰富的合作成果，积极促进了区域互联互通和多边合作。各方合作前景乐观，有望成为珠三角经济区与印度经济联系的重要纽带，推动沿线国家进一步发展。

在 2018 年 4 月，中印两国领导人在武汉进行了一次非正式会晤，这次会晤为中印关系和各领域合作的发展提供了新的动力。双方充分交换了意见，并达成了重要共识，这为孟加拉国、中国、印度和缅甸经济走廊的重启和激活提供了新的机遇。

在贸易、投资和金融等领域，孟加拉国、中国、印度和缅甸经济走廊也取得了初步的成果。例如，从 2013 年到 2021 年，中印贸易额从 659.5 亿美元增长到 1 256.6 亿美元，中孟贸易额从 103.08 亿美元增长到 251.5 亿美元，中缅贸易额从 64 亿美元增长到 183 亿美元。这些数据显示了经济走廊的潜力和增长势头。

除了贸易增长，投资也在推动着经济走廊的发展。中国企业在孟加拉国、印度和缅甸投资兴建了许多基础设施和产业项目，为当地经济带来新的活力。同时，金融合作也在不断加强，为项目融资提供了支持。

此外，对我国企业在孟中印缅经济走廊国家的投资数据（详见图 7-20、7-21、7-22）进行统计发现，我国企业在孟中印缅经济走廊国家的大规模投资开始较晚，具有较大的发展空间。

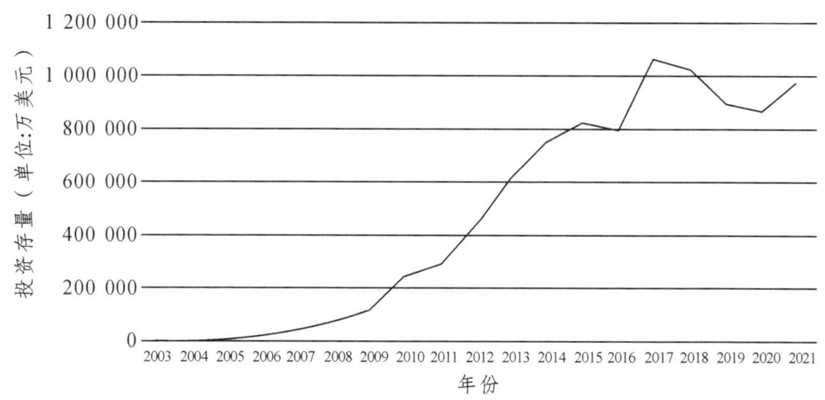

数据来源：2003—2021 年度中国对外直接投资统计公报。

图 7-20　我国企业在孟中印缅经济走廊历年投资存量

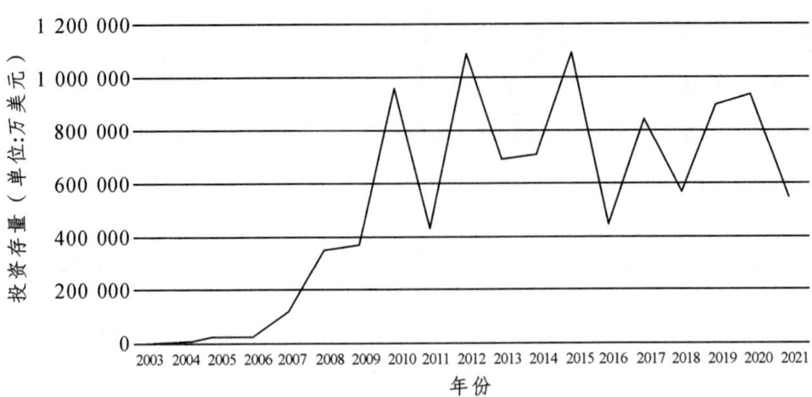

数据来源：2003—2021 年度中国对外直接投资统计公报。

图 7-21　我国企业在孟中印缅经济走廊历年投资流量

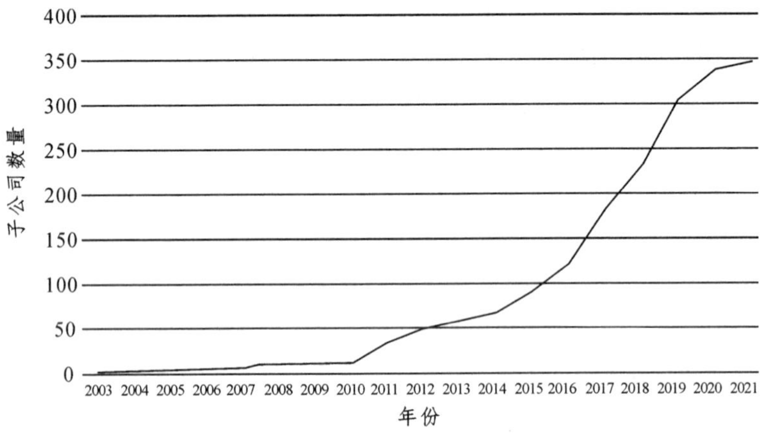

数据来源：CSMAR 数据库，样本为沪深上市企业。

图 7-22　我国企业在孟中印缅经济走廊设立子公司数量

双循环视角下我国企业对外投资布局

8.1 双循环新发展格局及政策发展历程

双循环是指以国内大循环为主体、国内国际双循环相互促进的新发展格局。从国内大循环角度，是指坚持扩大内需，以供给侧结构性改革为主线，提升要素供给体系对国内需求的适配性，打通经济循环堵点，提升产业链、供应链的完整性，通过畅通国民经济的生产、分配、流通、消费等环节，形成国内经济的良性循环。国内国际双循环相互促进的新发展格局是指通过不断扩大开放和充分发挥国内超大市场的内需潜力，实现国内市场和国际市场的紧密衔接，充分利用国内和国际两个市场以及两种资源，从而形成一种相互促进的全新格局。

国内国际双循环新发展格局这一发展战略是我国政府针对国内外经济形势变化提出的，相关政策也不断动态演进中。改革开放以后，我国与双循环有关的重要战略方针和发展蓝图如图 8-1 所示。1988 年，我国的主要政策集中于国际大循环经济发展战略，致力于重点推动劳动密集型产品的出口，将农村劳动力的转移纳入国际大循环，并通过国际市场的转换机制，促进农工循环关系的实现。该战略的实施推动了“沿海地区经济发展战略”的制定，为中国发挥比较优势的出口导向战略奠定了坚实的基础，同时也为经济增长做出了重要的贡献。

2001 年加入 WTO 后，我国重点鼓励“走出去”和“引进来”，借助外资力量，促进国内要素市场的发展和新一轮的经济增长。2006 年，我国“十一五”规划提出“进一步扩大国内需求，调整投资和消费的关系，增强消费对经济增长的拉动作用”。2011 年，“十二五”规划进一步强调“构建扩大内需长效机制，促进经济增长向依靠消费、投资、出口协调拉动转变”。这说明中国的思维方式正在逐步转变，发展的重点正在逐步从国际大循环转向国内和国际双循环协调发展。2013 年，习总书记提出“一带一路”倡议，立足于建立以中国为中心的多边合作平台。2015 年，中国重点实施供给侧结构性改革，解决产能过剩、杠杆过高等深层次矛盾和结构失衡问题。2018 年 12 月，中央经济工作会议从供求衔接的角度，强调“巩固、增强、提升、畅通”八字方针，其中畅通指的就是“畅通国民经济循环，形成国内市场和生产主体、经济增长和就业扩大、金融和实体经济良性循环”。2020 年初，中美关系愈发紧张，逆全球化和保护主义愈演愈烈。在此背景下，2020 年 5 月 14 日，习总书记提出双循环新发展格局。随着内外部环境的变化，相关政策也一直处于与时俱进、不断更新和完善之中。

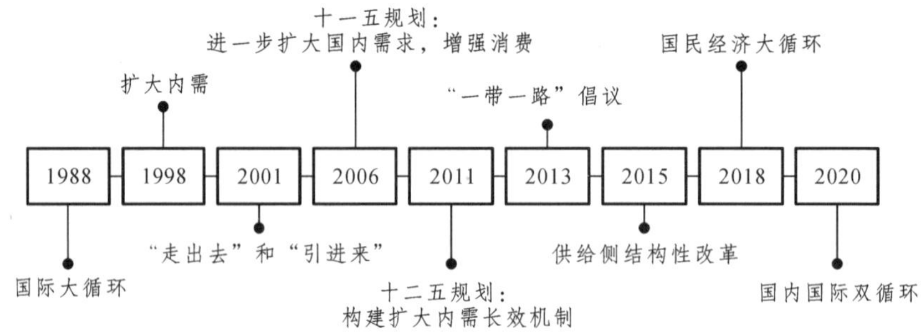

资料来源：作者整理。

图 8-1　国内循环、国际循环相关政策的历史演进

8.2 双循环新发展格局的理论研究：战略意义、主要特征和实现机制

8.2.1 双循环新发展格局的内外部原因和战略意义

从国内经济发展状况来看，我国经济发展出现了新的矛盾和问题。党的十九大提出，中国特色社会主义进入了新的发展阶段，我国经济由高速

增长转向高质量发展，并提出“我国社会主要矛盾已经转化为人民日益增长的美好生活需要和不平衡不充分的发展之间的矛盾”。一方面，之前经济快速增长的背后其实是高消耗、高污染、高杠杆和低要素生产率等问题。同时，居民之间的收入差距不断扩大，基尼系数已经超过了世界银行所设定的警戒线，达到了0.4（董志勇和李成明，2020）。另一方面，由于关键技术的缺失，技术瓶颈和断链事件频繁发生，地区发展失衡，城乡结构发展不平衡和不充分的问题变得更加突出。尽管供给侧改革对去产能、去库存、去杠杆问题有重要进展，但要素成本上涨、技术短板问题、市场机制形成的可持续发展问题亟待解决。另外，在中国经济发展步入高质量发展阶段的背景下，经济结构存在的若干矛盾问题也逐步显现，如供给侧结构性改革背景下产能过剩和区域发展不平衡，这就要求以双循环发展格局对经济结构进行调整。并且我国人口红利逐渐消失，传统的外向型经济增长模式已经难以维持，新的内生驱动型增长模式需要逐渐建立。再者，在技术进步带动下，人工智能、大数据等新兴技术持续发展，各种新兴行业与业态也开始出现，导致迫切需要借助创新与技术进步促进经济发展。除此之外，内需市场扩大，随着我国城镇化率的不断提高和居民收入的增加，内需市场的潜力越来越大，需要通过双循环发展格局来扩大内需市场，推动经济增长。因此，双循环新发展格局可以在内部优化经济结构、转变发展方式，提高经济质量和效益，推动经济持续健康发展。此外，在全球化过程中，国家之间的合作与竞争并存，充分发挥本国市场优势，才有可能在全球化条件下取得更大的合作空间，而这种合作空间正是疏通国内大循环和形成国内外双循环互促互进的内因之一。

从外在因素看，美国重启了贸易保护主义的政策，对中国等国家实施加征关税的政策。此外，地缘政治紧张，例如现如今俄乌局势紧张，全球政治冲突日渐明显、逆全球化等问题越演越烈。各个国家在追求再平衡的进程中，为世界经济发展带来许多不确定因素。与此同时，不平衡的全球发展加剧了全球财富的不平等，发达国家站在全球价值链的顶端并取得大部分的盈利，发展中国家却饱受环境污染的困扰并取得了更少的盈利。此外，我国对外开放也产生边际收益递减问题，导致对外开放红利减退，中国需要新的发展和开放的思维方式。推动高质量发展，对对外开放提出了新的要求，要想把握新时期的主动权，只有畅通国内大循环，提高我国经济对世界经济的吸引力，与国际市场更好地接轨，用好两大市场和两大资源，形成国内外双循环互促互进的全新发展态势，实现国内经济的长期可持续、高质量发展。

双循环新发展可以增强中国经济内生动力，一是可以让中国经济更多地依靠本土市场和人民消费，从而减少对外部市场的依赖。这样可以带动国内经济的持续发展，增强内生动力，提高经济的韧性和抗风险能力。二是双循环的发展能够使我国与全球经济深度融合，国际循环的实现能够使中国经济与全球经济体系更加密切地融合，主动参与国际贸易与投资，扩大外部市场与合作机会。这将推动中国与世界经济互利共赢，提升中国对全球经济体系的影响和话语权。此外，双循环发展可以推动经济转型升级，促进中国经济从规模、速度向质量、效益的转型升级。通过创新、科技、人才等方面的支持，推动中国经济实现从传统产业向先进制造业、服务业、数字经济等高质量发展的跃升，提升中国在全球产业链中的地位和竞争力。在双循环新发展格局下，可以提高中国经济的整体实力和竞争力，推动中国经济向高质量发展，同时拓展与全球经济的紧密联系和合作。

8.2.2 双循环新发展格局的主要特征

宏观层面的双循环新发展格局具有以下特征（王一鸣，2021）。

第一，从“数量追赶”转向“质量追赶”。实现“质量追赶”的关键挑战在于提高全要素生产率。我国制造业面临着劳动力成本上升和技术进步缓慢等问题，而这两个因素又与资本投入密切相关，因此需要从提升全要素生产率入手，以促进产业转型升级。宾夕法尼亚大学针对联合国国际比较计划所建立的“佩恩表”数据库显示，从 2009 年开始，中国全要素生产率占美国全要素生产率比重稳定在 40% 左右，日本、英国、法国、德国、加拿大、澳大利亚全要素生产率占中国全要素生产率比重的 2.5% 左右。2017 年，该比例仅为 38.4%，而日本、英国、法国、德国、加拿大和澳大利亚的全要素生产率是中国的两倍左右（见图 8-2），中国的全要素生产率还有很大的提升空间。

第二，从“规模扩张”转向“结构升级”。随着时间的推移，传统制造业在产业结构中所占比例逐渐攀升至顶峰后将持续下降，而高科技制造业和战略性新兴产业则将继续占据更大的市场份额。同时，大数据、物联网和人工智能的广泛应用，要素配置更为精细化，产业数字化、智能化转型加快实现，新技术、新产业、新业态、新模式的快速发展，都将为提升产业链、迈向全球价值链中高端创造条件。

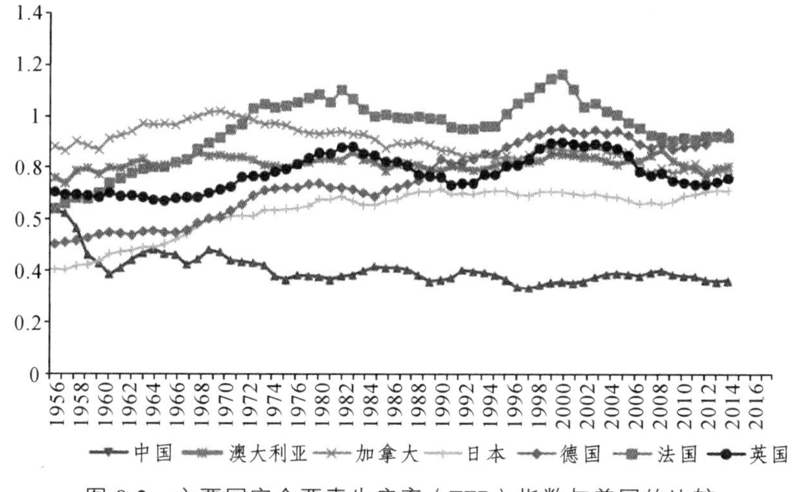

图 8-2 主要国家全要素生产率（TFP）指数与美国的比较

数据来源：王一鸣（2021）、PWT 数据库，其中美国的 TFP 指数为 1。

第三，从“要素驱动”转向“创新驱动”。中国经济发展的主要驱动力已由大范围、高强度的生产要素投入转向科技创新和人力资本提升带来的“乘数效应”，须把创新作为第一动力，不断增强经济创新力和竞争力。

第四，从“分配失衡”转向“共同富裕”。在当今中国，发展的不均衡和不充分问题仍然是一个突出的难题。农村居民人均可支配收入与城镇居民相比还有较大差距，区域间的发展差距再次扩大，呈现出南北分化的新趋势，社会事业和社会保障等领域的差距有拉大趋势。“十四五”期间，要促进全体人民共同富裕，破解收入分配差距难题，着力推进共同富裕。

第五，从“高碳增长”转向“绿色发展”。中国经济的高速增长也造成资源、能源消耗与环境排放剧增，对环境造成了极大的压力。我国承诺“二氧化碳排放力争于2030年前达到峰值，努力争取2060年前实现碳中和”。“十四五”期间，要加大绿色转型攻坚力度，持续降低能源强度、主要污染物及碳排放，促进经济社会发展实现全面绿色转型，构建人与自然和谐发展现代化新格局。

8.2.3 构建双循环新发展格局面临的主要问题

构建双循环新发展格局，我国经济还面临以下几方面的问题（李猛，2021）。

第一，关键核心技术急需突破。世界知识产权组织公布的2019年全球创新指数显示，中国连续4年保持上升势头，在全球的地位明显提升，但情况尚未根本改变，与国际先进水平相比，关键核心技术受限。企业创新能力弱已成为目前制约双循环发展的突出短板。2019年我国规模以上工业企业研发投入在主营业务收入中所占份额仅为1.3%，远远低于发达国家2.5%～4%。从基础研究来看，我国研发资金只占基础研究资金的6%，同发达国家在基础研究领域的投入相比还有很大差距（王昌林，2021）。另外，国内相当一部分重要产业，如飞机制造、生物医药、电子信息等，在基础研发工具、核心技术、关键部件以及工艺设备等方面受制于人，具有显著的断链风险，造成国内产业链循环不畅，影响到我国经济稳定、健康和可持续发展。因此，新的发展阶段，需要坚持创新驱动发展战略，着力科技创新，加快关键核心技术攻关，重点突破“卡脖子”技术，从而实现关键核心技术的自主可控，从根本上保障国家经济社会平稳运行。

第二，“去中国化”挑战和逆全球化挑战。近年来，世界经济格局持续性地进行结构性洗牌，以美国主导的一些西方国家推动了一系列制造业回流的政策，力图摆脱对中国制造业的依赖，全球范围内实施“去中国化”举措以及逆全球化。自 2008 年以来，美国针对制造业回流问题出台了多项政策措施（如表 8-1 所示）；这对我国国内价值链产生了较大影响。比如，高敬峰、王彬和宋玉洁（2020）实证研究表明，美国的制造业回流策略导致中国对美国制造业增加值的出口额减少，从而在需求和供给两个方面都无法提升中国国内价值链的质量，尤其是美国低回流和中低技术制造业对中国国内价值链质量提升的阻碍作用更加显著。

表 8-1　2008—2022 年美国有关制造业回流的政策措施

年份	政策名称	具体政策措施
2009	《经济复苏和再投资法案》 《重振美国制造业框架》	《美国创新战略：促进可持续增长和提供优良工作机会》
2010	《制造业促进法案》 《美国竞争授权法案》	《制造业发展战略：创造就业机会，提升美国竞争力》
2011	《先进制造伙伴计划》	《美国发明法案》《美国创新战略：保护我们的经济增长与繁荣》
2012	《先进制造业国家战略计划》 《美国基业长青蓝图》	《工业互联网——打破智慧与机器的边界》
2013	《国家制造业创新网络初步设计》	美国机器人技术路线图
2014	《振兴美国先进制造业 2.0 版》	成立数字化制造与设计创新联盟
2015	《美国创新战略》	确保美国持续引领全球创新经济、开发未来产业
2018	《美国先进制造业领导战略》	国家航天战略
2019	《减税和就业法案》	提高制造业的投资和创新
2021	《美国创新与就业法案》	从技术研发体系、治理模式和国际联盟等方面实现“数字去中国化”
2022	《芯片与科学法案》 《2022 年通胀削减法案》	补贴和投资新能源与半导体产业

资料来源：作者整理。

第三，产业链供应链中断风险。随着逆全球化趋势的加剧和贸易保护主义的影响，一些国家开始对其供应链产业链进行调整，以实现本地化、区域化和分散化的趋势。我国供应链产业链的安全性、稳定性和全球地位正面临着巨大的挑战。其中电子信息、生物医药、飞机制造这些重要行业，由于基础研究工具、关键部件以及工艺设备这些高端产品与核心技术都要受制于他人，故面临着异常严峻的挑战，供应存在瓶颈或受限。现代科研仪器设备、精密机床、半导体加工装备、飞机发动机、电子芯片等领域，我国的依存度已经过高，存在着供应链中断的风险（王昌林，2021）。因此，要保障我国经济的未来，如何有效应对存在的供应链产业链风险是当前的重要问题。

第四，国内消费潜力有待进一步激发。随着我国走向高收入国家，规模庞大的国内市场持续扩大，具有巨大的内需潜力。但是，我国经济发展却存在着内需潜力巨大与有效需求不足并存的问题。由于居民消费倾向总体偏向储蓄，投资转换不畅，有效需求不足。同时，公共服务和保障不足，导致低收入群体的消费能力不强，中等收入群体的消费倾向偏低，潜在消费需求难以被有效释放。此外，储蓄向民间投资转化的渠道仍然不通畅，制造业投资与民间投资增长乏力，且部分领域对民间投资有较高的准入门槛。为此，应合理运用有效投资手段，精准定位投资领域，利用数字经济的红利时期和与实体经济相融合的优势，促进内需的持续扩大。

第五，人才流动障碍。人才是构建国内国际双循环相互促进新发展格局的关键，然而我国核心技术人员的流动依然存在一些障碍。一些关键核心技术领域涌现的成长型、创新型人才面临落户和就业创业等一系列限制，因此，急需进一步构建和完善政策框架，以应对人才短缺的挑战。另外，当前我国的人才引进机制不够完善，部分企业难以引进国际人才和高端技术人才，即便引进后也存在“水土不服”的问题，无法充分发挥人才应有的价值和作用。因此，建立一个开放自由、服务完善、结构合理的人才政策体系，并完善人才配套政策体系，以充分发挥人才在构建双循环新发展格局中的重要作用。

8.2.4 双循环新发展格局的实现机制

实现双循环新发展格局，具体需要从自主创新、扩大内需、对外开放、产业政策（如数字经济发展）、协同发展等方面强化发力。

自主创新方面，提升自主创新能力、加速科技自主自强，是畅通国内大循环、在国际大循环中获得主动的关键因素。为此，需要加强关键核心技术攻关、加强基础前沿研究、提升企业技术创新能力、营造良好的创新生态等。第一，应发挥市场在技术研发领域的作用，特别是民营企业和新型研发机构。第二，加大基础研究的投入，支持原创性研究，推动创新要素在市场上的流动和合理配置，形成良好的创新环境。通过提高自主科技创新能力，企业可以在全球产业链、价值链和创新链中提升自身地位。在构建新发展格局中，依靠自立自强和自主创新，实现由成本驱动、出口导向、高速度工业化向创新驱动、内需导向、高质量工业化的转型，以推动经济转型升级。此外，为了提升自主科技创新的能力，必须建立一个以竞争政策为基础的产业政策和竞争政策相互配合、协同作用的技术创新政策框架。

扩大内需方面，第一，要提高人民收入水平，以增加居民可支配收入，从而提高消费能力和消费质量。第二，要优化内需结构、提高消费率，需要从促进就业、完善鼓励消费政策、提升社会保障制度等方面入手。此外，需要积极推进人口城镇化，此举可以促进与城镇稳定生活条件相匹配的多种消费需求。第三，应进一步加强国有企业改革，通过引入非国有股东实现资本结构调整、经营机制转换和公司治理转型，以扩大国有企业竞争力、促进产业升级和提高消费品质量和品种。同时，应坚持扩大内需的战略，鼓励居民扩大消费、企业扩大投资，以释放国内需求潜力，增强国内大循环主体地位，有效应对外需拉动作用减弱并把握发展主动权。具体措施包括：增强消费对经济发展的基础性作用、扩大中等收入群体、增强大都市圈和城市群的支撑功能、鼓励扩大有效投资。

对外开放方面，第一，应当从过去商品和要素流动型开放转向规则制度型开放。在此过程中，着重于做好自贸区（港）的建设和高水平开放政策保障机制，以吸引和整合全球资源要素。以高品质、高标准的方式构建自由贸易区（港），并与国际高水平经济和贸易规则对接，创造一个国际化、法治化、便利化的营商环境，通过降低成本吸引高质量外资，促进贸易和投资的自由和便利，建立战略性新兴产业、先进设备制造等国际前沿产业集群，通过制度型开放促进国内大循环，并解决“短板”问题。此外，借助自由贸易区（港）的制度框架，及时推广成功的经验模式，以实现更广泛的对外开放。第二，需要加快要素市场改革、研究高水平贸易规则的影响、推出由我国主导的高标准规则体系、继续扩大开放，加快创造更好的营商环境，以促进更高水平双循环的发展。为了实现这一目标，可以继续吸引外资流入，借助外资企业带动我国技术向更高水平创新迈进，并继续引进先进技术和自然资源。

在产业政策方面，第一，政策要从“选产业”转向“选有限产业”，聚焦于战略性新兴产业、未来产业，如新能源、人工智能等领域，以及部分被限制出口和“卡脖子”等重要产业领域，如半导体产业，大力支持技术攻关和市场拓展。第二，政策要从“选技术、选企业”转向“产业内普惠性支持”，普惠性支持先发企业和中小企业进行技术路线的广泛试错。第三，从以往“直接行政干预”性政策逐渐转向“市场化的手段和工具”的政策手段，采用税收优惠、政府购买、消费补贴等财税手段和优先上市等金融手段缓解融资难度。此外，还需要强化支持政策对产业内企业的普惠性、推动产业政策，重点支持技术创新这一环节，健全产业政策的治理机制。

比如从数字经济发展角度，可以利用数字技术提升全球市场的竞争力，打造以数据分析为核心的一体化供应链生态系统，提高我国在全球创新链的位置。为了提升国内大循环主体的地位，扩大在国际大循环中的回旋空间，我们需要推进产业基础的高级化，促进制造业数字化智能化升级，填补产业链供应链的短板，并增强对产业链供应链的控制力。

在协同发展方面，第一，应该优化内循环中的供需匹配问题，其中包括畅通内循环、区域内循环协调发展、产业结构优化等方面。李杰等（2021）指出，构建跨区、跨业和跨界的协同创新机制是关键所在。第二，应该充分发挥竞争政策的作用，促进竞争和市场机制，进一步畅通内循环，优化内循环中的供给和需求双向匹配问题。这可以通过优化供应链结构、提升全要素生产率、提高资源配置效率等手段实现。例如，在区域内循环协调发展方面，可以通过优化地区经济结构和空间布局，加强不同区域之间的协调与合作，促进资源共享和优势互补，从而实现区域内循环的有效运转。在产业结构优化方面，可以通过提高科技含量和附加值、优化产品结构、提高资源利用效率等手段，实现内循环的优化升级。

此外，黄群慧（2021）提出，为实现新的发展格局，需要协同推进“四化同步”，即通过新型工业化、信息化、城镇化和农业现代化的有机结合，以达到战略过程的目标。在这一进程中，坚持以科学发展观为指导，全面把握经济社会发展规律，走一条符合我国基本国情的新型工业化、信息化和城镇化、农业现代化和谐共进之路。推动工业化、信息化、城镇化、农业现代化的深度交融、良性互动和协调互补，是实现新发展格局的重要路径。

黄群慧（2021）进一步提出了构建新发展格局的“双协同”政策体系（如图 8-3 所示）。围绕构建新发展格局这个基本内涵，相应的政策体系也需要不断创新完善。一方面，为了确保中国经济循环畅通，必须不断完善需求侧管理和供给侧结构性改革的协同作用，实现二者相关政策的有机结合。另一方面，在不断深化供给侧结构性改革的基础上，以国内大循环为主体，加快形成以供需动态平衡、改革创新与管理有效协同、国内循环与国际循环相互促进、竞争政策与产业政策协调配合的双协同政策体系。

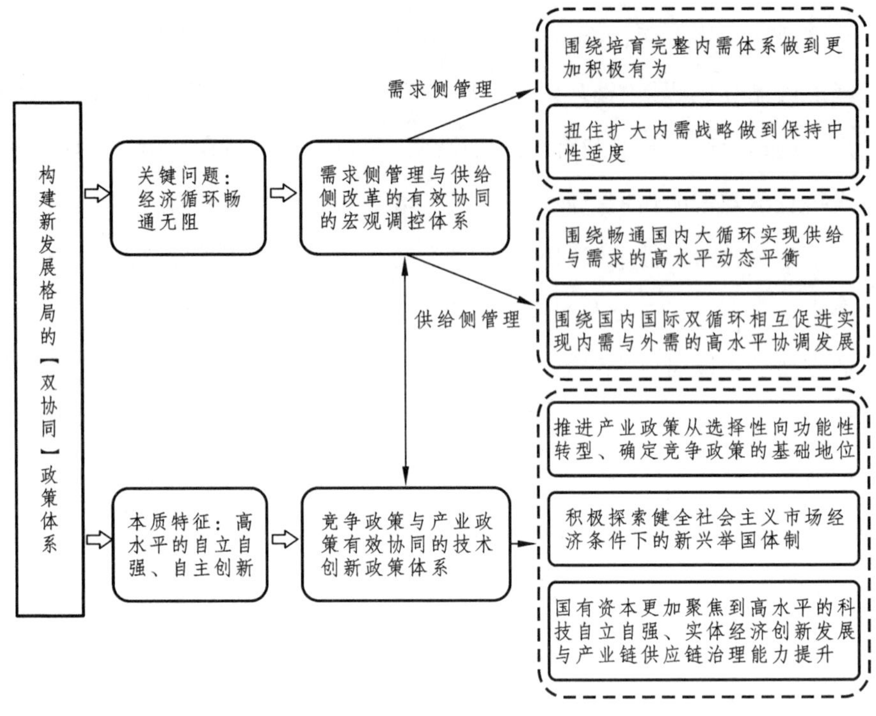

资料来源：黄群慧（2021）。

图 8-3　构建新发展格局的“双协同”政策体系

8.3　双循环新发展格局与我国企业对外投资布局

8.3.1　跨国企业在构建双循环新发展格局中的作用

作为促进新发展格局形成的重要推动力，跨国公司在连接国内国际的双循环中扮演着至关重要的角色。近年来，我国经济进入高质量发展阶段，为更好地适应这一变化，需要从全球价值链中获取更多收益，也对跨国公司提出了更高要求。在构建国内大循环的过程中，跨国公司扮演着不可或缺的角色，为其注入了强大的推动力。

在生产环节中，跨国企业发挥了极为积极的作用。根据国家统计局公布的数据，中国高科技产业在 2015 年至 2019 年期间吸引了大量外资，实际使用外资金额从 165.8 亿美元迅速攀升至 390.6 亿美元，年均增速高达 25.9%，占中国实际使用外资金额的比重也从 13.1% 迅速攀升至 28.3%。

同时，跨国公司也在推进中国产业技术进步方面做出了贡献。具体而言，在 2015 年至 2019 年间，规模以上外商投资工业企业研发经费总金额从 2 301.5 亿人民币增长至 2 752.1 亿人民币，外商企业平均单个研发经费投入从 436.2 万人民币增加至 631.4 万人民币（详见图 8-4）。

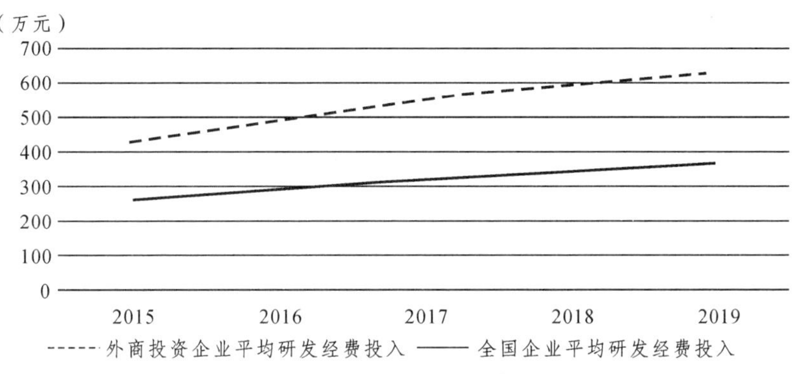

数据来源：国家统计局、商务部研究院课题组（2021）。

图 8-4　2015—2019 年外商投资企业平均研发投入与全国企业水平比较

在流通环节，跨国公司是流通产业投资建设的重要主体，是完善中国流通网络布局的有益补充，也是推动中国流通创新发展的重要力量，跨国企业能够加速国内产品的流通和出口，通过提高商品的质量和效率，使得国内产品更具竞争力，同时能够引进先进的流通技术和管理经验，提高国内流通体系的效率和水平。根据国家统计局数据，2015 至 2019 年，跨国公司在中国市场投资设立批发零售企业 3.8 万家，零售营业面积为 9.1 亿平方米。根据《中国零售和餐饮连锁企业统计年鉴》数据，2015 至 2019 年，外资连锁零售企业统一配送商品购进额从 3 341.6 亿元增长到 4 850.1 亿元，增长了 45.1%。

在分配环节，跨国公司有助于促进中国分配结构的优化。跨国企业能够引入先进的分配模式和理念，优化国内资源配置，提高资源利用效率。不仅能够促进税收收入稳步增长，还能促进稳定和扩大就业，推动收入水平的提升。跨国企业的投资和扶持也能够促进地区经济和社会发展，扩大内需市场规模。根据国家统计局数据，2019 年，外商投资企业吸纳城镇就业人数为 2 360 万人，占全国城镇就业人数的比重为 5.2%。

在消费环节，跨国企业能够引入先进的消费观念和模式，推动国内消费升级，提高消费品质量和水平，有助于提升中国市场的供给水平，以满足多元化的消费需求，从而推动经济的发展。跨越国界的企业可以为消费者提供更加多元化的选择，从而提升消费者的福利待遇。随着消费水平的提升，国内消费者对来自海外的高品质商品的需求呈现出显著的增长趋势，根据国家统计局数据，2019 年，外资零售企业商品进口额达 826.8 亿元人民币，比 2015 年增长 37.7%。

另一方面，跨国公司是连接国内国际两个市场、两种资源的重要纽带。首先，通过跨国公司的引入和发展，能够更好地促进中国加入国际贸易循环。其次，跨国公司能够促进中国参与全球投资合作，引进外来资本、技术和管理经验，可以为中国提供重要的技术支持和创新能力，促进中国自主创新能力的提升，提高中国企业的国际竞争力。跨国企业在中国投资的过程中，也可以带来更多的先进技术和管理经验，为中国的产业升级和转型升级提供重要的支持。同时，跨国企业在中国市场上的投资和业务拓展，也可以促进中国市场的开放和扩大。此外，跨国公司也是促进国际技术合作的重要力量，通过与国内企业合作开展研发和创新活动，可以使中国企业在技术上更快地与国际接轨。跨国公司还能够融入全球供应链网络，为中国企业提供更广阔的市场机会，同时也能够加快中国企业的转型升级和提升生产力水平。根据国家统计局的数据，2015 年至 2019 年期间，中国的进出口贸易中，外商投资企业所占比例一直维持在约 40% 的水平。2019 年，外资企业在技术进口方面的合同数量高达 3 257 份，合同金额高达 186.9 亿美元，占据了全国企业合同金额的 53.1%，比国内资本企业高出 14.9 个百分点。从这一数字可以看出，我国已经成为外商直接投资最多、利用外商直接投资最多的国家之一。商务部统计数据表明，截至 2019 年年末，中国境内已有 100 万多家跨国公司投资。在全球 500 强企业中，超过 490 家企业选择在中国进行投资。以中间品贸易为例，外商投资企业进出口贸易额中 60% 以上来自中间品贸易，占中国中间品进出口贸易额的比重约为四分之一。

8.3.2 双循环新发展格局对我国企业投资布局的影响

双循环政策提出后，许多企业已经逐渐减少对国外市场的依赖，并开始加强在国内市场的发展，如中兴、华为、美的等公司。这种趋势的体现在于 2020 年前后各企业国内营业收入占比的变化。然而，企业并未一味转向国内市场，而是注重更优质高效的海外市场，依旧稳步增加海外子公司数量。企业营业收入国内占比逐步走高、国内营业收入增速显著加快，同时总收入和利润率同步上升，表明发展格局的转变并未影响企业的盈利能力和成长空间，而是让企业在对外投资中更加注重国内市场和国际市场的平衡发展。由此可见，中国跨国企业可能会更加注重在国内市场上的投资，例如加大在国内的研发投入，加强与国内供应商的合作等。此外，也可能会更加注重投资符合双循环目标的行业和领域，例如新能源、数字经济等，以实现可持续发展的目标。

【案例 1】 中兴通讯

图 8-5 和图 8-6 分别显示了中兴通讯在 2018 年至 2022 年的营业收入状况及国内营业收入增速。由图可知，自 2020 年双循环政策实施以来，中兴通讯国内营业收入占比逐年递增，营业收入对国内市场的依赖率逐年稳步上升，营业总收入也呈增长态势，企业盈利能力未受布局变化影响。中兴通讯营收实现增长主要是靠国内市场拉动。2020 年相较上一年国内营业收入增速增长近十个百分点，数据显示，2020 年中兴通讯实现国内营业收入 680.5 亿元，占比为 67.1%，同比增长 16.89%。2021 年中兴通讯在国内市场实现了营业收入 780.6 亿元，占据了整体营业收入的 68.2%，较去年同期增长了 14.72%。中兴通讯在 2022 年实现了 852.4 亿元的国内市场营业收入，占据了整体营业收入的 69.3%，较去年同期增长了 9.20%。然而，在新的发展格局提出之前，中兴通讯在 2018 年实现了 544.4 亿元的国内营

业收入，占据了整体营业收入的63.67%。中兴通讯在2019年实现了582.17亿元的年均国内营业收入，占据了其整体营业收入的64.16%。

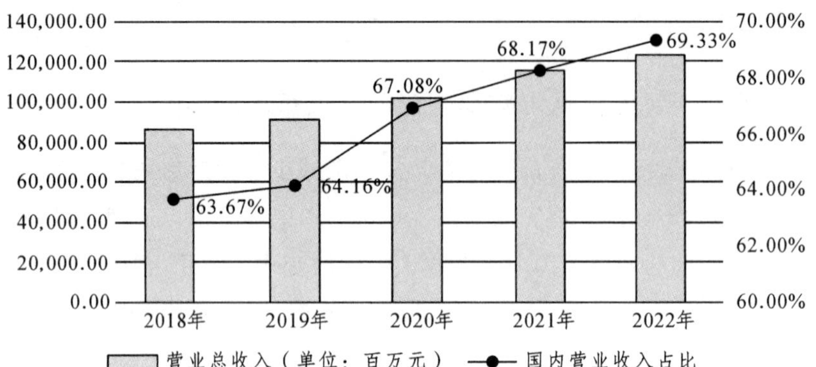

数据来源：公司年报。

图 8-5　2018 至 2022 年中兴通讯各年营业收入及国内占比

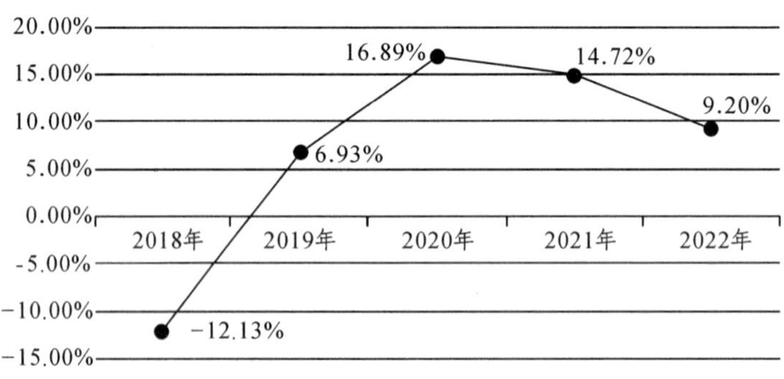

数据来源：公司年报。

图 8-6　2018 至 2022 年中兴通讯各年国内营业收入增速

中兴通讯在国际市场上已经有多年的发展历程，其中包括中兴通讯在印度、马来西亚、美国、德国、俄罗斯等地成立的子公司以及在欧洲设立的研究机构等。截至2022年，中兴通讯已在全球建立了13个区域平台，并与全球超过500家运营商建立了业务联系，覆盖了135个国家和地区。

【案例2】　华为公司

2005年开始，华为已逐渐完成了国际化的初始布局。数据显示，2010

年华为公司销售收入对国内市场的依赖率是35.0%，这之后逐年稳步上升，其企业成长根基逐步从西方市场转移到本土市场。图8-7是华为公司2017年至2021年的营业收入状况。到2021年，华为公司在国内和国际市场的占比与2010年相比已经发生了趋势性的调换。其中，国内市场的依赖率已经达到了64.9%。在这样的市场布局转变背景下，华为公司仍然能够实现快速增长和良好盈利能力。数据显示，华为公司的销售收入已经从2010年的1 852亿元增加至2021年的6 368亿元，净利润率也从12.9%提升至17.9%。由图8-8可以看出，双循环政策发布后，2020年净利润为人民币646.49亿元，同比增长3.2%；2021净利润为人民币1 137亿元，同比增长75.9%。

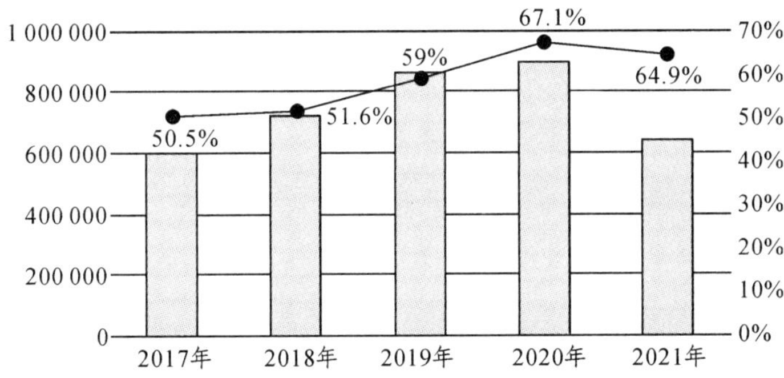

数据来源：公司年报。

图8-7　2017至2021年华为各年营业收入及国内占比

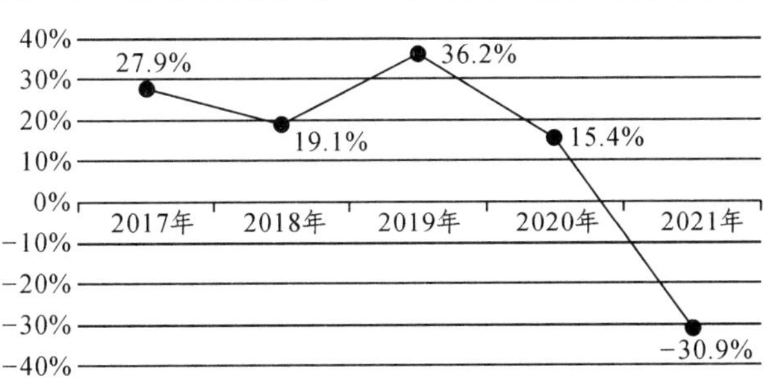

数据来源：公司年报。

图8-8　2017至2021年华为各年国内营业收入增速

截至2022年，华为在全球拥有超过100个子公司，涉及通信设备、消费电子、云计算、物联网等多个领域，分布在中国、美国、加拿大、德国、瑞典、法国、英国、俄罗斯、印度等国家和地区。

【案例3】 美的公司

美的成立于1968年，历时55年的发展，已经成为全球化科技集团。美的在全球拥有28个研发中心和34个主要生产基地，并在全球200多个国家和地区提供优质的产品和服务，受惠的用户量约达4亿。

随着双循环政策的实施，美的集团加大了在国内市场的投资力度，通过设立新的子公司、拓展业务领域等方式，不断巩固在国内市场的市场份额和竞争力。尤其在2020年，受到双循环政策的推动，美的集团在国内市场的子公司布局进一步扩大，涵盖了多个省份和城市，以满足不断增长的国内市场需求。在海外市场，美的集团也在2020年前后继续扩展了子公司的分布。作为一家全球领先的家电制造企业，美的集团积极推进国际化战略，通过设立海外子公司来开拓全球市场。在2020年前后，美的集团在海外市场新增了多家子公司，涵盖了不同国家和地区，包括但不限于欧洲、北美、亚洲等地，从而进一步拓展了其在海外市场的业务版图。

2020年双循环政策提出后，美的更加注重推动国内与海外业务双重质变，近年来，美的集团国内营业收入占比持续上升，同时营业总收入也呈现稳步增长的态势。图8-8显示，2020年，美的集团实现国内营业收入163.14亿元，占整体营业收入的57.4%，其国内营业收入增速呈现明显的上升趋势，达到了24.99%的增幅。2021年美的集团国内市场营业收入实现203.58亿元，占整体营业收入的59.66%。如图8-9所示在新发展格局提出前，美的集团国内营业收入增速较缓，2017年国内营业收入占整体比重同比增长9.14%，2018年同比增长8.16%，2019年甚至出现了负增长。

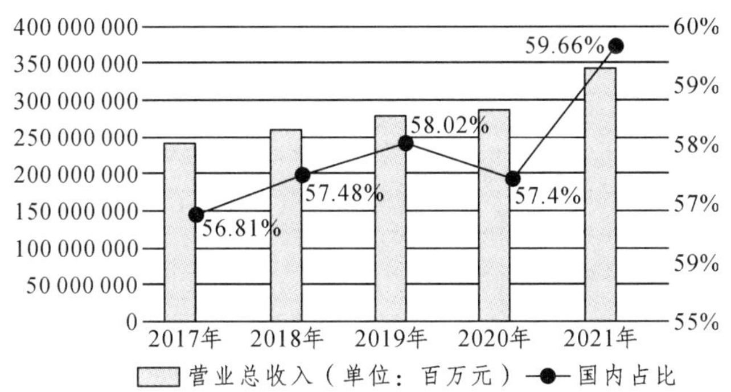

数据来源：公司年报。

图 8-9　2017 至 2021 年美的集团各年营业收入及国内占比

数据来源：公司年报。

图 8-10　2017 至 2021 年美的集团各年国内营业收入增速

【案例 4】 山东威达

山东威达机械股份有限公司是一家专注于各类钻夹头的专业制造商，成立于 1998 年，位于山东省威海市。

2019 年，山东威达机械股份有限公司仅在越南设立了一家海外分公司。自 2020 年起，该公司相继在越南、新加坡和墨西哥增设了主要分公司，其海外分公司占比达到 28%。中国提出了“双循环”政策后，山东威达机械股份有限公司的国内营业收入呈现猛增趋势。图 8-11 和 8-12 显示，2020 年，其国内营业收入同比增长高达 73.44%，国内营业收入占比也出现约 10% 的涨幅，营业总收入同比增长 52.87%。

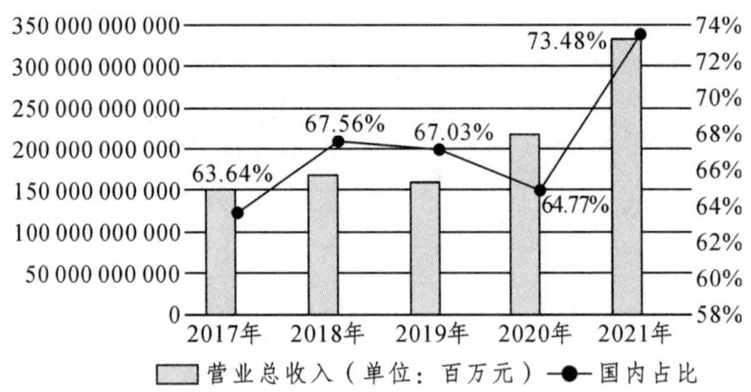

数据来源：公司年报。

图 8-11　2017 至 2021 年山东威达各年营业收入及国内占比

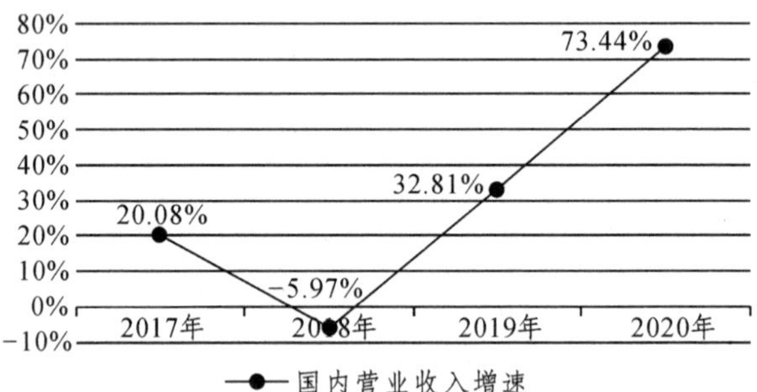

数据来源：公司年报。

图 8-12　2017 至 2021 年山东威达各年国内营业收入增速

8.4 双循环视角下我国企业发展投资布局的路径

Luo 和 Witt（2022）认为在逆全球化时期，我国企业难以采取激进的对外投资模式，需要转向双循环发展模式，即国内小循环和国际大循环合成一起，企业通过国际化扩张获取资源和能力，然后将多种能力合并、升级和转回国内市场，再赋能国内循环中的内向国际化扩张、技术和组织学习以及能力升级。

参考 Luo 和 Witt（2022）、杨勃等（2022）的研究，笔者初步绘制了我国跨国企业国内市场扩张与国际市场扩张之间的相互作用关系，如图 8-13 所示。不同于 Luo 和 Witt（2022）将国内循环视为外资企业进入国内市场对本国企业的内向国际化，笔者提出国内循环是由跨国企业的国内市场扩张行为形成的。在双循环视角下，企业可以同时在国内市场和国际市场开展经营活动，利用国内国际多种资源，形成两个相互嵌套的循环机制，国内循环嵌套在国际大循环当中。一方面，企业利用国内市场庞大的市场需求、完备的产业配套体系，重点投入关键环节、关键领域、关键产品的科技创新和技术攻关，提升竞争能力，通过我国制度赋能、要素禀赋赋能和市场赋能等机制促使企业向国际市场扩张；另一方面，利用好中国完整的工业体系、完备的基础设施等巨大优势，企业注重国际学习和国际资源的获取，通过对国际资源的转移、整合和升级，提升企业国际竞争力，再通过技术赋能、品牌赋能和管理知识赋能等机制，促进企业在国内市场的资源组合、知识重构、自主研发和创新等活动，进一步提升企业国内竞争能力，最后进入下一个循环阶段。在两方资源能够较为顺畅流动和两方赋能机制有效情况下，企业国内国际经营有可能形成双飞轮效应，从而促使企业能力呈螺旋式上升。

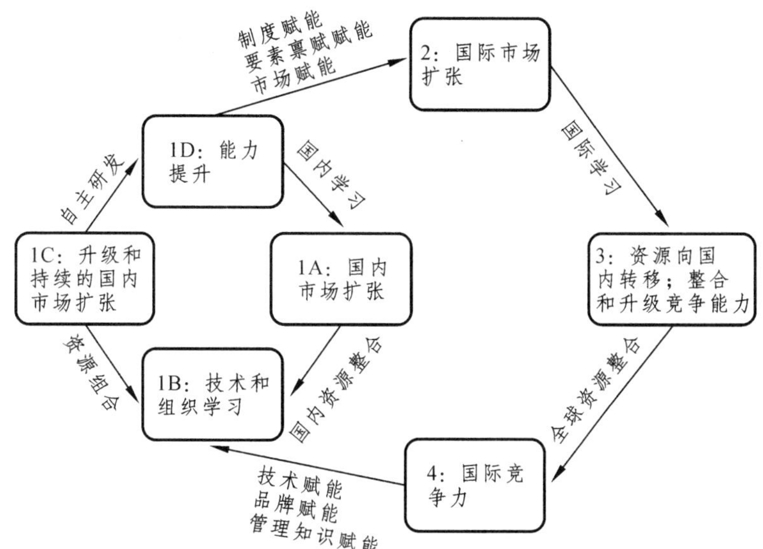

资料来源：改编自 Luo 和 Witt（2022）。

图 8-13　国内国际双循环的相互作用关系

1. 利用国内市场赋能国际投资布局

根据国际商务研究，企业的国际化进程中，母国市场扮演着至关重要的角色，同时也是企业获得国际市场竞争优势的主要来源。因此，许多跨国公司都把进入海外市场作为其全球战略之一，并通过建立子公司、收购和兼并等方式来获取母国市场资源，以获得对目标市场的垄断地位，从而提高自身竞争力。在过去几年里，随着经济全球化程度不断加深，国际资本流动日益活跃，跨国并购已经成为全球范围内最重要的对外直接投资活动之一。特别是对于新兴市场企业而言，由于缺乏传统意义上的企业所有权优势（Ramurti & Williamson，2019），企业国际化更多地依赖于母国市场特定的竞争优势（Luo 等，2010），这使得企业在国际市场上的竞争力受到了限制。因此，母国市场对企业海外并购战略有着重要影响。在中国企业的国际化进程中，母国市场的赋能涵盖了制度、要素和市场三个方面，这些赋能不仅有助于中国企业积累资源和能力，更有助于中国企业实现国际化发展的目标。（杨勃等，2022）

第一，制度赋能。母国的制度环境为中国企业的国际化进程提供了制度赋能的支持，包括政府对企业国际化的资助、税收优惠和资金支持等，这些都是制度赋能的范畴。制度赋能是在一定的国家政治与法律环境中产生的，它能够激发企业进行海外扩张并获得更大收益。通过制度赋能，企业得以获得必要的资源和支持，例如资金支持、出口退税政策等，从而实现企业国际化成本的降低和国际化效率的提高，例如更加便捷的出口海关手续和更加高效的政府服务。政府在开办工厂、出口退税等方面对企业的支持有助于企业降低生产成本、扩大生产规模、提高产品价格竞争力等。

【案例 5】 自由贸易试验区（Free Trade Zone，FTZ）是一项旨在为跨境贸易和投资提供更加灵活、高效的政策和机制的计划，其划定范围超越了主权国家或地区的边界。自贸区作为我国对外开放新平台，具有扩大对外开放程度、增强国际竞争力、促进经济高质量发展等重要功能。自贸区的设立旨在借助更加宽松、便捷的贸易和投资政策，促进国内企业向国际化迈进。随着改革开放进程不断推进以及全球经济一体化趋势不断加强，我国对自由贸易试验区的建设也越来越重视，并取得一定成效。根据《中国自由贸易试验区发展报告（2022）》，自2013年起，中国已多次批准了21个自由贸易试验区，初步形成了“1+3+7+1+6+3”的基本格局，实现了东西南北中协调、陆海统筹的开放态势，从而推动了中国全面开放的进程。

根据海关的统计数据，我国自由贸易试验区在2022年的进出口总额高达7.5万亿元，较去年同期增长了14.5%。从全国范围看，自贸区进出口贸易规模持续扩大，在外贸结构中占据重要地位。出口总额达到了3.3万亿元，同比增长了18.1%；而进口总额则为4.2万亿元，同比增长了11.8%。自由贸易试验区政策为企业的国际化发展提供了更为便利的贸易环境、灵活的投资和融资机制，并且支持企业技术创新和提高。例如简化贸易手续，推出针对企业技术引进、科研合作等方面的优惠政策，以及放宽了外资准入限制。

资料来源：商务部．海关总署关于规范“自由贸易区”表述的函．http://www.mofcom.gov.cn/aarticle/b/e/200805/20080505531434.html．商务部．2022年21家自贸试验区实现进出口总额7.5万亿元．https://economy.gmw.cn/2023-02/02/content_36340960.htm.

第二，要素禀赋赋能。中国企业的国际化进程受到国内自然资源、人口、劳动力成本和土地等要素禀赋的赋能作用。要素禀赋作为一种内生变量，决定着我国企业在国际市场上能否获取竞争优势。随着时间流逝，国内的生产要素禀赋也在不断演变，同时数字和创新资源的不断丰富，为企业的国际化进程提供了全新的推动力和支持。在企业国际化早期，低成本的要素资源（如劳动力成本）为企业出口带来极大的支持，帮助企业成功将产品打入国际市场，提高价格优势，并建立了竞争优势。现在，新的要素赋能包括数字化和创新资源，能够帮助企业在国际市场中实现更高的附加值和创新能力，推动了企业的国际化发展。

以数字要素为例，在过去几年中，中国数字经济以惊人的速度蓬勃发展，如今已成为全球最具规模的数字经济之一。数字经济的兴起是人类社会进入工业时代以来生产力水平提高、生产活动方式转变以及互联网等新兴信息技术广泛应用的必然结果。根据中国国家统计局的数据，

2021 年我国的数字经济总量达到了 45.5 万亿元，占据了 GDP 的 39.8% 的比重。数字技术作为一种新型生产力正在对传统行业产生深刻的影响，并推动产业升级、创新驱动等一系列变革。数字技术的蓬勃发展和广泛应用，不仅为企业提供了数字化转型的契机，同时也为其走向国际化提供了全新的发展前景。数字化是企业提升自身价值、拓展市场空间的重要途径。数字化技术的广泛应用不仅能够提升企业的生产效率和产品质量，同时也能够缩短生产周期、降低成本、增加产品附加值，从而增强企业在市场竞争中的地位。

数字化要素对企业国际化的影响体现在多个方面。首先，数字技术的能动价值能使企业通过网络跨界进入国外市场，可以提高企业的运营效率和管理水平，帮助企业降低成本，提高产品质量和服务水平，增强企业的市场竞争力。其次，数字化技术的应用可以促进企业间的合作和信息共享，提高企业在全球供应链中的地位和影响力。最后，数字化技术的发展也为企业提供了新的商业模式和发展机遇，如云计算、大数据、人工智能等数字技术的应用，这些都可以促进企业国际化的发展。因此，数字要素赋能已经成为中国企业国际化发展中的重要因素之一。然而，数字技术也给企业带来了新的竞争压力和市场挑战，需要企业通过不断创新和转型升级来应对数字化时代的变革和挑战。企业必须积极掌握和运用数字要素，加强数字化转型和升级，提高企业的国际化能力和竞争力，实现高质量发展。

第三，市场赋能。市场赋能是指中国国内庞大消费市场优势对企业国际化进程产生的赋能效应。在国内市场积累资金、技术、人才等资源的基础上，企业可以充分利用这些资源，开展具有国际竞争力的业务。在国际市场中获得利润和竞争力，这就是企业国际化经营所追求的目标。中国企业之所以能够持续发展,是因为其拥有庞大的市场规模和强大的国内市场，这些市场不仅是企业资金、技术、人才等资源的重要来源，更是推动企业不断前进的动力之源。在企业国际化过程中，初期主要依靠国内市场发展积累的资金、技术和人才，这些资源（尤其是资金）帮助企业实现国际化并取得成功。

【案例 6】 吉利于 1997 年进入汽车市场，目前旗下拥有吉利、领克、沃尔沃、莲花等品牌，已经成为中国领先的跨国汽车集团。吉利在全球拥有众多子公司、生产基地、研发中心，并成功地开展海外市场业务。自 1997 年起，吉利以国内低成本制造优势为基础，致力于打造中国最经济实惠的汽车品牌。凭借其在国内市场所积累的巨额资金优势，吉利通过直接对外投资的方式，成功进军海外市场，并获得了卓越的业绩。

资料来源：杨勃，吴波，江婷婷. 新发展格局下国内市场与中国企业国际化如何双向赋能？——基于四家中国企业的探索性案例研究[J]. 外国经济与管理，2022，44（9）：3-18.

【案例 7】 美团点评是中国领先的在线消费服务平台，涵盖了餐饮外卖、酒店住宿、旅游出行等多个领域。在中国庞大的消费市场的用户基础和商户网络为其国际化战略的执行提供了有力的支持，美团点评通过将其在中国市场成功的商业模式复制到其他国家和地区，迅速扩大了其国际业务版图。基于这一优势，美团点评于 2013 年开始在海外市场进行国际化扩张，先后进入了澳大利亚、新加坡、马来西亚、印度尼西亚等多个国家和地区。

资料来源：美团点评深度解析：美团的战略、战术和能力圈. https://www.sohu.com/a/400915627_99900352.

【案例 8】 腾讯是中国领先的互联网科技企业，其在国内市场拥有庞大的用户基础和丰富的业务生态系统。腾讯通过在中国市场推出多个领先的互联网产品和服务，积累了大量的用户和市场份额，从而为其在国际市场进行投资和合作提供了资金和资源支持。腾讯旗下的社交平台微信和 QQ 在中国市场拥有庞大的用户基础，并且在社交、娱乐、支付等方面有着强大的生态系统。腾讯利用这一优势，将其社交娱乐业务扩展到了海外市场，例如通过推出国际版的微信和 QQ，在一些国家和地区取得了良好的用户反响。

资料来源：全球社交生态之王腾讯控股. https://xueqiu.com/4866021334/226041958.

随着时间的推移，中国企业国际化发展反过来也对国内市场产生赋能效应，如促进国内相关产业技术进步、满足内需消费升级和推动城市的对外开放等，与国内市场对企业国际化的赋能效应形成一个贯通的反馈闭环。

第一，赋能国内相关产业发展和技术进步。从内部机制的角度来看，企业对外直接投资可以通过研发费用分摊、研发成果反馈、逆向技术转移、外围研发剥离等方式影响母国的技术进步（赵伟等，2006）。企业在海外设立子公司是为了获取其技术溢出、管理经验及资金支持而进行的国际化活动。通过直接对外投资，企业得以接近东道国的研发资源，进入东道国的高端技术聚集区，从而获取先进的技术和知识，并将其高效地转移至本土市场，从而提升国内有关产业的技术发展水平（揭水晶等，2013）。新兴市场跨国企业国际化的重要目标是获取能转移到母国市场的海外战略性资源（Zheng 等，2016；Luo 和 Tung，2018；Li 等，2022），这意味着新兴市场跨国企业的国际化不仅能够实现企业的全球化布局，也对其母国市场具有重要的反向影响。

第二，赋能国内消费升级。跨国企业对国内大循环的赋能主要表现在消费市场，即通过满足国内消费升级的巨大需求，促进国内的消费升级。随着人们生活水平的提高，国内市场消费升级的需求日益增长，这同时为企业在扩大国内市场方面提供了机会。为了满足国内消费市场的不断升级，企业应该借助于国际化所带来的技术赋能和品牌赋能，不断进行产品升级，推出中高端产品，以满足消费者对于高品质产品的不断追求。在全球经济不景气和国内宏观经济下行压力加大的背景下，国内消费增长乏力是不争的事实。在构建我国新的发展格局时，必须充分利用我国广阔市场规模的优势，持续挖掘内需潜力，同时，中国企业通过国际化发展，能够更好地满足国内消费升级的需求。

第三，赋能国内城市的对外开放。跨国企业是连接所在城市和国际社会的重要纽带，能够显著提升城市的国际交流能力。国家对外开放战略的重要体现之一是城市的国际交往，而跨国企业则通过直接投资的方式在各国城市设立分公司，以建立全球性生产体系，并将不同文化、不同特色的城市紧密联系在一起。跨国公司不仅能带动当地的产业升级与技术进步，还能促进城市产业结构优化调整，从而使城市更好地融入世界范围内竞争。因为跨国企业的存在，城市的国际化发展和国际竞争中的角色变得至关重要。随着跨国企业业务的不断扩张，城市的产业结构、经济结构和就业结构等方面都将面临相应的变革，因此城市对外经济合作的频率也将得到进一步提升。

母国和城市的不断发展将会为企业的国际投资布局提供积极的正反馈效应。随着母国和城市的经济、政治和社会环境的改善，企业将会得到更加优质的资源和支持，这将有助于它们在国际市场上取得更好的发展。同时，企业在国际市场上的成功也将反过来促进母国和城市的发展，为其创造更多的财富和就业机会。

2．利用国际市场赋能国内投资布局

双循环政策下，跨国企业可以通过国际化将海外的战略性资源，如技术、品牌和管理知识转移至国内市场，进而赋能企业国内市场发展，提升企业国内市场竞争力。

（1）技术赋能。

技术赋能是企业通过国际化从国外获得技术、知识和专利的战略途径，以提高企业在国内市场的竞争力和创新能力。技术赋能不仅可以帮助企业在国内市场开发新产品，提高产品质量和功能，还可以在国内市场应用先进技术和关键部件，提高产品在国内市场的竞争力。积极与外国公司合作，包括并购、联合研发和技术转让，可以大大增强企业的技术能力。

对于华为和中兴这样的高科技企业来说，通过技术赋能，从国外获得了先进的技术和知识，并将其转移到国内市场，从而在国内市场获得了很大的份额。华为在海外市场积极推广 5G 技术，并将其应用于国内市场，实现了 5G 产业链的全覆盖，从而获得了较大的国内市场份额。中兴通讯也在海外市场积极推广 5G 技术和智能物联网技术，并将先进的技术资源转移到国内市场，促进国内市场的技术发展。通过加强技术赋能，这些公司大幅提高了国内市场份额，并继续推出更多创新产品，提高竞争力和影响力。

（2）品牌赋能。

品牌赋能包括以下三个方面。第一，企业可以通过跨国并购这种方式，快速获得海外知名品牌，将这些品牌引入国内市场，从而迅速提高企业在国内市场的知名度和美誉度。通过收购外国公司或品牌，企业可以获得对方先进的技术、管理经验、品牌知名度和市场份额等多重优势，从而实现快速发展和跨越式提升。跨国并购可以减少企业从零开始建立品牌所需的时间和资金投入，有效提高企业在国内市场的竞争力。跨国并购不仅可以提升企业的国际化水平，更可以为企业进一步开拓海外市场奠定坚实的基础，从而推动企业在全球市场上的竞争力。近年来，跨国并购成为我国企业参与国际竞争的重要方式之一。例如联想集团在收购 IBM 的 PC 业务后，成功获得 IBM 品牌，从而进一步提升了其品牌影响力和知名度。

第二，企业可以通过积极地探索国际市场，适应不同的文化、法规和商业模式，不断吸收和借鉴国际先进的管理经验和技术创新，提高自身的竞争力和创新能力。同时，通过积极参与国际合作和竞争，加强国际化的战略合作，打造全球化的价值链和营销网络，提升企业的全球影响力和市场份额。这种不断拓展国际市场的发展模式可以帮助企业构建良好的品牌形象和声誉，提高品牌价值和市场竞争力。

【案例 9】 小米在国际市场上采取了积极的战略合作和营销策略，与多家国际公司合作，包括与谷歌合作推出 Android One 手机、与微软合作进一步将云计算、人工智能等技术与小米移动智能设备深度结合。小米还积极参与国际合作和竞争，加强其在全球范围内的价值链建设。小米在印度市场通过本地化生产、本土化研发、定制化营销等方式，不断提升其在印度市场的份额，成为印度智能手机市场的领先品牌之一。

资料来源：成功走上国际市场，小米公司，给我们带来哪些启示？https://www.163.com/dy/article/GP6K8RJL0552O6TI.html.

成功走上国际市场，小米公司，给我们带来哪些启示？

第三，企业可以在国际市场创造新品牌，将其应用在国内市场，这不仅可以增加市场份额，还可以实现多方面的效益。创造新品牌可以帮助企业拓展国内市场，推出新产品和新品牌，从而增加市场份额和扩大企业影响力。通过创建和推广新品牌，公司也可以有机会提高其在国际市场上的知名度和声誉，进一步增强其国际影响力和竞争力。此外，创造新品牌还可以促进企业创新和不断提高产品质量和服务水平，进而提升企业品牌形象和价值。最后，创造新品牌还可以带来品牌溢价效应，增加企业的利润和收益，为企业的可持续发展奠定坚实基础。

（3）管理知识赋能。

管理知识赋能是企业通过多方面的交流合作方式获取国外企业的非技术性管理知识（如车间管理、质量控制、品牌营销），并将其吸收和转化以提升自身的综合管理能力。在该过程中，企业搜寻和瞄准标杆性的国外企业，通过实地考察、专家指导、合资合作等形式将对方的优质知识有选择性地转移到组织内部，并通过与标杆企业建立深度连接关系和组织变革将隐性的外部知识吸收和内化为显性的内部知识。这些知识不仅能够帮助企业提升内部效率，而且有利于企业快速地响应市场变化，从而建立起独特的竞争优势。

【案例 10】 奇瑞汽车通过不断开拓海外市场，已将其产品远销全球80多个国家和地区，成为备受海外车主青睐的中国品牌。奇瑞汽车积极开展与国际企业的交流与合作，与多家国际知名汽车厂商合作，如日本丰田、英国捷豹路虎等，不断吸收国际先进的管理经验和技术创新，提升自身的综合管理能力以及产品的质量和技术水平。例如在巴西，奇瑞汽车选择与有着强大的经销商网络和先进的管理经验的卡奥集团进行合作，而这些都是奇瑞汽车所缺少的。加之卡奥作为当地知名企业，有着较强的社会影响力。通过与卡奥联盟，既学习了管理经验，又巩固了其市场份额。通过开展与国外企业多方面的合作与交流，可以让企业获取海外先进技术和学习经营管理模式，从而提升我国汽车品牌的国际影响力，这已经是我国汽车企业未来发展的主要方向。

资料来源：中国品牌走出去：奇瑞在巴西的新征途. https://www.autohome.com.cn/news/201812/926797.html.

参考文献

[1] 曹亚军，胡婷. “一带一路”倡议对我国OFDI的影响效应——投资流出和风险偏好研究[J]. 中国软科学，2021（1）：165-173.

[2] 陈德金，李本乾. 心理距离对于国际化目标市场选择影响的实证研究——基于澳大利亚出口市场[J]. 软科学，2011，25（4）：31-35.

[3] 陈胜蓝，刘晓玲. 公司投资如何响应“一带一路”倡议？—基于准自然实验的经验研究[J]. 财经研究，2018，44（4）：20-33.

[4] 陈守明，简涛. 企业家人口背景特征与“走出去”进入模式选择——基于中国制造业上市公司的实证研究[J]. 管理评论，2010，22（10）：12-21.

[5] 陈伟宏，钟熙，蓝海林，等. 范围、速度与节奏——高管过度自信对国际化进程的影响[J]. 管理评论，2021，33（3）：233-243.

[6] 陈岩，翟瑞瑞，韩文征. 国际化战略，逆向技术溢出与企业成长——整合资源与制度视角的中国企业经验分析[J]. 科研管理，2014（6）：24-32.

[7] 程中海，南楠. “一带一路”框架下东道国制度环境与中国对外直接投资潜力[J]. 软科学，2018，32（1）：36-40.

[8] 崔远淼，方霞，沈璐敏. 出口经验能促进中国对“一带一路”国家的直接投资吗——基于微观企业面板数据的实证检验[J]. 国际贸易问题，2018（9）：66-79.

[9] 邓宏，王丽，施建军. 全资子公司、合资两种ODI模式选择问题——对中国跨国公司样本的实证分析[J]. 南京社会科学，2016（3）：17-22+37.

[10] 邓新明，许洋. 双边投资协定对中国对外直接投资的影响——基于制度环境门槛效应的分析[J].世界经济研究，2015（3）：47-55+128.

[11] 邸玉娜，由林青. 中国对一带一路国家的投资动因、距离因素与区

位选择[J]. 中国软科学，2018（2）：168-176.

[12] 董志勇，李成明. 国内国际双循环新发展格局：历史溯源、逻辑阐释与政策导向[J]. 中共中央党校（国家行政学院）学报，2020，24（5）：47-55.

[13] 窦光华，王雪莲. 新时代国家形象视域下“中国制造”海外报道隐喻分析[J]. 新闻大学，2022（5）：71-80+121.

[14] 杜晓君，张宁宁. 组织污名对企业国际化绩效的影响[J]. 外国经济与管理，2019，41（7）：112-124.

[15] 方宏，王益民. 女性 CEO 如何影响中国企业国际化节奏？[J]. 外国经济与管理，2021，43（1）：73-91.

[16] 方慧，赵甜. 中国企业对“一带一路”国家国际化经营方式研究——基于国家距离视角的考察[J]. 管理世界，2017（7）：17-23.

[17] 冯春丽. 跨国公司股权进入模式的博弈分析[J]. 国际贸易问题，2006（9）：95-99.

[18] 干越倩，王佳希. 美国对华出口管制对中国企业创新的影响与应对——基于全球创新网络的视角[J]. 南方经济，2023（9）：140-160.

[19] 高敬峰，王彬，宋玉洁. 美国制造业回流对中国国内价值链质量的影响研究[J]. 世界经济研究，2020（10）：121-134+137.

[20] 郭锐，陶岚，汪涛，等. 民族品牌跨国并购后的品牌战略研究——弱势品牌视角[J]. 南开管理评论，2012，15（3）：42-50.

[21] 郭锐，陶岚.“蛇吞象”式民族品牌跨国并购后的品牌战略研究——跨文化视角[J]. 中国软科学，2013（9）：112-123.

[22] 贺娅萍，徐康宁.“一带一路”沿线国家的经济制度对中国 OFDI 的影响研究[J]. 国际贸易问题，2018（1）：92-100.

[23] 胡大立，殷霄雯，谌飞龙. 战略隔离、能力丧失与代工企业低端锁定[J]. 管理评论，2021，33（9）：249-259.

[24] 胡子南. 俄乌冲突对全球经济的影响及中国的策略[J] . 亚太经济，2022（4）：18-24.

[25] 黄群慧. “双循环”新发展格局：深刻内涵、时代背景与形成建议[J]. 北京工业大学学报（社会科学版），2021，21（1）：9-16.

[26] 黄群慧. 新发展格局的理论逻辑、战略内涵与政策体系——基于经济现代化的视角[J]. 经济研究，2021，56（4）：4-23.

[27] 黄缘缘，谢恩，庄贵军. 企业国际化扩张的驱动力：国有股权和市场竞争的双重角色[J]. 管理工程学报，2017，31（2）：20-28.

[28] 黄郑亮. 试论美国制造业回流[J]. 现代国际关系，2023（4）：99-115+151-152.

[29] 蒋冠宏. 中国企业对“一带一路”沿线国家市场的进入策略[J]. 中国工业经济，2017（9）：119-136.

[30] 揭水晶，吉生保，温晓慧. OFDI逆向技术溢出与我国技术进步——研究动态及展望[J]. 国际贸易问题，2013，368（8）：161-169.

[31] 金中坤，潘镇. 国际化经验、东道国环境与企业海外投资区位选择[J]. 技术经济，2020，39（6）：155-164.

[32] 阚玉月，刘海兵. 高技术企业国际化程度对创新绩效的影响研究——以研发投入为调节变量[J]. 科技管理研究，2020，40（1）：161-166.

[33] 康江江，宁越敏. 苹果产品零部件全球价值链分布格局变化及驱动机[J]. 地理研究，2023，42（3）：617-635.

[34] 李杰. 双循环格局下西部大开发促进区域协调发展机理效应论析[J]. 四川大学学报（哲学社会科学版），2022，238（1）：161-172.

[35] 李杰义，闫静波，王重鸣. 海外网络嵌入性、国际学习与国际化速度[J]. 科学学研究，2019，37（1）：121-129+139.

[36] 李莉. 跨国公司因素对FDI进入方式的影响——基于Logistic模型的实证分析[J]. 经济与管理研究，2010（11）：68-75.

[37] 李猛. 新时期构建国内国际双循环相互促进新发展格局的战略意义、主要问题和政策建议[J]. 当代经济管理，2021，43（1）：16-25.

[38] 李倩倩，薛求知. 全球营销战略均衡困境述评及理论模型[J]. 华东经济管理，2015，29（7）：143-149.

[39] 李善民，李昶. 跨国并购还是绿地投资？——FDI 进入模式选择的影响因素研究[J]. 经济研究，2013（12）：134-147.

[40] 李雪，张伟. 整合战略对跨国企业合理性的影响研究[J]. 西南民族大学学报（人文社会科学版），2021，42（1）：109-119.

[41] 李玉梅，王园园，胡可可. 外商投资撤资回流的趋向与对策[J]. 国际贸易，2020（6）：63-71.

[42] 李自杰，刘畅，李刚. 新兴国家企业持续对外直接投资的经验驱动[J]. 管理科学学报，2014，17（7）：35-49.

[43] 连燕玲，高皓，王东晓. 家族控制、社会情感财富与 IPO 折价决策——基于中国家族上市公司的实证研究[J]. 经济管理，2016，38（8）：120-134.

[44] 廖运凤. 中国企业海外并购案例分析[M]. 北京：企业管理出版社，2007.

[45] 林莎，雷井生，杨航. 中国企业绿地投资与跨国并购的差异性研究——来自 223 家国内企业的经验分析[J]. 管理评论，2014（9）：139-148.

[46] 刘凤根. FDI 投资区位的决定因素的实证研究——来自中国对外直接投资的经验数据[J]. 科学决策，2009，144（7）：1-7+39.

[47] 刘英为，汪涛，徐岚. 中国品牌国际化中的合理性战略：制度理论视角[J]. 宏观经济研究，2017（3）：118-127.

[48] 龙婷，衣长军，李雪，等. 股权集中度、机构投资者与企业对外直接投资决策——冗余资源的调节作用[J]. 国际贸易问题，2019（2）：129-144.

[49] 罗伟，葛顺奇. 中国对外直接投资区位分布及其决定因素——基于水平型投资的研究[J]. 经济学（季刊），2013，12（4）：1443-1464.

[50] 吕婕，向龙斌，唐子仪. 资源异质性、东道国因素与中国企业 OFDI 模式选择[J]. 中国地质大学学报（社会科学版），2017，17（5）：126-136.

[51] 吕越，刘之洋，吕云龙. 中国企业参与全球价值链的持续时间及其决定因素[J]. 数量经济技术经济究，2017，34（6）：37-53.

[52] 吕越，陆毅，吴嵩博，等. "一带一路"倡议的对外投资促进效应——基于2005—2016年中国企业绿地投资的双重差分检验[J]. 经济研究，2019，54（9）：187-202.

[53] 马淑琴，戴豪杰，徐苗. 一带一路共建国家商品贸易网络动态演化特征与中国引领策略——基于147个国家的数据[J]. 中国流通经济，2022，36（9）：86-101.

[54] 门镜. 欧盟与俄乌冲突：困境与出路[J]. 俄罗斯研究，2022（6）：87-106.

[55] 聂世坤，叶泽樱. 双边关系、制度环境与中国对"一带一路"国家OFDI的出口创造效应[J]. 国际经贸探索，2021，37（2）：67-82.

[56] 潘素昆，杨雅琳. "一带一路"国家基础设施和中国对外直接投资区位选择[J]. 统计与决策，2020，36（10）：133-138.

[57] 裴秋蕊，卢进勇. 品牌协同技术进步推动中国制造业高质量发展问题研究[J]. 管理现代化，2019，39（4）：18-21.

[58] 邱立成，杨德彬. 中国企业OFDI的区位选择——国有企业和民营企业的比较分析[J]. 国际贸易问题，2015（6）：139-147.

[59] 邱立成，于李娜. 跨国公司进入中国市场模式及影响因素分析[J]. 南开经济研究，2003（4）：23-27.

[60] 曲国明，潘镇. 不确定条件下中国企业对外直接投资设立模式选择——基于实物期权理论的逻辑与实证检验[J]. 国际商务（对外经济贸易大学学报），2022（3）：68-86.

[61] 曲亮，黄登峰，郑燕妮. 多样性的董事会能提升国有企业的绩效吗？——基于中国上市公司的实证分析[J]. 郑州大学学报（哲学社会科学版），2018，51（1）：46-51.

[62] 曲智，杨碧琴. "一带一路"沿线国家的制度质量对中国对外直接投资的影响[J]. 经济与管理研究，2017，38（11）：15-21.

[63] 宋渊洋，李元旭，王宇露. 企业资源，所有权性质与国际化程度——来自中国制造业上市公司的证据[J]. 管理评论，2011，23（2）：53-59.

[64] 苏坤. 董事会异质性对公司股价崩盘风险的影响研究[J]. 当代经济管理，2020，42（10）：17-26.

[65] 苏小莉，孙玉琴. 中国异质性企业 OFDI 区位选择的实证分析——基于东道国技术限制角度[J]. 经济与管理，2017，31（3）：65-69.

[66] 太平，刘宏兵. 签订双边投资协定对中国吸收 FDI 影响的实证分析[J]. 国际商务（对外经济贸易大学学报），2014（4）：53-61.

[67] 田晖，刘梦蝶，程倩. 中国与“一带一路”经济走廊产业国际竞争力比较[J]. 统计与决策，2023，39（7）：150-155.

[68] 汪涛，贾煜，王康，等. 中国企业的国际化战略：基于新兴经济体企业的视角[J]. 中国工业经济，2018（5）：175-192.

[69] 王碧珺. 中国企业“走出去”智慧与实力的多重博弈[J]. 博鳌观察，2013，3：86-88.

[70] 王昌林. 新发展格局：国内大循环为主体国内国际双循环相互促进[M]. 北京：中信出版社，2021.

[71] 王晟锴，李春发，孙雷霆，等. 跨国公司研发本地化逆向创新的动因与启示[J]. 科学学研究，2020，38（12）：2282-2292.

[72] 王海忠. 中国企业品牌引领力提升战略研究[J]. 营销科学学报，2023，3（1）：18-40.

[73] 王继源，陈璋，龙少波. “一带一路”基础设施投资对我国经济拉动作用的实证分析——基于多部门投入产出视角[J]. 江西财经大学学报，2016（2）：11-19.

[74] 王建秀，邵利敏，任建辉. “一带一路”国家逆全球化遭遇程度抑制了中国对外直接投资吗？[J]. 中国软科学，2018（7）：117-128.

[75] 王腊芳，谢锐，阳立高，等. 中国与“一带一路”沿线国家经济增长的双向溢出效应[J]. 中国软科学，2020（12）：153-167.

[76] 王培志，潘辛毅，张舒悦. 制度因素、双边投资协定与中国对外直

接投资区位选择——基于“一带一路”沿线国家面板数据[J]. 经济与管理评论，2018，34（1）：5-17.

[77] 王胜，田涛. 中国对外直接投资区位选择的影响因素研究——基于国别差异的视角[J]. 世界经济研究，2013（12）：60-66+86.

[78] 王雪莉，马琳，王艳丽. 高管团队职能背景对企业绩效的影响：以中国信息技术行业上市公司为例[J]. 南开管理评论，2013，16（4）：80-93.

[79] 王一鸣. 构建新发展格局是中国的重大战略任务[J]. 现代国际关系，2021，375（1）：7-9+37.

[80] 王站杰，买生. 企业社会责任、创新能力与国际化战略——高管薪酬激励的调节作用[J]. 管理评论，2019，31（03）：193-202.

[81] 王知博，耿强. 新兴市场海外供应链构建与出口产品质量升级——来自“一带一路”倡议的准自然实验[J]. 世界经济与政治论坛，2022（4）：44-65.

[82] 魏江，杨洋. 跨越身份的鸿沟：组织身份不对称与整合战略选择[J]. 管理世界，2018，34（6）：140-156+188.

[83] 文淑惠，张诣博. 金融发展、FDI 溢出与经济增长效率：基于“一带一路”沿线国家的实证研究[J]. 世界经济研究，2020（11）：87-102+136-137.

[84] 邬爱其，刘一蕙，宋迪. 跨境数字平台参与、国际化增值行为与企业国际竞争优势[J]. 管理世界，2021，37（9）：214-233.

[85] 吴航，陈劲，金珺. 新兴经济国家高技术企业技术资源与国际化关系研究——来自“中国光谷”产业园区的证据[J]. 科学学研究，2012，30（6）：870-876.

[86] 吴建祖，关斌. 高管团队特征对企业国际市场进入模式的影响研究——注意力的中介作用[J]. 管理评论，2015，27(11): 118-131.

[87] 吴思. 我国企业跨国品牌资源的并购与整合：现状、问题与对策[J]. 国际贸易问题，2011（11）：168-176.

[88] 吴先明，胡博文. 后发企业国际化与技术追赶绩效——基于2003-2013年省际面板数据的实证分析[J]. 商业研究，2018（1）：97-104.

[89] 吴先明. 制度环境与我国企业海外投资进入模式[J]. 经济管理，2011，33（4）：68-79.

[90] 吴晓波，李竞，李文，等. 正式制度距离与非正式制度距离对海外进入模式影响——来自中国跨国企业的经验研究[J]. 浙江大学学报（人文社会科学版），2017，47（5）：169-183.

[91] 吴晓云，李辉，吴化民. 中国跨国企业的海外营销资产及其向绩效的转化[J]. 上海交通大学学报（哲学社会科学版），2015，23（6）：60-69.

[92] 吴晓云，张峰. 营销标准化战略的影响因素模型及其实证研究——以中国制造型跨国企业为样本[J]. 管理科学，2007（3）：30-37.

[93] 项本武. 中国对外直接投资的贸易效应[J]. 统计与决策，2005（24）：84-85.

[94] 肖慧敏，刘辉煌. 地理距离、企业异质性与中国对外直接投资——基于"新"新经济地理视角[J]. 经济管理，2012，34（10）：77-85.

[95] 谢凤燕，陈烨，林花. 制度环境、相对资源优势与企业对外直接投资股权进入模式[J]. 财经科学，2020（3）：66-79.

[96] 谢红军，吕雪. 负责任的国际投资：ESG与中国OFDI[J]. 经济研究，2022，57（3）：83-99.

[97] 谢孟军，郭艳茹. 法律制度质量对中国对外直接投资区位选择影响研究——基于投资动机视角的面板数据实证检验[J]. 国际经贸探索，2013，29（6）：107-118.

[98] 谢先达，程聪. 我国企业国际化过程中的创新模式研究[J]. 科研管理，2021，42（5）：31-38.

[99] 徐细雄，李摇琴. 高管性别，制度环境与企业CSR决策[J]. 科研管理，2018，39（3）：80-89.

[100] 徐雪，谢玉鹏. 我国对外直接投资区位选择影响因素的实证分析[J]. 管理世界，2008（4）：167-168.

[101] 许德惠，李刚，孙林岩，等. 环境不确定性、供应链整合与企业绩效关系的实证研究[J]. 科研管理，2012，33（12）：40-49.

[102] 许晖，郭净，纪春礼. 中国企业国际营销动态能力的维度构建研究——基于三家企业国际营销实践的理论探索[J]. 经济管理，2011，33（5）：183-192.

[103] 闫妍，叶广宇，黄胜，等. 整合关系网络和资源编排视角下新兴市场后发企业国际化的加速机制研究[J]. 管理学报，2021，18（10）：1462-1472.

[104] 阎大颖. 中国企业国际直接投资模式选择的影响因素——对跨国并购与合资新建的实证分析[J]. 山西财经大学学报，2008，192（10）：24-33.

[105] 杨勃，刘娟. 来源国劣势：新兴经济体跨国企业国际化"出身劣势"——文献评述与整合框架构建[J]. 外国经济与管理，2020，42（1）：113-125.

[106] 杨勃，吴波，江婷婷. 新发展格局下国内市场与中国企业国际化如何双向赋能？——基于四家中国企业的探索性案例研究[J]. 外国经济与管理，2022，44（9）：3-18.

[107] 杨栋旭，于津平. "一带一路"沿线国家投资便利化对中国对外直接投资的影响：理论与经验证据[J]. 国际经贸探索，2021，37（3）：65-80.

[108] 杨宏恩，孟庆强，王晶，等. 双边投资协定对中国对外直接投资的影响：基于投资协定异质性的视角[J]. 管理世界，2016（4）：24-36.

[109] 杨娇辉，王伟，谭娜. 破解中国对外直接投资区位分布的"制度风险偏好"之谜. 世界经济[J]，2016，39（11）：3-27.

[110] 杨连星，刘晓光，张杰. 双边政治关系如何影响对外直接投资——基于二元边际和投资成败视角[J]. 中国工业经济，2016（11）：56-72.

[111] 杨永聪，李正辉. 经济政策不确定性驱动了中国 OFDI 的增长吗——基于动态面板数据的系统 GMM 估计[J]. 国际贸易问题，2018（3）：138-148.

[112] 姚安明，孔莹. 财务杠杆对企业投资的影响——股权集中背景下的研究经验[J]. 会计研究，2008 (4)：33-40.

[113] 姚利民，孙春媛. 中国逆向型 FDI 决定因素的实证分析[J]. 国际贸易问题，2007（4）：81-86+91.

[114] 尹美群，盛磊，吴博. “一带一路”东道国要素禀赋、制度环境对中国对外经贸合作方式及区位选择的影响[J]. 世界经济研究，2019（1）：81-92+136-137.

[115] 岳中志，付竹，袁泽波. 中国企业 OFDI 进入模式的选择研究——基于交易成本理论的实证检验[J]. 财经论丛，2011（6）：21-26.

[116] 詹晓宁，欧阳永福. 数字经济下全球投资的新趋势与中国利用外资的新战略[J]. 管理世界，2018，34（3）：78-86.

[117] 张斌，徐琳，刘银国. 组织污名研究述评与展望[J]. 外国经济与管理，2013，35（3）：64-72.

[118] 张二震，孙利娟. 价值链视角下的中国对外直接投资：环境变化与应对[J]. 江苏行政学院学报，2020（3）：44-50.

[119] 张峰，吴晓云. 企业国际营销模式选择：标准化或者适应性？[J]. 软科学，2010，24（8）：95-98+107.

[120] 张海波，李彦哲. ODI 进入模式对跨国企业海外经营绩效影响研究[J]. 科研管理，2020，41（9）：209-218.

[121] 张红明，杨晓燕. 中国企业跨国品牌收购——模式与路径研究[J]. 国际经贸探索，2014，30（8）：107-116.

[122] 张宁宁，杜晓君. 组织污名与中国企业海外市场进入模式选择研究——基于上市公司的实证分析[J]. 当代财经，2020（1）：77-88.

[123] 张述存. “一带一路”战略下优化中国对外直接投资布局的思路与对策[J]. 管理世界，2017（4）：1-9.

[124] 张先锋，郭伟，蒋慕超，等. 东道国负面舆论偏向与企业 OFDI——基于东道国主流新闻媒体的情感量化分析[J]. 产业经济研究，2021（5）：69-82.

[125] 赵伟，古广东，何元庆. 外向 FDI 与中国技术进步：机理分析与尝试性实证[J]. 管理世界，2006（7）：53-60.

[126] 郑小碧. 跨国创业导向，技术创新能力与天生全球化企业国际化绩效[J]. 科研管理，2019，40（10）：230.

[127] 周江华，李纪珍，李碧清，等. 合作与企业国际化创新：政府参与的调节作用[J]. 科研管理，2018，39（5）：46-55.

[128] 周经，蔡冬青. 企业微观特征、东道国因素与中国 OFDI 模式选择[J]. 国际贸易问题，2014（2）：124-134.

[129] 周立新，靳丽遥. 家族企业国际化与创新能力——家族控制与代际传承意愿的调节作用[J]. 软科学，2018，32（12）：55-59.

[130] 周立新. 社会情感财富与家族企业国际化：环境动态性的调节效应研究[J]. 商业经济与管理，2016，(4))：5-14.

[131] 周玲，汪涛，牟宇鹏，等. 基于合理性理论视角的来源国效应研究[J]. 商业经济与管理，2012（4）：39-46.

[132] 朱健齐，李天成，孟繁邨，等. 海峡两岸独立董事设置对企业绩效的影响——基于政策实施的视角[J]. 管理科学，2017，30(4)：17-29.

[133] 祝继高，王谊，汤谷良. “一带一路”倡议下的对外投资：研究述评与展望[J]. 外国经济与管理，2021，43（3）：119-134.

[134] 宗芳宇，路江涌，武常岐. 双边投资协定、制度环境和企业对外直接投资区位选择[J]. 经济研究，2012，47（5）：71-82+146.

[135] AGARWAL S, RAMASWAMI S N. Choice of foreign market entry mode: Impact of ownership, location, and internalization factors[J]. Journal of International Business Studies, 1992, 23: 1-27.

[136] AGGARWAL R, KEARNEY C, LUCEY B. Gravity and culture in foreign portfolio investment[J]. Journal of Banking & Finance, 2011,

35(3): 525-538.

[137] AGUINIS H, GLAVAS A. What we know and don't know about corporate social responsibility: A review and research agenda[J]. Journal of Management, 2013, 38(4): 932-968.

[138] AGUINIS H, GLAVAS A. What we know and don't know about corporate social responsibility: A review and research agenda[J]. Journal of Management, 2012, 38(4): 932-968.

[139] ALBINO-PIMENTEL J, DUSSAUGE P, SHAVER J M. Firm non-market capabilities and the effect of supranational institutional safeguards on the location choice of international investments[J]. Strategic Management Journal, 2018, 39(10): 2770-2793.

[140] ALESSANDRI T M, SETH A. The effects of managerial ownership on international and business diversification: Balancing incentives and risks[J]. Strategic Management Journal, 2014, 35(13): 2064-2075.

[141] AMENDOLAGINE V, PRESBITERO A F, RABELLOTTI R, et al. Local sourcing in developing countries: The role of foreign direct investments and global value chains[J]. World Development, 2019, 113: 73-88.

[142] AMIHUD Y, LEV B. Risk reduction as a managerial motive for conglomerate mergers[J]. The Bell Journal of Economics, 1981: 605-617.

[143] ANDERSSON S, EVERS N. International opportunity recognition in international new ventures—A dynamic managerial capabilities perspective[J]. Journal of International Entrepreneurship, 2015, 13: 260-276.

[144] ARREGLE J L, MILLER T L, HITT M A, et al. How does regional institutional complexity affect MNE internationalization?[J]. Journal of International Business Studies, 2016, 47(6): 697-722.

[145] ASCANI A, CRESCENZI R, IAMMARINO S. Economic institutions and the location strategies of European multinationals in their geographic neighborhood[J]. Economic Geography, 2016, 92(4): 401-429.

[146] ASMUSSEN C G. Local, regional, or global? Quantifying MNE geographic scope[J]. Journal of International Business Studies, 2009, 40: 1192-1205.

[147] ATUAHENE-GIMA K, LI H. Strategic decision comprehensiveness and new product development outcomes in new technology ventures[J]. Academy of Management Journal, 2004, 47(4): 583-597.

[148] BAEK J S, KANG J K, LEE I. Business groups and tunneling: Evidence from private securities offerings by Korean chaebols[J]. The Journal of Finance, 2006, 61(5): 2415-2449.

[149] BALSMEIER, BENJAMIN, et al. Outside directors on the board and innovative firm performance[J]. Research Policy, 2014, 43(10): 1800-1815.

[150] BANALIEVA E R, DHANARAJ C. Home-region orientation in international expansion strategies[J]. Journal of International Business Studies, 2013, 44(2): 89-116.

[151] BARKEMA H G, BELL J H J, PENNINGS J M. Foreign entry, cultural barriers, and learning[J]. Strategic Management Journal, 1996, 17(2): 151-166.

[152] BARKEMA H G, DROGENDIJK R. Internationalising in small, incremental or larger steps?[J]. Journal of International Business Studies, 2007, 38(7): 1132-1148.

[153] BARNARD H. Overcoming the liability of foreignness without strong firm capabilities-the value of market-based resources[J]. Journal of International Management, 2010, 16(2): 165-176.

[154] BARNEY J B. Strategic factor markets: Expectations, luck, and business strategy[J]. Management Science, 1986, 32(10): 1231-1241.

[155] BARRIOS S, GÖRG H, STROBL E. Foreign direct investment, competition and industrial development in the host country[J]. European Economic Review, 2005, 49(7): 1761-1784.

[156] BECKMAN C M, HAUNSCHILD P R, PHILLIPS D J. Friends or strangers? Firm-specific uncertainty, market uncertainty, and network partner selection[J]. Organization Science, 2004, 15(3): 259-275.

[157] BELDERBOS R, SLEUWAEGEN L. Competitive drivers and international plant configuration strategies: A product-level test[J]. Strategic Management Journal, 2005, 26(6): 577-593.

[158] BELDERBOS R, TONG T W, WU S. Multinational investment and the value of growth options: Alignment of incremental strategy to environmental uncertainty[J]. Strategic Management Journal, 2019, 40(1): 127-152.

[159] BELDERBOS R, TONG T W, WU S. Multinationality and downside risk: The roles of option portfolio and organization[J]. Strategic Management Journal, 2014, 35(1): 88-106.

[160] BERTRAND O, CAPRON L. Productivity enhancement at home via cross-border acquisitions: The roles of learning and contemporaneous domestic investments[J]. Strategic Management Journal, 2015, 36(5): 640-658.

[161] BIERLY P A. CHAKRABARTI. Determinants of technology cycle time in the U.S. pharmaceutical industry[J]. R&D Management, 1996, 26 (2): 115-126.

[162] BIRKINSHAW J, BRAUNERHJELM P, HOLM U, et al. Why do some multinational corporations relocate their headquarters overseas?[J]. Strategic Management Journal, 2006, 27(7): 681-700.

[163] BLOOM N, VAN REENEN J. Measuring and explaining management practices across firms and countries[J]. Quarterly Journal of Economics, 2007, 122(4): 1351-1408.

[164] BODDEWYN J J, BREWER T L. International-business political behavior: New theoretical directions[J]. Academy of Management Review, 1994, 19(1): 119-143.

[165] BROUTHERS K D, BROUTHERS L E. Explaining the national cultural distance paradox[J]. Journal of International Business Studies, 2001, 32(1): 177-189.

[166] BUCHANAN J M, DI PIERRO A. Cognition, choice, and entrepreneurship[J]. Southern Economic Journal, 1980: 693-701.

[167] BUCKLEY P J, CASSON M C. The future of the multinational enterprise[M]. London: Macmillan, 1976.

[168] BUCKLEY P J, CASSON M C. The future of the multinational enterprise in retrospect and in prospect[J]. Journal of International Business Studies, 2003, 34: 219-222.

[169] BUCKLEY P J, CLEGG L J, CROSS A R, et al. The determinants of Chinese outward foreign direct investment[J]. Journal of International Business Studies, 2007, 38(4): 499-518.

[170] BUCKLEY P J, TIAN X. Internalization theory and the performance of emerging-market multinational enterprises[J]. International Business Review, 2017, 26(5): 976-990.

[171] BUCKLEY P J. The strategy of multinational enterprises in the light of the rise of China[J]. Scandinavian Journal of Management, 2007, 23(2), 107-126.

[172] BUCKLEY P. Is the international business research agenda running out of steam?[J]. Journal of International Business Studies, 2002, 33, 365-373.

[173] BUSHMAN R M, SMITH A J. Financial accounting information and corporate governance[J]. Journal of Accounting and Economics, 2001, 32(1-3): 237-333.

[174] CANTWELL J A, SANNA-RANDACCIO F. Multinationality and firm growth[J]. Weltwirtschaftliches Archiv, 1993, 129: 275-299.

[175] CANTWELL J, TOLENTINO P E E. Technological accumulation and third world multinationals[J]. International Investment and Business Studies, 1990, 139: 1-58.

[176] CARR C, BATEMAN S. International strategy configurations of the world's top family firms: Another factor affecting performance[J]. Management International Review, 2009, 49(6): 733-758.

[177] CASILLAS J C, MORENO-MENÉNDEZ A M. Speed of the internationalization process: The role of diversity and depth in experiential learning[J]. Journal of International Business Studies, 2014, 45(1): 85-101.

[178] CATTANEO O, GEREFFI G, STARITZ, C. Global value chains in a postcrisis world: Resilience, consolidation, and shifting end markets[M]//CATTANEO O, GEREFFI G, STARITZ C. Global value chains in a postcrisis world: A development perspective. Washington, D.C.: World Bank, 2010: 3-20.

[179] CAVES R E. Mergers, takeovers, and economic efficiency: foresight vs. hindsight[J]. International Journal of Industrial Organization, 1989, 7(1): 151-174.

[180] CAVUSGIL S T, KNIGHT G. The born global firm: An entrepreneurial and capabilities perspective on early and rapid internationalization[J]. Journal of International Business Studies, 2015, 46: 3-16.

[181] CHAN C M, ISOBE T, MAKINO S. Which country matters? Institutional development and foreign affiliate performance[J].

Strategic Management Journal, 2008, 29 (11): 1179-1205.

[182] CHATAIN O. How do strategic factor markets respond to rivalry in the product market?[J]. Strategic Management Journal, 2014, 35(13): 1952-1971.

[183] CHEN G, FIRTH M, XU L. Does the type of ownership control matter? Evidence from China's listed companies[J]. Journal of Banking & Finance, 2007, 31(1): 1-19.

[184] CHEN L, LI Y, FAN D. How do emerging multinationals configure political connections across institutional contexts?[J]. Global Strategy Journal, 2018, 8(3): 447-470.

[185] CHI T, LI J, TRIGEORGIS L G, et al. Real options theory in international business[J]. Journal of International Business Studies, 2019, 50(4): 525-553.

[186] CHI T, MCGUIRE D J. Collaborative ventures and value of learning: Integrating the transaction cost and strategic option perspectives on the choice of market entry modes[J]. Journal of International Business Studies, 1996, 27(2): 285-307.

[187] CHILD J, NG S H, WONG C. Psychic distance and internationalization: Evidence from Hong Kong firms[J]. International Studies of Management & Organization, 2002, 32(1): 36-56.

[188] CHILD J, NG SH, WONG C. Psychic distance and internationalization: Evidence from Hong Kong firms[J]. International Studies of Management & Organization, 2001, 32(1): 36-56.

[189] CHILD J, RODRIGUES S B. The internationalization of Chinese firms: a case for theoretical extension?[J]. Management and Organization Review, 2005, 1(3): 381-410.

[190] CHIN-CHUN H, ARUN P. Internationalization and performance: The moderating effects of organizational learning[J]. Omega, 2008, 36(2):

188-205.

[191] CHOUDHURY P, KHANNA T. Charting dynamic trajectories: Multinational enterprises in India[J]. Business History Review, 2014, 88(1): 133-169.

[192] CHUNG K H, WRIGHT P, KEDIA B. Corporate governance and market valuation of capital and R&D investments[J]. Review of Financial Economics, 2003, 12(2): 161-172.

[193] COASE R H. The nature of the firm[J]. Economica, 1937, 4(16): 386-405.

[194] COE N M, YEUNG H W C. Global production networks: Theorizing economic development in an interconnected world[M]. Oxford University Press, 2015.

[195] COHEN W M, LEVINTHAL D A. Absorptive capacity: A new perspective on learning and innovation[J]. Administrative Science Quarterly, 1990, 35(1): 128-152.

[196] CONTRACTOR F J. Why do multinational firms exist? A theory note about the effect of multinational expansion on performance and recent methodological critiques[J]. Global Strategy Journal, 2012, 2(4): 318-331.

[197] CRESPO N, FONTOURA M P. Determinant factors of FDI spillovers–what do we really know?[J]. World Development, 2007, 35(3): 410-425.

[198] CUERVO-CAZURRA A, CIRAVEGNA L, MELGAREJO M, et al. Home country uncertainty and the internationalization-performance relationship: Building an uncertainty management capability[J]. Journal of World Business, 2018, 53(2): 209-221.

[199] CUERVO-CAZURRA A, GENC M. Transforming disadvantages into advantages: Developing-country MNEs in the least developed

countries[J]. Journal of International Business Studies, 2008, 39(6): 957-979.

[200] CUI L, FAN D, LIU X, et al. Where to seek strategic assets for competitive catch-up? A configurational study of emerging multinational enterprises expanding into foreign strategic factor markets[J]. Organization Studies, 2017, 38(8): 1059-1083.

[201] CUI L, JIANG F. FDI entry mode choice of Chinese firms: A strategic behavior perspective[J]. Journal of World Business, 2009, 44(4): 434-444.

[202] CUI L, JIANG F. State ownership effect on firms' FDI ownership decisions under institutional pressure: A study of Chinese outward-investing firms[J]. Journal of International Business Studies, 2012, 43: 264-284.

[203] CUI L, MEYER K E, HU H W. What drives firms' intent to seek strategic assets by foreign direct investment? A study of emerging economy firms[J]. Journal of World Business, 2014, 49: 488-501.

[204] DAHLIN K B, CHUANG Y T, ROULET T J. Opportunity, motivation, and ability to learn from failures and errors: Review, synthesis, and ways to move forward[J]. Academy of Management Annals, 2018, 12(1): 252-277.

[205] DAHMS S, KINGKAEW S, S. NG E. The effects of top management team national diversity and institutional uncertainty on subsidiary CSR focus[J]. Journal of Business Ethics, 2022, 177(3): 699-715.

[206] DALLAS M P. "Governed" trade: Global value chains, firms, and the heterogeneity of trade in an era of fragmented production[J]. Review of International Political Economy, 2015, 22(5): 875-909.

[207] DAU L A. Learning across geographic space: Pro-market reforms, multinationalization strategy and profitability[J]. Journal of

International Business Studies, 2013, 44(3): 235-262.

[208] DAVIDSON W. The location of foreign direct investment activity: Country characteristics and experience effects[J]. Journal of International Business Studies, 1980, 11: 9-22.

[209] DE CLERCQ D, SAPIENZA H J, YAVUZ R I, et al. Learning and knowledge in early internationalization research: Past accomplishments and future directions[J]. Journal of Business Venturing, 2012, 27(1): 143-165.

[210] DELIOS A, BEAMISH P W. Geographic scope, product diversification, and the corporate performance of Japanese firms[J]. Strategic Management Journal, 1999, 20(8): 711-727.

[211] DELIOS A, BEAMISH P W. Joint venture performance revisited: Japanese foreign subsidiaries worldwide[J]. MIR: Management International Review, 2004: 69-91.

[212] DEMIRBAG M, GLAISTER KW, TATOGLU E. Institutional and transaction cost influences on MNEs' ownership strategies of their affiliates: Evidence from an emerging market[J]. Journal of World Business, 42(4): 418-434.

[213] DENG P. Outward investment by Chinese MNEs: Motivations and implications[J]. Business Horizons, 2004, 47: 8-16.

[214] DENG P. Why do Chinese firms tend to acquire strategic assets in international expansion?[J]. Journal of World Business, 2009, 44: 74-84.

[215] DENG Z, JEAN R B, SINKOVICS R R. Rapid expansion of international new ventures across institutional distance[J]. Journal of International Business Studies, 2018, 49(8): 1010-1032.

[216] DIKOVA D, VAN WITTELOOSTUIJN A. Foreign direct investment mode choice: entry and establishment modes in transition economies[J].

Journal of International Business Studies, 2007, 38: 1013-1033.

[217] DIKOVA D, VAN WITTELOOSTUIJN A. Foreign direct investment mode choice: entry and establishment modes in transition economies[J]. Journal of International Business Studies, 2007, 38: 1013-1033.

[218] DOW D, LARIMO J. Challenging the conceptualization and measurement of distance and international experience in entry mode choice research[J]. Journal of International Marketing, 2009, 17(2): 74-98.

[219] DOZ Y L, PRAHALAD C K. Managing DMNCs: A search for a new paradigm[J]. Strategic Management Journal, 1991, 12(S1): 145-164.

[220] DREUX R D. Financing family business: Alternatives to selling out or going public[J]. Family Business Review, 1990, 3(3): 225-243.

[221] DRIFFIELD N, MUNDAY M. Industrial performance, agglomeration, and foreign manufacturing investment in the UK[J]. Journal of International Business Studies, 2000, 31: 21-37.

[222] DUNNING J H, LUNDAN S M. Institutions and the OLI paradigm of the multinational enterprise[J]. Asia Pacific Journal of Management, 2008, 25: 573-593.

[223] DUNNING J H, LUNDAN S M. Multinational enterprises and the global economy[M]. Edward Elgar Publishing, 2008.

[224] DUNNING J H. Comment on dragon multinationals: New players in 21st century globalization[J]. Asia Pacific Journal of Management, 2006, 23(2): 139-141.

[225] DUNNING J H. Explaining the international direct investment position of countries: Towards a dynamic or developmental approach[J]. Weltwirtschaftliches Archiv, 1981, 117: 30-64.

[226] DUNNING J H. Location and the multinational enterprise: a neglected factor?[J]. Journal of International Business Studies, 1998, 29: 45-66.

[227] DUNNING J H. Reappraising the eclectic paradigm in an age of alliance capitalism[J]. Journal of International Business Studies, 1995, 26: 461-491.

[228] DUNNING J H. The eclectic (OLI) paradigm of international production: Past, present and future[J]. International Journal of the Economics of Business, 2001, 8(2), 173-190.

[229] DUNNING J H. Toward an eclectic theory of international production: Some empirical tests[J]. Journal of International Business Studies, 1980, 11: 9-31.

[230] DUNNING J H. Trade, location of economic activity and the MNE: A search for an eclectic approach[M]//OHLIN B, HESSELBORN P O, WIJKMAN P M. The international allocation of economic activity. London: Macmillan, 1977: 395-418.

[231] EDVARD O, IRAJ H, MEHTAP H. Cross sectoral FDI spillovers and their impact on manufacturing productivity[J]. International Business Review, 2018, 27(4): 777-796.

[232] ERIKSSON K, JOHANSON J, MAJKGÅRD A, et al. Experiential knowledge and costs in the internationalization process[J]. Journal of International Business Studies, 1997, 28: 337-360.

[233] FERREIRA A M, MATOS P. The colors of investors' money: The role of institutional investors around the world[J]. Journal of Financial Economics, 2007, 88(3): 499-533.

[234] FIOL C M, LYLES M A. Organizational learning[J]. Academy of Management Review, 1985, 10(4): 803-813.

[235] FLORES R G, AGUILERA R V. Globalization and location choice: An analysis of US multinational firms in 1980 and 2000[J]. Journal of International Business Studies, 2007, 38: 1187-1210.

[236] GALBRAITH J. Designing complex organizations[M]. Reading, MA:

Addison-Wesley, 1973.

[237] GALLO M A, SVEEN J. Internationalizing the family business: Facilitating and restraining factors[J]. Family Business Review, 1991, 4(2): 181-190.

[238] GAMMELTOFT P, PRADHAN J P, GOLDSTEIN A. Emerging multinationals: Home and host country determinants and outcomes[J]. International Journal of Emerging Markets, 2010, 5(3/4): 254-265.

[239] GAUR A S, KUMAR V, SINGH D. Institutions, resources, and internationalization of emerging economy firms[J]. Journal of World Business, 2014, 49: 12-20.

[240] GEORGE G, WIKLUND J, ZAHRA A S. Ownership and the internationalization of small firms[J]. Journal of Management, 2005, 31(2): 210-233.

[241] GERSCHENKRON A. Economic backwardness in historical perspective: A book of essays[M]. Cambridge, MA: Belknap, 1962.

[242] GLOBERMAN S, SHAPIRO D. Economic and strategic considerations surrounding Chinese FDI in the United States[J]. Asia Pacific Journal of Management, 2009, 26(1): 163-183.

[243] GLOBERMAN S, SHAPIRO D. Global foreign direct investment flows: The role of governance infrastructure[J]. World Development, 2002, 30(11): 1899-1919.

[244] GÖLGECI I, ASSADINIA S, KUIVALAINEN O, et al. Emerging-market firms' dynamic capabilities and international performance: The moderating role of institutional development and distance[J]. International Business Review, 2019, 28(6): 101593.

[245] GRØGAARD B, COLMAN H L, STENSAKER I G. Legitimizing, leveraging, and launching: Developing dynamic capabilities in the MNE[J]. Journal of International Business Studies, 2022, 53: 636-56.

[246] GUILLÉN, MAURO F. Structural inertia, imitation, and foreign expansion: South Korean firms and business groups in China, 1987–1995[J]. Academy of Management Journal, 2002, 45(3): 509-525.

[247] GUTHRIE D. Between markets and politics: Organizational responses to reform in China[J]. American Journal of Sociology, 1997, 102(5): 1258-1304.

[248] HALILEM N, AMARA N, LANDRY R. Exploring the relationships between innovation and internationalization of small and medium-sized enterprises: A nonrecursive structural equation model[J]. Canadian Journal of Administrative Sciences/Revue Canadienne des Sciences de l'Administration, 2014, 31(1): 18-34.

[249] HAMEL G, PRAHALAD C K. Strategic Intent[J]. Harvard Business Review, 1989, 67(3): 63-76.

[250] HAMEL G, PRAHALAD C K. Strategy as stretch and leverage[J]. Harvard Business Review, 1993, 71(2), 75-84.

[251] HEAD K, MAYER T. Market potential and the location of Japanese investment in the European Union[J]. The Review of Economics and Statistics, 2004, 86(4): 959-972.

[252] HENGEL E. Determinants of FDI location in South East Europe(SEE)[J]. OECD Journal: General Papers, 2010(2): 91-104.

[253] HENISZ, WITOLD J, JEFFREY T M. Firm-and country-level trade-offs and contingencies in the evaluation of foreign investment: The semiconductor industry, 1994–2002[J]. Organization Science, 2004, 15(5): 537-554.

[254] HERMELO F D, VASSOLO R. Institutional development and hypercompetition in emerging economies[J]. Strategic Management Journal, 2010, 31(13): 1457-1473.

[255] HERNÁNDEZ V, NIETO M J, BOELLIS A. The asymmetric effect of

institutional distance on international location: Family versus nonfamily firms[J]. Global Strategy Journal, 2018, 8(1), 22-45.

[256] HITT M A, HOSKISSON R E, KIM H. International diversification: Effects on innovation and firm performance in product-diversified firms[J]. Academy of Management Journal, 1997, 40(4): 767-798.

[257] HOBDARI B, GAMMELTOFT P, LI J, et al. The home country of the MNE: The case of emerging economy firms[J]. Asia Pacific Journal of Management, 2017, 34(1): 1-17.

[258] HOFSTEDE A T, VERHOEF T F. On the feasibility of situational method engineering[J]. Information Systems, 1997, 22(6-7): 401-422.

[259] HOFSTEDE G, BOND M H. The Confucius connection: From cultural roots to economic growth[J]. Organizational Dynamics, 1988, 16(4): 5-21.

[260] HOFSTEDE G. Culture consequences: International differences in work-related values[M]. London: Sage Publications, 1980.

[261] HOSKISSON R E, WRIGHT M, FILATOTCHEV I, et al. Emerging multinationals from mid-range economies: The influence of institutions and factor markets[J]. Journal of Management Studies, 2013, 50(7): 1295-1321.

[262] HOUSE R J, HANGES P J, JAVIDAN M, et al. Culture, leadership, and organizations: The GLOBE study of 62 societies[M]. Sage Publications, 2004.

[263] HSU W C, GAO X, ZHANG J, et al. The effects of outward FDI on home country productivity: Do location of investment and market orientation matter?[J]. Journal of Chinese Economic and Foreign Trade Studies, 2011, 4(2): 99-116.

[264] HUANG Y, SHEN L, ZHANG C. Home-country government support, the belt and road initiative, and the foreign performance of Chinese

state-owned subsidiaries[J]. Asia Pacific Journal of Management, 2022, 39: 1023-1049.

[265] HUANG Y, XIE E, LI Y, et al. Does state ownership facilitate outward FDI of Chinese SOEs? Institutional development, market competition, and the logic of interdependence between governments and SOEs[J]. International Business Review, 2017, 26(1): 176-188.

[266] HUBER G P. Organizational learning: The contributing processes and the literatures[J]. Organization Science, 1991, 2(1): 88-115.

[267] HUTZSCHENREUTER T, MATT T. MNE internationalization patterns, the roles of knowledge stocks, and the portfolio of MNE subsidiaries[J]. Journal of International Business Studies, 2017, 48: 1131-1150.

[268] HUTZSCHENREUTER T, VOLL J C, VERBEKE A. The impact of added cultural distance and cultural diversity on international expansion patterns: A Penrosean perspective[J]. Journal of Management Studies, 2011, 48(2): 305-329.

[269] HYMER S H. The international operations of national firms, a study of direct foreign investment[D]. Cambridge, MA: Massachusetts Institute of Technology, 1960.

[270] HYMER S H. The international operations of national firms: A study of direct foreign investment[M]. Cambridge, MA: MIT Press, 1976.

[271] ITO K, ROSE E L. Foreign direct investment location strategies in the tire industry[J]. Journal of International Business Studies, 2002, 33: 593-602.

[272] JACKSON G, DEEG R. Comparing capitalisms: Understanding institutional diversity and its implications for international business[J]. Journal of International Business Studies, 2008, 39(4): 540-561.

[273] JENSEN M C, MECKLING W H. Theory of the firm: Managerial behavior, agency costs and ownership structure[J]. Journal of Financial

Economics, 1976, 3(4): 305-360.

[274] JENSEN M C. Agency costs of free cash flow, corporate finance, and takeovers[J]. The American Economic Review, 1986, 76(2): 323-329.

[275] JOHANSON J, MATTSSON L. Internationalization in industrial systems—A network approach[M]//HOOD N, VAHLNE J E. Strategies in global competition. New York: Croom Helm, 1988: 303-321.

[276] JOHANSON J, VAHLNE J E. Commitment and opportunity development in the internationalization process: A note on the Uppsala internationalization process model[J]. Management International Review, 2006, 46: 165-178.

[277] JOHANSON J, VAHLNE J E. The internationalization process of the firm-A model of knowledge development and increasing foreign market commitments[J]. Journal of International Business Studies, 1977, 8(1): 23-32.

[278] JOHANSON J, VAHLNE J E. The Uppsala internationalization process model revisited: From liability of foreignness to liability of outsidership[J]. Journal of International Business Studies, 2009, 40(9): 1411-1431.

[279] KELLER K L. Conceptualizing, measuring, and managing customer-based brand equity[J]. Journal of Marketing, 1993, 57(1): 1-22.

[280] KHANNA T, PALEPU K G. Why focused strategies may be wrong for emerging markets[J]. Harvard Business Review, 1997, 75(4): 41-50.

[281] KHANNA T, PALEPU K. Why focused strategies[J]. Harvard Business Review, 1997, 75(4): 41-51.

[282] KIM H, HOSKISSON R E, LEE S H. Why strategic factor markets matter: “New” multinationals’ geographic diversification and firm profitability[J]. Strategic Management Journal, 2015, 36(4): 518-536.

[283] KIM H, WU J, SCHULER D A, HOSKISSON R E. Chinese multinationals' fast internationalization: Financial performance advantage in one region, disadvantage in another[J]. Journal of International Business Studies, 2020, 51: 1076-1106.

[284] KIRCA A H, HULT G T M, ROTH K, et al. Firm-specific assets, multinationality, and financial performance: A meta-analytic review and theoretical integration[J]. Academy of Management Journal, 2011, 54(1): 47-72.

[285] KLARNER P, RAISCH S. Move to the beat-rhythms of change and firm performance[J]. Academy of Management Journal, 2013, 56(1): 160-184.

[286] KLEIBERT J M. Global production networks, offshore services and the branch-plant syndrome[J]. Regional Studies, 2016, 50 (12): 1995-2009.

[287] KNIGHT G A, CAVUSGIL S T. Innovation, organizational capabilities, and the born-global firm[J]. Journal of International Business Studies, 2004, 35: 124-141.

[288] KOGUT B, CHANG S J. Platform investments and volatile exchange rates: Direct investment in the US by Japanese electronics companies[J]. Review of Economics and Statistics, 1996, 78(2): 221-231.

[289] KOGUT B, KULATILAKA N. Operating flexibility, global manufacturing, and the option value of a multinational network[J]. Management Science, 1994, 40(1): 123-139.

[290] KOGUT B, ZANDER U. Knowledge of the Firm and the Evolutionary Theory of the Multinational Corporation[J]. Journal of International Business Studies, 1993, 24: 625-645.

[291] KOGUT B, ZANDER U. What firms do? Coordination, identity, and learning[J]. Organization Science, 1996, 7(5): 502-518.

[292] KOGUT B. Foreign direct investment as a sequential process[M]//CP K,

AUDRETSCH D. The multinational corporation in the 1980s. Cambridge, MA: MIT Press, 1983: 38-56.

[293] KOSTOVA T, ROTH K, DACIN M T. Theorizing on MNCs: A promise for institutional theory[J]. Academy of Management Review, 2009, 34(1): 171-173.

[294] KOSTOVA T, ZAHEER S. Organizational legitimacy under conditions of complexity: The case of the multinational enterprise[J]. Academy of Management Review, 1999, 24(1): 64-81.

[295] KOSTOVA, T. Success of the transnational transfer of organizational practices within multinational companies[D]. Minneapolis, MN: University of Minnesota, 1996.

[296] KOTABE M, KOTHARI T. Emerging market multinational companies' evolutionary paths to building a competitive advantage from emerging markets to developed countries[J]. Journal of World Business, 2016, 51(5): 729-743.

[297] KOTABE M, SRINIVASAN S, AULAKH P. Multinationality and firm performance: The moderating role of R&D and marketing capabilities[J]. Journal of International Business Studies, 2002, 33:79-97.

[298] KOTABE M, ZHAO H. A taxonomy of sourcing strategic types for MNCs operating in China[J]. Asia Pacific Journal of Management, 2002, 19: 11-27.

[299] KRAUSE R, SEMADENI M, CANNELLA JR A A. CEO duality: A review and research agenda[J]. Journal of Management, 2014, 40(1): 256-286.

[300] KUMAR V, SINGH D, PURKAYASTHA A, et al. Springboard internationalization by emerging market firms: Speed of first cross-border acquisition[J]. Journal of International Business Studies,

2020, 51: 172-193.

[301] KUMARASWAMY A, MUDAMBI R, SARANGA H, et al. Catch-up strategies in the Indian auto components industry: Domestic firms' responses to market liberalization[J]. Journal of International Business Studies, 2012, 43 (4): 368-395.

[302] LA PORTA R, LOPEZ-DE-SILANES F, SHLEIFER A, et al. The quality of government[J]. Journal of Law, Economics, and Organization, 1999, 15(1): 222-279.

[303] LALL S. The new multinationals: The spread of third world enterprises[M]. New York: John Wiley & Sons, 1983.

[304] LALL S. The rise of multinationals from the third world[J]. Third World Quarterly, 1983, 5(3): 618-626.

[305] LEE S H, MAKHIJA M. The effect of domestic uncertainty on the real options value of international investments[J]. Journal of International Business Studies, 2009, 40(3): 405-420.

[306] LEVITT B, MARCH J G. Organizational learning[J]. Annual Review of Sociology, 1988, 14 (1): 319-338.

[307] LEVITT T. The globalization of markets[J]. Harvard Business Review, 1983, 61: 92-102.

[308] LEVY H, SARNAT M. International diversification of investment portfolios[J]. The American Economic Review, 1970, 60(4): 668-675.

[309] LEWELLYN K B, MULLER-KAHLE M I. A configurational exploration of how female and male CEOs influence their compensation[J]. Journal of Management, 2022, 48(7): 2031-2074.

[310] LI D, ZHAO Y, WANG D, et al. Too Far East is West: CEO Overconfidence Influences Firm Internationalization in Emerging Economies[J]. Management International Review, 2023, 63(3): 377-402.

[311] LI J T. Experience effects and international expansion: Strategies of service MNCs in the Asia-Pacific region[J]. Management International Review, 1994, 34: 217-234.

[312] LI J, FLEURY M T L. Overcoming the liability of outsidership for emerging market MNEs: A capability-building perspective[J]. Journal of International Business Studies, 2020, 51: 23-37.

[313] LI J, LIU B, QIAN G. The belt and road initiative, cultural friction and ethnicity: Their effects on the export performance of SMEs in China[J]. Journal of World Business, 2019, 54(4): 350-359.

[314] LI J, MEYER K E, ZHANG H, et al. Diplomatic and corporate networks: Bridges to foreign locations[J]. Journal of International Business Studies, 2018, 49(6): 659-683.

[315] LI K S, XIONG Y Q. Host country's environmental uncertainty, technological capability, and foreign market entry mode: Evidence from high-end equipment manufacturing MNEs in emerging markets[J]. International Business Review, 2022, 31(1): 101900.

[316] LI P P, PRASHANTHAM S, ZHOU A J, et al. Compositional springboarding and EMNE evolution[J]. Journal of International Business Studies, 2022, 53: 754-766.

[317] LI P P, PRASHANTHAM S, ZHOU A J, ZHOU S S. Compositional springboarding and EMNE evolution[J]. Journal of International Business Studies, 2022, 53: 754-766.

[318] LICHT A N, GOLDSCHMIDT C, SCHWARTZ S H. Culture, law, and corporate governance[J]. International Review of Law And Economics, 2005, 25(2): 229-255.

[319] LIU H, JIANG J, ZHANG L, et al. OFDI agglomeration and Chinese firm location decisions under the "Belt and Road" initiative[J]. Sustainability, 2018, 10(11): 4060.

[320] LIU H, JIANG J, ZHANG L, et al. OFDI agglomeration and Chinese firm location decisions under the "Belt and Road" initiative[J]. Sustainability, 2018, 10(11): 4060.

[321] LIU Z, XU Y, WANG P, et al. A pendulum gravity model of outward FDI and export[J]. International Business Review, 2016, 25(6): 1356-1371.

[322] LIU Z, XU Y, WANG P, et al. A pendulum gravity model of outward FDI and export[J]. International Business Review, 2016, 25(6): 1356-1371.

[323] LU J W, BEAMISH P W. International diversification and firm performance: The S-curve hypothesis[J]. Academy of Management Journal, 2004, 47(4): 598-609.

[324] LU J, LIU X, WANG H. Motives for outward FDI of Chinese private firms firm resources, industry dynamics, and government policies[J]. Management and Organization Review, 2011, 7(2): 223-248.

[325] LU J, LIU X, WRIGHT M, et al. International experience and FDI location choices of Chinese firms: The moderating effects of home country government support and host country institutions[J]. Journal of International Business Studies, 2014, 45(4): 428-449.

[326] LUNDAN S M, LI J. Adjusting to and learning from institutional diversity: Toward a capability-building perspective[J]. Journal of International Business Studies, 2019, 50(1): 36-47.

[327] LUO Y D, TUNG R L. A general theory of springboard MNEs[J]. Journal of International Business Studies, 2018, 49(2): 129-152.

[328] LUO Y D, XUE Q Z, HAN B J. How emerging market governments promote outward FDI: Experience from China[J]. Journal of World Business, 2010, 45(1): 68-79.

[329] LUO Y, BU J. Contextualizing international strategy by emerging

market firms: A composition-based approach[J]. Journal of World Business, 2018, 53(3): 337-355.

[330] LUO Y, TUNG R L. International expansion of emerging market enterprises: A springboard perspective[J]. Journal of International Business Studies, 2007, 38: 481-498.

[331] LUO Y, WITT M A. Springboard MNEs under de-globalization[J]. Journal of International Business Studies, 2022, 53: 767-780.

[332] LUO Y, XUE Q, HAN B. How emerging market governments promote outward FDI: Experience from China[J]. Journal of World Business, 2010, 45(1): 68-79.

[333] MA Z, ZHANG H, ZHONG W, et al. Top management teams' academic experience and firms' corporate social responsibility voluntary disclosure[J]. Management and Organization Review, 2020, 16(2): 293-333.

[334] MADSEN P M, DESAI V. Failing to learn? The effects of failure and success on organizational learning in the global orbital launch vehicle industry[J]. Academy of Management Journal, 2010, 53(3): 451-476.

[335] MAKINO S, LAU C M, YEH R S. Asset-exploitation versus asset-seeking: Implications for location choice of foreign direct investment from newly industrialized economies[J]. Journal of International Business Studies, 2002, 33, 403-421.

[336] MALIK M. Value-enhancing capabilities of CSR: A brief review of contemporary literature[J]. Journal of Business Ethics, 2015, 127: 419-438.

[337] MANOVA K. Credit constraints, equity market liberalizations and international trade[J]. Journal of International Economics, 2008, 76(1): 33-47.

[338] MARANO V, TASHMAN P, KOSTOVA T. Escaping the iron cage:

Liabilities of origin and CSR reporting of emerging market multinational enterprises[J]. Journal of International Business Studies, 2017, 48(3): 386-408.

[339] MARCH J G. Exploration and exploitation in organizational learning[J]. Organization Science, 1991, 2(1): 71-87.

[340] MATHEWS J A. Dragon multinationals: New players in 21st century globalization[J]. Asia Pacific Journal of Management, 2006, 23: 5-27.

[341] MATHEWS, JOHN A. Dragon multinational: A new model for global growth[M]. Oxford University Press, 2002.

[342] MCDOUGALL P P, OVIATT B M. International entrepreneurship: The intersection of two research paths[J]. Academy of Management Journal, 2000, 43(5): 902-906.

[343] MERLEVEDE B, SCHOORS K, SPATAREANU M. FDI spillovers and time since foreign entry[J]. World Development, 2014, 56: 108-126.

[344] MEYER K E, DING Y, LI J, et al. Overcoming distrust: How state-owned enterprises adapt their foreign entries to institutional pressures abroad[J]. Journal of International Business Studies, 2014, 45: 1005-1028.

[345] MIGUEL A F, PEDRO M. The colors of investors' money: The role of institutional investors around the world[J]. Journal of Financial Economics, 2008, 88(3): 499-533.

[346] MISHINA Y, POLLOCK T G, PORAC J F. Are more resources always better for growth? Resource stickiness in market and product expansion[J]. Strategic Management Journal, 2004, 25(12): 1179-1197.

[347] MUDAMBI R. Location, control and innovation in knowledge-intensive industries[J]. Journal of Economic Geography, 2008, 8 (5): 699-725.

[348] MUSAJI S, SCHULZE W S, DE CASTRO J O. How long does it take

to “get to” the learning curve? [J]. Academy of Management Journal, 2020, 63(1): 205-223.

[349] NACHUM L, SONG S. The MNE as a portfolio: Interdependencies in MNE growth trajectory[J]. Journal of International Business Studies, 2011, 42(3): 381-405.

[350] NELSON R R, WINTER S G. The Schumpeterian tradeoff revisited[J]. The American Economic Review, 1982, 72(1): 114-132.

[351] NIELSEN B B, GEISLER ASMUSSEN C, WEATHERALL C D. The location choice of foreign direct investments: Empirical evidence and methodological challenges[J]. Journal of World Business, 2017, 52(1): 62-82.

[352] NORTH D C. Institutions, institutional change, and economic performance[M]. Cambridge: Cambridge University Press, 1990.

[353] OVIATT B M, MCDOUGALL P P. Defining international entrepreneurship and modeling the speed of internationalization[J]. Entrepreneurship Theory and Practice, 2005, 29(5): 537-553.

[354] OVIATT B M, MCDOUGALL P P. Toward a theory of international new ventures[J]. Journal of International Business Studies, 1994, 25(1): 45-64.

[355] PANTZALIS C. Does location matter? An empirical analysis of geographic scope and MNC market valuation[J]. Journal of International Business Studies, 2001, 32(1): 133-155.

[356] PEDERSEN T, PETERSEN B. Learning about foreign markets: Are entrant firms exposed to a “shock effect”?[J]. Journal of International Marketing, 2004, 12(1): 103-123.

[357] PEDERSEN T, SHAVER J M. Internationalization revisited: The big step hypothesis[J]. Global Strategy Journal, 2011, 1(3-4): 263-274.

[358] PENG M W. Identifying the big question in international business

research[J]. Journal of International Business Studies, 2004, 35, 99-108.

[359] PENG M W. Institutional transitions and strategic choices[J]. Academy of Management Review, 2003, 28(2): 275-296.

[360] PENG M W. Outside directors and firm performance during institutional transitions[J]. Strategic Management Journal, 2004, 25(5): 453-471.

[361] PENG M W. The global strategy of emerging multinationals from China[J]. Global Strategy Journal, 2012, 2: 97-107.

[362] PENROSE E T. The theory of the growth of the firm [M]. 3rd edn. New York: Oxford University Press, 1995.

[363] PIPEROPOULOS P, WU J, WANG C. Outward FDI, location choices and innovation performance of emerging market enterprises[J]. Research Policy, 2018, 47(1): 232-240.

[364] PIPKIN S, FUENTES A. Spurred to upgrade: A review of triggers and consequences of industrial upgrading in the global value chain[J]. World Development, 2017, 98: 536-554.

[365] PORTER M E. Competitive strategy[M]. New York: Free Press, 1980.

[366] PORTER M. The competitive advantage of nations[M]. London: McMillan, 1990.

[367] QIAO P, LV M, ZENG Y. R&D intensity, domestic institutional environment, and SMEs' OFDI in emerging markets[J]. Management International Review, 2020, 60: 939-973.

[368] QIU L D, WANG S. FDI policy, greenfield investment and cross-border mergers[J]. Review of International Economics, 2011, 19(5): 836-851.

[369] RAMACHANDRAN J, PANT A. The liabilities of origin: An emerging economy perspective on the costs of doing business abroad[M]// DEVINNEY T, PEDERSEN T, TIHANY L. The past, present and future

of international business and management. Bingley, UK: Emerald Group, 2010: 231-265.

[370] RAMAMURTI R, HILLEMANN J. What is “Chinese” about Chinese multinationals?[J]. Journal of International Business Studies, 2018, 49: 34-48.

[371] RAMAMURTI R, WILLIAMSON P J. Rivalry between emerging-market MNEs and developed-country MNEs: Capability holes and the race to the future[J]. Business Horizons, 2019, 62(2): 157-169.

[372] RAMAMURTI R. What have we learned about EMNEs[M]// RAMAMURTI R, SINGH J V. Emerging multinationals in emerging markets. New York: Cambridge University Press, 2009: 399-424.

[373] RAMASWAMY K. Multinationality and performance: An empirical examination of the moderating effect of configuration[C]//Academy of Management Proceedings, August, 1993. Briarcliff Manor, NY 10510: Academy of Management, c1993: 142-146.

[374] REUER J J, LEIBLEIN M J. Downside risk implications of multinationality and international joint ventures[J]. Academy of Management Journal, 2000, 43(2): 203-214.

[375] REUS T H, LAMONT B T. The double-edged sword of cultural distance in international acquisitions[J]. Journal of International Business Studies, 2009, 40: 1298-1316.

[376] RODRIK D. Institutions for high-quality growth: what they are and how to acquire them[J]. Studies in Comparative International Development, 2000, 35: 3-31.

[377] RUGMAN A M, VERBEKE A. A perspective on regional and global strategies of multinational enterprises[J]. Journal of International Business Studies, 2004, 35: 3-18.

[378] RUGMAN A M. The regional multinationals: MNEs and ‘global’

strategic management[M]. Cambridge, UK: Cambridge University Press, 2005.

[379] RUI H, YIP G S. Foreign acquisitions by Chinese firms: A strategic intent perspective[J]. Journal of World Business, 2008, 43(2): 213-226.

[380] SAJJAD S, RASHID K. The relationship between board diversity and firm performance: Evidence from the banking sector in Pakistan[J]. IUP Journal of Corporate Governance, 2015, 14(3): 25.

[381] SANDERS W G, CARPENTER M A. Internationalization and firm governance: The roles of CEO compensation, top team composition, and board structure[J]. Academy of Management Journal, 1998, 41(2): 158-178.

[382] SCHMID S, KOTULLA T. 50 years of research on international standardization and adaptation—From a systematic literature analysis to a theoretical framework[J]. International Business Review, 2011, 20(5): 491-507.

[383] SCOTT A J, ANGEL D P. The global assembly-operations of US semiconductor firms: a geographical analysis[J]. Environment and Planning A, 1988, 20(8): 1047-1067.

[384] SCOTT A J, DRAYSE M H. The electronics industry in Southern California: growth and spatial development from 1945 to 1989[J]. Review of Regional Studies, 1990, 20(2): 1-14.

[385] SCOTT A J. The semiconductor industry in South-East Asia: Organization, location and the international division of labour[J]. Regional Studies, 1987, 21 (2): 143-159.

[386] SCOTT W R. Institutions and organizations[M]. 2nd ed. Thousand Oaks, CA: Sage, 2001.

[387] SHI W S, SUN S L, YAN D, et al. Institutional fragility and outward foreign direct investment from China[J]. Journal of International

Business Studies, 2017, 48(4): 452-476.

[388] SHINKLE G A, MCCANN B T. New product deployment: The moderating influence of economic institutional context[J]. Strategic Management Journal, 2014, 35(7): 1090-1101.

[389] SHLEIFER A, VISHNY R W. A survey of corporate governance[J]. Journal of Finance, 1997, 52(2): 737-783.

[390] SINGH A D, GAUR S A. Governance structure, innovation and internationalization: Evidence from India[J]. Journal of International Management, 2013, 19(3): 300-309.

[391] SMIT H, PENNINGS E, VAN BEKKUM S. Real options and institutions[J]. Journal of International Business Studies, 2017, 48(5): 620-644.

[392] SONG S, MAKHIJA M, LEE S H. Within-country growth options versus across-country switching options in foreign direct investment[J]. Global Strategy Journal, 2014, 4(2): 127-142.

[393] SPENCER J, GOMEZ C. MNEs and corruption: The impact of national institutions and subsidiary strategy[J]. Strategic Management Journal, 2011, 32(3): 280-300.

[394] STOIAN C, MOHR A. Outward foreign direct investment from emerging economies: Escaping home country regulative voids[J]. International Business Review, 2016, 25(5): 1124-1135.

[395] STULZ R M. Managerial control of voting rights: Financing policies and the market for corporate control[J]. Journal of Financial Economics, 1988, 20 (1-2): 25-54.

[396] SUDER G, LIESCH P W, INOMATA S, et al. The evolving geography of production hubs and regional value chains across East Asia: Trade in value-added[J]. Journal of World Business, 2015, 50 (3): 404-416.

[397] TANG Q, GU F F, XIE E, et al. Exploratory and exploitative OFDI

from emerging markets: impacts on firm performance[J]. International Business Review, 2020, 29(2): 101661.

[398] TAYLOR P J, DERUDDER B, FAULCONBRIDGE J, et al. Advanced producer service firms as strategic networks, global cities as strategic places[J]. Economic Geography, 2014, 90 (3): 267-291.

[399] TIHANYI L, JOHNSON A R, HOSKISSON E R, et al. Institutional ownership differences and international diversification: The effects of boards of directors and technological opportunity[J]. Academy of Management Journal, 2003, 46(2): 195-211.

[400] TONG T W, LI J. Real options and MNE strategies in Asia Pacific[J]. Asia Pacific Journal of Management, 2008, 25: 153-169.

[401] TONG T W, REUER J J, PENG M W. International joint ventures and the value of growth options[J]. Academy of Management Journal, 2008, 51(5): 1014-1029.

[402] TONG T W, REUER J J. Real options in multinational corporations: Organizational challenges and risk implications[J]. Journal of International Business Studies, 2007, 38(2): 215-230.

[403] TRACEY P, PHILLIPS N. Managing the consequences of organizational stigmatization: Identity work in a social enterprise[J]. Academy of Management Journal, 2016, 59(3): 740-765.

[404] TREVINO A J. The sociology of law[M]. New York: St. Martin Press, 1996.

[405] TRIGEORGIS L, REUER J J. Real options theory in strategic management[J]. Strategic Management Journal, 2017, 38(1): 42-63.

[406] TSENG C H, TANSUHAJ P, HALLAGAN W, et al. Effects of firm resources on growth in multinationality[J]. Journal of International Business Studies, 2007, 38: 961-974.

[407] TSENG T H, BALABANIS G. Explaining the product-specificity of

country-of-origin effects[J]. International Marketing Review, 2011, 28(6): 581-600.

[408] VARADARAJAN R. Strategic marketing and marketing strategy: Domain, definition, fundamental issues and foundational premises[J]. Journal of the Academy of Marketing Science, 2010, 38: 119-140.

[409] VERNON R. International investments and international trade in the product life cycle[J]. Quarterly Journal of Economics, 1966, 80(2): 190-207.

[410] WALL M, LIEFELD J, HESLOP L A. Impact of country-of-origin cues on consumer judgments in multi-cue situations: A covariance analysis[J]. Journal of the Academy of Marketing Science, 1991, 19: 105-113.

[411] WAN W P, HOSKISSON R E. Home country environments, corporate diversification strategies, and firm performance[J]. Academy of Management Journal, 2003, 46(1): 27-45.

[412] WANG C, HONG J, KAFOUROS M, et al. Exploring the role of government involvement in outward FDI from emerging economies[J]. Journal of International Business Studies, 2012, 43: 655-676.

[413] WANG Q, LIU, B. State equity and outward FDI under the theme of belt and road initiative[J]. Asia Pacific Journal of Management, 2022, 39(3): 877-897.

[414] WANG S L, LUO Y, LU X, et al. Autonomy delegation to foreign subsidiaries: An enabling mechanism for emerging-market multinationals[J]. Journal of International Business Studies, 2014, 45: 111-130.

[415] WANG X, CHEN S, WANG Y. The impact of corporate social responsibility on speed of OFDI under the Belt and Road Initiative[J]. Sustainability, 2023, 15(11): 8712.

[416] WEBER M. Econonry and society: An outline of interpretive

sociology[M]. Berkeley: University of California Press, 1978.

[417] WELLS L T. Third world multinationals: The rise of foreign investments from developing countries[M]. Cambridge, MA: MIT Press, 1983.

[418] WENNBERG K, WIKLUND J, HELLERSTEDT K, et al. Implications of intra-family and external ownership transfer of family firms: Short-term and long-term performance differences[J]. Strategic Entrepreneurship Journal, 2011, 5(4): 352-372.

[419] WESTNEY E, ZAHEER S. The multinational enterprise as an institution[M]//BREWER T. The Oxford handbook of international business. Oxford: Oxford University Press, 2001: 349-379.

[420] WHITELOCK J, PIMBLETT C. The standardisation debate in international marketing[J]. Journal of Global Marketing, 1997, 10(3): 45-66.

[421] WILLIAMSON O E. Markets and hierarchies[M]. New York: Free Press, 1975.

[422] WILLIAMSON O E. The economics of governance[J]. American Economic Review, 2005, 95(2): 1-18.

[423] WILLIAMSON P J, ZENG M. Chinese multinationals: Emerging through new global gateways[M]//RAMAMURTI R, SINGH J V. Emerging multinationals in emerging markets. Cambridge: Cambridge University Press, 2009: 81-109.

[424] WITT M A, LEWIN A Y. Outward foreign direct investment as escape response to home country institutional constraints[J]. Journal of International Business Studies, 2007, 38(4): 579-594.

[425] WOODWARD D P. Locational determinants of Japanese manufacturing start-ups in the United States[J]. Southern Economic Journal, 1992: 690-708.

[426] WRIGHT M, FILATOTCHEV I, HOSKISSON R E, PENG M W.

Strategy research in emerging economies: challenging the conventional wisdom[J]. Journal of Management Studies, 2005, 42(1): 1-33.

[427] WU J, WU Z, ZHUO S. The effects of institutional quality and diversity of foreign markets on exporting firms' innovation[J]. International Business Review, 2015, 24(6): 1095-1106.

[428] XIA J, MA X, LU J W, YIU D W. Outward foreign direct investment by emerging market firms: A resource dependence logic[J]. Strategic Management Journal, 2014, 35(9): 1343-1363.

[429] XIE E, HUANG Y, PENG M W, ZHUANG G. Resources, aspirations, and emerging multinationals[J]. Journal of Leadership & Organizational Studies, 2016, 23(2): 144-161.

[430] XU X, SHENG Y. Are FDI spillovers regional? Firm-level evidence from China[J]. Journal of Asian Economics, 2012, 23(3): 244-258.

[431] YANG T, ZHAO S. CEO duality and firm performance: Evidence from an exogenous shock to the competitive environment[J]. Journal of Banking & Finance, 2014, 49: 534-552.

[432] YEOH P L. International learning: Antecedents and performance implications among newly internationalizing companies in an exporting context[J]. International Marketing Review, 2004, 21(4/5): 511-535.

[433] YIU D W, LAU C M, BRUTON G D. International venturing by emerging economy firms: The effects of firm capabilities, home country networks, and corporate entrepreneurship[J]. Journal of International Business Studies, 2007, 38: 519-540.

[434] YIU D, MAKINO S. The choice between joint venture and wholly owned subsidiary: An institutional perspective[J]. Organization Science, 2002, 13(6): 667-683.

[435] YU C M J. The experience effect and foreign direct investment[J]. Weltwirtschaftliches Archiv, 1990, 126(3): 561-580.

[436] ZAHEER S. Overcoming the liability of foreignness[J]. Academy of Management Journal, 1995, 38(2): 341-363.

[437] ZAHRA A S. International expansion of U.S. manufacturing family businesses: The effect of ownership and involvement[J]. Journal of Business Venturing, 2003, 18(4): 495-512.

[438] ZAHRA S A, IRELAND R D, HITT M A. International expansion by new venture firms: International diversity, mode of market entry, technological learning, and performance[J]. Academy of Management Journal, 2000, 43(5): 925-950.

[439] ZAHRA S A, PETRICEVIC O, LUO Y. Toward an action-based view of dynamic capabilities for international business[J]. Journal of International Business Studies, 2022, 53(4): 583-600.

[440] ZAJONC R B. Attitudinal effects of mere exposure[J]. Journal of Personality and Social Psychology, 1968, 9: 1-27.

[441] ZHANG Y A, LI Y, LI H. FDI spillovers over time in an emerging market: The roles of entry tenure and barriers to imitation[J]. Academy of Management Journal, 2014, 57(3): 698-722.

[442] ZHANG Y, LI H, LI Y, et al. FDI spillovers in an emerging market: The role of foreign firms' country origin diversity and domestic firms' absorptive capacity[J]. Strategic Management Journal, 2010, 31(9): 969-989.

[443] ZHENG N, WEI Y Q, ZHANG Y B, et al. In search of strategic assets through cross-border merger and acquisitions: Evidence from Chinese multinational enterprises in developed economies[J]. International Business Review, 2016, 25(1): 177-186.

[444] ZHOU K Z, WU F. Technological capability, strategic flexibility, and product innovation[J]. Strategic Management Journal, 2010, 31(5): 547-561.